企业正式与非正式互动影响组织适应性研究

吕鸿江/著

国家自然科学基金项目（71472036，71872041）
江苏高校哲学社会科学研究重点项目（2017ZDIXM015）　　资助出版
中央高校基本科研业务费专项资金（2242019S20020）

科学出版社
北京

内 容 简 介

本书围绕企业正式与非正式互动影响组织适应性权变机理的问题，从组织结构、管理控制、组织沟通等方面逐层深入地揭示了中国转型背景下的企业如何设计组织内的正式与非正式互动这一主题。本书主要对企业正式与非正式组织结构互动、企业正式与非正式管理控制匹配、企业正式与非正式组织沟通匹配三个方面，从以下四个子问题展开研究：企业内正式与非正式互动的内涵界定及测量、正式与非正式互动对组织适应性的影响、上述影响为什么会发生（作用机理），以及上述影响在哪些条件下会发生（权变情境）。这些问题的解决能够推动主流理论关注组织内正式与非正式因素整合的整体系统架构。同时，本书也将对社交新时代的企业借助日益频繁、丰富的组织内正式与非正式互动适应环境变化提供重要指导。因此，本书为企业在不同内外环境条件下通过设计正式与非正式因素互动以适应环境提供了理论依据和实践建议。本书的研究丰富和拓展了企业正式与非正式因素互动的相关研究，是复杂理论与组织理论、社会网络理论的创造性融合，也是复杂系统观在企业管理中的探索性应用。

本书适合经济学、管理学专业师生阅读，也可供相关政府部门和企业工作人员参阅。

图书在版编目（CIP）数据

企业正式与非正式互动影响组织适应性研究/吕鸿江著. —北京：科学出版社，2021.12

ISBN 978-7-03-066614-7

Ⅰ. ①企… Ⅱ. ①吕… Ⅲ. ①企业管理–组织管理–研究
Ⅳ. ①F272.9

中国版本图书馆 CIP 数据核字（2020）第 210981 号

责任编辑：魏如萍 / 责任校对：张亚丹
责任印制：张 伟 / 封面设计：无极书装

科 学 出 版 社 出版
北京东黄城根北街 16 号
邮政编码：100717
http://www.sciencep.com

北京虎彩文化传播有限公司 印刷
科学出版社发行 各地新华书店经销

*

2021 年 12 月第 一 版 开本：720 × 1000 1/16
2021 年 12 月第一次印刷 印张：20
字数：400 000

定价：198.00 元

（如有印装质量问题，我社负责调换）

前　言

随着社交新时代的到来，企业内传统社交方式受到巨大冲击，员工间正式关系和非正式关系的界限变得模糊，两种关系间的互动也越发频繁。一方面，伴随着 Twitter（推特）、Facebook（脸书）等社交网络不断融入办公室文化，大部分公司开始鼓励员工通过非正式社交网络推销自己、吸引消费者，使得员工运用非正式关系进行正式业务的频率不断提高。另一方面，伴随着各种办公软件的广泛使用，企业内部门壁垒被打破，正式结构的工作流程和沟通模式越发扁平化、网络化，所有层级的员工得以在统一平台上办公，促使了更多非正式关系在正式业务流程中快速发展起来。所以，正式关系与非正式关系的频繁互动是目前企业内部关系网络的重要特征，最大限度地发展和利用员工间的各种非正式关系，并无缝地与各种正式业务流程衔接和互动，已成为当前企业快速适应复杂环境的重要手段。

事实上，当前的主流理论在分析组织内正式及非正式因素时往往从组织设计或社会网络角度将它们割裂开来讨论，部分尝试整合考虑正式和非正式因素问题的研究在分析层面和概念界定上还是不完整，少数试图分析正式和非正式因素互动对企业影响的研究主要停留在静态、片面的阶段。本书将集中分析企业内正式与非正式互动对组织适应性影响的问题。具体主要综合社会网络理论、复杂适应系统理论、组织互补匹配等视角，围绕正式与非正式互动过程中的构成组织结构的正式与非正式结构互动和构成组织流程的正式与非正式管理控制匹配、正式与非正式组织沟通匹配三个方面逐层深入地展开分析。

首先，在组织结构方面，本书基于目前对正式与非正式网络的分类和组织适应性的界定，分别从不同类型正式与非正式网络互动对组织/市场绩效的影响、正式网络与咨询/朋友网络互动对渐进/突破式创新的影响、顺序/交互工作流网络与非正式网络互动对双元创新的影响三个子问题分析了企业正式与非正式网络互动对组织适应性的影响。第一，不同类型正式与非正式网络互动对组织/市场绩效的影响结果包括：①不同类型正式与非正式网络一致性对短期市场绩效和长期组织绩效具有不同的影响。其中，顺序工作流和朋友网一致性对市场绩效具有负向影响；权力网和朋友网一致性对市场绩效具有正向影响；互动工作流和朋友网非一致性对组织绩效具有倒“U”形影响。②结构利用在顺序工作流和朋友网一致性、权力网和朋友网一致性与市场绩效之间发挥中介作用；结构探索在互动工作流和朋友网非一致性与组织绩效之间发挥中介作用。其中，顺序工作流和朋友网一致性对结构利用具有负向影响；权力网和朋友网一致性对结构利用具有正向影响；互动工作流和朋友网非一致性对结构探索具有倒“U”形影响；结构利用对市场绩效具有正向影响；结构探索对组织绩效具有正向影响。③环境动态性对结构探索发挥了负向的调节作用，并且在权力网和朋友网一致性与市场绩效之间发挥了有调节的中介作用。第二，正式网络与咨询/朋友网络互动对渐进/突破式创新的影响结果包括：①正式网络与咨询网络互动对渐进式创新产生正向影响。②正式网络与朋友网络互动对突破式创新产生正向影响。③正式网络与咨询网络互动通过对现有知识的传递性知识共享来提升组织的渐进式创新。④正式网络与朋友网络互动通过对已有知识的创造性知识共享来提升组织的突破式创新。⑤在较高的环境复杂性下，组织内的正式网络与咨询网络互动过程中传递性知识共享能更显著地提升组织的渐进式创新。⑥在较高的环境动态性下，正式网络与朋友网络互动过程中创造性知识共享能更显著地提升组织的突破式创新。第三，顺序/交互工作流网络与非正式网络互动对双元创新影响结果包括：①部门正式互动/顺序工作流网络与非正式咨询网络的一致性和双元创新能力之间呈倒“U”形关系。②知识交换与整合正向调节部门内正式互动工作流网络与非正式咨询网络一致性和双元创新能力之间的倒“U”形关系；知识冲突正向调节部门内正式互动工作流网络与非正式咨询网络一致性和双元创新能力间的倒“U”形关系。

其次，在管理控制方面，本书基于目前对正式与非正式控制匹配的不同测量和对组织绩效的分类，分别从正式与非正式控制互补匹配及其对组织/市场绩效的影响、正式与非正式控制匹配模式比较与演进规律、正式与非正式控制匹配模式影响长/短期绩效的权变机理三个子问题分析了企业正式与非正式控制匹配对组织协调性的影响。第一，正式与非正式控制互补匹配及其对组织/市场绩效影响的研究发现包括：①过程控制和社交控制互补匹配、过程控制和文化控制互补匹配、结果控制和社交控制互补匹配，以及结果控制和文化控制互补匹配均对绩效产生积极的正向影响。②组织双元平衡在上述影响中发挥了中介机理的作用，四种控制互补匹配对组织双元平衡均产生积极的正向影响，而组织双元平衡对绩效也产生显著的正向影响。③不同正式与非正式控制互补匹配的影响力比较结果表明，结果控制和文化控制互补匹配的影响力最大，过程控制和文化控制互补匹配的影响力其次，过程控制和社交控制互补匹配的影响力最小。第二，正式与非正式控制匹配模式比较与演进规律的研究表明：①在正式控制不断增加而非正式控制不断减少的不匹配向匹配发展过程中，关系监管控制模式对市场绩效具有负向影响，官僚目标控制模式对市场绩效具有倒“U”形影响，人际影响控制模式对组织绩效具有倒“U”形影响，文化熏陶控制模式对组织绩效具有正向影响。②在四类正式与非正式控制匹配程度不断增加的演进过程中，在短期，关系监管控制模式、官僚目标控制模式对市场绩效的提升作用以及人际影响控制模式、文化熏陶控制模式对组织绩效的提升作用逐渐增加，在长期，关系监管控制模式、官僚目标控制模式对市场绩效的影响以及人际影响控制模式、文化熏陶控制模式对组织绩效的影响都呈现先增加后减少的趋势。第三，正式与非正式控制匹配模式影响长/短期绩效的权变机理研究发现包括：①组织统一性在关系监管控制模式负向影响短期绩效的过程中发挥中介作用，组织统一性在官僚目标控制模式倒“U”形影响短期绩效的过程中发挥中介作用，并且环境动态性在上述中介过程中发挥有调节的中介作用。②组织协调性在人际影响控制模式“U”形影响长期绩效的过程中发挥中介作用，组织协调性在文化熏陶控制模式正向影响长期绩效的过程中发挥中介作用，并且环境复杂性在上述中介过程中发挥有调节的中介作用。

再次，在组织沟通方面，本书基于目前对正式与非正式沟通匹配的定义，分别从正式与非正式沟通匹配影响长/短绩效的权变机理、正式与非正式结构互动对组织沟通与知识交换整合能力的影响两个子问题分析了企业正式与非正式沟通匹配对组织适应性的影响。第一，正式与非正式沟通匹配影响长/短期绩效权变机理的研究表明：①从短期来看，正式沟通对情境利用能力表现出正向影响，进而情境利用能力对短期绩效产生正向影响并发挥中介作用，但这一影响会受到团队非正式沟通的弱化。②从长期来看，非正式沟通对情境探索能力表现出正向影响，进而情境探索能力对长期绩效产生正向影响并发挥中介作用。此外，当正式与非正式沟通结合式匹配度较高时，“影子系统”将支持“合法系统”，但当二者的匹配度过高时，“影子系统”将反对“合法系统”，从而带来倒“U”形影响关系。③团队沟通还会受面临的外部产业环境的影响，产业类型对正式与非正式沟通分别发挥有调节的中介作用。第二，正式与非正式结构互动、组织沟通与知识交换整合能力的研究发现：正式顺序工作流网络和非正式咨询网络的一致性与知识交换整合之间存在负相关关系；正式互动工作流网络和非正式咨询网络的一致性与知识交换整合之间存在倒“U”形曲线关系；组织沟通在正式互动工作流网络与非正式咨询网络一致性对知识交换整合的影响中起中介作用，但在正式顺序工作流网络与非正式咨询网络一致性对知识交换整合的影响中的中介作用不显著。

最后，本书基于对前面三个组织正式与非正式互动的研究，对相关问题进行了进一步思考。第一，基于复杂适应系统（complex adaptive systems，CAS）视角并融合社会网络理论构建了基于 CAS 理论的企业内正式及非正式网络互动适应环境的理论框架。具体包括：①基于“合法系统”和“影子系统”对企业内正式及非正式网络互动的界定和测量进行了全新的阐释；②基于 CAS 视角的“有序”、“混沌边缘”、“混沌”及“适应性地形”等概念，引入“简单适应性”和“复杂适应性”，分析了正式及非正式网络对组织适应性的影响过程，解释了两者互动影响企业适应环境的差异性；③基于“创造性空间”的概念分析“探索式及利用式创新的二元平衡”在正式和非正式网络互动影响企业适应环境中的作用机理；④基于 CAS 理论中的“系统复杂性与环境复杂性匹配观”从企业内部环境因素（如员工特征、任务复杂性和企业文化）与外部环境因素（环境不确定性）的匹配视角界定了正式和非正式网络互动影响组织适应性作用机理的权变情境。第二，对 CAS 视角下双元创新战略对组织正式和非正式网络交互的权变影响分析结果表明：①双元创新战略、利用式创新战略和探索式创新战略都对正式网络与非正式网络一致性产生倒“U”形影响，因为利用式/探索式创新战略与权力网和朋友网之间的交互作用呈正相关/负相关，利用式/探索式创新战略与工作流网络和朋友网之间的交互作用呈负相关/正相关。②当将组织文化作为内部调节变量时，本书发现在组织集体主义文化/个人主义文化下，利用式/探索式创新战略促进了正式网络（权力网、工作流网络）与朋友网之间的高程度的交互。③当将环境作为外部调节因素时，本书发现环境复杂性削弱了组织集体主义文化/个人主义文化对利用式/探索式创新战略和正式网络与非正式网络一致性之间的关系的影响。第三，对正式结构支持与非正式网络帮助在创新中的作用的分析表明：①平衡式创新与组织绩效间存在显著的正相关关系，但是在高平衡状态下所提高的组织绩效幅度要低于非平衡状态下的组织绩效所提高的幅度。②正式网络中的成员相互提供支持有利于促进产品与服务的渐进式创新转化为组织绩效。③非正式网络成员相互提供帮助有利于促进产品与服务的突破式创新转化为组织绩效。④网络中成员交互提供支持与帮助有利于促进平衡式创新转化为组织绩效。

基于上述研究工作，本书通过回答企业正式与非正式互动影响组织适应性的概念、机理、权变情境等问题，在理论方面取得了如下进展。

第一，对企业内正式与非正式互动（结构互动、控制匹配与沟通匹配）的内涵、分类和测量进行了全新的阐释，为相关主题的实证研究提供了可供借鉴的工具。①本书基于社会网络视角将正式结构看作正式网络来分析正式与非正式网络的互动问题，由于目前研究仅将正式与非正式网络互动的概念界定为反映网络重叠程度的“网络一致性”，欠缺了对网络互动过程中“非正式网络对正式网络的支持与反对”的分析，本书通过引入正式网络的内容分类（权力网、顺序/互动工作流网）与非正式网络（咨询网络、朋友网络）在关系内容上的分类，提出了两类网络互动的不同类型，完善了企业内正式与非正式网络互动的维度构成和测量。②本书区别于以往将正式与非正式因素分别考虑的研究，将正式与非正式控制互补匹配分为四个类型，即过程控制与社交控制互补匹配、过程控制与文化控制互补匹配、结果控制与社交控制互补匹配，以及结果控制与文化控制互补匹配。将组织元素平衡方法纳入到正式与非正式控制互补匹配的计算中，即采用乘法、加法和减法三种方法计算其互补匹配，并根据各模型下的拟合优度判断取舍。此外，本书根据目前有关正式与非正式控制的分类，界定了四类不同的正式与非正式控制匹配模式（关系监管控制模式、官僚目标控制模式、人际影响控制模式、文化熏陶控制模式），弥补了以往研究忽视两者相互匹配或者仅从高低程度考虑两者间匹配的不足。③对于正式与非正式沟通匹配，本书借鉴 Cao 等（2009）的做法，将正式与非正式沟通匹配划分为结合式匹配与平衡式匹配两类。其中，结合式匹配采用正式沟通与非正式沟通分值之积；平衡式匹配采用正式与非正式沟通量表所得的最高分减去正式沟通与非正式沟通分值的差的绝对值。因此，本书从组织结构互动、管理控制匹配和组织沟通匹配三方面，为未来研究分析企业内正式与非正式互动的相关研究提供了可供参考的概念和工具。此外，我们将借鉴 CAS 理论中的“合法系统”和“影子系统”概念界定企业内正式与非正式互动的类型及内涵，能够弥补现有研究对组织内正式和非正式因素（组织结构、管理控制、组织沟通）互动界定不完整的缺陷，并对推动主流理论从社会网络视角关注组织内正式及非正式因素整合有重要理论价值。

第二，采用“简单适应性”和“复杂适应性”作为“组织适应性”的结果变量，解释不同正式与非正式互动类型影响企业适应环境的差异性是本书另一创新。以往学者主要以短期绩效为结果变量分析正式及非正式因素互动对企业的影响，使得相关研究仅仅分析了正式与非正式互动影响企业过程中的某一个阶段，难以展现正式与非正式互动影响企业适应环境的全貌；而分析企业正式与非正式互动影响组织适应性的研究又仅仅关注了非正式因素在企业中的适应性进化，难以反映不同正式与非正式因素互动在企业适应环境过程中的作用。本书选择“组织适应性”作为分析正式与非正式网络互动的结果变量，并从 CAS 视角将其分类为“简单适应性”（短期绩效、市场绩效、利用式创新、渐进式创新能力等）和“复杂适应性”（长期绩效、组织绩效、探索式创新、突破式创新能力等），相应地，将组织适应性在不同子问题中分别用短期/长期绩效、市场/组织绩效、利用式/探索式创新、渐进式/突破式创新能力等界定和测量；然后运用 CAS 理论中的“有序”、“混沌”、“无序”及“复杂适应子系统”和“复杂再生子系统”等概念分析了企业正式与非正式因素（组织结构、管理控制、组织沟通）互动形成的不同组织适应性。这将有助于相关理论突破以往研究所陷入的“管中窥豹，可见一斑”的困境，并解释不同组织正式与非正式互动影响企业适应环境的差别，从而帮助整合并解释现有研究的不同结论。

第三，将“组织双元性”作为正式与非正式因素互动影响企业适应环境的作用机理，把以往有关正式与非正式互动、双元性结构起源理论与组织适应性理论的研究联系起来，是一个重要的理论建构创新。正式和非正式因素（组织结构、管理控制、组织沟通）互动影响企业作用机理的研究还十分缺乏。鉴于结构属性是组织双元性起源的一个重要因素，而组织适应性又反映了组织双元性最初定义的目标，我们引入“组织双元性”分析企业正式与非正式互动影响组织适应性的中介作用。这一研究顺应了目前组织双元性定义混乱导致的相关研究亟须回归到将双元性看作一种源于结构的双元能力的需要，弥补了目前对组织双元性结构起源分析大多集中在正式结构方面或分离地考虑正式及非正式因素的不足；引入“正式与非正式互动”分类探讨组织双元性形成，能帮助解决目前研究未考虑的顺序双元性和同步双元性之间过渡以及正式和非正式因素组合形成双元性的问题；此外，引入“组织适应性”分析组织双元性对企业的影响，能帮助解决目前结果变量未考虑时间因素和组织生存而导致的研究结论不一致问题，并更好地刻画组织双元性长期影响企业的过程。因此，分析组织双元性在正式与非正式因素互动影响组织适应性中的作用机理是一个重要的理论构建尝试。由于从 CAS 理论看“合法系统”和“影子系统”分别具有不同的利用和探索能力，它们的互动也是通过利用和探索能力或平衡能力形成不同“创造性空间”的过程（Stacey，1996）。所以，本书借鉴 CAS 理论中有关“有序”、“混沌”、“无序”、“混沌边缘”及构成“混沌边缘”的“复杂适应子系统”和“复杂再生子系统”等观点，分析了顺序和同步双元性在正式与非正式网络互动适应环境的中介作用，这一中介作用分析既是一种跨学科的理论整合，也能将以往有关作用机理的研究联系起来，使现有理论更系统。

第四，采用企业内部因素（员工、任务、文化、知识共享等组织情境）与外部因素（环境不确定性）为分析正式与非正式因素互动影响组织适应性这一过程的作用机理划出限制条件和适用情境，使得对作用机理的解释更为精细，这是一项重要的理论发展工作。现有研究还没有明确分析正式与非正式因素互动影响组织适应性过程中的权变情境。但由于结构属性和组织情境因素是分析组织双元性起源的两个重要视角，现有研究总是分离地考虑两个因素，单独考虑结构属性的双元性研究缺乏对不同情境下利用和探索活动如何选择的分析，单独考虑情境因素的双元性研究未分析双元性的具体形式。所以本书引入组织情境因素作为调节变量，对融合结构属性和情境因素、全面认识组织双元性起源有重要价值。此外，虽然目前研究强调了环境不确定性对组织双元性影响企业的直接或调节作用，但对环境条件如何调节前因和双元性间的关系很少涉及，而且在分析环境不确定性对双元性影响企业的调节作用上还存在相反的结论。本书引入环境不确定性讨论前因和双元性之间的关系，并引入组织适应性对以往环境不确定性调节双元性和后果的关系做出进一步解释，是组织双元性理论一直呼吁加强边界条件研究的重要工作。我们借鉴 CAS 的“适应性主体”“系统复杂性和环境复杂性匹配观”理论，对组织情境、环境不确定性在正式与非正式因素互动和组织适应性关系的权变情境中的作用进行分析，将使这一工作更为精细和深入。

第五，本书有助于推动关于正式网络和非正式网络之间交互作用形成前因的研究，从而响应探究战略、文化和环境在其中的作用的呼吁。本书将系统结构、环境适应和战略选择这三个基本视角结合起来（Astley and van de Ven，1983），从战略、文化和环境三个驱动因素出发，构建了一个整体的正式和非正式网络交互的前因理论模型。鉴于以前的研究更多地注意到组织中正式和非正式网络之间交互作用的结果，正式网络和非正式网络之间交互作用的前因被忽略，因此我们的发现是最近关于正式网络和非正式网络之间交互作用的研究工作的进一步发展。此外，本书认为正式网络中的成员在完成正式工作任务时会相互支持，所以从网络视角提出了正式网络支持这一新概念，并对正式网络支持与非正式网络帮助这两种互补组织管理过程在渐进式、突破式和平衡式创新与组织绩效之间所起到的不同调节作用进行验证，进而证实了不同正式与非正式行为组合的帮助与支持会促进组织创新的产品与服务转化为组织绩效。这些进一步的相关研究都将为今后挖掘并展现正式与非正式互动前因后果的全貌进而开展相关的理论与实证研究奠定坚实的基础。

第六，本书基于CAS理论与社会网络分析相结合的视角形成研究的理论模型，这是当前复杂系统和社会网络发展的最前沿方向（罗家德等，2002）。本书基于CAS理论构建企业内正式与非正式网络互动及其影响组织适应性的理论模型，并运用社会网络方法进行深入分析。这种复杂理论和社会网络结合的分析是研究复杂系统的一种新颖的角度和方法，它关注了系统中个体相互作用的拓扑结构，是从网络结构的微观层次延展到宏观层次来理解社会、经济、生态等复杂系统的性质和功能（Newman，1999）。目前，已经波及众多科学领域，形成了各个学科领域的研究热潮。Uzzi和Lancaster（2004）曾在*Management Science*关于复杂系统理论跨学科应用的专辑征文中积极倡导将有关复杂网络研究的基础理论应用于组织管理领域。因此，本书是从国际最前沿方向和跨学科角度对组织管理问题研究的有益尝试。

本书作为一项探索性的研究，在写作过程中受到许多专家学者的智慧启迪，也得到了许多企业管理者和相关部门的鼎力支持，在此表示诚挚的谢意。本书是国家自然科学基金项目（71472036，71872041）、江苏高校哲学社会科学研究重点项目（2017ZDIXM015）及中央高校基本科研业务费专项资金（2242019S20020）等的研究成果。对支持本书研究和著作出版的相关单位和人员表示衷心的感谢！由于作者的学识水平所限，书中不足之处在所难免，恳请使用本书的读者朋友们批评指正。

吕鸿江

2020年9月30日

目　　录

第一篇　绪　　论

第二篇　企业正式与非正式结构互动对组织适应性的影响

第三篇 企业正式与非正式控制匹配对组织适应性的影响

第四篇 正式与非正式沟通匹配与组织绩效

第五篇　企业组织正式与非正式互动的进一步思考

第一篇 绪 论

第1章 研究背景

1.1 企业正式与非正式互动是组织适应环境的重要议题

1.1.1 企业正式与非正式因素互动日益频繁

随着社交新时代的到来，企业内传统社交方式受到巨大冲击，员工间正式和非正式关系与行为的界限变得模糊，两种关系与行为间的互动也越发频繁。一方面，伴随着 Twitter、Facebook 等社交网络不断融入办公室文化，大部分公司开始鼓励员工通过非正式社交网络推销自己、吸引消费者，使得员工采用各种非正式关系与行为进行正式业务的频率不断提高。例如，目前洛杉矶最热门的 BeachMint 公司就通过鼓励员工使用各种非正式社交网络，在 Facebook 上拥有了上百万的粉丝，进而推动其正式业务在 7 个月内增加了 2350 万美元。另一方面，伴随着各种办公软件广泛使用带来的企业内部门壁垒被打破，正式结构的工作流程和沟通模式越发扁平化、网络化，所有层级的员工得以在统一平台上办公，这促使更多非正式关系与行为在正式业务流程中快速发展起来。例如，谷歌就设立了可以随时使用 Email、内部网站和邮件讨论组等发起会议或向任何高管沟通想法的正式机制，使得员工间不断进行密切而平等的非正式交流，助其创造了像无人驾驶汽车、谷歌眼镜等大量极具创意的发明。

1.1.2 正式与非正式因素互动是企业适应环境的重要手段

正如英国智库 Demos 指出的，正式与非正式因素的频繁互动是目前企业组织内的重要特征，最大限度地发展和利用员工间的各种非正式关系与行为，并无缝地与各种正式业务流程衔接和互动，已成为当前企业快速适应复杂环境的重要手段。因此，决定这些社交关系和业务流程的组织内非正式和正式因素在企业适应环境的过程中发挥着更加重要的作用。但是，目前信息技术及管理方式变化带来的组织内正式和非正式网络的复杂互动作用往往使企业过分依赖非正式社交关系而抵制甚至反对公司的决策，或者过分强调正式工作流程而忽视非正式沟通传递新信息的特征。这都将使得当前处于“社交新时代”的企业难以借助正式及非正式因素互动迅速适应环境。因此，探讨当前企业内的正式及非正式因素如何互动，以及怎样借助这些互动关系与行为帮助企业迅速适应环境成为当前企业管理实践面临的重要议题。

1.2　理论界呼唤深入探讨组织正式与非正式互动相关问题

1.2.1　主流理论往往将企业正式及非正式因素割裂

事实上，当前的主流理论在分析组织内正式及非正式因素时往往从组织设计或社会网络角度将它们割裂开来讨论。一方面，尽管组织设计理论一直强调组织元素之间的互动及匹配是其思想的基石（Sinha and van de Ven，2005），但该理论一般集中研究组织设计中正式组织的要素和维度（如专业化、规模化、标准化等）如何保持协调一致（Drazin and van de Ven，1985），从而在很大程度上忽视了非正式结构这一基本要素的作用（Soda and Zaheer，2012）。另一方面，目前在管理研究中方兴未艾的社会网络研究主要关注了非正式社会结构的重要性（Krackhardt and Hanson，1993），大多集中研究非正式组织元素和单个组织成员间的社会网络关系（Smith-Doerr and Powell，2005），往往忽视了有意设计的正式结构和流程（管理控制、组织沟通等）的作用（Soda and Zaheer，2012）。将企业内正式与非正式因素（组织结构、管理控制、组织沟通等）割裂开，不考虑它们的共同作用，这显然不利于全面地理解企业组织功能。只有将企业内正式及非正式因素（组织结构、管理控制、组织沟通等）整合起来，分析它们在组织中如何互动以影响企业，才有助于我们从组织整体架构层面理解企业适应环境的过程（Soda and Zaheer，2012）。

1.2.2　整合考虑正式和非正式因素问题的研究还不完整

部分尝试整合考虑正式和非正式因素问题的研究在分析层面和概念界定上还是不完整的。其一，全部或部分地集中在整体组织层面，未完全将员工看作正式与非正式网络中的行为主体。基于组织设计理论的学者将正式及非正式元素都放在组织层面分析（Groat，1997），忽视了组织成员个体层面的正式及非正式行为（Betts and Stouder，2004）。虽然社会网络分析的学者引入非正式网络分析其对正式结构影响的研究（Lamieri and Mangalagiu，2009）时考虑到了个体层面的非正式因素，但忽视了组织成员在正式工作流中的行为主体特征。由于正式结构本质上是一种工作流网络（Chen and Krauskopf，2013），将正式结构看作正式网络，并将员工看作正式网络和非正式网络重叠或分离互动中的行为主体，从社会网络层面研究具有正式和非正式双重身份的行为主体的互动关系能更深入地理解企业内部网络。其二，少数关注正式与非正式结构互动的概念界定的研究中还欠缺对“非正式网络对正式网络的支持与反对”的相关问题分析。Soda和Zaheer（2012）开发和验证了反映非正式网络与正式网络互动的“网络一致性”（network consistency）概念，并将其定义为组织内员工之间的正式与非正式网络关联所表现出的跨网络重叠程度。但是，该概念只是关系强度的体现（Soda and Zaheer，2012），难以反映“非正式网络对正式网络的支持与反对”作用。其三，目前研究大多割裂考察正式控制与非正式控制匹配对企业的影响。现有研究认识到无论是正式控制机制还是非正式控制机制均有利于企业发展，但却忽视了对其相互关系的考察。少数研究也主要局限于定性探讨两种控制的概念及两者互补关系给企业带来的影响（程新生等，2009），强调不同类型正式控制与非正式控制匹配关系的定量研究还很缺乏。其四，目前在关于正式与非正式沟通的研究中考察的正式与非正式沟通的研究对象层次模糊，分散在组织、团队等不同层次；而且均割裂研究了正式沟通与非正式沟通的作用，忽视了对二者的匹配关系影响企业的分析。这将导致采用上述概念进行的正式与非正式互动分析陷入矛盾或令人质疑的困境。所以，现有理论亟须在界定正式与非正式互动概念时引入“非正式因素对正式因素的支持与反对”的维度以及“非正式因素对正式因素匹配”的分类。

1.2.3 对正式和非正式因素互动影响企业的研究还是静态的、片面的

少数试图分析正式和非正式因素互动对企业影响的研究主要停留在静态、片面的阶段。其一，主要以短期绩效（如离职、财务绩效、任务完成等）等静态指标为结果变量分析企业内正式与非正式因素互动对企业的影响，研究结论目前难以达成共识（Soda and Zaheer，2012）。由于正式与非正式互动对企业的影响是一个随环境变化不断突现和进化的过程（Soda and Zaheer，2012），静态指标只能反映某些时点的状态，无法反映企业与环境长期匹配过程。这可能是导致现有结论相互冲突的原因。由于组织适应性恰恰是一种反映企业与环境共同演化的指标（Jennings and Seaman，1994），引入组织适应性作为结果变量能更真实地反映这一动态演进过程。其二，对企业内部影响组织适应性的研究还主要停留在仅片面分析非正式组织（或网络）影响企业动态进化上，引入正式因素分析两者互动影响企业适应环境的研究还十分缺乏（Aalbers et al.，2014）。

1.2.4 提出问题

基于上述考虑，本书将集中分析企业内正式与非正式互动对组织适应性影响的问题。具体围绕这一总问题，我们准备从以下四个子问题展开研究：企业内正

式与非正式互动的内涵界定及测量、正式与非正式因素（组织结构、管理控制、组织沟通等）互动对组织适应性的影响、上述影响为什么会发生（作用机理），以及上述影响在哪些条件下会发生（权变情境）。这些问题的解决能够推动主流理论关注组织内正式与非正式因素整合的整体架构；并从社会网络层面对以往缺乏“非正式网络对正式网络的支持与反对”指标的正式与非正式网络互动不完整界定做出弥补；同时，引入“组织适应性”作为结果变量，也有助于进一步阐释以往正式与非正式因素（组织结构、管理控制、组织沟通等）互动影响企业结论不一致的原因，并动态、全面地揭示两者之间的关系。此外，本书也将为处在社交新时代的企业借助日益频繁、复杂的组织内正式与非正式网络互动适应环境变化提供重要指导作用。

第2章 研 究 述 评

2.1 企业正式与非正式互动的内涵界定与测量

企业是一个具有物质层面和精神层面的组织（崔佳颖，2006），经历了从强调工作标准化和行政化的古典组织，到注重人文关怀的行为科学组织，再到系统、权变的现代组织模式的演化。

一个完整的组织应包含组织结构、管理控制与组织沟通三个主要方面。组织结构是围绕层级形成的，而管理控制与组织沟通反映了组织结构中运行的流程。厄威克（1891）认为，组织的层级数量应该和组织的规模呈正比，并且由组织的管理幅度所决定。处在上层的管理者，由于下属数量较少，层级较高，管理幅度较小，相反，处在下层的管理者，层级较低，但管理幅度较大。然而，韦伯（1864）认为，应该按照权力的等级将组织结构划分为三层，第一层为最高决策层，其后依次为中间管理层与基层作业层，三个层级共同形成一个指挥链，做到职责清楚。

进而，管理控制反映了组织层级中自上而下的指令链。法约尔（1841）将控制作为组织管理的五项职能之一，并认为控制适用于组织内的所有事情，控制意味着："检验发生的每一件事是否与所订的计划、发布的指令及建立的原则一致"（赵圣斌，2007）。韦伯关于控制的思想主要体现在其经典著作《社会组织和经济组织理论》中，他主张建立一种高度正式化的和非人格化的行政组织体系，并认为这是组织对个人进行控制的最合理方式，是实现目标、提高生产率的最有效形式。

此外，组织沟通反映了组织层级中的信息流。法约尔（1841）作为第一个提出组织沟通思想的学者，对于促进组织沟通研究起了重要作用，他提出了一般管理的十四条原则，其中的"等级链和跳板"即组织中信息的传递和沟通。法约尔认为，组织内部信息传递与沟通要遵循"等级链"的原则，但有时为了提高组织沟通效率，同级之间可以采用"跳板"进行横向沟通。1924～1932年的霍桑实验中，梅奥也提出了组织沟通在组织非正式管理中具有重要作用。

因此，企业组织的正式与非正式因素互动可以由正式与非正式结构、构成主要组织流程的正式与非正式控制以及正式与非正式沟通三种类型组成。

2.1.1 企业正式与非正式结构互动的内涵及测量

企业内正式与非正式因素是共存的（Groat，1997），每个正式结构中都存在着非正式结构，每个非正式结构也会演化出一些正式结构的特征（Luthans，2002）。目前主流理论对此问题的研究还比较欠缺，少数关注此问题的研究伴随主流理论发展经历了三个阶段。

最初，从组织设计角度分析了企业中正式结构与非正式结构的关系，提出以下观点：①两者冲突。非正式结构会出于群体压力而团体盲思对抗正式结构（Janis，1972），并抵制变革（Davis and Newstrom，1977）；正式结构也会控制非正式沟通并调整其目标（Johanson，2000），从而限制非正式结构发展（Allsop and Mulcahy，1996）。②两者互补。非正式结构的存在能使企业成为有效的完整系统，减少管理者工作量并弥补其缺陷，为雇员情绪提供安全释放渠道（徐碧琳，2005），它是重要且必要的通信手段（Mintzberg，1983）。正式结构也可以支持非正式结构（Bessie，1994），重塑非正式网络（Johanson，2000）。所以，两者是互补的（Groat，1997）。③权变观点。认为二者的互补是权变的。正式结构的集权化对非正式网络有显著负向影响，而规范化通过促进部门整合对非正式网络产生间接正向影响（Brass，1981）。发达的正式沟通结构和正规渠道导致部分改变甚至消除非正式沟通（Groat，1997）；只有当两者冲突时，非正式结构才会对抗正式结构，而正式结构也会制约其发展（徐碧琳，2005）；当正式结构透明而稳定时，非正式网络可能不会发生作用（Reif et al.，1973）。

此后，随着社会网络分析在组织管理研究中的兴起，研究者开始引入非正式网络特征分析企业内正式结构与非正式网络的互动关系，主要关注了非正式网络对正式结构的不同影响。①反对正式结构。网络成员会因个人利益驱动产生组织政治活动，进而工作耗时并延迟团队合作，难以发挥补偿正式系统的功能（Willem et al.，2006）。②支持正式结构。认为非正式网络更有利于信息传递和知识共享，而且可以缓解层级结构刚性带来的效率低下（Lamieri and Mangalagiu，2009）。③两种作用同时存在。非正式网络对正式结构的影响是权变的（Ibarra，1992）。正式结构的垂直及水平层级（Rank，2008）、正式组织领导与非正式组织领导的互动，以及问题复杂程度（Stevenson and Gilly，1991）会使支持和反对发生变化。

近期，少数学者开始将正式结构看作正式网络，分析企业内正式与非正式网络的互动。①提出了一些正式与非正式网络互动概念和测量工具。Kuipers（2009）提出“网络重叠”（network coupling）概念，即反映两个网络中相同关系占总关系数的比例，包括包含完全相同成员并紧密耦合的关系、包含关系中少数几个相同成员并松散耦合的关系，以及没有相同成员并完全不相关的关系。而 Soda 和 Zaheer（2012）提出和验证了正式和非正式“网络一致性”（network consistency）量表，将其定义为员工间正式与非正式网络相关联表现出的网络重叠程度，反映了正式与非正式网络的互动程度。②分析了正式与非正式网络互动中的“一致性”和“非一致性”特征。网络一致性方面，由于非正式沟通网络更广泛，正式权力网络和非正式沟通网络只有少数重叠，所以网络一致性是有限的（Kratzer et al., 2008a）；但在战略决策过程中会使用正式关系外的非正式合作关系，而且许多非正式关系也是在纵向正式关系中建立和维护的，所以网络一致性也是重要的（Rank，2008）。网络不一致性方面，Gulati 和 Puranam（2009）案例分析认为非正式网络可以激励在正式网络中不被重视的员工采取行动来弥补正式组织的不足，并称其为有差异的互补匹配，所以不一致性也发挥了重要作用。

2.1.2 企业正式与非正式控制的内涵与构成

管理控制是企业通过影响员工的行为实现组织目标的一系列努力，它由计划、评估、反馈和奖励四个核心控制机制组成（Flamholtz et al.，1985）。从关系控制系统设计视角看，管理控制主要包括正式控制和非正式控制。其中，正式控制是一种有效率的信息系统的结构设计，非正式控制是一个社会系统的社交关系设计（Ansari，1977）；正式控制是正式的管理过程，非正式控制是人员间的交互（Bruns and Waterhouse，1975）。具体地，关于正式控制与非正式控制的分类，学者分别认为正式控制包括市场控制和官僚控制，非正式控制为宗族控制（Ouchi，1979）；正式控制包括行为控制和结果控制，非正式控制为文化控制（Flamholtz et al.，1985）；正式控制是一个由计划过程决定的核心系统，非正式控制为奖赏机制和文化控制（Flamholtz et al.，1985）；正式控制是行为过程、行动过程和结果控制，非正式控制是个人控制、社交控制和文化控制。最具代表性的是 Jaworski（1988）的研究，他总结上述观点后提出正式控制包括投入控制、过程控制和结果控制，非正式控制包括个人控制、社交控制和文化控制。

具体地，正式控制中，投入控制是指组织上层管理者为实施一项活动所采取的一系列测量行动，一般包括选择标准、招募和培训员工、人员权责分配、战略计划制订，以及其他形式的资源分配等（Flamholtz et al.，1985）。过程控制是指企业为实现组织目标而采取的一系列影响方式。过程控制重点关注的是行为或活动本身而非结果，因此又叫作行为控制，是正式控制机制的核心部分，也是最为复杂的部分。关于组织结构和过程控制的区别，一直以来存在两种不同的观念。一种观念认为组织结构就是一种过程控制机制（Child，1972），而另一种观念不赞同这种说法（Flamholtz et al.，1985）。Flamholtz 等（1985）指出，组织结构对研究企业控制机制有重要意义，但其本身并非一种控制机制。Ouchi（1978）将组织结构视为水平结构和垂直结构的整合，具有集权性和正规性，作为对比，他认为控制机制只是一个监管过程，用来比较投入和产出，并以此做出奖赏和惩罚。考虑到组织结构直接影响员工或团队的行为和活动，本书认为，可以将组织结构看成一种控制机制。结果控制是指一系列的绩效考核标准，用来判断组织是否实现了预期目标。结果控制强调结果而非过程，起到一种反馈的效果（Jaworski，1988）。

非正式控制中，个人控制是最小范围的非正式控制，表现为员工为实现个人目标而自我设定的一些自我监控方法和行为调整等（Hopwood，1974）。个人控制并非等于无控制，相反，个人控制可以缓解或消除许多传统控制管理中出现的问题（Lawler，1976）。社交控制又叫“小组织”控制（Lawrence et al.，1971），“宗族”控制（Ouchi，1979）或者“专业化”控制（Waterhouse and Tiessen，1978），一般是指营销单位通过设立一些正式的专业化标准来监控组织的日常工作是否偏离预期目标。根据功能的不同，社交控制又可以分为多个子单元，如广告控制、销售控制和研发控制等，其中，就销售控制而言，具体内容包括成本控制、销售额控制和日期控制等。文化控制是最大范围的非正式控制，包括组织活动的方方面面，可以简要定义为组织中引导员工行为的一系列价值观和行为准则（Ouchi，1979）。虽然文化是一个组织结构变量，但是在营销人员控制视角下，文化表现为对组织所有员工的约束，因此是范围最大的一种非正式控制机制。文化控制是组织成员长期相互影响，通过共同的“故事”、习惯、“传奇”和规则缓慢积累的过程（Meyer and Rowan，1977）。当员工将组织的目标内在化，即变成员工个人的目标时，本书就认为，组织文化的这一积累过程就完成了（Ouchi，1979）。值得注意的是，此后，Jaworski 等（1993）进一步将正式控制分为过程控制和结果控制、非正式控制分为社交控制和文化控制，并开发了相应的量表。因而在后续的量化研究中，正式控制主要分为过程控制和结果控制，非正式控制主要分为社交控制和文化控制。

关于正式与非正式管理控制匹配的研究，目前理论界已关注到正式和非正式控制的互动在企业管理中发挥的重要作用，对相关文献回顾如下（表 2.1）。

表 2.1 企业正式与非正式控制划分及其匹配研究

文献	正式控制	非正式控制	研究结论	研究方法	匹配
Lawrence 等（1971）	组织过程	个人控制；社交控制	组织控制基本是产出一定位过程；社交控制类似于宗族精神，但不是组织文化	定性	是
Hopwood（1974）	管理过程	个人控制；社交控制	正式控制是一种管理过程；非正式的社交控制包含组织文化	定性	是
Bruns 和 Waterhouse（1975）	管理过程	人员交互	正式的管理过程关注预算和结果；非正式控制反映人员间的交互	定性	是
Ansari（1977）	结构方法	行为过程	正式控制是一种信息系统的结构设计；非正式控制涉及成员间社交关系设计	定性	是

续表

文献	正式控制	非正式控制	研究结论	研究方法	匹配
Ouchi（1979）	行为控制；结果控制	宗族控制	正式控制分为行为和结果；提出宗族控制与组织文化区别，将个人控制看作一种宗族控制	定性	是
Flamholtz 等（1985）	计划过程；核心系统	奖赏机制；文化控制	认为组织结构不是控制；非正式控制分为奖赏和文化	定性	否
Merchant（1987）	行为过程；行动过程；结果控制	个人控制；社交控制；文化控制	提出六类划分，但没有系统讨论正式与非正式控制	定性	否
Jaworski（1988）	投入控制；过程控制；结果控制	个人控制；社交控制；文化控制	正式提出正式与非正式控制的六类划分	定性	否
Jaworski 和 Macinnis（1989）	过程控制；结果控制	个人控制；社交控制	开发正式与非正式控制量表，包括工作紧张度、反功能行为和信息不对称性	定量	否
Jaworski 等（1993）	过程控制；结果控制	社交控制；文化控制	进一步开发文化控制量表，并使正式与非正式控制的量表四维度成为典范，同时采用判别分析方法根据正式与非正式控制的高低程度划分出四类控制结合类型，但未考察二者之间的两两匹配	定量	否
Joshi 和 Randall（2001）	过程控制；结果控制	社交控制	考察了结果、过程、社交控制对绩效和顾客定位的影响	定量	否
Ayers 等（2001）	集中化；正规化	关系规范	分析了集中化、正规化和非正式的关系规范对新产品开发的影响	定量	否
Cravens 等（2004）	过程控制；结果控制	社交控制；文化控制	考察高低程度不同的四类控制结合机制对员工工作行为和工作结果的影响	定量	否
Sitkin 和 George（2005）	结构和程序	非正式规则	考察了正式结构和程序以及非正式规则对组织信任的影响	定量	否
Evans 等（2007）	过程控制；能力控制	—	考察了过程和能力控制对顾客定位的影响	定量	否
Lange（2008）	过程控制；结果控制	社交控制；文化控制	描述了腐败控制结构维度，正式控制分为过程和结果，非正式控制分为社交和文化	定性	否
Miao 和 Evans（2013）	活动、能力和结果控制	—	考察了活动、能力和结果控制对销售人员适应性销售行为的影响	定量	否
Voss 和 Brettel（2014）	过程控制；结果控制	社交控制；文化控制	考察了过程和结果控制，社交和文化控制对公司绩效的影响	定量	否
吕涛和聂锐（2009）	—	自我控制；职业控制；文化控制	考虑了自我控制、职业控制和文化控制对销售人员绩效和客户关系质量的影响	定量	否
程新生等（2009）	契约性规范	隐性契约	考察了正式和非正式控制对控制绩效的影响	定量	否
谢洪明等（2010）	预算和目标控制	社交、沟通和文化控制	考察了正式和非正式控制对国际合资公司技术创新的影响	定量	否

国内方面，盛宇华和李金生（2007）分别从技术因素和人际关系角度构建了营销控制力模型，并实证分析了不同营销沟通方式在不同营销情境下的运用情况及效果。吕涛和聂锐（2009）分析了非正式控制对销售人员绩效和客户关系质量的影响，研究指出，非正式控制对销售人员绩效既有直接影响，也有间接影响，而对客户关系质量只有间接影响。谢洪明等（2010）又从东道国母公司的视角，分析了东道国母公司对国际合资公司（international joint venture，IJV）的正式和非正式控制，以及对 IJV 的技术创新的影响。研究指出，东道国母公司的正式和非正式控制以不同的途径正向作用于 IJV 的技术创新。国内关于正式与非正式控制的研究还不够成熟，相关的研究文献也较为鲜见，并同样将正式与非正式控制机制割裂开来。

可见，当前关于正式与非正式控制的研究相互孤立，缺乏对其互补匹配关系进行分析。企业的正式和非正式控制机制相互匹配，共同为实现企业目标服务（Hopwood，1974）。然而，需要注意的一点是，它们的结合同样也是十分复杂的。Argyris（1952）指出，高度的金融控制（过程控制）对企业潜在的社交控制有着不利的影响。Waterhouse 和 Tiessen（1978）指出，企业的过程控制对产出控制有着重要的影响，高度集权的过程控制系统往往有利于企业产出控制的实施。因此，应理性分析各控制部分的机制原理，并结合企业的具体实践情况做出判断。我们认为，目前大多数研究者已经注意到企业非正式控制机制的重要性，甚至可能过多地加以关注。因此在考察企业非正式控制机制重要性的同时不可忽视企业正式控制机制的作用，这也是企业经营成功的关键。

2.1.3 企业正式与非正式沟通的内涵与构成

正式沟通一般指在组织系统内，依据组织明文规定的原则进行的信息传递与交流，如正式组织结构之间的定期情报交换就属于正式沟通（Anderson and Narus，1984）；非正式沟通指通过正式沟通渠道以外的方式进行的信息交流和传达（Johlke et al.，2000）。关于正式与非正式沟通的研究，国外方面，最早是从沟通满意度的研究开始的（Downs and Hazen，1977）。Downs 和 Hazen（1977）指出，沟通满意度不是一个单维变量，而是一个多维变量，通过因子分析，他们提出了沟通满意度的八维度指标，分别是组织愿景、组织整合、个人反馈、与上级关系、平行及非正式沟通、与下级关系、渠道质量和沟通环境。自此之后，正式和非正式沟通作为管理学领域的一门重要学科而引起了众多管理专家和管理者的关注。然而，受制于组织配置观的影响，如等级式的组织架构制约、劳动分工的详细划分、为协调工作而建立的正式沟通机制（Dow，1988），以及组织经营的目标和目的等，正式沟通成为早期研究组织沟通的主要研究视角。考虑到企业中非理性因素的存在，组织开始意识到非正式沟通在组织沟通中的重要性（Johnson，1990）。例如，非正式沟通在使沟通过程简易化、增强组织的凝聚力，以及维持沟通个体自我真实性和能动性方面均有着重要的作用（Johnson，1993）。此后，学术界围绕企业正式和非正式沟通进行了大量的研究，这些研究包括企业正式和非正式沟通内涵的界定（Anderson and Narus，1984）、企业正式和非正式沟通的特征比较（Johnson et al.，1994）等。所有这些研究都有一个共同的特征，即将企业正式和非正式沟通因素割裂开来讨论，忽视了它们之间的互补匹配问题。

Johnson 等（1994）从沟通渠道外部因素、沟通渠道内部因素和沟通结果利用三个方面对正式和非正式沟通互动进行了早期的分析和探索。首先，沟通渠道外部因素主要有个人因素和组织因素。个人因素主要体现在个人对沟通信息的认知程度（Evans and Clarke，1983）。沟通渠道往往会让个人获得反馈信息以帮助他们完成日常工作，因此，一个熟练利用沟通渠道并获得反馈信息的员工就很容易成功（Ashford and Cummings，1985）。因为等级链的限制，非正式沟通比正式沟通更容易获得反馈信息（Allen，1986），因而更容易帮助员工获得成功。此外，个人对沟通结果的预期也会影响沟通的进程。个人在进行沟通之前往往会假设一些问题，并判断是否会影响沟通的结果。如果个人认为利用某种沟通渠道将花费较大的代价，那么他们可能会不愿意进行沟通（Miller and Jablin，1991）。站在个人需要的角度，员工对非正式沟通的预期要高于对正式沟通的预期，因为制度化的正式沟通除了与员工个人需要联系较少外，往往也因明确的沟通流程而有可预见的结果。组织因素主要表现在组织结构和组织文化两个方面。一方面，组织结构影响沟通的基本路径。相对于等级森严的组织结构，现代宽松的组织环境更加容易进行沟通（Blau，1977a）。从组织结构的角度看，正式沟通更具结构性，相反，非正式沟通比较需要较为松散的组织结构。另一方面，正式沟通往往比非正式沟通更具组织文化性。组织文化在战略决策中有着重要的影响（Feldman and March，1981），较强的组织文化往往能够限制员工个人的非正式沟通。

其次，沟通渠道内部因素主要体现在沟通问题上，主要表现为有关问题的可信度、对问题的理解力和问题的实用性等方面。如果员工认为沟通渠道能给其带来的不仅仅是信息，还有其他一些重要的方面，如关系纽带等，那么他们就会积极地进行沟通。此时，沟通问题的可信度和理解力就十分重要，是否能够准确无误地理解问题并相信问题的可信度将直接影响沟通问题能否顺利地向上级传递（Glauser，1984），从而最终影响沟通的进行程度。另外，沟通问题所呈现的方式也十分重要。需沟通的问题最好能以一种易于理解并准确严谨的风格展现，这样员工便能方便地选择适合的工具将信息顺利地传递下去（Allen，1986）。问题的实用性同样十分重要。在组织上下级沟通过程中，为了防止上层管理者出现信息量过大的局面，筛选实用的信息就变得十分重要（Glauser，

1984）。由于非正式组织结构与生俱来的弹性，在过滤信息方面能够很好地选择出符合管理者个人需要的相关信息，因而较正式组织结构所提供的过量信息有较大的可利用性。

最后，沟通结果利用方面，正式和非正式沟通也存在差异。Lenz（1984）认为，沟通的最终结果主要体现在三个方面：沟通机制的建立、沟通范围的确立和沟通深度的确立。其中，沟通机制的建立主要表现为正式和非正式沟通渠道的确立；沟通范围的确立涉及此次沟通的总人数；沟通深度的确立表现为此次沟通所包含的信息量以及该信息量对于提高员工工作绩效所可能产生的影响（Allen，1986）。然而，一般而言，本书认为，沟通结果利用方面主要表现为如何利用最终的沟通信息，以帮助获取所要的信息。在这一方面，正式和非正式沟通有所不同。一方面，对于接受沟通信息而言，员工一般通过正式沟通渠道在较少的人那里获取较少的信息，因为他们的信息可能是保密的。另一方面，对于传播信息而言，员工会通过非正式沟通渠道传播出大量的信息（Johnson et al.，1994）。因此，在沟通结果利用方面，非正式沟通扮演着信息扩散的角色。

国内方面，钱小军和詹晓丽（2005）对我国企业员工沟通满意度进行了因子分析和相关分析，研究指出上级对下级沟通、沟通介质质量和沟通氛围是较稳定的沟通满意度因子，并且对工作满意度能够产生积极的影响。邓丽芳和郑日昌（2008）用量化和质化研究相结合的方式，分析了组织沟通与成员工作压力之间的关系，其中，量的研究从宏观层面上探讨、明确了组织沟通中七大要素（上下级关系、同事关系等）与工作压力心理、生理、工作行为 3 个方面反应结果的密切联系；质的研究在量化研究基础上，通过分析得出了更多细微、具体的内容。张莉等（2012）又分析了组织沟通方式对沟通满意度的影响，研究指出，在组织的纵向沟通中，正式沟通和非正式沟通方式都能够对沟通满意度产生正向效应，而正式沟通方式的效果更为明显，并研究发现沟通倾向和沟通认知对上述关系存在调节作用。

有关正式和非正式沟通的互动关系方面，也有学者对企业正式和非正式沟通互动对企业的影响进行了研究。Kraut 等（2002）从形式、功能和技术上分析了非正式沟通在组织中的重要性，通过对特殊性研发组织的调查，他们发现，非正式沟通频繁存在于研发组织中，它对组织协作、组织学习及组织社会关系的发生均有着重要的影响。Turner 和 Müller（2004）就企业中的委托代理关系指出，平衡企业正式和非正式沟通有利于在委托人和代理人之间建立一种信任、理解和易于控制的情境，这对于消除二者之间的疑虑、建立长久的合作关系有重要影响。Pagell（2004）就企业的供应链整合过程指出，正式沟通往往是在规定的时间内进行，时限较短，对于许多突发的现实问题往往不能很好地讨论，此时，非正式沟通便能很好地发挥作用，因此，将其融入于企业正式沟通有利于更好地进行供应链整合。

Kratzer 等（2008a）进一步指出，在企业的产品开发合作领域中，非正式沟通和正式组织结构设计之间存在较低的一致性，这对于企业产品开发效率既存在正向也存在负向的影响，企业需权衡对待。此外，Kandlousi 等（2010）又考察了企业正式和非正式沟通对提高企业沟通满意度的影响，发现二者对沟通满意度均有正向的影响。张莉等（2012）也实证指出，正式沟通和非正式沟通方式均对沟通满意度产生正向影响。Tang 等（2015）从企业沟通情境视角进一步考察了正式和非正式沟通对新产品开发绩效的影响，研究发现，正式沟通和非正式沟通均对企业新产品开发有正向影响。综上所述，尽管已有部分学者关注到企业正式和非正式沟通互动对企业的影响，但大多数研究仍将企业正式沟通变量和非正式沟通变量割裂进行研究，未能进行实质上的互补匹配量化，并且对于企业正式和非正式沟通互动对企业影响的机理也一直未能进行很好的解释。

2.2 企业正式与非正式互动对组织适应性影响的述评

2.2.1 企业组织适应性的分类、内涵及界定

组织适应性（organizational adaptation）一直是战略管理领域重点研究的问题（Daft，2000），它反映了企业如何调整自身的战略及管理系统以适应环境变化的能力（Duncan，1972a）。由于不具有适应性的组织就不能适应环境，进而也难以生存（Carley，1997），所以，影响组织适应性形成因素的研究备受学者关注。现有研究分别从三个方面分析了组织适应性形成的影响因素：①组织系统设计因素，如工作系统结构（Lawrence and Lorsch，1967；Carley and Svoboda，1996）、管理流程（Benner and Tushman，2003；Szulanski et al.，2004）、组织结构（Siggelkow and Levinthal，2003）、组织变革（Levinthal，1991），以及员工及领导行为（Koberg，1987）等；②战略选择因素，如战略制订（Burgelman，1991）、战略实施（Harrington and Kendall，2007）、柔性战略（Skordoulis，2004）及战略联盟（Kauffman，1995；Boisot and Child，1999）等；③环境因素，如环境特征（Duncan，1972a；Anderson and Tushman，2001）、技术环境（Rossetti and DeZoort，1989；Namwoon and Jae，2007）、环境压力、国际市场（Karns and Khera，1988）及社会环境（Strand，1983）等（吕鸿江和刘洪，2008）。

CAS 理论的组织适应性分为“简单适应性”和“复杂适应性”。颜泽贤等（2006）认为在研究 CAS 的适应性时，需要区分两种适应。一种是简单适应，将系统的相关参数调节到特定基准值就适应了外部环境的变化，在系统内没有一组竞争或进化的图式，是一种不改变基准信号和目标图式的适应。另一种是通

过选择和改变图式的适应，即复杂适应。一些学者基于不同的定义提出了基本相同的分类。例如，Gell-Mann（2001）就指出组织系统适应经历了简单适应、初步复杂适应到选择和改变图式的复杂适应的过程。MacIntosh 和 MacLean（1999）运用复杂性理论重新解释了企业适应环境的过程，提出三类组织适应性：通过表达和重构组织规则来调控的适应、打破系统均衡的适应及使企业进入正负反馈自组织过程的适应。李勖等（2003）从知识视角将组织适应性分为不通过组织学习对环境变化的静态适应性、通过自身内建的自稳型学习能力对组织进行局部调整以适应环境变化的动态适应性、企业会衰亡或进入新稳态并通过自组学习发生相变的临界性适应性。组织适应性包括一系列计算、认知、图式的选择和改变的过程。就复杂/简单适应性的测量而言，相关学者从变异种群的存活率与繁殖率、组织适应性的高低水平（Jennings and Seaman，1994）、复杂适应性的六个指标（Monks，1998）及企业复杂适应性量表（吕鸿江和刘洪，2008）等方面进行了研究。

本书选择“组织适应性”作为分析正式与非正式网络互动的结果变量，并从 CAS 视角将其分类为“简单适应性”（短期绩效、市场绩效、利用式创新、渐进式创新能力等）和“复杂适应性”（长期绩效、组织绩效、探索式创新、突破式创新能力等），相应地，将组织适应性在不同子问题中分别用短期/长期绩效、市场/组织绩效、利用式/探索式创新、渐进式/突破式创新能力等界定和测量；然后运用 CAS 理论中的“有序”、“混沌”、“无序”、“复杂适应子系统”和“复杂再生子系统”等概念分析了企业正式与非正式互动形成的不同组织适应性。

2.2.2　企业正式与非正式互动对组织适应性的影响

目前，学者主要以短期绩效（如离职、财务绩效、任务完成等）为结果变量，分析了企业内正式及非正式结构（或网络）互动对企业的影响。

其一，强调两者互动对企业的正向影响。正式结构与非正式网络能通过共享价值观促使组织成员做他们愿意做的事情（Gulati and Puranam，2009）、获得强有力的工作场所依附感（Kuipers，2009）、进行企业内部知识共享的优化（原欣伟等，2012），减少工作分歧，有利于战略一致性（Porter，1996），使管理者领导的项目取得成功，具有动力作用（徐碧琳，2005）。因此，根据“互补匹配”逻辑，非正式的社会结构与正式权力结构重叠时绩效会提高（Gulati and Puranam，2009）。

其二，强调两者互动对企业的负向影响。正式和非正式的网络重叠会增强组织成员关系进而降低灵活性、造成过度嵌入（Krackhardt and Hanson，1993）、削弱对正式组织的补偿功能（Nickerson and Zenger，2002）、难以实施多元化战略（Gulati and Puranam，2009）、增加网络冗余和刚性（Gargiulo and Benassi，2000）、使员工产生离职倾向（刘昕，2006）、产生相互矛盾的信息属性和优先级，并引起混乱而削弱绩效（Burt，2005）。

其三，认为两者互动对企业的影响是复杂、非线性的。组织正式和非正式结构之间的互动模式，特别是重叠或一致性，可能增加或降低组织绩效（Rank et al.，2010）。例如，Kratzer 等（2008a）也认为正式工作流和非正式的沟通网络之间的重叠与团队创造力呈现倒“U”形关系，而对团队效率有负面影响。非正式组织的强度过高或过低都会打破互补匹配条件，进而导致绩效下降和企业重组（Gulati and Puranam，2009）。所以，一些研究者认为网络连通性和绩效之间有一种倒“U”形的关系，过高或过低的连通性所导致的绩效都较差，适度连接系统的绩效较好（Lazer and Friedman，2007）。进而，Soda 和 Zaheer（2012）指出正式权力网与非正式网络间一致性与组织成员绩效间呈正相关，互惠正式工作流和非正式网络间非一致性与员工绩效存在倒“U”形关系，正式顺序工作流和非正式网络间的非一致性与员工绩效存在负相关关系。

2.3 企业正式与非正式互动影响组织适应性作用机理的述评

由于正式与非正式网络互动对企业影响的研究才刚刚起步，分析其作用机理的研究还十分缺乏。但目前不断深入的组织双元性[即组织同时具有利用和探索能力，既能在成熟的技术市场中通过竞争提升效率、增强控制和改进增量，也能在新技术市场竞争中获得灵活性、自主性和探索性（Tushman and O’Reilly，1996）]研究为我们提供了思路。相应地，从企业的资源及能力[如探索及利用式创新二元平衡（Jansen et al.，2009）、共同价值观（Gulati and Puranam，2009）、组织认同感（Kuipers，2009）、占领沟通网络交界位置（Tucker，2008）、获得咨询或友谊网络中心优势（刘楼，2008）、知识传递（Allen et al.，2007）、创新行为（Salavisa et al.，2012）、知识管理战略（Jewels et al.，2003）、企业内部知识共享优化（原欣伟等，2012）]等分析了企业内正式及非正式组织（或网络）互动对企业的影响。下面，我们将从企业内正式与非正式因素影响组织双元性和组织双元性影响组织适应性两方面分析这一作用机理。

2.3.1 企业内正式与非正式因素对组织双元性的影响

目前具有解释力的是关于企业内正式及非正式组织因素互动对探索及利用式创新二元平衡影响的研究。由于企业内正式组织及非正式组织互动会对企业同时产生不同甚至非线性的影响（Soda and Zaheer，2012），分析二元平衡对正式及非正式网络互动影响企业关系的作用有助于打开上述复杂、非线性关系的黑箱。具体地，Gulati 和 Puranam（2009）证实了从企业重组中产生的正式和非正式组织之间的补偿匹配能帮助创建二元组织，并使其发挥最大绩效；而且从战略角度看，正式和非正式网络可以分别服务于两种不同但同样重要的“二元”战略，从而有利于多元战略实施（Fang et al.，2010）。Jansen 等（2009）也强调结构属性对同时追求探索和利用的二元组织具有重要影响，结构分化直接通过非正式的高层团队（即高级团队的社交整合）和正式的组织（即跨功能的接口）集成机制影响探索和利用的二元性。具体内容如下。

1. 结构属性是组织双元性的重要起源

组织双元性理论强调结构属性是组织双元性起源的一个重要因素（Jansen et al.，2009）。这一观点包括：①强调时间分离的顺序双元性（sequential ambidexterity），即企业长期不断地调整组织结构，按一定先后顺序重塑利用和探索能力，从而通过包容创新和效率间的冲突达到双元性（Duncan，1976）。实现顺序双元性的结构包括：“半结构化”和“韵律转换”（Brown and Eisenhardt，1997）、“钟摆”（Boumgarden et al.，2012）、“临时分权”（Siggelkow and Levinthal，2003）等方面。②强调空间分离的同步双元性（simultaneous ambidexterity），即由于环境快速变化时顺序双元性无法发挥作用，这时企业可以通过分离结构单元分别进行利用和探索活动（O’Reilly and Tushman，2008），进而同时具有两种能力（Tushman and O’Reilly，1996）。实现同步双元性的结构包括并行（Gibson and Birkinshaw，2004）、紧耦合（Tushman and O’Reilly，2007）、松耦合（O’Reilly and Tushman，2004）等。

2. 采用正式和非正式因素解释组织双元性

开始尝试从组织结构的正式和非正式因素方面解释组织双元性。正式组织的离散变化会使正式和非正式组织调整过程过于剧烈，非正式组织的连续变化会缓解这一问题，并带来双元性收益（Nickerson and Zenger，2002）；而且，正式和非正式因素可以分别服务于“二元”战略（Fang et al.，2010）；非正式高层团队和正式组织的集成机制也会影响利用和探索的双元性（Jansen et al.，2009）。Gulati 和 Puranam（2009）对思科系统公司重组研究表明，当正式与非正式组织分别强调相反目标时，非正式组织能够弥补正式组织未强调的行为以提高双元性收益，即“正式和非正式组织间的补偿匹配”；当企业收益集中在利用或探索能力某一方面时，正式与非正式网络就会具有相同员工行为并达到一定“契合度”，进而能获得更高的组织绩效。

3.组织双元性是影响管理控制的重要因素

组织双元性是管理控制发挥作用的重要因素（Jansen et al.，2009）。从管理控制视角分析，He 和 Wong（2004）研究指出，组织利用活动和探索活动是两种基本的管理方式，利用活动强调对现有产品质量改进、生产灵活性提高、生产成本降低及原材料使用节约的管理，探索活动强调对新一代的产品研发、产品范围扩大、新市场开拓及新技术领域的进入等方面的管理，组织应该平衡利用活动和探索活动的管理，从而对公司绩效产生积极的影响。Jansen 等（2009）开创性地采用加法、乘法和减法三种方法来计算组织中的二元平衡，进而研究非正式的高级团队的社交整合和正式的组织跨功能接口对组织双元的影响。刘新梅等（2013）进一步分析了组织双元在组织控制机制与组织创造力之间的作用机理，指出组织双元性是组织管理控制影响组织创造力的重要机理。

4. 情境双元是管理沟通发挥作用的重要因素

正式与非正式沟通匹配本质是组织中不同员工信息交流氛围的匹配。一方面，正式沟通要求组织有一个良好的环境，以保证组织系统内成员依据组织明文规定进行信息传递与交流，从而更加有利于正常工作的开展，提高工作效率和工作绩效。正是这正式组织情境双元所需要营造的情境利用环境，如公司的管理体系，使得员工之间协调一致地开展工作，共同支持组织的总目标；员工在工作中做出背道而驰的事通常是因为公司的管理体系不协调，各部门的目标相互冲突。另一方面，非正式沟通指组织通过正式沟通渠道以外的信息交流和传达方式，如小道消息（Johlke et al.，2000）来确保员工的非正式信息交流，以发现组织中存在的问题。而这也正是组织情境双元强调的营造有利于情境探索的环境，如组织鼓励员工挑战过时的传统实践；组织的管理体系足够灵活，能够对市场变化做出快速反应；组织的管理体系会随工作重心转变而快速转变（Gibson and Birkinshaw，2004）。进而，正式与非正式沟通匹配要求组织各正式与非正式沟通元素之间相互匹配，以更好地应对变化，从而契合了情境双元的组织利用和情境探索活动之间的双元匹配。因此，正式与非正式沟通匹配本质是情境双元关系的反映。

2.3.2 组织双元性对组织适应性的影响

组织双元性定义的最初本质就强调组织适应性反映了组织双元性的结果。March（1991）在开创组织双元性研究的文章中指出，公司最基本的适应性挑战是既要利用现有的资产和能力，又要充分探索以避免市场和技术变化的干扰。所以，企业长期适应需要在连续性和间断性之间达到平衡（Probst and Raisch，2005）。中层管理人员也应该通过保持连续性和变化的平衡促进组织适应性（Huy，2002）。相关研究集中在以下两方面。

1. 组织双元性对企业绩效的影响

学者采用了大规模数据收集（Venkatraman et al.，2007）、深入案例研究和仿真（Fang et al.，2010）等方法，研究组织双元性和企业绩效间的关系，结论包括：①两者呈正相关，如组织双元性与销售增长（Geerts et al.，2010）、主观绩效评价、创新（Phene et al.，2012）、由 Tobin's *Q* 决定的市场价值（Ochurub et al.，2012）等呈正相关。②两者呈负相关，如利用和探索的平衡程度与销售增长率（He and Wong，2004）和产品创新（Yalcinkaya et al.，2007）呈负相关。③两者呈非线性关系或无关系。大样本研究表明双元性与财务绩效间存在倒“U”形关系（Caspin-Wagner et al.，2012）或“U”形关系（Atuahene-Gima and Murray，2007）；但在一些条件下无效（Venkatraman et al.，2007）。

2. 利用和探索能力与企业绩效

①某一能力与企业绩效。如果仅从事探索活动会存在回报难以预估（Tushman and O'Reilly，1996）、不易看到短期收益（Levinthal and March，1993）等问题，而仅从事利用活动又会培养出严格的认知地图和高专业化能力，这将形成核心刚性（Leonard-Barton，1992）或导致能力陷阱（Ahuja and Lampert，2001）而无法适应环境变化。②两者共存与企业绩效。两个活动间的平衡会导致企业平庸化（March，1991）、企业内部一致性牺牲（Wernerfelt and Montgomery，1988）、成本增加（Ghemawat and Costa，1993），从而降低绩效。③复杂非线性关系。例如，利用和探索能力分别与长期绩效呈倒“U”形关系（Gupta et al.，2006）、利用和探索能力与财务绩效呈现倒“U”形关系（王凤彬等，2012）。

组织双元性理论一直强调结构属性是组织双元性起源的一个重要因素（Jansen et al.，2009），而组织适应性又反映了组织双元性最初定义的目标（March，1991）。所以，本书认为组织双元性可能在正式与非正式网络互动形成组织结构以帮助企业适应环境的过程中发挥了作用机理的作用。

2.4 企业正式与非正式互动影响组织适应性权变情境的述评

权变理论认为没有任何一个组织结构是普适的，最适宜的组织结构受很多其他因素影响（Child，1972）。因此，正式与非正式网络互动形成的组织架构对组织适应性的影响也存在不同权变情境。虽然此方面的研究还不多见，但学者的相关研究为我们提供了有益的启发。

2.4.1 个人特质、任务、企业文化等权变情境

1. 个人特质

性别、文化背景（Dawn，1997）、个人目标（Sanders et al.，1998）、人性（刘中文，1999）、成员心理特征（Sell and Kuipers，2009）、伦理道德、利他主义和自我价值实现等员工心理感觉（Wasko and Faraj，2000），高层管理者的预设（Rank et al.，2010）、组织领袖特征（徐碧琳，2005）等管理者特征都会使正式组织与非正式组织的互动有所不同。

2. 任务复杂性

企业运用哪种正式和非正式协调机制很大程度上因任务的不确定性和复杂性、处理问题的复杂程度（Stevenson and Gilly，1991）、流经网络的任务内容（Soda and Zaheer，2012）、任务的知识复杂程度（Willem et al.，2006）和任务单元间竞争与协作关系（Tsai，2002）而有所不同。

3. 企业文化

由于企业文化与非正式组织是不相同的，非正式组织不仅依赖于正式结构，也受企业文化影响（Groat，1997）。企业文化代表了不同的组织接纳与合作特征（Prencipe and Tell，2001）、共享模式（Lemon and Sahota，2004）及组织氛围（谢荷锋，2007）等，所以它在企业非正式组织演进过程中扮演了不同的权变角色（徐碧琳，2005）。

2.4.2 组织情境等权变情境

1. 组织情境因素会影响正式或非正式组织

一些组织情境因素会影响正式或非正式组织，如高层管理者的预设（Rank et al.，2010）、企业文化（Groat，1997）、共享模式（Lemon and Sahota，2004）、流经网络的任务内容（Soda and Zaheer，2012）、任务的知识复杂程度（Willem et al.，2006）、任务单元间竞争与协作关系（Tsai，2002）、成员心理特征（Sell and Kuipers，2009）等都会对正式或非正式组织产生不同影响。

2. 组织情境是另一个重要的组织双元性起源

组织双元理论强调除了结构属性外，组织情境是分析组织双元性起源的另一个重要因素。Gibson 和 Birkinshaw（2004）提出企业可以通过营造组织情境在整个业务范围内同时展现一致性（alignment）和适应性（adaptability）来实现情境双元性（contextual ambidexterity）。所以，情境型双元是在共同文化价值观和规范指导下（Güttel and Konlechner，2009），通过设计组织特征，全体成员决定如何划分利用和探索活动之间的时间和空间，当在全体成员层面达到一致而且匹配时就实现了情境双元性（O'Reilly and Tushman，2013）。所以，企业要营造鼓励个体自主地分配时间并充分展现其双元性特征的组织情境（Gibson and Birkinshaw，2004）。

3. 社会支持和绩效管理是组织双元的重要情境

支持双元性的主要组织情境维度是社会支持和绩效管理。Gibson 和 Birkinshaw（2004）提出绩效管理和社会支持构成了情境双元性产生的组织情境。社会支持强调员工受到同事、团队、领导、家人等在工作或非工作方面的支持（Allen，2013），与文化息息相关（Hurdle，2002）。所以，社会支持维度包含了以往研究提及的团队（Lubatkin et al.，2006）、领导及组织文化等方面的双元性情境因素；绩效管理维度系统（Allen，2013）包括了 Güttel 和 Konlechner（2009）提出的目标管理、人力资源管理（human resource management，HRM）系统等双元性的情境因素。

2.4.3 环境不确定性等权变情境

1. 环境不确定性对企业内部网络和组织双元性都存在直接影响

①对企业内部网络方面的影响。在不同的动态环境下，企业正式与非正式网络获取的知识、互补性资产是有差异的（Salavisa et al.，2012）；不同市场环境条件下，组织的正式和非正式结构的绩效是不同的（Lamieri and Mangalagiu，2009）；当环境发生变化时，企业内部的半隔离子群网络（Fang et al.，2010）会对利用和探索能力产生不同影响（Fang et al.，2010）。②对组织双元性的直接影响。随着竞争加剧和变化加快，越来越多的公司都面临着利用现有的能力和探索新能力之间的矛盾。Jansen 等（2006）实证验证了企业经营处于高动态性和竞争性环境时，更可能同时追求两类能力从而变得更灵活。同样地，Auh 和 Menguc（2005）也发现当面临更多的环境竞争时，公司将经历利用和探索之间平衡的矛盾选择。

2. 环境条件能调节组织双元性和绩效的关系，但结论仍存在分歧

现有研究大都认为环境动态性和竞争性会调节探索性及利用性与绩效之间的关系（Lewin et al.，1999），它们也是组织双元性的一个重要边界条件（Siggelkow and Levinthal，2003）。但研究结论仍是有分歧的。例如，Jansen 等（2006）实证表明在动态的环境中追求探索性创新更有效，在高度竞争环境中追求利用性创新对单位的财务绩效更有益，所以高动态竞争环境下探索和利用都是有益的。但 Raisch 和 Hotz（2010）的实证发现，高环境包容性条件下探索与绩效呈正相关，但在低环境包容性条件下两者平衡取向对绩效无显著影响，并认为组织双元性更可能是导致较高的短期绩效的因素，而不是导致绩效差别的因素。

第3章 研 究 内 容

3.1 企业正式与非正式互动的概念界定与测量

3.1.1 企业正式与非正式结构互动的概念界定与测量

正式及非正式结构互动需要从社会网络视角进行分析，才能更好地体现组织成员的正式及非正式双重角色融合的特点。企业内正式与非正式因素的相互关系经历了从组织设计视角到社会网络视角的转变。组织设计角度的研究强调两者在组织层面存在冲突和互补的权变关系；引入非正式网络特征的社会网络分析强调非正式网络对正式结构存在的支持和反对作用（Waldstrøm，2003），但还无法体现组织成员的正式及非正式双重角色融合的特点（Betts and Stouder，2004）。少数研究将正式结构看作正式网络，通过测量正式网络与非正式网络的一致性或重叠程度（Soda and Zaheer，2012），将组织成员的正式及非正式角色融合来分析组织结构。

目前正式与非正式网络互动的分类和测量还不完整，无法反映“非正式网络对正式网络的支持与反对”特征。虽然学者认识到正式和非正式元素混合装置的重要性，但对这些正式和非正式组织要素的组合知之甚少（Gulati and Puranam，2009）。目前少数反映正式与非正式网络互动概念的“网络一致性”和“网络重叠”都还只是关系强度的表现（Soda and Zaheer，2012），无法体现“非正式网络对正式网络的支持与反对”（Rank，2008），这种观点使得对正式与非正式网络互动的分类还只能停留在关系强度指标上（Kuipers，2009），而基于此分类定义的正式与非正式网络互动及其测量也是不完整的。所以，通过不同分类将“非正式网络对正式网络的支持与反对”特征考虑进来才能更全面地分析两者之间的互动。

3.1.2 企业正式与非正式控制匹配与沟通匹配的概念界定与测量

正式控制与非正式控制匹配的测量还很缺乏。在20世纪80年代之前，以Ouchi（1979）发表在*Management Science*上的文章为代表，主要局限于定性探讨两种控制的概念及两者互补关系给企业带来的影响；在20世纪80年代以后，有关正式与非正式控制测量的研究开始兴起，但基本将其分离讨论（程新生等，2009），强调不同类型正式控制与非正式控制匹配关系的测量还很缺乏。

正式沟通与非正式沟通匹配的测量还有待完善。尽管关于企业正式和非正式沟通的研究已相对成熟，但开发通用的企业正式沟通和非正式沟通量表还很缺乏。由于企业正式沟通和非正式沟通相互作用，割裂考虑正式和非正式沟通同样导致忽视了对它们的互动关系进行的量化研究（Kandlousi et al.，2010），从而难以推动正式沟通与非正式沟通匹配的分析。

因此，本书的第一个研究内容是：①正式与非正式网络互动的内涵、分类和测量。②正式控制与非正式控制匹配的内涵、分类和测量。③正式沟通与非正式沟通匹配的内涵、分类和测量。我们将通过开发“非正式网络对正式网络的支持与反对”的维度构建更完整的正式与非正式网络互动概念、分类及测量，并更好地体现正式与非正式网络互动概念中组织成员的双重角色融合特征；同时，开发完善企业正式控制与非正式控制匹配量表、正式沟通与非正式沟通匹配量表。

3.2 企业正式与非正式互动对组织适应性的影响

3.2.1 引入“组织适应性”分析企业正式与非正式结构互动对企业动态影响

现有正式及非正式因素互动影响企业的研究由于选择了短期指标作结果变量，往往仅反映了两者互动的某一时点，使得相关结论难以达成共识。企业内正式与非正式互动是一个不断调整和变化的过程，正式组织的变化是离散的，非正式组织的变化是连续和逐步调整的，所以两者的互动会像钟摆一样频繁往复变化（Nickerson and Zenger，2002），并随时间演进而不断突现和进化（Soda and Zaheer，2012）。因此，我们认为上述研究结论不一致是因为大多数学者主要选择了静态短期绩效作结果变量，仅分析了企业内正式与非正式互动中的某一个阶段，无法反映正式与非正式因素互动影响企业的动态过程。组织适应性是一个反映并测量企业与环境不断匹配的动态过程的变量，而且企业调整其结构来应对环境变化的观点体现在许多组织适应性研究中（Kauppila，2010）。因此，企业内正式与非正式网络互动对企业的影响与其说是表现在短期绩效上，不如说是表现在组织适应性上，这样更能解释正式与非正式网络互动对企业的不同影响。

目前对企业内正式及非正式因素互动共同影响组织适应性的研究还十分缺乏，主要停留在仅分析非正式组织（或网络）影响企业动态演进的阶段（Aalbers et al.，2014）；由于正式组织也在随环境不断变化，探索正式与非正式网络互动以适应环境将是一个重要但很少研究的问题（Soda and Zaheer，2012）。

3.2.2 整合考虑企业正式与非正式控制/沟通匹配对企业的影响

目前研究大多割裂考察正式控制与非正式控制匹配对企业的影响。学者分别考察它们对绩效（Voss and Brettel，2014）、工作满意度（Cravens et al.，2004）、个人角色冲突（Jaworski et al.，1993）、技术创新（谢洪明等，2010）、客户关系质量（吕涛和聂锐，2009）等的影响，认为无论是正式控制机制还是非正式控制机制均有利于增强或改善上述关系，但忽视了关于其相互关系对企业影响的考察。或者主要局限于定性探讨两种控制的概念及两者互补关系给企业带来的影响（程新生等，2009），强调不同类型正式控制与非正式控制匹配关系的定量研究还很缺乏。

此外，目前关于正式与非正式沟通的研究中从组织视角考察的正式与非正式沟通的研究对象层次较为模糊，大部分文献以委托代理理论和团队沟通理论等为依据，实证研究均割裂考察了正式沟通与非正式沟通的概念，忽视了关于二者的匹配关系对企业影响的分析。

由此，本书的第二个研究内容是企业内正式与非正式互动对组织适应性的影响。我们将通过对此问题的回答解释现有正式与非正式互动影响企业的结论不一致的原因，弥补目前理论仅局限于从非正式方面分析其影响企业动态演进的不足，从而展现正式与非正式互动影响企业适应环境这一动态过程的全貌。

3.3 企业正式与非正式互动对组织适应性影响的作用机理

3.3.1 组织双元性研究亟须回归到强双元结构的起源

目前组织双元性研究亟须回归到强调双元性是一种起源于结构的双元能力。虽然组织双元性最初概念被用来描述解决利用和探索间矛盾的动态能力（Teece et al.，1997），但现在广泛用于战略、网络、新产品开发、技术等主题（Nosella et al.，2012），几乎成为管理研究中解决任何长期与短期悖论的名词（Birkinshaw and Gupta，2013）。使用相同的术语来描述可能完全不同的现象会使实证研究失去精度并存在矛盾的结果（Raisch and Birkinshaw，2008），因此组织双元性研究应回归到其本质，即 March（1991）强调是一种起源于结构的双元能力（O'Reilly and Tushman，2013）。

3.3.2 正式与非正式因素结合有助于分析组织双元性的结构起源

关于组织双元性结构起源的分析需要将正式与非正式因素结合。现有研究大多集中在对正式结构影响双元性的分析。例如，机械结构和有机结构的分离和融合（Jansen et al.，2005），集权、分权和临时分权结构（Siggelkow and Levinthal，2003），正规化和分权（Jansen et al.，2006）等对利用、探索能力或双元能力的影响。少数提及非正式因素的研究也是将正式及非正式因素分离开来考虑。例如，Kauppila（2007）认为探索多发生在水平网络中，利用多发生在垂直网络中。Jansen等（2009）也仅描绘了正式结构和非正式的高层团队是如何分别影响双元性的。

3.3.3 引入“正式与非正式网络互动的分类”作为双元性的结构属性前因

引入“正式与非正式网络互动的分类”作为双元性的结构属性前因，有助于阐明目前未考虑的两个问题：顺序双元性和同步双元性如何过渡、正式及非正式因素怎样组合形成双元性。

一方面，理论分析和对具体公司的案例研究都发现，企业进行利用和探索时可以长期在顺序和同步双元性模式间切换（Kauppila，2010），但 Laplume 和 Dass（2012）对一个公司 65 年演变历史的分析及 O’Reilly 和 Tushman（2013）的实证研究发现两类双元性在具体公司中切换的路径往往是大相径庭的，而且引起组织双元性转换的结构因素变化往往也具有破坏性。所以，现有单独探讨两类双元性的研究导致对两者之间如何过渡知之甚少。因此，同时考虑组织结构的时间分离和空间分离来探讨双元性形成十分必要。

另一方面，研究者认识到正式和非正式元素组合是平衡二元冲突的重要混合装置（Gulati and Puranam，2009），而且也意识到当企业收益来源于探索或利用的某一方面或两方面时，正式及非正式因素作用不同。但是，目前对这些正式及非正式因素不断变化的组合知之甚少（O’Reilly and Tushman，2013）。由于研究两者之间过渡问题需要同时考虑组织双元性形成的时间分离和空间分离特征，我们对正式与非正式网络互动的不同分类，能够同时体现正式与非正式网络的空间分离和两者互动不同阶段的时间分离特征，也能反映正式及非正式因素不断变化的不同组合。

3.3.4 引入“组织适应性”分析组织双元性对企业的影响

引入“组织适应性”分析组织双元性影响企业结果问题，能帮助厘清目前绩效结果不一致的原因，并更好地刻画组织双元性影响企业的过程。目前组织双元性与绩效关系的结果存在较大不一致（Caspin-Wagner et al.，2012），学者在仅追求利用或探索能力某一方面（顺序双元性），还是同时追求利用和探索能力（同步双元性）上也存在分歧。实证研究（Ochurub et al.，2012）、案例分析（Laplume and Dass，2012）及理论探讨（Nosella et al.，2012）都认为时间因素和组织适应能力对双元性结果十分重要，但目前选择短期绩效指标刻画组织双元性还比较欠缺。我们认为这可能是研究结果不一致的原因。由于组织适应性是考虑了时间因素并能反映企业长期生存以适应环境的重要变量，引入它作为结果变量有助于解决上述结果不一致的问题，并深入刻画组织双元性长期适应的过程。

由此，本书的第三个研究内容是顺序双元性（探索及利用能力的时间分离）和同步双元性（探索及利用能力的空间分离）是否在企业内正式与非正式互动不同类型影响组织适应性的演进过程中扮演了作用机理的角色。我们将通过对这一问题的研究，从正式和非正式因素结合角度深入分析组织双元性的结构起源，解释以往研究未考虑的顺序双元性和同步双元性如何过渡以及正式及非正式因素怎样组合形成双元性的问题，并挖掘目前适应性绩效不一致的原因，更好地刻画企业通过组织双元性适应环境的过程。所以，对双元性这一中介作用的研究可以把原有关于同一现象的研究联系起来，使已有的理论更系统（陈晓萍等，2012）。

3.4 企业正式与非正式互动对组织适应性影响的权变情境

3.4.1 组织情境因素的权变作用

结构属性与情境因素融合考虑双元性起源的研究十分必要。由于企业创建双元性的过程中结构属性和情境因素往往同时存在，如 Jansen 等（2013）就发现成功企业经历了从顺序或同步双元性，到情境双元性，再到顺序或同步双元性的过程；而 House 和 Price（2009）也指出惠普公司经历了从情境双元性，到同步双元性，再到顺序双元性的过程，所以为完整体现上述过程的全貌，应该同时考虑结构属性和情境因素（Kauppila，2010）。

但目前研究总是单独考虑两者：①考虑结构属性的顺序和同步双元性的研究缺乏对不同情境下利用和探索活动如何选择的分析。顺序双元性研究描述了企业中探索和利用活动过渡的现象，但缺乏对两者在具体情境中如何过渡的研究；而结构双元性往往描述了探索和利用在企业中同时存在的特征，但未对不同情境下如何发生展开研究（O'Reilly and Tushman，2013），这使我们很难知道不同企业的双元性转换路径存在差异的原因。所以考虑情境因素分析这种转变如何过渡和怎样发生十分重要。②考虑情境因素的情境双元性未分析双元性的具体形式。情境双元性考虑了支持双元性存在的组织情境因素，有助于分析跨不同结构单元的利用和探索活动的融合（Gibson and Birkinshaw，2004），但都仅限于简单地假设利用或探索会在一些情境下产生，并未真正分析它们在公司中的具体形式（O'Reilly and Tushman，2013）。企业十分需要知道不同情境下时间及空间分离的双元性在结构属性上的表现（O'Reilly and Tushman，2013）。所以，融入组织情境因素分析双元性形成的结构转变及其具体形式十分必要。由于组织情境能够界定结构属性的适用范围，本书认为组织情境可能是正式及非正式网络互动影响适应性作用机理的权变范围。

3.4.2 环境不确定性的权变作用

环境不确定性的调节作用还需要进一步细化。一方面，环境条件如何调节前因和双元性之间的关系还需要深入探讨。关于影响组织双元性前因变量的外部边界条件研究还非常少（O'Reilly and Tushman，2013），仅有少数文献对此略有涉及。例如，Tushman 和 O'Reilly（1996）描述了在长期稳定环境中的双元性空间分离概念，Jansen 等（2005）发现，在动态竞争环境中，组织双元性更多地取决于组织情境而不是开发空间分离的单元。另一方面，环境不确定性对正式与非正式互动影响企业方面的结论还需要澄清。研究者对环境特征如何影响正式与非正式互动与绩效间的关系进行了一些理论和实证的研究，他们大都强调了环境是调节正式与非正式互动和企业绩效关系的重要变量，但在具体验证结果上仍存在较大的不一致甚至相互矛盾。

究其原因，本书认为采用了短期绩效指标是导致所验证的调节关系混乱的重要原因。虽然企业绩效是反映企业成功与否的重要变量，但由于企业长期生存是以适应环境为目标的，如果选择组织适应性作为结果变量，可能会更好地区分环境不确定性的影响。

因此，本书的第四个研究内容是组织情境及环境不确定性在企业内正式与非正式互动影响组织适应性的过程中发挥了怎样的权变情境作用。我们将通过对此问题的分析，从结构属性和情境因素融合角度分析双元性的起源，并将以往环境不确定性调节作用的研究向前推进。这能帮助我们为现有的理论划出限制条件和适用情境，并对原有理论做出更细致的分析和解释，也是理论发展的一个重要方式（陈晓萍等，2012）。

综合上述分析，本书将分别基于组织结构理论、组织控制理论、组织沟通理论，通过第二篇企业正式与非正式结构互动对组织适应性的影响、第三篇企业正式与非正式控制匹配对组织适应性的影响，以及第四篇正式与非正式沟通匹配与组织绩效三个篇章对上述四个问题进行分析，希望针对企业正式与非正式因素互动影响组织适应性的全貌，能够给出更加丰富、细致的解释和探讨。进一步地，本书也将对正式与非正式组织结构、正式与非正式组织控制，以及正式与非正式沟通三个部分彼此的关系及产生的前因在第五篇进行进一步的思考，希望推动更多有关企业正式与非正式因素互动理论研究的开展。

第二篇　企业正式与非正式结构互动对组织适应性的影响

第 4 章　企业正式与非正式网络互动影响组织适应性的 CAS 理论框架

复杂系统是具有非线性、聚集性、多样性、可识别性等一系列特点的系统（霍兰，2000）。复杂系统具有以下特点：①开放性。复杂系统是开放的，可以与外界环境发生相互作用，在发生相互作用的过程中能够实现物质、人才、信息和知识等的一系列交换（于景元等，1997）。这种与外界环境开放的相互作用的过程使得复杂系统可以不断适应环境变化，持续发展。②非线性。非线性是指复杂系统主体与子系统之间，或是多个子系统之间的作用并非单方面的简单线性的，而是相互制约和相互依存的复杂的影响关系（Sanum and Srisuchinwong，2012）。复杂系统之所以呈现非线性特征，是因为系统中存在大量相互作用的层次，且系统内的子系统主体为争夺资源而采取竞争（Fradkov et al.，1999）。③涌现性。复杂系统科学把整体具有但孤立部分及其总和所不具有的这种特性，称为整体涌现性。一个复杂系统由许多部件组成，它们之间持续、动态地相互发生作用，形成系统的不同层次和规模（Dong and Ren，2015）。因此，会涌现出一系列无法从单一层次、简单的行为来推断系统整体特征的行为（Zhao and Ouyang，2015）。④自组织性。自组织性是指复杂系统在没有外部干预或不存在某种中央控制的前提下，内部结构仍然发生进化的特性。如果复杂系统的能力满足一些约束条件，那么它在环境之间的复杂相互作用下能够通过自组织过程来发展自己的内部结构（Reinhardt et al.，2013）。

每一个人类组织都是一个复杂系统。组成这个系统的多个节点根据一组规则相互作用，并且会通过学习来彼此响应和检查，以改善相互的行为，从而进一步改善它们所组成的系统的行为（Stacey，1996）。企业组织也是一个复杂系统，因为企业是由全体员工组成的人类组织，目的是通过相互学习来提高绩效和进行创新（Chiva et al.，2010）。而且，企业作为一个复杂系统有利于其寻找合适的组织模型和管理策略来适应环境（Dooley，1997）；尤其是企业组织可以进行复杂系统中处在“混沌边缘”的适应性与生成性学习（Chiva et al.，2010），具有 CAS 的创新网络特征等（Stacey，1996）。

综上，由于企业组织是一个 CAS，CAS 的“合法系统和影子系统”“混沌边缘”“创造性空间”“系统复杂性与环境复杂性匹配观”等理论为我们提供了很好的思路。基于此，本章准备借鉴 CAS 视角进一步构建分析企业内正式及非正式网络如何互动以影响组织适应性的理论框架。

4.1　CAS 视角下正式和非正式网络的互动影响组织适应性

4.1.1　CAS 视角下不同类型的正式和非正式网络互动的内涵

CAS 理论认为，任何组织都是由行为主体相互作用组成的网络。行为主体间的联系可分为两种："合法系统"和"影子系统"。合法系统是组织中的最有权力者有意识正式建立的联系，它规定了每个行为主体完成他人和组织首要任务所具有的权利、义务的内容和方向，组织通过设计加强这些联系以保证当权者或大多数组织成员心目中的组织目标得以实现，它是显性网络系统，组织成员表现出同一、服从与重复的线性联系。影子系统是合法系统的影子，它是组织行为主体在合法系统中相互作用时，暂时通过非正式渠道建立的另一种网络，这种网络包含非正式社会、政治联系，并通过行为主体相互作用产生各自的作用规则，不执行组织的主要任务，是隐性网络系统。影子系统包括个人企图支持或反对合法系统的私下努力（Miller and Rice，1967），它是非线性的。企业是一个 CAS，类比于"合法系统"和"影子系统"的概念，企业组织系统也是由"正式网络"和"非正式网络"组成的。企业组织中的"正式网络"类比于 CAS 中的"合法系统"，它是正式权力关系，包括层次、审批和核查为基础的关系和各种工作流关系，是一种上级和下属的领导与服从的线性关系，具有明确目标和客观规则。企业组织中的"非正式网络"类比于 CAS 中的"影子系统"，是通过非正式渠道建立的网络，包含非正式的信息流、情感流和信任流等组成的网络，它自发地遵循各个行为主体的行为规则，使企业处于非线性状态，满足个别成员的个人需要。

具体地，由于 CAS 的"影子系统"（非正式网络）是不稳定源，其非线性表现为它对"合法系统"（正式网络）存在支持与反对的不同作用。这种支持与反对的程度与两种系统重叠的程度交织在一起使得"合法系统"（正式网络）与"影子系统"（非正式网络）的相互作用表现出不同类型。由于"影子系统"（非正式网络）对"合法系统"（正式网络）的支持与反对决定了网络成员相互关系的方向，这种支持或反对的作用可以称为"网络方向性"。此外，"网络一致性"反映了组织内员工的正式及非正式网络与其他员工相关联并表现出的跨网络的重叠程度（Soda and Zaheer，2012）。

结合这两个指标，并根据"影子系统"与"合法系统"相互作用的不同状态将正式及非正式网络互动分为四种类型：①“网络方向性”为支持且“网络一致性”低的类型。类比于“影子系统”支持“合法系统”但两类系统有较少重叠的共同行为主体时，虽然行为主体目标与组织目标一致，但每个主体与其他主体的正式及非正式连接较少，所以，信息流动缓慢使得组织效率低下，这时的系统处于“有序且低效的状态”。我们把这类企业内正式及非正式网络互动称为“有序且低效的正式及非正式网络互动”。②“网络方向性”为支持且“网络一致性”高的类型。类比于“影子系统”支持“合法系统”且两类系统有较多重叠的共同行为主体时，行为主体目标与组织目标统一，而且每个主体与其他主体的正式及非正式连接较多，大多组织成员能自觉按正式目标完成组织任务，系统效率很高，这时系统处于“有序且高效的状态”。我们把这类企业内正式及非正式网络互动称为“有序且高效的正式及非正式网络互动”。③“网络方向性”为反对且“网络一致性”低的类型。类比于“影子系统”反对“合法系统”，且两类系统有较少重叠的共同行为主体时，主体目标与组织目标冲突，且每个主体与其他主体的正式及非正式连接较少，因此，试图通过隐性的“影子系统”替代显性“合法系统”的行为主体较少，难以推动组织层面的创新和学习过程，这时系统处于“无序的状态”。我们把这类企业内正式及非正式网络互动称为“无序的正式及非正式网络互动”。④“网络方向性”为反对且“网络一致性”高的类型。类比于“影子系统”反对“合法系统”但两类系统有较多重叠的共同行为主体时，行为主体目标与组织目标冲突，但由于每个主体与其他主体的正式及非正式连接较多，更多的行为主体试图通过隐性的“影子系统”替代显性“合法系统”，但“合法系统”也在努力保持自身的稳定性，这时企业处于无序中存在有序的“混沌状态”。我们把这类企业内正式及非正式网络互动称为“混沌的正式及非正式网络互动”。

因此，借鉴 CAS 的“合法系统”和“影子系统”相互作用的不同阶段的理论，并基于反映正式及非正式网络重叠的“网络一致性”（Soda and Zaheer，2012）指标，引入反映非正式网络对正式网络支持与反对的“网络方向性”指标，可以在将正式及非正式网络的互动分为四种类型（表 4.1）的基础上进一步界定它们的内涵和具体维度。

表 4.1　企业内正式和非正式网络互动的不同类型

网络方向性	网络一致性	
	低	高
支持	有序且低效的正式及非正式网络互动	有序且高效的正式及非正式网络互动
反对	无序的正式及非正式网络互动	混沌的正式及非正式网络互动

4.1.2 CAS 视角下正式和非正式网络的互动影响组织适应性

从 CAS 理论看，“简单适应性”是将系统的相关参数调节到特定基准值就直接适应了外部环境的变化，“复杂适应性”是通过选择和改变图式的适应，它们是两种不同的系统适应状态。进而，正式及非正式网络互动的不同类型可以看作 CAS 的“有序”“混沌”“无序”及“适应性地形”不同状态。本章可以基于此探讨企业内正式及非正式网络互动形成的不同组织适应性。

企业组织中的正式及非正式网络互动的不同类型是它们相互作用形成的不同 CAS 状态，这些不同系统状态具有不同适应性特征。

1. 有序且低效的正式及非正式网络互动与组织适应性之间的关系

这时，“影子系统”（非正式网络）与“合法系统”（正式网络）重叠部分具有共同目标，系统之间重叠很少。企业个人目标与组织目标一致，但是组织之间的交流和沟通较少。当企业与外部环境不匹配时，企业难以迅速调整相关战略、目标和规则以达到特定基准值并很快适应环境；同时，企业组织成员之间知识传递效率较低，难以培育选择和改变图式的组织学习并适应环境的能力。因此，本章认为当组织处于有序且低效的正式及非正式网络互动状态时，企业不具有简单适应性和复杂适应性。

2. 有序且高效的正式及非正式网络互动与组织适应性之间的关系

这时，组织建立的“合法系统”（正式网络）是稳定而有效率的，它控制了“影子系统”（非正式网络），避免了“影子系统”（非正式网络）所带来的混沌的威胁；在组织内网络中表现为非正式网络支持正式网络，而且组织中行为主体间的关系强度较高，组织能够高效地交流和沟通，从而正式网络能通过引导非正式网络迅速调整相关参数直接适应外部环境；但是，由于该系统是由“合法系统”（正式网络）控制的，“合法系统”（正式网络）的线性特征使得企业难以培育能选择和改变图式的、能适应复杂变化环境的能力。因此，本章认为当组织处于有序且高效的正式及非正式网络互动状态时，企业具有简单适应性，但不具有复杂适应性。

3. 无序的正式及非正式网络互动与组织适应性之间的关系

这时，CAS 中“影子系统”（非正式网络）试图控制“合法系统”（正式网络），但两者重叠较少，使得系统处于混乱无序的不稳定状态。在组织内网络中表现为非正式网络反对正式网络，组织成员之间交流和沟通很少。这时，组织涣散，企业不能高效沟通，更无法形成选择和改变图式的能力。因此，本章认为当组织处于无序的正式及非正式网络互动状态时，企业难以形成对稳定环境适应的简单适应性或对复杂环境适应的复杂适应性。

4. 混沌的正式及非正式网络互动与组织适应性之间的关系

这时，CAS 中“影子系统”（非正式网络）反抗“合法系统”（正式网络）的控制而形成紧张状态，当两者重叠较多时，这种紧张对立状态会逐渐激起更多个体层次的创新活动并发展到组织层面的创新活动。“影子系统”（非正式网络）对“合法系统”（正式网络）的不断破坏进行创新，使组织不断革新以适应复杂多变的环境。“影子系统”（非正式网络）的隐性模式选择和改变“合法系统”（正式网络）的显性模式，会形成对复杂动荡环境适应的复杂适应性。

4.1.3　CAS 视角下组织内正式及非正式网络互动适应环境的不同过程

由于组织内“合法系统”（正式网络）和“影子系统”（非正式网络）互动影响组织适应性的过程是一个辩证的演化过程，企业组织经历了不断地打破和重新确立企业中“有序”到“混沌”再到“无序”的矛盾平衡状态，这些状态会不断混合和交叠地出现，所以我们认为企业有可能处于上述四种互动状态中的任何一种，并且有可能开始向 4.1.2 节中的四种互动状态中的任何一种类型转变并不断往复循环。

因为不同企业经历了不同的适应性演化过程会表现出不同崎岖程度的“适应性地形”，可以根据“网络一致性”和“网络方向性”划分为如表 4.2 所示的八种过程。

表 4.2　组织内正式及非正式网络互动适应环境的不同过程

<table>
<tr><td colspan="2" rowspan="2">变化</td><td colspan="2">网络方向性不变</td></tr>
<tr><td>反对</td><td>支持</td></tr>
<tr><td rowspan="2">网络一致性变化</td><td>低→高</td><td>过程一</td><td>过程二</td></tr>
<tr><td>高→低</td><td>过程三</td><td>过程四</td></tr>
<tr><td colspan="2" rowspan="2">变化</td><td colspan="2">网络一致性不变</td></tr>
<tr><td>低</td><td>高</td></tr>
<tr><td rowspan="2">网络方向性变化</td><td>反对→支持</td><td>过程五</td><td>过程六</td></tr>
<tr><td>支持→反对</td><td>过程七</td><td>过程八</td></tr>
</table>

4.2 CAS 视角下企业正式和非正式网络互动影响组织适应性的权变机理

4.2.1 CAS 视角下探索式、利用式创新及其二元平衡的中介作用

CAS 视角认为，首先，类比于“合法系统”的企业正式网络，包括组织中最有权力者有意识建立的联系和组织成员广为接受的隐含规则建立起来的联系。企业往往通过设计并加强这些联系保证组织的最主要任务得以实现。因此，组织中的“合法系统”为保证组织的稳定性和任务的顺利完成，会更多地强调通过利用现有知识和规则进行创新，由于利用式创新是在现有知识基础上改进组织的既有技能、过程和结构的活动，我们认为正式网络更有助于企业利用式创新的形成。其次，类比于“影子系统”的企业非正式网络，包括任何未作明文规定的团体文化规则及自发遵循的各种行为主体的规则。这些规则组成了思想、意识和对组织现存状态没有作用，但对未来组织有潜在巨大作用的行为宝库。它是组织之间进行知识交流的最重要渠道，因此，它对组织探索新知识，发现新知识具有很大的帮助。由于探索式创新更关注依靠当前知识或者脱离既有知识来进行新产品设计或开发新市场，从而形成新的知识基础，我们认为非正式网络更有助于企业形成探索式创新活动。

基于此，当组织处于“有序且高效的正式及非正式网络互动”状态时，企业的“合法系统”控制了“影子系统”，更倾向于进行利用式创新，而且由于员工之间关联较多，“合法系统”（正式网络）能够稳定而有效地发挥功能，从而最大限度地缓解了“影子系统”（非正式网络）因创新带来的焦虑，企业可以通过利用式创新高效地使用和传播已知知识，进而在不增加新参数的条件下形成将系统的相关参数调节到特定基准值就直接适应了外部环境的状态，所以这时，企业具有简单适应性。当企业处于“混沌的正式及非正式网络互动”状态时，企业的“影子系统”控制了“合法系统”，更倾向于进行探索式创新，“影子系统”（非正式网络）通过不断地探索新知识对“合法系统”（正式网络）进行破坏性创新，而由于组织成员的正式及非正式网络关联较多，更有利于“影子系统”（非正式网络）选择和改变“合法系统”（正式网络）的图式，所以这时，企业具有复杂适应性。当企业处于“有序且低效的正式及非正式网络互动”状态时，虽然企业的“合法系统”试图控制“影子系统”，但由于员工之间关联较少，难以进行利用式创新，进而不能形成适应性。当企业处于“无序的正式及非正式网络互动”状态时，虽然企业的“影子系统”试图控制“合法系统”，但由于员工之间关联较少，难以进行探索式创新，进而不能形成适应性。

此外，特别需关注的是在“有序且高效的正式及非正式网络互动”和“混沌的正式及非正式网络互动”的两个状态之间存在一个过渡的“混沌边缘”状态。在这一状态，这种具有相反目标的两种模式的逐渐对立会激发重要的组织创新和学习流程。而且，由于组织成员之间关联较多，组织系统可以同时实现探索式和利用式创新并寻找两者间平衡状态的创新，它是企业处于最具创造力的“混沌边缘”的组织创造性空间。本章认为这时的企业会倾向于寻找探索式和利用式创新的二元平衡，而足够多的组织成员之间的交流与合作又保证了探索式及利用式创新的二元平衡对简单适应性和复杂适应性的实现。

4.2.2　CAS 视角下员工主动性的有中介的调节作用

Holland（2000）认为 CAS 是由大量用规则描述的、相互作用的适应性主体组成的系统。适应性行为主体的相互结合及相互作用使系统呈现不同的复杂适应状态。适应性行为主体最大的特质就是它的主动性，任何主体在适应性上所做的努力就是要去主动适应其他适应性主体，这个特征是 CAS 生成复杂动态模式的主要根源（霍兰，2000）。所以，适应性行为具有的主动性会影响适应性主体相互作用所形成的不同系统状态。

因此，根据 CAS 的“适应性行为主体”的主动性及“系统复杂性与环境复杂性匹配观”的理论，本章认为组织内正式与非正式网络互动中的行为主体（员工）的主动性强弱决定了组织内正式与非正式网络互动的不同状态，即对企业内正式及非正式网络互动的不同状态存在调节作用，不同状态代表企业具有不同的创新能力，因此我们认为，员工主动性可能是调节了上述作用机理的权变情境，而且这一调节更多地表现在企业正式及非正式网络互动形成不同创新能力的阶段（图 4.1）。因此，员工主动性可能在上述作用机理中发挥了有中介的调节作用。

4.2.3　CAS 视角下环境不确定性的有调节的中介作用

基于 CAS 理论中的“系统复杂性与环境复杂性匹配观”等概念，分析环境不确定性如何界定不同正式及非正式网络互动影响组织适应性作用机理的权变范围。基于“系统复杂性与环境复杂性匹配观”，我们认为企业是由“合法系统”（正式网络）和“影子系统”（非正式网络）组成的 CAS。“合法系统”（正式网络）和“影子系统”（非正式网络）的相互作用会形成具有不同复杂性的企业 CAS 状态（“有序”“混沌”“无序”及“适应性地形”）。企业这一 CAS 要适应环境，就必须使得组织系统的复杂性（正式及非正式网络交织在一起的状态）与外部环境的复杂性相匹配。因此，当企业外部环境特征（环境不确定性）发生变化时，“合法系统”（正式网络）和“影子系统”（非正式网络）互动与企业组织适应性的关系也会随之变化。

因此，我们认为环境不确定性在上述作用机理中发挥了权变调节作用，而且这一调节作用更多地表现在系统对环境的适应过程阶段（图 4.1）。因此，环境不确定性可能在上述作用机理中发挥了有调节的中介作用。

综合上述分析，本章基于 CAS 视角分析了企业内正式及非正式网络互动以适应环境过程中的三个重要问题，并基于这些问题形成了研究的理论框架，具体如图 4.1 所示。

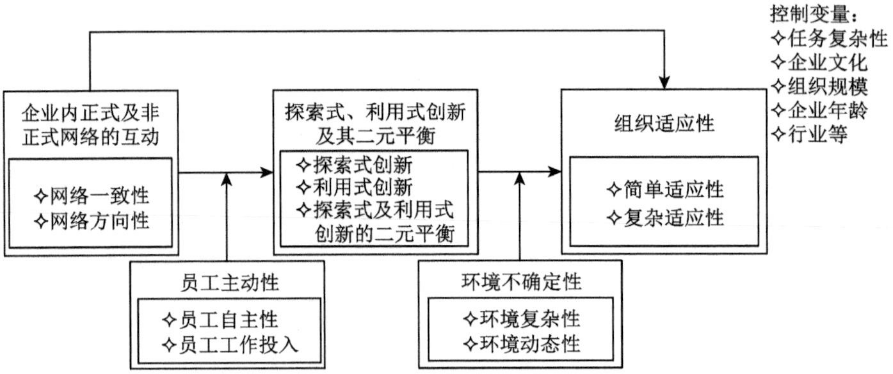

图 4.1 本章的基本理论框架

第5章　企业不同类型正式与非正式网络互动与市场/组织绩效

正式与非正式组织是企业组织结构的两种基本形态，它们共同构成企业结构的不同层面。正式组织是指有意识的协调活动或控制两个或多个人行动的系统；非正式组织是指企业中人们之间无意识地、持续地或反复地接触而形成的特殊组织关系（Barnard，1938）。自霍桑实验以来，对二者互动关系的研究一直是组织和战略领域关注的焦点。学者一致认为，正式与非正式组织的互动关系能够优化企业的组织结构、提高企业绩效。随着无边界组织、平台化组织、共享员工、零工模式、人与人工智能协同等一系列新兴组织形态和企业管理实践不断涌现，组织边界变得更为模糊，而组织复杂性也不断提升。这些管理实践开始不断地对正式与非正式组织结构的互动研究带来新的挑战。进而，德勤发布研究报告《2017 年人力资源趋势 11 大预测：迈向数字化》，重点指出：2017 年组织设计依然面临各方面的挑战，具体包括正式创建小型团队结构；改变奖励机制奖励团队成功，而不仅仅是奖励个人成功；重新设计目标管理，每季度更新调整目标，而不是每年进行调整一次，使目标能够公开、透明地在团队中分享；提拔年轻的专业人士进阶领导层，这样他们就能迅速为团队的成功做出贡献；等等。由于非正式组织历来存在着天生的部门内“小团体”现象，以部门为单位，考察正式与非正式组织的成员对部门绩效的影响是考察二者互动关系的关键。

然而，当前的主流研究似乎陷入了一个误区，即将正式与非正式组织单纯地看作企业不同静态结构形态（工作流、权力关系、社交关系）的反映（Rank，2008），忽视了组织结构互动。在以“EBSCO”、“elsevier”、“中国知网”数据库和“国际管理类顶尖期刊排名前 20”为主要检索源，以正式与非正式、正式与非正式组织、正式与非正式网络为关键词，获得的 487 篇文献中发现，当前关于正式与非正式组织的互动关系的研究大多是从企业静态结构的视角（Rank，2008）考察二者之间的关系对企业的影响，大多忽视了对正式与非正式二者的互动关系进行考察（Johnson et al.，1994）。尽管部分研究已逐步关注到组织的正式与非正式网络一致性问题（Soda and Zaheer，2012），但当前研究主要从员工的个体网络层面分析二者的一致性，忽视了部门的整体网络层面（Gulati and Puranam，2009）。

基于此，本章尝试引入一个有调节的中介的分析模型，从部门整体网络的层面重点分析正式与非正式网络一致性对绩效的影响，并探讨其中可能存在的作用机理和情境因素。具体地，本章将围绕以下问题展开：①正式与非正式组织结构包含哪些内容？各部分之间存在怎样的相互关系？各部分的内部之间又存在怎样的互动关系？该部分构成本章的核心理论部分，是对当前分散研究的系统整合；②不同正式与非正式组织结构的互动如何影响企业的绩效？从本质上来说，不同组织结构是不同部门及部门成员的活动方式，如何分析这些变量对部门绩效的影响是本章研究假设的核心；③不同正式与非正式组织结构互动关系影响绩效的作用机理和情境因素是什么？针对正式与非正式组织的不同方面，必然存在不同的作用机理和情境因素，它们对部门绩效又存在怎样的影响是本章探讨的第三个关键问题。本章希望从上述三个方面对当前正式与非正式结构研究进行整合，并为构建完整的组织结构互动关系做出探索，同时为企业设计合理的部门建设提供帮助。

5.1　概念界定与研究假设

5.1.1　正式与非正式网络一致性对绩效的影响

基于 Soda 和 Zaheer（2012）的定义，正式与非正式网络一致性反映了员工的正式结构和非正式结构之间员工相互关联而表现出的重叠程度。当二者大部分重叠或基本重叠，则具有高一致性；相反，如果二者仅部分重叠或完全不重叠，则表现出低一致性。目前，结构视角下，学者主要以财务绩效、任务完成或离职等作为结果变量，分析企业内正式和非正式网络互动对企业的影响。研究可以分为三个方面：①强调两者互动对企业的负向影响。正式网络与非正式网络的重叠会造成过度嵌入，进而降低成员的灵活性（Krackhardt and Hanson，1993）；削弱非正式网络对正式网络的补偿，难以实行多元化的战略（Gulati and Puranam，2009）；产生矛盾的优先级和信息属性，引起混乱进而削弱绩效（Burt，2005）。②强调两者互动对企业的正向影响。正式网络与非正式网络通过共享的价值观能够提高员工的工作积极性（Gulati and Puranam，2009）；同时提高员工对工作场所的依附感（Kuipers，2009）；等等。③认为两者互动对组织的影响是非线性的。正式网络和非正式网络之间的一致性可能提高或降低绩效。例如，Kratzer 等（2008a）认为，正式工作流与非正式沟通网络之间的一致性对团队创造力有正向影响，但对团队的效率有负向影响。Soda 和 Zaheer（2012）指出，正式权力网与非正式网络之间的一致性与组织成员绩效呈正相关，正式互动工作流和非正式网络间的非一致性与员工绩效存在倒“U”形关系，正式顺序工作流和非正式网络间的非一致性与员工绩效存在负相关关系。吕鸿江等（2016d，2017b）也指出，组织正式和非正式结构之间互动对企业的影响是复杂的、非线性的。

因此，我们认为，单一影响方向并不能充分解释不同正式与非正式网络一致性对绩效的影响。为此，我们引入短期市场绩效和长期组织绩效的概念，认为不同正式与非正式网络一致性对短期市场绩效和长期组织绩效分别具有不同的影响。具体地，由于顺序工作流反映部门内单向的工作交接，而权力网反映短期的部门权力分配状况，它们共同发生作用时对短期市场绩效具有较大的影响；互动工作流需要部门成员反复地交流与沟通（Soda and Zaheer，2012），这种工作交流会有助于创新，是一个长期的过程，对长期组织绩效具有较大的影响。

对于顺序工作流而言，当其与非正式朋友网之间的一致性较低时，部门成员在非正式网络中的相互朋友关系将不能很好地作用于正式工作，单向工作的交接也可能不是十分的顺畅。特别地，如果部门成员之间存在矛盾，将直接影响单向工作的交接与顺利开展，从而不利于短期市场绩效的提升。相反，当顺序工作流与非正式朋友网之间的一致性较高时，会促进日常工作的交接，正式工作关系也将更好地促进朋友网络的发展，两类网络之间的互动相互促进，最终促进市场绩效的提升。同样，组织中的正式权力关系被组织的等级链束缚，命令性较强、灵活性较差，因此，在正式权力关系的影响下，员工往往是标准化作业，被动接受组织命令。当员工所表现出来的非正式网络关系与其日常的标准化工作之间存在低一致性时，说明员工的非正式社交需要将不能在工作中得到很好的满足，这会降低员工的工作效率和工作积极性（Drazin and van de Ven，1985）。相反，如果二者之间表现出高一致性，则会促进员工工作效率和工作积极性的提高。此外，社会网络研究指出，结构洞的存在会阻碍信息的传递（Burt，2005）。如果员工的非正式网络关系与正式网络关系之间存在较低的一致性，则说明员工在权力关系中存在着结构洞，如果不能对结构洞成员进行很好的把握，将阻碍部门内信息的传递并降低工作效率。众多研究指出，企业正式权力关系和非正式网络之间的高一致性能为企业带来一系列收益。例如，彰显了组织存在的价值（Gulati and Puranam，2009）；减少了员工个人的角色冲突（Kahn et al.，1964）；增加了员工之间的信任（Zaheer et al.，1998）；等等。毋庸置疑，这些收益对市场绩效有着重要的促进作用。

对于互动工作流而言，需要部门成员之间反复地交流，相互之间存在较大的不确定性与工作上的复杂性，因此从其与非正式朋友网之间的非一致性角度进行分析更为合适（Soda and Zaheer，2012）。并且，互动工作流需要部门成员重复地交流和沟通，大多涉及周期较长或十分复杂的工作，因此对长期组织绩效具有较大的影响。我们认为，互动工作流与非正式朋友网间的非一致性将对组织绩效产生倒“U”形影响。这是因为，首先，与顺序工作流不同，互动工作流多针对复杂、重复的工作，因而对部门成员的发散性思维要求较高。当其与非正式朋友网存在较高的非一致性时，即二者之间存在较低的重叠度时，将有利于信息、视角和观念的多样性，并且，差异化的奋斗目标也提高了日常工作的互补优势，有利于部门成员集思广益，快速、有效地解决复杂工作。其次，当互动工作流与非正式朋友网存在较高的非一致性时，也有利于组织的长远发展，因为从长期来说，部门的非一致性越高，越有利于吸收和接纳不同的观点，进而对外部环境的适应性越好。然而，当二者的非一致性过高时，会给组织带来不利的影响。我们指出，适度的差异化会促进部门成员的发散性思维，提高组织的多样性与适应性，但过高的不一致性可能导致部门内局面混乱、冗杂，管理者将很难进行把握和处理，最终必然不利于长期组织绩效的提升。据此，我们提出以下假设。

H1a：顺序工作流和朋友网一致性对市场绩效具有正向影响。

H1b：权力网和朋友网一致性对市场绩效具有正向影响。

H1c：互动工作流和朋友网非一致性对组织绩效具有倒“U”形影响。

5.1.2 结构双元的中介作用

当前，关于正式与非正式组织双元一致性影响企业作用机理的研究还不多见，现有研究主要从团队冲突（Balkundi et al.，2009）、记忆自我效能（Schulz and Roßnagel，2010）、企业家导向（Roxas and Chadee，2013）、组织认同感（Kuipers，2009）、共同价值观（Gulati and Puranam，2009）、创新行为（Salavisa et al.，2012）、知识传递（Tsai，2002）、董事会决策（Klijn et al.，2013）、内部知识共享优化（Guechtouli，2014）、管理危机（Kim and Vonortas，2014）、组织学习（Manuti et al.，2015）、组织沟通（Detert et al.，2013）等方面割裂分析组织内正式和非正式组织互动对企业的影响（Ahearne et al.，2014），少数关注二者一致性对企业影响的文献又忽视了对其作用机理的分析（Soda and Zaheer，2012）。因此，我们有必要对不同正式与非正式网络影响企业的作用机理进一步展开探讨。具体地，正式网络反映组织正式的结构和程序，包括权力结构、顺序工作流结构和互动工作流结构；非正式网络反映组织非正式的朋友关系结构，进而它们的一致性反映了组织不同正式与非正式部门结构的设置。因此，结构双元为我们分析不同正式与非正式网络一致性影响企业绩效的作用机理提供了一个合适的视角。

事实上，结构双元的研究者已关注到了组织内的正式与非正式网络问题。Jansen 等（2006，2009）指出，利用式和探索式双元活动是正式与非正式网络的不同组织结构影响绩效的重要路径，且组织的结构属性对企业不同正式与非正式团队及结构双元活动有重要影响。Gulati 和 Puranam（2009）以思科系统公司为案例研究对象，分析了资产重组企业中正式与非正式网络对二元组织的影响，研究发现，正式与非正式网络之间的相互补偿能够促进二元组织的创建，并有利于企业多元化战略的实施，最终提高绩效。Lin（2014）又从企业国际化战略制订的角度分析了正式与非正式网络对利用和探索二元关系的影响，发现正式与非正式网络的一致性有助于帮助跨国公司海外子公司实现双元平衡，并提高绩效水平。吕鸿江等（2016d）明确指出，探索式创新、利用式创新及其二元平衡是打开正式和非正式网络互动影响企业复杂、非线性关系的黑箱的重要机制。由此可见，结构双元是正式和非正式网络影响企业的重要机理。

结构双元是指企业同时在组织中设立不同部门单元、以结构分离应对不同探索活动和利用活动的需要，同时又加强员工专业技能训练以提高组织资源利用率（Tushman and O'Reilly，1996）。例如，公司的各类生产活动在不同部门中进行、公司的研发等各类创新活动在不同部门中进行、公司的顾客需求是由组织中不同部门分别服务完成的、公司组织中的各个部分（如流水线、员工等）都有清晰的责权分配。结构双元包括结构探索活动和结构利用活动两个方面，其中，结构探索活动反映结构分离以适应外界环境的探索活动，结构利用活动反映组织加强员工培训以强化内在资源利用。正式网络与非正式网络一致性反映组织不同结构部门设置保持正式的工作流网络或权力网络与非正式朋友网一致以保证企业持续健康地发展，因此，不同正式与非正式网络一致性对结构双元（结构利用、结构探索）具有不同的影响。具体地，顺序工作流和权力网更加关注组织短期的市场绩效，因而对短期内资源利用具有较高的要求；互动工作流主要针对长期反复的工作，对长期组织绩效影响较大，因而对组织探索并适应外部环境具有较高的要求。因此我们认为，顺序工作流、权力网和朋友网一致性对结构利用影响较大，互动工作流和朋友网一致性对结构探索影响较大。

对于顺序工作流而言，当其与非正式朋友网具有较高的一致性时，部门成员在非正式朋友网中的社交关系将有利于单向活动的交接，进而有利于提高资源的利用效率。成员之间关系融洽也有利于管理者更好地开展结构分离，进而给不同的组织成员分配不同的任务。因此，顺序工作流和朋友网一致性对结构利用具有积极的影响。同样，对于权力网而言，我们认为其与非正式朋友网之间的高一致性也有利于提升组织结构利用效率。在正式权力关系的影响下，组织可以更加有利地实施结构分离，以保证组织的探索活动和利用活动需要，当员工所表现出来的非正式网络关系与其日常的标准化工作之间存在较高一致性时，在组织结构分离的情况下，员工可以更好地调整非正式的情感和社交需求，这必然会促进资源利用效率的提高。相反，如果二者之间表现出较低的一致性，那么员工在非正式网络中会表现出烦躁的心情，这无疑会降低员工的工作效率（Drazin and van de Ven，1985），从而不利于组织内部资源的利用。

对于互动工作流而言，我们同样从其与非正式朋友网的低一致性开始分析。对于结构探索而言，互动工作流与朋友网的低一致性将有利于结构探索活动的展开。这是因为，较低的重叠度增加了信息、视角和观念的多样性，从而增加组织的弹性和适应性（Krackhardt and Hanson，1993）；不同的奋斗目标增加了企业战略的互补优势，可能产生意外的收获（Bartlett and Ghoshal，1987）。因此，对于互动工作流来说，低一致性是有利于提高组织对外部环境的适应性的。但当互动工作流与朋友网的一致性过低，部门内部可能出现混乱、冗杂的状态。此时，管理者将很难厘清多方的声音，对外部环境的判断也会失衡。因此，这又将不利于部门对外部环境展开探索，组织也难以调整自身内部状况以适应外部环境的变化，最终对结构探索产生不利的影响。据此，我们提出以下假设。

H2a：顺序工作流和朋友网一致性对结构利用具有正向影响。

H2b：权力网和朋友网一致性对结构利用具有正向影响。

H2c：互动工作流和朋友网非一致性对结构探索具有倒“U”形影响。

此外，结构双元对绩效也存在积极影响。大量的研究表明，组织结构双元中的利用和探索能力与绩效之间存在显著的正相关关系。例如，He 和 Wong（2004）研究指出，组织结构双元性与较高的销售绩效有关系。Benner 和 Tushman（2003）实证发现双元性的组织设计和创新绩效呈正相关。Venkatraman 等（2007）利用 1005 家软件企业检验了双元性对组织绩效的影响，数据分析发现探索和利用的间断循环积极影响企业绩效。李桦（2012）以广东 231 家企业为调研对象，发现利用性活动对企业绩效有正向影响，探索性活动对企业绩效有正向影响。另外，一些研究也认为，对企业开发性活动和探索性活动的利用能够让组织的生存能力更强（Cottrell and Nault，2004），财务绩效更好，并能够提高企业的学习与创新能力（Holmqvist，2004）。具体地，在本章中，由于组织结构双元的利用更关注于短期内业务单元模式的一致和短期市场绩效，而组织结构双元的探索更关注于组织对长期任务环境的适应和长期组织绩效，因此，我们认为，组织结构利用有利于提升组织短期的市场绩效水平，而组织结构探索有助于提升长期的组织绩效水平，据此，我们提出以下假设。

H3a：结构利用对市场绩效具有正向影响。

H3b：结构探索对组织绩效具有正向影响。

基于此，我们认为，组织结构双元是正式与非正式网络一致性影响企业绩效的重要机理，即正式与非正式网络一致性的不同组合影响组织结构双元继而影响企业绩效。正式顺序工作流与非正式网络之间的一致性对结构利用具有正向影响；正式权力关系与非正式网络之间的一致性对结构利用具有正向影响；正式互动工作流与非正式网络之间的非一致性对结构探索具有倒“U”形影响。而结构利用对市场绩效具有正向影响；结构探索对组织绩效具有正向影响。因此，结构双元（结构利用、结构探索）在不同正式与非正式网络一致性影响企业市场/组织绩效之间发挥了中介作用。据此，我们提出以下假设。

H4a：结构利用在顺序工作流和朋友网一致性、权力网和朋友网一致性与市场绩效之间发挥中介作用。

H4b：结构探索在互动工作流和朋友网非一致性与组织绩效之间发挥中介作用。

5.1.3 环境不确定性的调节作用

环境不确定性反映组织外部环境变化的动态程度和复杂程度，是组织经销商或用户、原材料或劳动力供应、竞争对手、政府政策及技术革新等变化所带来的一系列不确定性（Miles and Snow，1978）。而企业外部环境包括制度环境（吴亮和吕鸿江，2016）、行业环境（吴亮等，2016）、商业模式环境（吕鸿江等，2016d）、网络环境（吴亮和吕鸿江，2015）等，是影响企业经营效率的重要情境因素。从CAS 理论的“系统复杂性与环境复杂性匹配观”看，一个复杂系统必须有一个复杂的控制机构，简单的控制机构不能有效地控制复杂的系统，该控制机构至少需要有与环境同样程度的多样性才能更适应环境，只有系统复杂性高于环境复杂性，该系统才能够驾驭环境并获得适应性发展（吕鸿江等，2016d）。可见，环境变化会使系统呈现多样的甚至冲突的复杂性，而且作为 CAS 的组织与环境变化是相互影响并共同演化的（Ashby，1956）。结构双元的根本在于权衡复杂环境时，组织具备应用两种不同行动解决二元悖论（利用、探索）的能力（Rothaermel and Alexandre，2009），因而受环境不确定性的影响较大。具体地，Raisch 和 Birkinshaw（2008）认为，行业和地区的动态性会影响组织业务单元模式的一致性及内部资源的利用，而技术和市场的复杂度对高层管理者在外部环境的探索有较大影响（Smith and Tushman，2005）。在本章中，我们将具体分析环境不确定性对结构双元对绩效影响的权变影响。

当外部环境构成因素复杂时，结构双元的利用对短期内市场绩效影响较大，随着环境的复杂变化，在短期，出于惯性模式，组织将很难快速做出内部调整来转变业务单元活动方式以适应环境。因此，当环境复杂程度越高时，组织内短期业务单元活动模式的一致性是越差的，甚至可能出现部分业务单元活动冲突和部门冗余现象，最终导致效率低下，短期市场绩效下降；相反，当外部环境构成因素动态时，可能促进结构双元的探索对长期组织绩效发挥作用。这是因为，与短期结构双元利用不同，结构双元探索本身是一个长期适应环境的过程。随着环境的变化，组织会渐进式地调整组织内部系统结构，进而按照已有的基准信息进行改变，达到与环境长期适应、共同演化的一个状态。当环境动态性程度越高时，从长期来说，组织会面临许多新的市场机会和挑战，也会面临新的顾客需求或一些新政策，这会强化组织双元的探索能力，放大组织双元的适应性作用，使得企业渐进式适应外部环境的变化，从而促进长期组织绩效的提升。另外，动态的环境也有利于结构探索活动把握新市场中的机会及所面临的挑战，并不断开发新的产品和服务，革新技术来满足市场的新需求，从而获得较高的市场回报和新的“利基”（Lumpkin and Dess，2001），最终促进组织长期绩效水平的提升。据此，我们提出以下假设。

H5a：环境复杂性对结构利用与市场绩效之间的关系具有调节作用。

H5b：环境动态性对结构探索与组织绩效之间的关系具有调节作用。

5.1.4 环境不确定性的有调节的中介作用

由上述分析可知：①结构双元（结构利用、结构探索）在不同正式与非正式网络一致性与市场/组织绩效之间起着调节作用；②环境复杂性和环境动态性会分别强化结构利用活动对市场绩效及结构探索活动对组织绩效的影响（调节第二阶段的影响），但并不会影响不同正式与非正式网络一致性与结构双元（结构利用、结构探索）之间的关系（不调节第一阶段的影响）。根据这些假定，我们可以进一步推测，环境复杂性越高，不同正式与非正式网络一致性通过结构利用对市场绩效产生的影响（间接效应）就越强；环境动态性越高，不同正式与非正式网络一致性通过结构探索对组织绩效产生的影响（间接效应）就越强。即环境复杂性越高，结构利用在不同正式与非正式网络一致性与市场绩效之间的中介作用就越强；环境动态性越高，结构探索在不同正式与非正式网络一致性与组织绩效之间的中介作用就越强。据此，我们提出以下假设。

H6a：环境复杂性越高，结构利用在顺序工作流、权力网和朋友网一致性与市场绩效之间的中介作用就越强；环境复杂性发挥有调节的中介作用。

H6b：环境动态性越高，结构探索在互动工作流和朋友网非一致性与组织绩效之间的中介作用就越强；环境动态性发挥有调节的中介作用。

5.2 研究设计与方法

5.2.1 数据收集与样本选择

本书采用调查问卷的方式收集数据，问卷设计主要基于现有成熟量表，并结合研究背景对问卷进行适当的“本地化”处理。首先，根据英文问卷进行英文-中文背翻（back-translation）。英文问卷先由精通中英文的一位研究者从英文翻译为中文，并由中文回译为英文，比较其中的差别并做相应的修改；然后由另一名同领域的研究者从英文翻译为中文，并由中文回译为英文；之后再与另外一位研究者一起检查其中的差别，并做相应的修正，然后定稿以完成问卷的翻译。其次，邀请了 7 家企业的高管对问卷内容进行了详细的评阅，确保所采用问卷的测项表达符合企业的实际情况，并根据企业高管的反馈，就题项的适当性和问卷的科学性进行评定和修改。再次，邀请东南大学工商管理硕士学位（master of business administration，MBA）和高级管理人员工商管理硕士学位（executive master of business administration，EMBA）班的 110 名在职学员[①]对初始问卷进行预调查，并要求其就问卷内容的符合程度及问卷的可读性提出意见。最后，针对预调查的样本数据，通过探索性因子分析和信度分析，对问卷的指导语、结构设计等进行了修订。在此基础上形成正式调查问卷，进行正式调查。另外，为减少同源误差的影响，本书根据文献 Podsakoff 和 Organ（1986）的建议，采取了保证匿名性、明确答案无对错之分、尽可能使用清晰明确的用语及用反向用语突破思维定式等问卷设计措施和随机调整测项顺序等方法。

本章的考察层面为组织的部门层面[②]。正式调研采取方便随机抽样方式，在南京、扬州、苏州、徐州、上海、西安等多个城市的企业中展开。最终调研了 31 家企业，51 个部门，共 667 名成员（113 名管理者、554 名员工）。调查对象为部门所有员工和管理者。之所以选择部门所有员工和管理者，是出于我们采集网络数据（矩阵数据）以及各部分控制和沟通数据（量表数据）的考虑。在正式调研中，我们将调查问卷分为员工卷及经理卷两类（附录）。正式与非正式网络一致性为部门整体网络数据，我们要求部门所有成员（员工和管理者）分别填写完整的网络问卷，以描绘部门所有成员之间的正式与非正式网络关系；其他涉及员工（此处主要是员工评组织）或管理层（管理者自评组织）填写的内容，我们让员工和管理者分开填写。

社会网络数据的调研过程如下：①提前编号、预约时间。请企业负责人提供被调研部门的全体员工及管理者名单，调研组提前对被调研的各个部门员工及管理者进行编号，并与企业负责人预约好调研时间。②人员集中。调研组准时在约定时间到达该企业，并以部门为单位，将所有被调研部门成员（员工和管理者）集中在会议室。③问卷发放。在发放问卷之前，我们会询问负责人，将管理者与员工区别开来，进而给管理者发放经理卷，给员工发放员工卷，每份问卷中均附有提前编好的编号表。此外，由于网络数据反映部门的整体网络结构，部门所有成员（员工和管理者）均需填写这一部分。④仔细讲解。当部门所有成员拿到相应的问卷后，我们会进行统一的讲解，特别是网络数据的填写，我们要求被调查者根据每个题项填写 3～5 个编号（按重要程度排序）。进而，调查者在被调查者填写问卷的过程中会详细观察，并及时回答被调查者的疑问。⑤问卷收集。问卷

① 两点予以说明：（a）预调研没有划分员工卷和经理卷；（b）预调研没有对网络数据进行调研。因此，结构部分采用的最终数据为正式调研的网络样本数。但由于我们选择的预调研对象均为不同公司部门中的典型代表成员，他们既是公司部门中的管理者，也是典型员工，在后续的控制视角和沟通视角下，我们将这部分数据予以采用。

② 一般而言，组织（部门）层面的变量测量分为两种：（a）管理者自评；（b）员工自下而上评组织。

填好后，我们逐一收回，在回收问卷时，我们会小声询问填写者自身的编号，然后在问卷上标明编号，被调查者的编号对于我们录入矩阵数据至关重要，否则该问卷无效，我们无法构造该被调查者（编号）与其他被调查者（编号）之间的网络关系。之所以采用编号，是出于对被调查者个人信息的保密性，我们严格遵循被调查者的个人意见。⑥缺失问卷处理。我们在调查过程中，难免有部门人员缺失的情况，针对该情况，为了最大限度地确保网络数据的完整性，我们采取问卷预留的方式，并告诉负责人详细的注意事项（包括编号的处理等细节），最终通过邮件的方式收回该问卷。⑦问卷装袋、调研结束。最终，我们将不同部门的回收问卷分别装入不同的文件袋，并在各文件袋上标注相应公司和部门名称、编号范围、员工卷和经理卷的缺失情况等信息。

正式调研在 2016 年 10 月至 2017 年 5 月期间进行。最终，51 个部门的数据全部收回，但考虑到部门整体网络的整体性及准确度（确保每个部门的填写比例大于 90%），我们对不合格部门问卷进行筛选、剔除，最终我们选择的样本数为 623 份（23 家企业的 43 个部门），包含 108 名管理者和 515 名员工，有效回收率为 93.4%。样本的基本分布情况如下：平均部门规模为 18 人；部门类型中，营销或销售类占 18.6%，研发类占 23.26%，生产或质量管理类占 27.91%，管理类占 30.23%；平均部门成员的年龄为 31 岁（范围从 21～55 岁）；65%的回答者为男性；76.24%的学历是本科及以上。

5.2.2 测量工具

1. 因变量

本章的因变量为市场绩效和组织绩效。该变量采用 Delaney 和 Huselid（1996）所开发的量表，其中，市场绩效包括“公司的市场营销情况”“公司的销售额的增长”“公司的盈利能力”和“公司的市场份额”四个测项，主要反映企业的短期市场效益；组织绩效包括“公司的产品/服务/项目的质量”“公司的顾客或客户的满意度”“公司留住重要员工的能力”“公司的新产品/服务/项目的发展”“公司吸引重要员工的能力”“公司领导与其他员工的关系”“总体而言，公司与员工之间的关系”等七个测项，主要反映企业的长期持续成长，采用利克特七级量表来衡量（1 代表“最差”，7 代表“最好”，2～6 具体表示的内容见附录），市场绩效和组织绩效的信度系数分别为 0.865、0.894。此部分由管理者填写，反映管理者自评组织的情况。

2. 自变量

自变量为正式与非正式网络一致性。该量表采用当前较为成熟的度量方法，但与 Soda 和 Zaheer（2012）采用的 CONCOR 方法从员工个体网之间构造一致性有所区别，本章所考察的网络一致性是部门整体网络之间的一致性。因此，借鉴 Soda 和 Zaheer（2012）的思想，本章采用 UCINET6.487 软件中的 QAP 方法，分别计算每个正式整体网络与每个非正式整体网络之间的相关系数，以此来反映不同正式与非正式网络之间的一致性程度。具体地，正式网络包含正式互动工作流网络、正式顺序工作流网络和正式权力网网络，而此处考查的非正式网络为朋友网络，并且对于互动工作流网络，我们主要考察其非一致性问题。因此，最终我们具体构造了 3 个正式与非正式网络一致性变量，分别为顺序工作流和朋友网一致性、权力网和朋友网一致性和互动工作流和朋友网非一致性。此部分要求部门所有成员（员工和管理者）填写。

3. 中介变量

中介变量为结构双元。该变量采用 Zaidi 和 Othman（2015）所开发的量表，其中，结构利用由“公司的各类生产/服务活动是由多道程序分解完成的”测量；结构探索由“公司的研发等各类创新活动是由多道程序分解完成的”“公司的顾客需求是由多道程序分解完成的”测量，结构探索的信度系数为 0.700，采用利克特七级量表来衡量（1 代表“从不”，7 代表“总是”，2～6 具体表示的内容见附录）。此部分由管理者填写，反映管理者自评组织情况。

4. 调节变量

本章考察的调节变量为环境不确定性，包括环境复杂性和环境动态性两个变量。我们采用 Miles 和 Snow（1978）提出的构成组织外部环境的因素，根据中国企业所处的环境，对原始问卷项目加以修订后，得到 11 个测项，如经销商、用户、原材料供应商等。采用利克特七级量表衡量，对环境复杂性的测量要求被试根据本公司所处环境回答上述 11 个测项（从 1“数量很少”到 7“数量很多”，2～6 具体表示的内容见附录），对环境动态性的测量要求被试根据本公司所处环境回答上述 11 个测项（从 1“从不变化”到 7“总是变化”，2～6 具体表示的内容见附录），环境复杂性和环境动态性的信度系数分别为 0.902 和 0.882。此部分由管理者填写，反映管理者自评组织的情况。

5. 控制变量

根据不同的研究需要，我们主要从部门层面和网络层面来选择控制变量。①部门层面。首先，部门类型和部门规模均对绩效有着重要影响（Tang et al.，2015），其中，部门类型划分为四类指标，分别为营销或销售取值为 1，研发取值为 2，生产或质量管理取值为 3，管理取值为 4；部门规模用部门总人数来度量。②网络层面。咨询网（建议网）是一类非常重要的非正式网络，它和正式网络之间的一致性（非一致性）对绩效有重要的影响（Soda and Zaheer，2012），我们对咨询网与正式网络之间的一致性（非一致性）进行控制。正式网络包括正式互动工作流、正式顺序工作流和正式权力网，因此它们与咨询网间的一致性（非一致性）包括顺序工作流与咨询网一致性，权力网与咨询网一致性，互动工作流与咨询网非一致性三个变量。我们控制了上述三个变量。

5.2.3 信度及效度

①信度。除结构探索的信度系数为 0.700，达到比较好的信度要求外，其他各个量表的信度系数都在 0.8 以上，达到非常好的信度要求（Nunnally，1968）。②效度。首先，对于内容效度，潜变量的测项均选用国外较为成熟的量表，经过小规模访谈，专业人士和学者对内容进行检查，并进行预试及修正，量表符合内容效度要求。其次，通过对所有变量进行探索性因子分析，结果显示，正式量表的总体 KMO（Kaiser-Meyer-Olkin）值为 0.833，累积方差解释度为 77.841%，通过了巴特利特球形检验（$p<0.000$），所有测项共提取 6 个特征值大于 1 的公因子，每个测项的载荷都大于 0.442，表明聚合效度较好。最后，将所有题项采用 AMOS 21.0 进行验证性因子分析后，我们发现，这些变量的拟合指标都符合近似误差均方根（root-mean-square error of approximation，RMSEA）小于 0.08，规范拟合指数（normed fit index，NFI）、Tucker-Lewis 指数（Tucker-Lewis index，TLI）、比较拟合指数（comparative fit index，CFI）均大于 0.90 的标准，说明变量具有良好的结构效度。具体见表 5.1。

表 5.1 测项分析

构念	信度系数	平均萃取变异量	构念	信度系数	平均萃取变异量
结构利用	—	0.5746	组织绩效	0.894	0.5528
结构探索	0.700	0.5473	环境复杂性	0.902	0.5459
市场绩效	0.865	0.6789	环境动态性	0.882	0.5101

资料来源：SPSS 19.0 和 AMOS 21.0 计算获得

注：结构利用此处只用了一个测项，故无信度系数

5.2.4 整体网络分析

鉴于本章所考察的网络数据对象为部门层面的整体网络数据，本节将以样本

中典型的部门（A 公司某部门，编号 110～126）①为代表来分析其整体网络结构，以期能够更加直观地反映不同正式与非正式网络的整体网络特征。

1. 正式网络

（1）互动工作流。互动工作流反映的是部门中某个成员重复与他人进行工作交流的情况，我们用如下问题来度量：我和他/她需要完成相互交流和配合的工作任务。图 5.1 为 A 公司某部门正式网络中互动工作流的二值有向图，此图是根据我们最终得到的矩阵数据所做，并且由图我们可以清晰地发现每个点（成员）的度数、互惠关系以及整个图的密度和派系等。

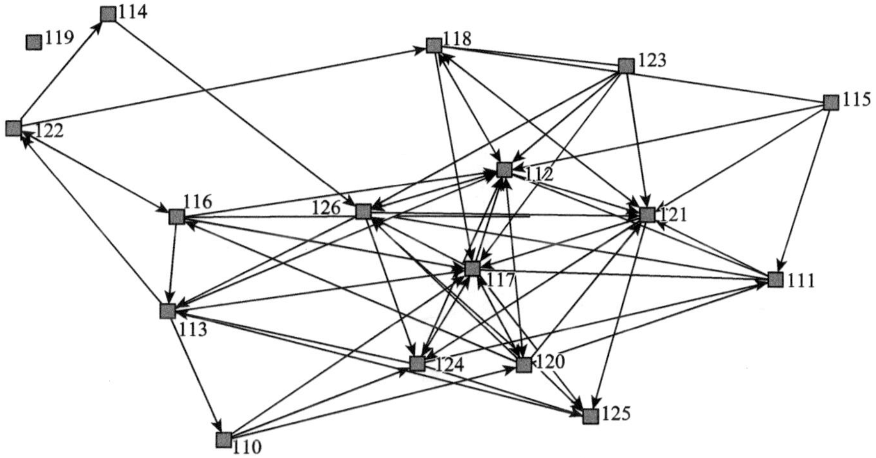

图 5.1　A 公司某部门互动工作流网络图

（2）顺序工作流。顺序工作流反映企业中的工作在哪些人之间顺序变动的情况，我们用如下问题来度量：①我会把工作任务下达给他/她；②他/她的工作任务完成后会转向我。同样，结合网络图（图 5.2）及 UCINET 6.487 计算结果，我们可以对 A 公司某部门顺序工作流从每个点的度数、互惠关系以及整个图的密度和派系等方面进行描述。

（3）权力网。权力网反映组织中的正式权力划分，根据 Soda 和 Zaheer（2012）的建议，我们主要利用已获取的管理者和部门员工之间的正式上下级关系（若有多个管理者，则依等级建立关系）来描绘（图 5.3）。我们调查的部门平均人数为 15 人，并且大多数部门中只有单纯的两层上下级关系，因此正式权力网络图大多数呈以部门领导为集中点向外扩散的趋势。

① 出于对公司内部信息的保密需要，文章只单纯分析编号。

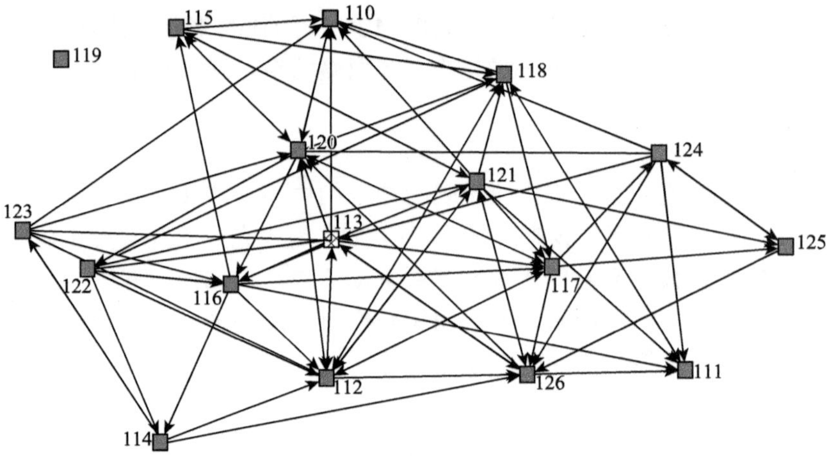

图 5.2　A 公司某部门顺序工作流网络图

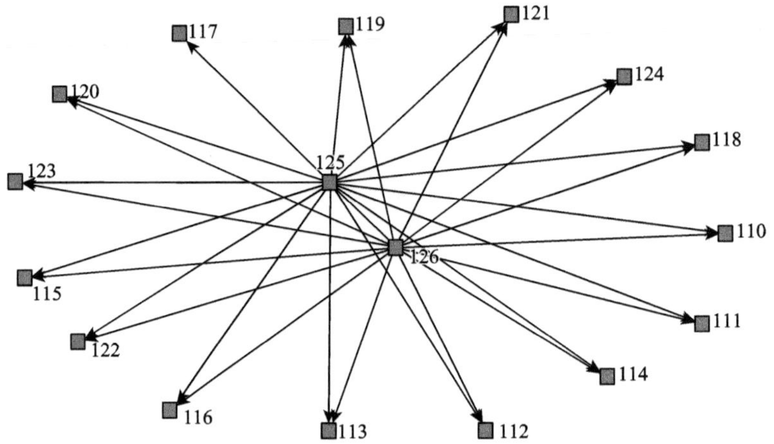

图 5.3　A 公司某部门权力网网络图

2. 非正式网络

（1）朋友网。非正式网络分析与正式网络分析无异，只是，非正式网络往往是隐藏在正式组织结构背后的网络，通常是隐性的网络。朋友网反映员工个人情绪的宣泄，如向谁吐苦水、和哪些人关系最好等。我们用如下问题来度量：①工作中遇到挫折或被责难时，我会向他/她倾诉；②他/她和我聊天时，会谈到家庭生活中的事；③他/她和我最熟。朋友网的调查有利于我们发现企业中存在的非正式团体，并判断员工的满意程度和工作意愿。图 5.4 为 A 公司某部门朋友网网络图。

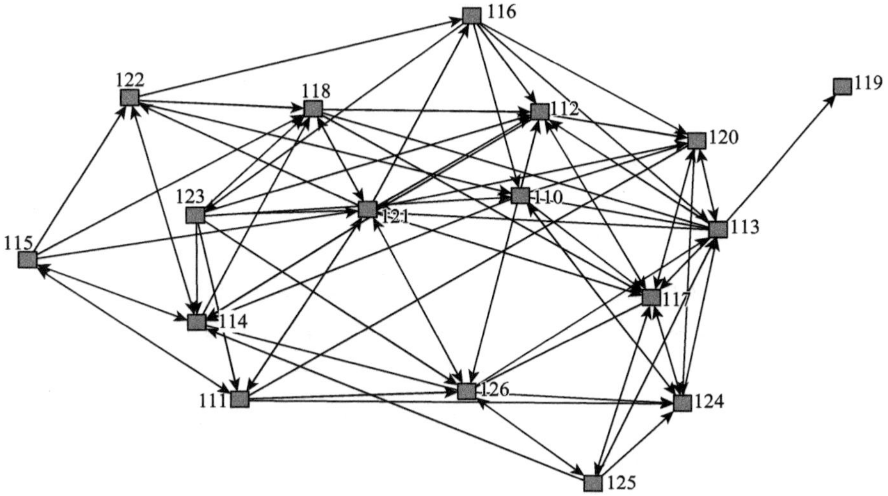

图 5.4　A 公司某部门朋友网网络图

（2）咨询网。尽管本章主要考察朋友网，但我们同样对咨询网进行分析。咨询网又叫建议网（Soda and Zaheer，2012），我们用下面三个问题度量：①在工作上遇到困难时，我会向他/她咨询；②在处理日常业务时，我常和他/她讨论相关问题；③在工作中遇到困难时，他/她会主动协助我。咨询网通常反映的是员工会私下向谁请教问题或给谁指导问题，从而获得帮助或帮助别人的情况。图 5.5 为 A 公司某部门咨询网网络图。

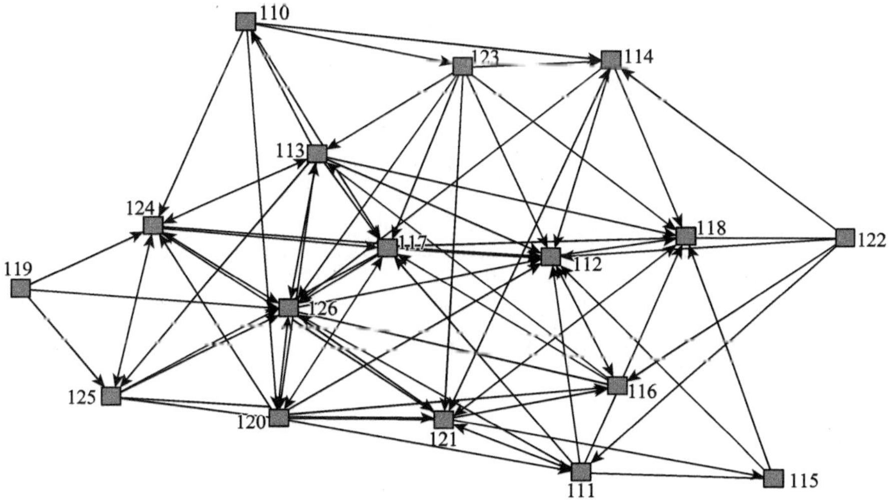

图 5.5　A 公司某部门咨询网网络图

5.3 假设检验

5.3.1 描述性统计分析

表 5.2 为正式与非正式网络一致性对绩效影响的相关变量的均值、标准差和相关系数表，由表中可知，除了结构利用和结构探索之间的相关性以及环境复杂性和环境动态性之间的相关性较高之外，其余各变量之间的相关性均较低，未超过 0.7 这一临界值。对于相关性较高的变量，为了避免多重共线性问题，我们将采取分层回归的方式进行处理。此外，在回归之前，为检验潜在的多重共线性问题，我们采用方差膨胀因子（variance inflation factor，VIF）值对各回归模型再次进行了检验，结果表明，所有模型中的方差膨胀因子均在 1～5 的范围以内，远低于临界值 10，而且解释变量的系数较为稳定，因此，多重共线性问题并不严重。

表 5.2　各变量的均值、标准差和相关系数表

变量	均值	标准差	1	2	3	4	5	6	7	8	9	10	11
1	0.38	0.14	1.00										
2	0.03	0.10	0.02	1.00									
3	0.44	0.11	–0.24	–0.08	1.00								
4	0.50	0.20	0.60	–0.02	–0.17	1.00							
5	–0.03	0.11	0.17	0.35	–0.10	0.19	1.00						
6	0.29	0.06	–0.31	–0.23	0.46	–0.50	–0.12	1.00					
7	5.79	1.00	–0.05	0.01	0.18	–0.14	–0.19	0.16	1.00				
8	5.66	0.89	–0.04	–0.07	0.04	0.06	–0.20	0.03	0.70	1.00			
9	2.95	1.37	–0.10	0.00	0.07	–0.08	0.00	0.08	0.06	0.06	1.00		
10	2.97	1.02	–0.13	–0.02	0.12	–0.11	0.04	0.07	0.10	0.20	0.73	1.00	
11	2.77	0.93	0.14	0.15	–0.01	0.00	0.13	0.06	0.16	–0.09	–0.22	–0.25	1.00
12	18.06	9.63	0.41	–0.33	–0.19	0.47	–0.05	–0.24	0.04	0.16	–0.11	–0.12	–0.20

注：①顺序工作流和朋友网一致性；②权力网和朋友网一致性；③互动工作流和朋友网非一致性；④顺序工作流和咨询网一致性；⑤权力网和咨询网一致性；⑥互动工作流和咨询网非一致性；⑦结构利用；⑧结构探索；⑨环境复杂性；⑩环境动态性；⑪部门类型；⑫部门规模

5.3.2 假设检验结果

1. 正式与非正式网络一致性对绩效的影响

表 5.3 为正式与非正式网络一致性对市场/组织绩效的影响的回归结果，模型

1 为基准模型，检验了各控制变量对市场绩效的影响。模型 2 检验了自变量中顺序工作流和朋友网一致性、权力网和朋友网一致性对市场绩效的影响。结果显示，顺序工作流和朋友网一致性的系数为–0.931，在 1%的水平上显著，说明顺序工作流和朋友网一致性对市场绩效具有负向影响，H1a 没有得到验证。权力网和朋友网一致性的系数为 1.458，在 1%的水平上显著，说明权力网和朋友网一致性对市场绩效具有正向影响，验证了 H1b。模型 3～模型 4 检验了互动工作流和朋友网非一致性对组织绩效的影响。在模型 3 中，互动工作流和朋友网非一致性的系数为 0.038，在 1%的水平上显著，进一步在模型 4 中，加入平方项后，互动工作流和朋友网非一致性的系数为 0.054，在 1%的水平上显著，互动工作流和朋友网非一致性的平方的系数为–0.024，在 1%的水平上显著，说明互动工作流和朋友网非一致性对组织绩效具有倒“U”形影响，验证了 H1c。

表 5.3　正式与非正式网络一致性对市场/组织绩效的影响

变量	市场绩效		组织绩效	
	模型 1	模型 2	模型 3	模型 4
部门类型	–0.224*** (–6.36)	–0.198*** (–5.58)	–0.206*** (–6.94)	–0.199*** (–6.74)
部门规模	–0.003 (–0.67)	0.005 (1.26)	0.004 (1.31)	0.003 (1.03)
顺序工作流和咨询网一致性	–0.429** (–2.15)	–0.154 (–0.72)	–0.803*** (–4.70)	–0.915*** (–5.32)
权力网和咨询网一致性	0.595* (1.69)	0.081 (0.22)	0.000 (0.00)	–0.040 (–0.13)
互动工作流和咨询网非一致性	0.060*** (2.91)	0.076*** (3.53)	–0.003 (–0.15)	–0.013 (–0.68)
顺序工作流和朋友网一致性		–0.931*** (–3.31)		
权力网和朋友网一致性		1.458*** (3.39)		
互动工作流和朋友网非一致性			0.038*** (4.62)	0.054*** (5.89)
互动工作流和朋友网非一致性 ^{2}				–0.024*** (–3.76)
常数项	5.812*** (35.31)	5.700*** (32.78)	6.073*** (43.68)	6.133*** (44.28)
R^2	0.083	0.117	0.137	0.156
Adjusted R^2	0.076	0.107	0.128	0.146
F	11.21***	11.64***	16.24***	16.23***

注：括号中为 t 值

*、**、***分别表示在 0.1、0.05、0.01 水平上显著

2. 结构双元的中介效应

表 5.4 为不同正式与非正式网络一致性对结构双元（结构利用、结构探索）的影响。模型 1 为基准模型，检验了各控制变量对结构利用的影响。模型 2 检验了顺序工作流和朋友网一致性、权力网和朋友网一致性对结构利用的影响，其中，顺序工作流和朋友网一致性对结构利用的影响系数为–0.437，在 10%的水平上显著，说明顺序工作流和朋友网一致性对结构利用具有负向影响，H2a 没有得到验证；权力网和朋友网一致性对结构利用的影响系数为 2.069，在 1%的水平上显著，说明权力网和朋友网一致性对结构利用具有正向影响，验证了 H2b。模型 3～模型 4 检验了互动工作流和朋友网非一致性对结构探索的影响。在模型 3 中，互动工作流和朋友网非一致性的系数为 0.012，不显著（$p>0.1$），但进一步在模型 4 中，加入平方项后，互动工作流和朋友网非一致性的系数为 0.029，在 1%的水平上显著，互动工作流和朋友网非一致性的平方的系数为–0.025，在 1%的水平上显著，说明互动工作流和朋友网非一致性对结构探索具有倒“U”形影响，验证了 H2c。

表 5.4 不同正式与非正式网络一致性对结构双元（结构利用、结构探索）的影响

变量	结构利用		结构探索	
	模型 1	模型 2	模型 3	模型 4
部门类型	0.036 （1.24）	0.045* （1.73）	–0.148*** （–4.77）	–0.140*** （–4.55）
部门规模	0.021*** （6.46）	0.030*** （8.53）	0.015*** （4.27）	0.014*** （4.01）
顺序工作流和咨询网一致性	–0.964*** （–5.86）	–0.829*** （–4.79）	0.231 （1.30）	0.112 （0.63）
权力网和咨询网一致性	–1.243*** （–4.28）	–1.883*** （–6.28）	–0.872*** （–2.80）	–0.915*** （–2.97）
互动工作流和咨询网非一致性	0.074*** （4.33）	0.103*** （5.88）	0.063*** （3.24）	0.053*** （2.71）
顺序工作流和朋友网一致性		–0.437* （–1.90）		
权力网和朋友网一致性		2.069*** （5.90）		
互动工作流和朋友网非一致性			0.012 （1.36）	0.029*** （3.03）
互动工作流和朋友网非一致性^2				–0.025*** （–3.85）
常数项	5.624*** （41.37）	5.386*** （37.98）	5.571*** （38.39）	5.635*** （39.00）

续表

变量	结构利用		结构探索	
	模型 1	模型 2	模型 3	模型 4
R^2	0.172	0.222	0.124	0.145
Adjusted R^2	0.165	0.213	0.115	0.135
F	25.60***	25.04***	14.53***	14.86***

注：括号中为 t 值

*、**、***分别表示在 0.1、0.05、0.01 水平上显著

进一步，在表 5.5 和表 5.6 中，我们检验了结构利用对市场绩效和结构探索对组织绩效的影响。由表 5.5 的模型 2 可知，结构利用的系数为 0.686，在 1%的水平上显著，说明结构利用对市场绩效存在正向影响，验证了 H3a；由表 5.6 的模型 2 可知，结构探索的系数为 0.739，在 1%的水平上显著，说明结构探索对组织绩效存在正向影响，验证了 H3b。

表 5.5　结构利用的中介效应及环境复杂性的调节效应（因变量：市场绩效）

变量	模型 1	模型 2	模型 3	模型 4
部门类型	−0.224*** （−6.36）	−0.248*** （−8.55）	−0.254*** （−8.30）	−0.254*** （−8.01）
部门规模	−0.003 （−0.67）	−0.017*** （−5.08）	−0.017*** （−5.10）	−0.017*** （−4.93）
顺序工作流和咨询网一致性	−0.429** （−2.15）	0.232 （1.37）	0.247 （1.44）	0.248 （1.44）
权力网和咨询网一致性	0.595* （1.69）	1.447*** （4.92）	1.441*** （4.89）	1.436*** （4.67）
互动工作流和咨询网非一致性	0.060*** （2.91）	0.009 （0.55）	0.011 （0.63）	0.011 （0.63）
结构利用		0.686*** （17.05）	0.683*** （16.83）	0.683*** （16.82）
环境复杂性			−0.017 （−0.58）	−0.017 （−0.59）
结构利用×环境复杂性				−0.002 （−0.05）
常数项	5.812*** （35.31）	1.956*** （7.41）	2.031*** （6.92）	2.032*** （6.89）
R^2	0.083	0.377	0.378	0.378
Adjusted R^2	0.076	0.371	0.370	0.369
F	11.21***	62.18***	53.29***	46.55***

注：括号中为 t 值

*、**、***分别表示在 0.1、0.05、0.01 水平上显著

表 5.6　结构探索的中介效应及环境动态性的调节效应（因变量：组织绩效）

变量	模型 1	模型 2	模型 3	模型 4
部门类型	−0.211*** (−6.99)	−0.101*** (−5.03)	−0.073*** (−3.38)	−0.109*** (−4.89)
部门规模	0.002 (0.53)	−0.008*** (−3.91)	−0.008*** (−3.43)	−0.011*** (−4.77)
顺序工作流和咨询网一致性	−0.661*** (−3.87)	−0.865*** (−7.75)	−0.948*** (−8.35)	−0.973*** (−8.73)
权力网和咨询网一致性	−0.139 (−0.46)	0.537*** (2.71)	0.473** (2.39)	0.546*** (2.82)
互动工作流和咨询网非一致性	0.029* (1.66)	−0.025** (−2.13)	−0.039*** (−3.16)	−0.062*** (−4.80)
结构探索		0.739*** (28.97)	0.734*** (28.91)	0.765*** (29.86)
环境动态性			0.087*** (3.28)	0.062** (2.34)
结构探索×环境动态性				−0.081*** (−5.11)
常数项	6.086*** (43.07)	1.965*** (11.60)	1.718*** (9.33)	1.853*** (10.15)
R^2	0.107	0.622	0.628	0.643
Adjusted R^2	0.099	0.618	0.624	0.639
F	14.7***	168.8***	148.5***	138.5***

注：括号中为 t 值

*、**、***分别表示在 0.1、0.05、0.01 水平上显著

结合表 5.4 的模型 2 和模型 4 的结果可知，顺序工作流和朋友网一致性对结构利用的影响系数、权力网和朋友网一致性对结构利用的影响系数均显著，并且结构利用对市场绩效的影响系数显著，因此，结构利用在顺序工作流和朋友网一致性、权力网和朋友网一致性与市场绩效之间发挥了中介作用，H4a 得到验证。互动工作流和朋友网非一致性对结构探索的影响系数显著，并且结构探索对组织绩效的影响系数显著，因此，结构探索在互动工作流和朋友网非一致性与组织绩效之间发挥了中介作用，验证了 H4b。

3. 环境不确定性对结构双元的调节效应

在表 5.5 和表 5.6 中，我们检验了环境复杂性对结构利用的调节作用，以及环境动态性对结构探索的调节作用。由表 5.5 的模型 4 可知，结构利用×环境复杂

性的系数为–0.002，不显著。因此，H5a 没有得到验证。在表 5.6 中，由模型 4 的回归结果可知，结构探索×环境动态性的系数为–0.081，在 1%的水平上显著。但这与我们的假设相反，H5b 未被验证。

4. 环境不确定性对结构双元的有调节的中介效应

表 5.7 为环境复杂性对结构利用的有调节的中介效应检验结果表，此表我们是根据 Edwards 和 Lambert（2007）的建议，运用拔靴法（bootstrap method）程序计算获得。根据有调节的中介检验程序，表中我们主要根据第一阶段（P_{MX}）或第二阶段（P_{YM}）的差异显著，以及间接效应（$P_{YM}P_{MX}$）的差异必须显著的规则来验证有调节的中介。由表 5.7 可知，对于顺序工作流和朋友网一致性，当环境复杂性低时，顺序工作流和朋友网一致性对市场绩效的间接影响（结构利用）负向显著（$\beta=-0.584$，$p<0.01$），当环境复杂性高时负向显著（$\beta=-0.548$，$p<0.01$），但两者的差异不显著（$\Delta r=0.036$，$p>0.1$）。而此时尽管第一阶段的差异显著（$\Delta r=0.174$，$p<0.1$），但环境复杂性在顺序工作流和朋友网一致性与市场绩效之间有调节的中介作用没有得到验证；对于权力网和朋友网一致性，当环境复杂性低时，权力网和朋友网一致性对市场绩效的间接影响（结构利用）呈正向关系，但不显著（$\beta=0.015$，$p>0.1$），当环境复杂性高时为负向显著（$\beta=-0.524$，$p<0.01$），且两者的差异负向显著（$\Delta r=-0.539$，$p<0.01$）。因此，环境复杂性在权力网和朋友网一致性与市场绩效之间的有调节的中介作用成立。调节效应图见图 5.6。因此，H6a 得到部分支持。

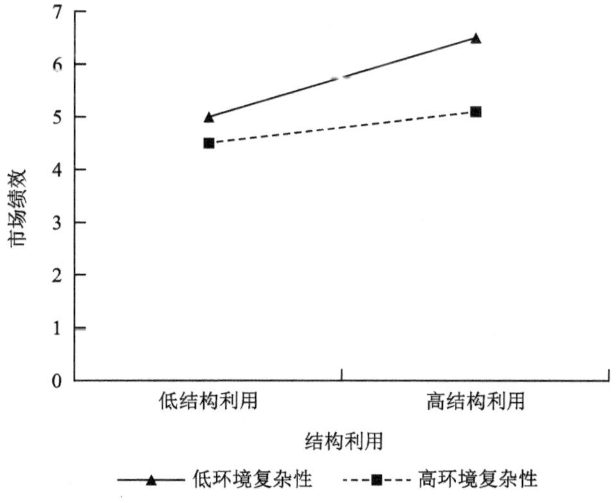

图 5.6　环境复杂性对结构利用的调节作用

表 5.7 环境复杂性对结构利用的有调节的中介效应

调节变量	顺序工作流和朋友网一致性、权力网和朋友网一致性（X）→ 结构利用（M）→市场绩效（Y）				
	阶段		效应		
	第一阶段	第二阶段	直接效应	间接效应	总效应
	P_{MX}	P_{YM}	P_{YX}	$P_{YM}P_{MX}$	$P_{YX}+P_{YM}P_{MX}$
顺序工作流和朋友网一致性					
低环境复杂性	−1.019***	0.573***	−0.502***	−0.584***	−1.086***
高环境复杂性	−0.845***	0.649***	−0.062***	−0.548***	−0.610***
差异	0.174*	0.075	0.440***	0.036	0.476***
权力网和朋友网一致性					
低环境复杂性	0.027	0.541***	1.298***	0.015	1.313***
高环境复杂性	−0.729***	0.719***	1.386***	−0.524***	0.861***
差异	−0.756***	0.178	0.087	−0.539***	−0.452***

注：P_{MX}代表不同正式与非正式网络一致性对结构利用的影响，P_{YM}代表结构利用对市场绩效的影响，P_{YX}代表不同正式与非正式网络一致性对市场绩效的影响；高环境复杂性代表均值加 1 个标准差，低环境复杂性代表均值减 1 个标准差①

*、**、***分别表示在 0.1、0.05、0.01 水平上显著

表 5.8 为环境动态性对结构探索的有调节的中介效应检验结果表，同样，我们根据第一阶段（P_{MX}）或第二阶段（P_{YM}）的差异显著，以及间接效应（$P_{YM}P_{MX}$）的差异必须显著的规则来验证有调节的中介。由表可知，当环境动态性低时，互动工作流和朋友网非一致性对组织绩效的间接影响（结构探索）不显著（$\beta=0.045$，$p>0.1$），当环境动态性高时不显著（$\beta=-0.030$，$p>0.1$），且二者的差异不显著（$\Delta r=-0.075$，$p>0.1$），并且模型的第一阶段结果也不显著（$\Delta r=-0.106$，$p>0.1$）。因此，环境动态性在互动工作流和朋友网非一致性与组织绩效之间的有调节的中介作用不成立。H6b 没有得到验证。

5. 控制变量检验

由表 5.3 可知，部门类型对市场绩效和组织绩效具有负向影响，说明无论对短期还是长期来说，越偏向于营销类的部门，其绩效越好；部门规模对市场绩效和组织绩效具有正向影响，说明部门规模越大，绩效越好；顺序工作流与咨询网一致性对市场绩效和组织绩效具有负向影响，这可能是由于过高的嵌入降

① 根据 Edwards 和 Lambert（2007）的研究，此处的 bootstrap 回归方程不包含控制变量，并同时加入了调节变量与自变量的乘积项，因而与前文的回归方程可能有所出入。因此，我们根据表 5.7 与表 5.8 检验有调节的中介作用，根据表 5.3 检验主效应，根据表 5.5 与表 5.6 检验调节效应，下同。

低了部门成员的灵活性，或者具有高知识技能的员工可能更适合应对复杂、重复的工作；权力网与咨询网一致性对市场绩效具有正向影响，互动工作流与咨询网非一致性对市场绩效具有正向影响，说明较高的权力网络与咨询网一致性更有利于组织工作的展开，并且多样的差异化增加了互动工作流弹性与解决问题的可能性。此外，由表 5.4 可知，部门类型对结构探索具有负向影响，说明越偏向于管理类的部门，越容易适应外部环境。网络变量中，权力网与咨询网一致性表现出了对结构双元（结构利用、结构探索）的负向影响，这可能是由于权力嵌入过高，限制了管理者的管理弹性，从而不利于结构分离活动的开展；顺序工作流与咨询网一致性对结构利用表现出负相关，同样可能是由于过高的嵌入降低了部门成员的灵活性；互动工作流与咨询网非一致性对结构双元（结构利用、结构探索）具有正向影响，说明部门内多样性程度越高（重叠度越低），越有利于结构双元活动的开展。

表 5.8　环境动态性对结构探索的有调节的中介效应

调节变量	互动工作流和朋友网非一致性（X）→ 结构探索（M）→组织绩效（Y）				
	阶段		效应		
	第一阶段	第二阶段	直接效应	间接效应	总效应
	P_{MX}	P_{YM}	P_{YX}	$P_{YM}P_{MX}$	$P_{YX}+P_{YM}P_{MX}$
互动工作流和朋友网非一致性					
低环境动态性	0.062	0.720***	0.000	0.045	0.045
高环境动态性	−0.044	0.694***	0.038	−0.030	0.007
差异	−0.106	−0.027	0.038	−0.075	−0.037

注：P_{MX} 代表不同正式与非正式网络一致性对结构探索的影响，P_{YM} 代表结构探索对组织绩效的影响，P_{YX} 代表不同正式与非正式网络一致性对组织绩效的影响；高环境动态性代表均值加 1 个标准差，低环境动态性代表均值减 1 个标准差

*、**、***分别表示在 0.1、0.05、0.01 水平上显著

5.4　研究讨论与结论

5.4.1　研究讨论

从正式与非正式网络来分析正式与非正式组织结构出于两点考虑：其一，网络本身就构成组织正式与非正式的静态结构，如一些主流的网络一致性研究，均将组织不同的网络状态看作不同的组织内部结构（Soda and Zaheer，2012），包括工作流结构、权力结构、非正式关系结构等；其二，通过对正式与非正式网络

的研究，有利于我们借助社会网络工具 UCINET 更加形象和客观地表达出不同组织内部的正式与非正式结构，进而更加清晰地发现正式与非正式结构之间的互动关系。因此，本章最终尝试从部门整体网络的角度对当前正式与非正式网络进行分析，最终发现部门层面的正式与非正式网络一致性与绩效间存在不同的影响，并且探析了其中的作用机理和情境因素，从而丰富和扩展了当前关于正式与非正式组织结构的结构论研究。但我们不能忽视的是，结构方面更多的是关注组织单元的数量和关系，是一种静态的组织结构层面，而组织中不可忽视的是还存在着动态的层面，如权力流动、信息流通等，它们应与组织静态结构有所区别，对于构成组织结构的动态层面，需要进一步地分析和探讨。

1. 正式与非正式网络一致性与绩效

关于正式与非正式网络一致性与绩效的关系还存在矛盾的方面，一部分学者指出网络一致性能够促进绩效提升，但另一部分指出网络一致性存在收益和成本两个方面（Soda and Zaheer，2012）。并且，目前关于正式与非正式网络相互作用的检验还停留在个人网层面，忽视了部门整体网层面。在本章中，我们从部门整体网层面系统地解释了部门正式与非正式网络一致性对绩效的影响。尽管网络在个人层面上的一致性对于团队效率和组织认同有重要作用（Kuipers，2009），但是我们仍然无法全面了解部门整体网络的一致性对绩效有何影响，以及其作用和情境机理是什么。因此，我们不仅需要了解不同部门如何整合其正式与非正式网络，还要了解如何通过解锁其结构嵌入式价值来实现更高的效能。基于此，我们从部门的角度考察部门正式和非正式网络一致性对绩效的影响，使我们能够推进部门层的网络一致性理论，并指导企业将部门的非正式网络与正式的组织结构和流程结合起来，设计组织，最终提升组织绩效水平。

不同部门正式与非正式网络一致性对短期市场绩效和长期组织绩效具有不同的影响。其中，权力网和朋友网一致性对市场绩效具有正向影响，表明当部门内的正式权力关系与非正式的朋友关系融洽时，将更有利于管理者权力的分配及部门成员非正式情感需要的满足，这对短期市场绩效的提升有较大的帮助；互动工作流和朋友网非一致性对组织绩效表现出倒“U”形影响，表明由于互动工作流需要部门成员之间反复地交流，相互之间存在较大的不确定性与工作上的复杂性，因此较低的重叠度增加了信息、视角和观念的多样性，并且提高了日常工作的互补优势，从而有利于部门成员集思广益，快速、有效地解决复杂工作，提高长期组织绩效。然而，当二者的非一致性过高时，可能导致部门内局面混乱、冗杂，此时管理者将很难进行把握和处理，最终又将不利于长期组织绩效的提升；顺序工作流和朋友网一致性对市场绩效尽管表现显著，但方向为负向，与我们的假设相反。这可能是由于顺序工作流仅为单向工作的交接，无须成员之间太多的情感交流，非正式的朋友关系对其影响不大；也可能是由于我们的调查对象多为国有企业，出于中国文化情境和复杂人际关系的考虑，体制内的朋友关系并不一定能够帮助单向工作的交接。

2. 结构双元的中介作用

结构双元（结构利用、结构探索）在不同部门正式与非正式网络一致性与市场/组织绩效中发挥着不同程度的中介作用。对于结构利用而言，其在顺序工作流和朋友网一致性与市场绩效之间的中介作用反向成立。这可能是单向工作关系难以充分地改善部门内部的资源使用（Tushman and O'Reilly，1996），同时员工简单地转移工作，并且在顺序工作流程中彼此间的利益较少，因此他们对资源的利用意识较低，甚至可能会出现浪费资源的现象。此外，组织也可能缺乏对结构性利用活动相关人员的技能培训，从而导致他们的资源利用意识不强。单向工作关系也可能不利于建立奖励机制，从而无法帮助企业提高资源利用效率，最终降低竞争能力（Jansen et al.，2009）；结构利用在权力网和朋友网一致性与市场绩效之间发挥中介作用，说明权力网和朋友网一致性的程度越高，越有利于单向工作的交接，进而提高资源利用效率，并提高短期市场绩效。对于结构探索而言，其在互动工作流和朋友网非一致性与长期组织绩效之间发挥了中介作用。这说明，互动工作流和朋友网非一致性同样与结构探索产生一个倒“U”形的关系，进而使组织的长期探索能力提高，最终提高长期组织绩效水平。

3. 环境不确定性对结构双元的调节及有调节的中介作用

环境复杂性对结构利用不存在调节作用，未支持假设。这可能是因为我们的样本主要集中在国有企业和制造业企业上，而这些国有企业和制造业企业往往规模较大，从而结构惯性较大（吴亮等，2016），受外部环境的干扰较小。相反，面对复杂的环境，国有企业的决策集中化也会更加倾向于提高资源利用效率；环境复杂性在权力网和朋友网一致性与市场绩效之间的有调节的中介作用得到验证，说明环境不确定性越高，结构利用的中介作用将越强；环境复杂性在顺序工作流和朋友网一致性与市场绩效之间的有调节的中介作用未得到验证，证实了环境复杂性的直接调节作用不成立，同时也说明环境复杂性不能强化结构利用在顺序工作流中的中介作用。对于环境动态性来说，其对结构探索表现出负向的调节作用，并且对结构探索的有调节的中介作用未得到验证，与假设相反。这可能是因为国有企业天生的企业规模惯性，使得企业对外部环境的感知较弱，当外部环境动态变化时，企业难以及时地提出对策，做出调整，从而表现出负向的调节作用。从 CAS“系统复杂性与环境复杂性匹配观”来看，只有系统复杂性高于环境复杂性时，组织系统才可以管理环境并获得适应性发展。而这些大型企业对外部环境的感知可能不如营销类企业敏感，后期可考虑调整样本做进一步的分析。

5.4.2 研究结论

本章从部门整体结构视角对正式与非正式网络一致性对绩效的影响及其作用机理和情境因素进行了分析，并利用社会网络工具对典型样本的整体网络结构进行了分析。研究结果表明，第一，不同部门正式与非正式网络一致性对短期市场绩效和长期组织绩效具有不同的影响。其中，顺序工作流和朋友网一致性对市场绩效具有负向影响；权力网和朋友网一致性对市场绩效具有正向影响；互动工作流和朋友网非一致性对组织绩效具有倒“U”形影响。第二，结构利用在顺序工作流和朋友网一致性、权力网和朋友网一致性与市场绩效之间发挥中介作用；结构探索在互动工作流和朋友网非一致性与组织绩效之间发挥中介作用。其中，顺序工作流和朋友网一致性对结构利用具有负向影响；权力网和朋友网一致性对结构利用具有正向影响；互动工作流和朋友网非一致性对结构探索具有倒“U”形影响；结构利用对市场绩效具有正向影响；结构探索对组织绩效具有正向影响。第三，环境动态性对结构探索发挥了负向的调节作用，并且环境复杂性在权力网和朋友网一致性与市场绩效之间发挥了有调节的中介作用。

第6章　企业正式网络与咨询/朋友网络互动对渐进/突破式创新的影响

随着环境不确定性的增加，实践中有许多企业将组织结构网络化来提升组织的创新能力，使企业在不确定的环境中赢得竞争优势。例如，海尔先将直线职能式组织结构转变为“倒三角”组织结构，再向网络化组织结构转变，并建立“海尔HOPE平台”①来鼓励员工利用非正式网络进行创新。华为建立了较为完善的正式组织结构，同时还在内部建立了知识管理平台“3MS”②来促进员工与其工友进行非正式谈话。华为鼓励员工与其工友对关键技术所产生的前沿问题进行讨论与研究，创造出全新的知识来解决研究方向上的前沿问题，进而提高公司的突破式创新能力；鼓励员工利用咨询的方式来提高员工之间工作的协调性，通过导师制提高新员工咨询的便利性进而提高新员工的工作效率，从而提高公司的渐进式创新能力。最终华为在5G芯片技术方面独占鳌头。企业不仅非常重视通过正式网络与非正式网络的建设鼓励员工提高创新能力，而且希望获得关于正式网络与非正式网络互动对创新能力影响的理论指导（Ter Wal et al.，2020）。

在理论上，虽然有研究发现组织内正式网络和非正式网络对创新能力产生重要影响（Jeong and Shin，2019），但是还发现这些影响是被分割开来分析的。一方面，组织设计视角的研究主要聚焦在正式网络对创新能力产生的影响上。例如，有研究发现高绩效工作实践可以通过促使员工进行集体学习，提高组织的创新能力（Jeong and Shin，2019）；还有研究发现正式网络双元结构中领导者与专家相互合作有利于促进这两个成员的个人创新能力的提升（Ter Wal et al.，2020）。此视角的研究忽略了非正式网络对正式网络的影响。另一方面，社会网络视角的研究主要关注员工利用非正式网络提高个人创新能力的问题。例如，有的研究发现处在非正式网络中结构洞位置的人较容易有好的想法（Burt，2004）；有的研究发现高管团队成员利用咨询网络向组织外部寻求建议或者向组织内部寻求建议都有利于提高组织的探索式创新能力（Alexiev et al.，2010）；还有的研究发现团队中具有紧密的跨文化关系的朋友有利于促进现任员工的创造力的提升（Lu et al.，2017）。此视角的研究忽略了正式网络对非正式网络的影响（McEvily et al.，2014）。

---

① 海尔HOPE平台是由海尔在2013年10月开放式创新中心开发并运营的开放创新平台。

② 3MS是华为内部建立的以“找知识、找专家、协作”为目标的知识管理社区。

当前把正式网络与非正式网络割裂开来的研究会导致研究结论与现实状况存在较大差距，不能很好地指导实践（McEvily et al.，2014）。对此，学者（Ter Wal et al.，2020）呼吁在未来的研究中应该对正式与非正式网络互动的影响展开研究。因此，当前亟须解决的问题是正式网络与不同非正式网络互动对创新能力产生怎样的影响，其中的作用机理是什么；环境不确定性对正式网络与不同非正式网络互动和创新能力之间的关系产生怎样的影响。

为了解决上述问题，本章将借鉴复杂系统（complexity system，CS）理论。由于组织是一个由多个员工所组成的 CS（Chiva et al.，2014），这些员工会依据相应的规则和规章来与他人互动（Zárraga and Bonache，2003），而组织结构是组织成员在互动过程中所形成的复杂网络结构，所以组织结构也可以被看作一个 CS。此外，CS 中的“混沌边缘”“复杂适应系统与复杂再生系统”“适应性学习与再生性学习”等理论为本章理论模型的构建提供了很好的借鉴。

6.1　概念界定与研究假设

6.1.1　概念界定：CS 视角下的正式与非正式网络的互动

正式与非正式网络互动可以分为正式网络与咨询网络互动和正式网络与朋友网络互动。正式网络与咨询网络互动是指正式网络中的成员向其同事寻求或提供建议时形成的咨询网络与正式组织结构的相互影响。正式网络与朋友网络互动是指正式网络中的成员与其工作中的朋友进行互动时形成的朋友网络与正式组织结构的相互影响。正式与非正式网络互动分为这两种类型是因为正式网络由工作流程网络和权力网络构成（Soda and Zaheer，2012），具有授权性和共享意识形态，被认为是组织的“合法系统”（Stacey，1996），相对“影子系统”具有稳定性，所以这两个子网络形成的整体网络称为正式网络。非正式网络是指组织成员之间互动中形成的人际关系网，由咨询网络和朋友网络构成（Soda and Zaheer，2012）。咨询网络是指员工在寻找与工作任务相关的建议时所形成的网络（Soda and Zaheer，2012），提供的建议可以在员工之间分享（Gibbons，2004）。朋友网络是具有紧密关系特征的网络（Soda and Zaheer，2012），员工间可以对一些非工作的话题深入交换意见，而在非朋友之间可能不会讨论这些意见（Gibbons，2004）。咨询网络是建立在事件之上的工具型网络，而朋友网络是建立在信任基础上的情感型网络（Tröster et al.，2019）。因为非正式网络没被正式制度认可，所以被类比为“影子系统”（Stacey，1996）。又因为咨询网络与朋友网络是随机涌现的，与“合法系统”相比，具有动态性和不稳定性，会对组织产生不同的影响（Soda and Zaheer，2012），所以需要将其分开分析。“合法系统”与“影子系统”的互动会使 CS 的运行处于“混沌边缘”状态，此时 CS 的创新能力较强（Chiva et al.，2014）。这是因为“混沌边缘”是 CS 在复杂适应子系统和复杂再生子系统之间的转换空间（Chiva et al.，2014）。从网络视角来看，这两个系统也是组织处于“混沌边缘”时的子系统，在 CAS 中正式网络与咨询网络互动，在复杂再生系统中正式网络与朋友网络互动。具体示例见图 6.1。

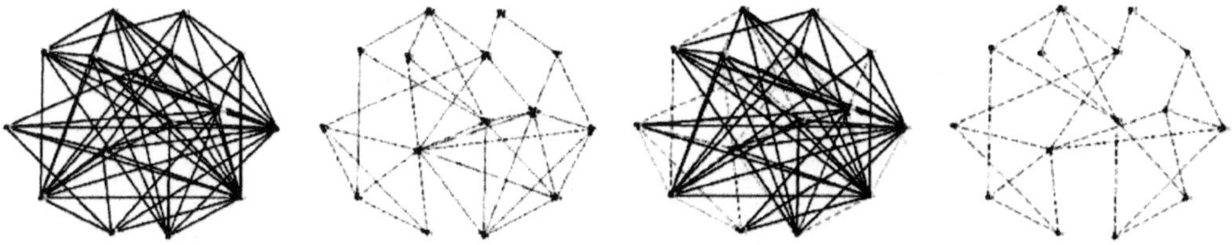

图 6.1　正式与非正式网络互动示意

6.1.2　研究假设

1. 正式与非正式网络互动对创新能力的影响

（1）正式网络与咨询网络互动和渐进式创新。渐进式创新是指对现有产品和服务进行细微的改进（屠兴勇等，2019），技术、产品和服务在现有的轨道上进行发展（Obal et al.，2016），是对原有领域知识的深化和系统化（Subramaniam and Youndt，2005）。正式网络与咨询网络互动有利于促进渐进式创新的提升。因为从 CS 理论来看，正式网络与咨询网络互动可以类比为“合法系统”与“影子系统”互动时处于复杂适应子系统的状态，具有追求有序、追求效率的特征。首先，正式网络中成员相互咨询有利于提高工作协调性。由于咨询网络中传播的是与工作任务相关的显性知识，员工利用咨询网络来获取知识与信息能帮助提高他们完成正式工作任务的能力（Gibbons，2004）。其次，正式网络中成员相互咨询可以促进员工之间的资源优化。正式网络中单个成员所拥有的权力与资源不足以解决产品与服务持续改善中所产生的问题，但员工之间咨询可以促进正式网络中资源流通，使不同成员所拥有的权力与资源得到合理的利用，进而克服障碍。最后，正式网络中成员相互咨询有利于提升工作效率。在 CAS 中拥有丰富专业知识的员工为了提升团队的整体工作效率，通常会通过提供意见的方式帮助工作经验少的同事改进工作方法来提升工作效率（Brennecke and Rank，2016）。可见，正式网络与咨询网络互动能使员工获得更多信息，进而做出有利于持续改进产品与服务的决策，体现了 CAS 中的持续改进与提高效率的适应性特征，进而提升了组织的渐进式创新。

H1：正式网络与咨询网络互动对渐进式创新产生显著的正向影响。

（2）正式网络与朋友网络互动和突破式创新。突破式创新是指打破以往技术模式（王永健等，2016）、流程和组织格局，建立新的技术、流程和组织格局并在顾客价值传递方面实现显著跳跃性创新，对现有的技术、产品或服务进行较大的改进（Subramaniam and Youndt，2005）。正式网络与朋友网络互动有利于促进突破式创新的提升。从 CS 理论来看，正式网络与朋友网络互动可以类比为“合法系统”与“影子系统”互动时处于复杂再生子系统的状态，具有变革、突变和超越能力的特征（Chiva et al.，2014）。首先，正式网络中朋友相互沟通可以讨论较为深入的问题（Gibbons，2004），有效的交流与沟通可以使一些模糊的想法变得清晰，使员工跳出原有的思维方式来思考问题（Lu et al.，2017）。其次，正式网络中朋友相互沟通有利于降低权力距离，促使员工聚焦于产品、技术和流程的变革。因为朋友在真情实感表达观点的同时更多关注的是关于产品、技术和流程的变革相关知识与信息的分享，会忽略彼此的层级关系（Lu et al.，2017）。最后，突破式创新的产品与服务需要相匹配的工作流程，正式网络中的朋友越多越有利于促进员工对现有工作流程的不足达成共识，从而降低推动组织结构变革的阻力，提升组织结构的变革动力（Jeong and Shin，2019）。可见，正式网络与朋友网络互动使正式网络中的成员通过各种复杂的信息共享来改变现有技术、产品和服务发展路线，从而促使对“合法系统”的本质结构进行变革，提升组织的革新能力（Jeong and Shin，2019），体现了复杂再生子系统中的变革和超越能力的特征，进而提升了组织的突破式创新。

H2：正式网络与朋友网络互动对突破式创新产生显著的正向影响。

2. 知识共享的中介效应

在知识共享的过程中，有时需要的是传递性知识共享，有时需要的是创造性知识共享。传递性知识共享是组织内的成员将自己专长知识教给对此不太擅长的同事（Zárraga and Bonache，2003）。创造性知识共享是指在知识分享时，组织内没有直接的相关知识，需要知识提供者与知识接收者相互深入沟通来创造新的知识（Lu et al.，2017）。

（1）传递性知识共享的中介效应。本章认为正式网络与咨询网络互动是通过传递性知识共享来提升渐进式创新的。由于正式网络与咨询网络互动可以类比为 CS 处于复杂适应子系统的状态，组织成员会通过适应性学习来分享组织中现存的知识（Chiva et al.，2010）。适应性学习是一种单循环学习（Chiva et al.，2010），是员工分享现有知识来对惯例、规范、程序等进行细微改进（Chiva and Habib，2015）。首先，当组织成员为了完成既定工作任务而进行咨询时，主要是学习技能、信息和程序等现存的知识（London and Hall，2011），对组织需要完成的任务进行设计的成员或领导帮助组织中不了解相关知识的员工掌握相关知识。其次，由于组织将资源分配给不同的成员来生产产品或提供服务（Zárraga and Bonache，2003），在资源优化的过程中，正式网络中的成员对同事拥有的权力和相关资源知识不了解。为了提高效率，拥有资源的同事会分享与使用相关资源知识，从而使整个组织中的权力和资源得到更好的利用（Zárraga and Bonache，2003）。最后，在工作流中，当员工发现同事不规范的操作给自身的工作带来负面影响时，会提供建议，分享知识，帮助同事提升操作程序的能力（Cochrane，2011），同事改正工作方式后，其自身的工作效率会被提高，从而使组织的效率提高。所以，正式网络与咨询网络互动促进了组织内传递性知识共享，进而促使现有的能力、技术和范式等得到加强。这是一个“合法系统”与“影子系统”互动通过适应性学习来提高组织成员的适应能力的过程，在这个过程中，组织的渐进式创新被增强。

H3：传递性知识共享在正式网络和咨询网络互动影响渐进式创新之间起中介作用。

（2）创造性知识共享的中介效应。本章认为正式网络与朋友网络互动是通过创造性知识共享来提升突破式创新的。由于正式网络与朋友网络互动使 CS 处于复杂再生子系统状态，组织成员会通过再生性学习来利用组织中现存的知识创造出新的知识（Chiva and Habib，2015）。再生性学习是一种双循环学习，要求组织成员创造性分享知识，对现有的规范、惯例或程序进行质疑与修改（Chiva and Habib，2015）。首先，跳出惯性思维分析问题时，会伴随着创造性知识共享。当正式网络中的朋友从不同角度深入分析问题时，解决相关问题的新点子与新方法会比较容易想出（London and Hall，2011），而新点子与新方法的产生往往会成为组织提升突破式创新的基础。其次，淡化层级关系的领导与员工专注在观点的交换上，把与工作经验相关的显性、隐性知识与新出现的问题联系起来，进而存在于不同头脑之中的全异的知识与想法碰撞会让组织成员创造出新知识与新方案（Jeong and Shin，2019）。最后，当新知识与新方法创造出的新产品和新服务与组织政策、技术和范式不一致时，会引起员工对现有政策、技术和范式的质疑与变革（Chiva et al.，2014）。对于组织变革之中引起的新问题，正式网络中的朋友会通过集体学习的方式持续深入沟通来降低因采取变革而引起的阻力（Jeong and Shin，2019）。在此过程中，正式网络与朋友网络互动中的创造性知识共享是复杂再生系统的再生性学习的具体体现（Chiva et al.，2014），员工会通过分享显性与隐性知识来创造出新的知识，使产品、技术和流程的发展脱离原有的技术轨道，从而提升组织的突破式创新。

H4：创造性知识共享在正式网络与朋友网络互动影响突破式创新之间起中介作用。

3. 环境不确定性的调节效应

环境不确定性具有两个显著的特征：环境复杂性与环境动态性（Duncan，1972a）。环境复杂性是环境的简单—复杂维度（Duncan，1972a），环境动态性是环境的静态—动态维度（Duncan，1972a）。大量研究表明环境复杂性和环境动态性是引起环境不确定性的先决条件（吕鸿江和刘洪，2011），因此本章将从这两个维度来分析。

（1）环境复杂性的调节效应。环境复杂性反映的是组织外部环境的因素数量多少（吕鸿江和刘洪，2011）。当组织面临的环境复杂性降低时，需要处理的环境因素数量减少，所以组织面对的压力会降低，组织内的成员利用正式网络与咨询网络进行传递性知识共享的推力就会降低，进而提升渐进式创新的动力会比较低。当面临的环境复杂性提高时，组织需要提高组织复杂性的参数进而使组织拥有比环境更多的变化来应对环境的改变（吕鸿江和刘洪，2011）。因此，正式网络与咨询网络互动程度更高，与工作任务相关的知识在组织内的流动更快（吕鸿江和刘洪，2011），知识与信息处理的能力更强，资源优化与利用的效率加速，组织成员需要沟通的人员数量更多。组织成员增强沟通会促进传递性知识共享，进而提升应对环境复杂性的能力（Zárraga and Bonache，2003）。从 CS 视角来看，当环境复杂性提高时，CAS 会提高内部“合法系统”与“影子系统”互动中的适应性学习速度，从而提升组织的渐进式创新来适应环境的变化（Chiva et al.，2014）。

H5：环境复杂性越高，传递性知识共享与渐进式创新之间的关系越显著，环境复杂性发挥有调节的中介作用。

（2）环境动态性的调节效应。环境动态性是由竞争、顾客偏好改变、技术的变化和供应商的变动等引起的环境不规则的波动与变化（Duncan，1972a）。当环境动态性较低时，组织面对环境变化所带来的压力比较小，所需要共享和整合新知识的动力就会比较低（吕鸿江和刘洪，2011），从而突破式创新被提高的可能性比较低。相反，当组织所处的环境动态性较高时，潜在的顾客需求、短暂的机会、紧急的威胁、供应商与竞争对手会发生变动（吕鸿江和刘洪，2011），此时组织内部权力关系和正式工作流程面临的变革是不可避免的。正式网络中的成员需要对变革中产生的新问题提出解决方案的压力增大，从而增加正式网络中朋友之间通过创造、分享和扩充新知识来解决新问题的动力（Jeong and Shin，2019），此时组织的突破式创新会得到提高。从 CS 视角来看，当环境的动态性提高时，“合法系统”与“影子系统”互动会提高复杂再生系统中员工再生性学习的动力（Chiva et al.，2014），通过变革“合法系统”的本质属性来应对环境的改变。

H6：环境动态性越高，创造性知识共享与突破式创新之间的关系越显著，环境动态性发挥有调节的中介作用。

综上，本章的研究模型如图 6.2 所示。

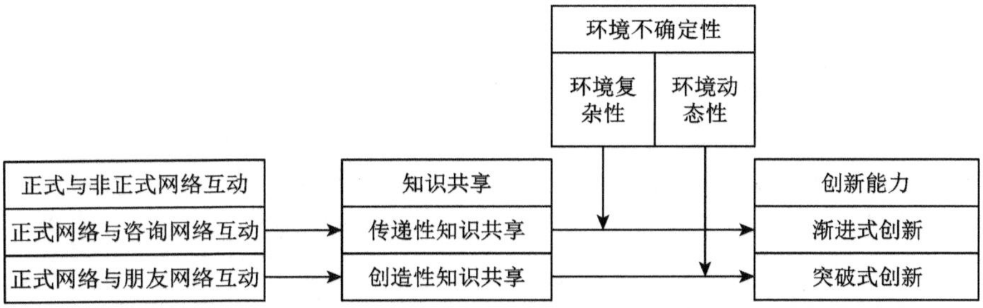

图 6.2　理论模型

6.2　研究设计与方法

6.2.1　数据收集与样本选择

本章采用方便抽样方法以问卷形式收集数据，主要通过在管理创新领域积累的人脉资源来联系不同的企业发放问卷。调研时间从 2018 年 9 月开始持续一年左右，被调研企业主要位于长三角地区和中部地区。这些参与调研的企业涵盖智能电力、信息技术、装备制造等创新型企业，它们参与了管理创新示范企业的评选。在征询这些创新型企业的经理同意之后，邀请他们企业内部参与产品与服务的研发与生产的部门或团队参与调研。由于问卷中的社会网络题目需要每个团队中的 80%以上的成员认真填写，在问卷发放之前，先与被调查的企业的领导者进行沟通，争取让对方整个组织内的所有员工同时参与调研，之后请企业领导者提供整个组织员工的名单和组织结构图。我们依据网络的提名生成法（Soda and Zaheer，2012），对姓名编号进行匿名化处理，并请企业帮助安排其所提供名单上的员工在同一时间集中填写问卷。我们团队中的成员到现场指导答题者填写问卷，强调问卷的匿名和保密性的要求，待整个部门或团队填写完成之后当场回收问卷。

本章共发放问卷 1327 份，剔除填写潦草、甄别题目填写矛盾等不认真的问卷。最终得到 102 个创新型组织的 1093 份问卷，有效回收率约为 82.37%。其中领导者人数为 227，占总人数的 20.8%；员工人数为 866，占总人数的 79.2%。男性占比为 59.93%，女性占比为 40.07%。教育水平方面：研究生及以上占比为 22.14%，本科占比为 53.98%，大专占比为 16.01%，高中及以下占比为 7.87%。年龄方面：25 岁及以下占比为 10.61%，25～35 岁占比为 46.48%，35～45 岁占比为 26.53%，45～55 岁占比为 11.53%，55 岁以上占比为 4.85%。在行业方面：智能电力占比为 21.57%、信息技术占比为 11.76%、装备制造占比为 51.96%、其他行业占比为 14.71%。

6.2.2 测量工具

研究中所用的量表都来自国内外研究中使用的成熟量表，结合本章研究的情景对部分条目做了调整。在问卷准备阶段，对于英文量表采用了英文-中文背翻的方法进行翻译。为了保证量表的信度和效度，我们邀请了某 985 高校的 110 名 MBA 进行预调查和 3 家企业高管进行结构化访谈，数据收集之后对量表进行了信度与效度分析，又邀请创新领域的专家对条目逐一讨论，对于不理想的量表进行多次修改和完善，最终形成正式调查问卷。

1. 自变量

正式网络与非正式网络互动主要包括正式网络与咨询网络互动和正式网络与朋友网络互动这两个维度。正式网络主要由权力网与工作流网络聚集而成，其中权力网主要依据企业提供的组织结构图整理而得。工作流网络是用 Soda 和 Zaheer 的量表来测量的（Soda and Zaheer，2012），测量题目是“我会把工作任务下达给他/她；他/她的工作任务完成后会转向我；我和他/她需要完成相互交流和配合的工作任务”。在得到权力网和工作流网络的数据之后聚集成正式网络。非正式网络包括咨询网络和朋友网络，咨询网络是用 Soda 和 Zaheer 的量表来测量(Soda and Zaheer，2012)，测量题目是“在工作上遇到困难时，我会向他/她咨询；在处理日常业务时，我常和他/她讨论相关问题；在工作中遇到困难时，他/她会主动协助我”。朋友网络主要是用 Krackhardt 和 Brass（1994）文中的量表来测量，测量题目是“工作中遇到挫折或被责难时，我会向他/她倾诉；他/她和我聊天时，会谈到家庭生活中的事；他/她和我最熟”。为了保持匿名性，让领导者与员工根据姓名对应的编号填写自己的编号。在获得正式网络与非正式网络之后，使用 UCINET 6.487 中的 QAP 指标计算正式网络与咨询网络的互动和正式网络与朋友网络的互动。QAP 是用来计算两个整体网络重叠程度的一个指标，QAP 值越高表示两个网络重叠互动程度越高。

2. 中介变量

知识共享包括传递性知识共享（transitive knowledge sharing，TKS）与创造性知识共享（creative knowledge sharing，CKS）这两个维度，其中，传递性知识共享包括“在部门工作中，我从同事中学到了他们的专有知识”“在部门工作中，我分享了自己的专有知识”“在部门工作中，通常当我和同事贡献出自己的想法时，能集思广益、推陈出新”三个测项；创造性知识共享包括“我所在部门提出的改进意见最终能被公司采纳实施”“在部门工作中，我和同事改进了许多传统的办事方法”两个测项，这两个维度的测量主要由 Zárraga 和 Bonache（2003）的量表改编调整而来，量表采用利克特七级度量（1 表示“从不”，7 表示“总是”，2～6 具体表示的内容见附录），问卷是由员工填写。传递性知识共享的组内相关系数 ICC（1）值为 0.137，ICC（2）值为 0.572，组内一致性系数 Rwg 的均值为 0.883；创造性知识共享的 ICC（1）值为 0.190，ICC（2）值为 0.664，Rwg 的均值为 0.801；符合 ICC（1）高于 0.12，ICC（2）高于 0.5 和 Rwg 高于 0.7 的标准（Koo and Li，2016）。这说明组织层面的变量由员工层次数据聚合是可行的。

3. 调节变量

环境不确定性包括环境复杂性和环境动态性两个维度变量。根据 Miles 等（1978）提出的构成组织外部环境的因素和中国企业所处的环境加以修订，每个维度有 11 条测项，如经销商、用户、原材料供应商等。环境复杂性量表采用利克特七级度量（1 表示“数量很少”，7 表示“数量很多”，2～6 具体表示的内容见附录）；环境动态性量表采用利克特七级度量（1 表示“从不变化”，7 表示“总是变化”，2～6 具体表示的内容见附录），问卷是由领导者填写。

4. 因变量

创新能力主要包括渐进式创新与突破式创新这两个维度，其中，渐进式创新能力包括“公司加强主打产品/服务的创新活动”、“公司加强主打产品/服务已有专业知识的创新活动”和“公司加强现有竞争力的创新活动”三个测项；突破式创新能力包括“公司淘汰主打产品/服务的创新活动”、“公司从根本上改变主打产品/服务的创新活动”和“公司淘汰专有核心技术的创新活动”三个测项，这两个维度的测量主要用 Subramaniam 和 Youndt（2005）的量表。量表采用利克特七级度量（1 表示“非常少”，7 表示“非常多”，2～6 具体表示的内容见附录），问卷是由领导者填写。

5. 控制变量

此前研究表明组织的性别水平和教育程度会对组织的创新能力产生影响（Subramaniam and Youndt，2005），因此在组织层面将性别均值和教育水平均值作为控制变量。有研究表明员工年龄和雇用年限异质性对创新能力影响比较大（刘嘉和许燕，2006），因此需要将其控制。对于年龄和雇用年限类别变量，学者将用 Blau 系数计算异质性作为控制变量，其表达式为 $I=1-\Sigma(i_j)^2$，其中 i_j 反映的是在组织中第 j 个类别员工的占比（刘嘉和许燕，2006）。Blau 系数取值范围在 0 到 1 之间，越靠近 1 说明组织中的该属性差异越大。最后，Burt（2004）发现网络中的结构洞对创新有影响。为了剔除网络效应，用 UCINET 6.487 计算约束系数作为个人层面的结构洞，然后将正式与非正式网络中的个人层面的结构洞取均值，来表示正式网络结构洞与非正式网络结构洞（Burt，2004）。

6.2.3 信度及效度

文中对正式网络与非正式网络互动、知识共享、环境不确定性和创新能力的测量都是从高质量期刊选取的量表，具有较高的信度与效度。对于所采用潜变量的量表，借助 SPSS 24.0 软件和 AMOS 26.0 来分析其信度与效度。①信度检验。所有潜变量的 Cronbach's α 值均大于 0.8，表明测量变量的标准误差很小，量表信度良好。②效度检验。所用的量表均来自国内外比较成熟的量表，在引用之前均通过严格的英文-中文背翻，经过了预试及修正，因此内容效度符合要求。进一步，本章对所有的潜变量做验证性因子分析，结果显示 c2/df 值为 1.468、增值适配指数（incremental fit index，IFI）值为 0.965、TLI 值为 0.953、CFI 值为 0.964、NFI 值为 0.897、拟合优度指数（goodness of fit index，GFI）值为 0.853、RMSEA 为 0.068、残差均方根（root mean square residual，RMR）值为 0.038，拟合指标较为理想，表明模型拟合度较好。所有潜变量的平均方差提取值（average variance extracted，AVE）的最小值均大于 0.5，而且所有潜变量组合信度大于 0.8，表明聚敛效度很好。综上可认为潜变量信度与效度符合要求。

为了降低共同方法偏差，研究在设计上和检验上做了相应的处理。第一，在收集数据时将问卷分为经理卷与员工卷两种，保证了数据的不同来源。第二，强调了问卷的匿名性，问卷题目没有对错之分，降低了参与者选择性偏差。第三，采用了社会网络调查法和利克特量表法，降低了填写问卷者的惯性思维。第四，采用 Harman 单因子检测方法来检验（Podsakoff and Organ，1986），未旋转时得到的第一主成分的方差百分比为 27.871%，小于 40%临界标准。第五，借鉴 Adam 等（2007）推荐的验证性因子分析来检验共同方法偏差。模型 1 是把所有条目指定给一个共同潜变量，得到的拟合指标为 c2/df = 8.472、IFI = 0.350、TLI = 0.248、CFI = 0.342、NFI = 0.322、GFI = 0.419、RMSEA = 0.272、RMR = 0.155。模型 2 是把所有条目指定给各自测量的潜变量，得到的拟合指标为 c2/df = 1.468、IFI = 0.965、TLI = 0.953、CFI = 0.964、NFI = 0.897、GFI = 0.853、RMSEA = 0.068、RMR = 0.038。模型 2 的各项指标明显优于模型 1 中对应的指标。这表明共同方法偏差不显著。

6.3 假设检验

6.3.1 描述性统计分析和相关系数

本章的描述性统计分析和相关系数见表 6.1。

表 6.1　描述性统计分析和相关系数

变量	1	2	3	4	5	6	7	8	9	10	11	12	13	14
1.性别	—													
2.教育水平	−0.04	—												
3.年龄异质性	0.17*	−0.14	—											
4.雇用年限异质性	0.09	0.11	0.06	—										
5.非正式网络结构洞	0.14	0.05	−0.08	−0.08	—									
6.正式网络结构洞	0.01	0.02	−0.09	−0.27***	0.80***	—								
7.正式网络与咨询网络互动	−0.12	0.15	−0.08	0.15	0.00	0.07	—							
8.正式网络与朋友网络互动	−0.09	0.07	−0.05	0.09	−0.02	−0.01	0.30***	—						
9.传递性知识共享	−0.25**	−0.25**	−0.13	−0.07	−0.12	−0.10	0.20**	0.18*	0.868					
10.创造性知识共享	−0.22**	−0.09	−0.24**	−0.04	−0.29***	−0.28***	0.26***	0.24**	0.69***	0.931				
11.环境复杂性	0.17*	−0.06	0.00	−0.02	0.18*	0.09	−0.06	0.10	−0.05	−0.08	0.769			
12.环境动态性	0.11	−0.02	−0.04	0.03	0.23**	0.13	−0.03	0.17*	−0.13	−0.11	0.64***	0.719		
13.渐进式创新	0.25***	−0.00	−0.04	0.01	0.22**	0.06	0.15	0.29***	0.18*	0.12	0.37***	0.29***	0.932	
14.突破式创新	0.25**	−0.00	0.01	0.08	0.02	−0.06	0.16	0.20**	0.16	0.27***	0.13	0.09	0.51***	0.895
均值	1.408	2.941	0.571	0.597	0.608	0.600	0.407	0.299	5.221	4.772	3.920	3.495	5.398	4.720
标准差	0.255	0.515	0.150	0.157	0.137	0.154	0.183	0.220	1.064	1.378	3.971	2.125	0.922	1.636

注：$N = 102$；对角线内为各潜变量量表 AVE 均方根

*、**、***分别表示在 0.1、0.05、0.01 水平上显著

6.3.2 假设检验结果

1. 主效应检验

表 6.2 采用 SPSS 24.0 中的多元回归进行分析，如模型 2 中正式网络与咨询网络互动对渐进式创新产生正向影响且显著（$b=1.195$，$p<0.05$），H1 被验证。如模型 7 所示，正式网络与朋友网络互动对突破式创新产生显著的正向影响（$b=1.004$，$p<0.05$），H2 被验证。

表 6.2 主效应中介作用与调节作用检验结果

变量	渐进式创新				TKS	突破式创新				CKS
	模型 1	模型 2	模型 3	模型 4	模型 5	模型 6	模型 7	模型 8	模型 9	模型 10
性别	0.879**	0.962**	1.169***	1.343***	−0.859**	0.938**	1.014**	1.200***	1.446***	−0.540
教育水平	−0.024	−0.073	0.067	0.082	−0.581***	−0.010	−0.031	0.057	0.030	−0.257
年龄异质性	−0.434	−0.362	−0.167	−0.321	−0.812	−0.240	−0.195	0.370	0.722	−1.639***
雇用年限异质性	−0.322	−0.612	−0.467	−0.305	−0.606	0.234	0.076	0.301	0.455	−0.654
非正式网络结构洞	3.005**	3.333***	3.207***	2.371**	0.526	0.590	0.695	0.851	0.037	−0.453
正式网络结构洞	−1.911*	−2.315**	−1.996*	−2.365**	−1.326	−0.794	−0.896	−0.277	−0.233	−1.797*
正式网络与咨询网络互动		1.195**	0.890	0.926*	1.269**					
TKS			0.241**	0.205**						
环境复杂性				0.299***						
TKS×环境复杂性				0.431***						
正式网络与朋友网络互动							1.004**	0.640	0.718*	1.058**
CKS								0.344***	0.343***	
环境动态性									0.003	
CKS×环境动态性									0.476***	
常数项	−1.409	−1.693*	−2.584**	−2.150**	3.701***	−1.175	−1.457	−2.792**	−2.871***	3.878***
R^2	0.133	0.177	0.223	0.421	0.209	0.070	0.118	0.206	0.293	0.257

续表

变量	渐进式创新				TKS	突破式创新				CKS
	模型 1	模型 2	模型 3	模型 4	模型 5	模型 6	模型 7	模型 8	模型 9	模型 10
ΔR^2	0.133**	0.044**	0.046**	0.198***	0.209***	0.070	0.048**	0.088***	0.087***	0.257***
ΔF	2.434**	5.012**	5.481**	15.569***	3.558***	1.199	5.081**	10.332***	5.573***	4.638***

注：$N=102$；回归系数 b 为非标准化的回归系数；TKS 表示传递性知识共享，CKS 表示创造性知识共享，TKS×环境复杂性表示传递性知识共享与环境复杂性的乘积，CKS×环境动态性表示创造性知识共享与环境动态性的乘积

*、**、***分别表示在 0.1、0.05、0.01 水平上显著

2. 中介效应检验

传递性知识共享的中介效应按照传统的 Baron 和 Kenny（1986）的三步方法来检验。第一步，正式网络与咨询网络互动对渐进式创新产生显著正向影响；第二步，正式网络与咨询网络互动对传递性知识共享产生显著正向影响（$b=1.269$，$p<0.05$）；第三步，控制了传递性知识共享（$b=0.241$，$p<0.05$）后，正式网络与咨询网络互动对渐进式创新产生的影响不显著（$b=0.890$，$p>0.1$），说明中介效应成立。此外，依据 Hayes（2018）提供的 SPSS macro（Process）进行中介效应检验，由表 6.3 知传递性知识共享的间接效应为 0.305，置信区间为[0.053，0.854]，说明间接效应显著，H3 被验证。

表 6.3　知识共享的中介效应

中介变量	间接效应	SE	LLCI	ULCI
传递性知识共享	0.305	0.186	0.053	0.854
创造性知识共享	0.364	0.174	0.119	0.869

注：Process 程序 Model4，选择 95%置信区间 10 000 次 bootstrap 运算；SE 的全称为标准差（standard error）；LLCI 的全称为置信区间下限（lower limit of confidence interval）；ULCI 的全称为置信区间上限（upper limit of confidence interval）

创造性知识共享的中介效应按照 Baron 和 Kenny（1986）的三步方法来检验。第一步，正式网络与朋友网络互动对突破式创新产生显著正向影响；第二步，正式网络与朋友网络互动对创造性知识共享产生显著正向影响（$b=1.058$，$p<0.05$）；第三步，控制了创造性知识共享（$b=0.344$，$p<0.01$）后，正式网络与朋友网络互动对突破式创新产生的影响不显著（$b=0.640$，$p>0.1$），说明中介效应成立。此外，由表 6.3 知创造性知识共享的间接效应为 0.364，置信区间为[0.119，0.869]，说明间接效应显著，H4 被验证。

3. 有调节的中介效应检验

表 6.2 中的模型 4 显示环境复杂性和传递性知识共享的交互项系数显著（$b=0.431$，

$p<0.01$），说明调节效应存在。如图 6.3 所示（温忠麟和叶宝娟，2014），当环境复杂性高时，传递性知识共享与渐进式创新之间的关系陡峭，说明环境复杂性正向调节成立。又因为 H3 验证了传递性知识共享起到中介作用，所以依据 Hayes 提供的 SPSS macro（Process）进行第二阶段有调节的中介效应检验（Hayes，2018）。如表 6.4 所示，当环境复杂性较低时，传递性知识共享的间接效应为–0.069，不显著，当环境复杂性处于中和高水平时，间接效应分别为 0.288 和 0.646，且置信区间为[0.057，0.763]和[0.240，1.383]（不包含 0），说明环境复杂性发挥有调节的中介作用，H5 被验证。

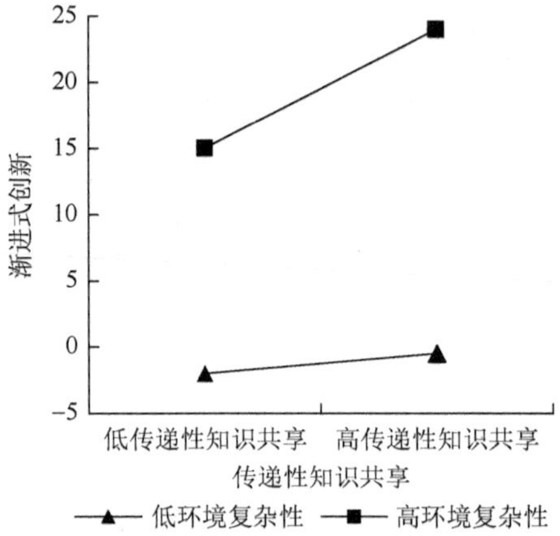

图 6.3　环境复杂性调节效应

表 6.4　有调节的中介效应检验

正式网络与咨询网络互动→传递性知识共享→渐进式创新					
调节变量		间接效应	SE	LLCI	ULCI
环境复杂性	低	–0.069	0.196	–0.504	0.293
	中	0.288	0.170	0.057	0.763
	高	0.646	0.279	0.240	1.383
正式网络与朋友网络互动→创造性知识共享→突破式创新					
调节变量		间接效应	SE	LLCI	ULCI
环境动态性	低	0.020	0.153	–0.267	0.360
	中	0.363	0.175	0.108	0.832
	高	0.705	0.293	0.233	1.397

注：Process 程序 Model4，选择 95%置信区间 10 000 次 bootstrap 运算

表6.2中的模型9显示环境动态性和创造性知识共享的交互项系数显著($b=0.476$，$p<0.01$)，说明环境动态性的调节效应存在。如图 6.4 所示（温忠麟和叶宝娟，2014），当环境动态性高时，创造性知识共享与突破式创新之间的关系陡峭，说明环境动态性的正向调节作用成立。又因为 H4 验证了创造性知识共享起到中介作用，所以环境动态性可能存在有调节的中介效应。此外，如表 6.4 所示，当环境动态性较低时，创造性知识共享的间接效应为 0.020，不显著；当环境动态性处于中和高水平时，间接效应分别为 0.363 和 0.705，且置信区间为[0.108，0.832]和[0.233，1.397]（不包含 0），说明环境动态性发挥有调节的中介作用，H6 被验证。

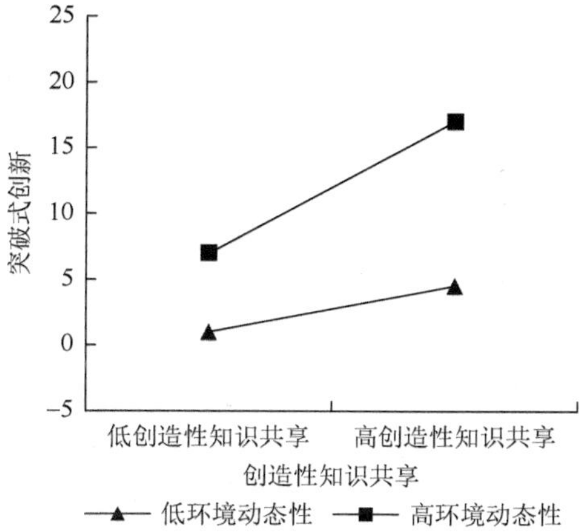

图 6.4 环境动态性调节效应

6.4 研究结论

本章的研究结论如下：①正式网络与咨询网络互动正向影响渐进式创新。②正式网络与朋友网络互动正向影响突破式创新。③正式网络与咨询网络互动通过传递性知识共享提升组织的渐进式创新。④正式网络与朋友网络互动通过创造性知识共享提升组织的突破式创新。⑤环境复杂性较高，正式网络与咨询网络互动通过传递性知识共享能更显著地提升渐进式创新。⑥环境动态性较高，正式网络与朋友网络互动通过创造性知识共享能更显著地提升突破式创新。

第7章　企业顺序/交互工作流网络与非正式网络互动和双元创新

随着技术变革加速和产品生命周期缩短，探索式创新及利用式创新的地位日益凸显，越来越多的企业意识到同时培育两种创新能力是其在动态环境中制胜的法宝。例如，谷歌不仅注重一些利用式创新（如创造利润的搜索技术），还聚焦占据未来竞争战略制高点的移动互联、人工智能、虚拟现实等的探索式创新，并借此获得骄人业绩。类似地，亚马逊、微软、思科、华为等企业面对动荡环境时各施其能，同时增强两种创新能力。而雅虎由于只强调广告收入的短期绩效，未关注长期战略的探索式创新，2016年第一季度净亏损9900万美元，甚至面临被收购的窘境。尽管管理实践认识到了双元创新能力的重要性，但通用电器发布的全球创新晴雨表显示，至少57%的受访者表示对如何同时实现探索式创新与利用式创新一无所知。这是因为探索式创新和利用式创新二者本质上是截然不同的，探索旨在进入新产品市场的创新，利用是对现有产品市场位置的创新（He and Wong，2004）；前者借助柔性、分权及开放性文化实现，后者与效率、集权及约束性文化相关（Benner and Tushman，2003）；两者存在天然的矛盾。因此，如何在组织部门中平衡探索式创新及利用式创新之间的矛盾是目前管理实践和理论研究关注的重要主题。双元创新能力反映了企业同时进行探索和利用的创新能力（Raisch and Birkinshaw，2008），所以探究如何平衡探索式创新及利用式创新的矛盾以培育双元创新能力是目前亟须深入的问题。

目前有关平衡探索式创新能力及利用式创新能力间矛盾的研究主要集中在以下三个方面：第一，在空间上通过分离与整合探索式创新及利用式创新，探讨运用相互替代或补充的方式实现双元创新能力的途径（Raisch and Birkinshaw，2008）；第二，在时间上从静态与动态视角分析探索式创新与利用式创新，分析在组织结构单元中应该交替还是同步构建双元创新能力（O'Reilly and Tushman，2008）；第三，在系统上从内部和外部视角探讨双元创新能力的构建应该依赖于内部资源还是取决于外部环境（Lavie and Rosenkopf，2006）。一些学者开始考虑整合上述视角，通过建立用于探索式创新及利用式创新的不同组织结构单元，在时间上同时满足组织的竞争性需求，并在空间上将探索式创新活动及利用式创新活动分离，进而在系统内外部同时培育双元创新能力（Raisch and Birkinshaw，2008）。但是，当探索式创新活动及利用式创新活动孤立地分散在企业的不同结构单元时，同时整合两类创新活动会耗费大量资源（O'Reilly and Tushman，2008）。为此，Adler 等（1999）提出并行结构（parallel structure）的概念，强调可以在组织的同一组织结构单元（如部门等）内有技巧地将探索式创新活动及利用式创新活动分开，通过分离与整合的互补，实现双元创新。Raisch 和 Birkinshaw（2008）进一步发展了这一观点，他们指出一个部门的正式部分主要完成常规任务并保持效率及稳定性，而其余非正式部分主要补充正式部分的不足，完成一些非常规任务并保持部门的灵活性。而且通过此类结构，部门中的成员可以灵活地在探索式创新活动与利用式创新活动之间转换。Gulati 和 Puranam（2009）也证实了正式与非正式部分之间的重组匹配能帮助构建双元型组织结构单元。但是，具体而言，正式与非正式部分在同一组织结构单元（如部门等）中是否能通过匹配形成有利于培育双元创新能力的结构？进而，这一过程发生存在哪些权变条件？

本章准备从两个方面对上述问题进行回答。首先，由于正式结构主要是一种部门内成员间的正式工作流网络，它与发挥支持作用的非正式结构相互作用对组织学习、知识转移、绩效及创新都有重要影响（McEvily et al.，2014）。特别是，从社会网络角度看，当部门正式网络及非正式网络相重叠或者说表现出某种程度的一致性时，就会形成能实现正式与非正式元素互补的并行结构，进而提升绩效，并有助于知识转移（Soda and Zaheer，2012）。Soda 和 Zaheer（2012）提出了正式及非正式网络一致性构念定义并测量了企业正式网络与非正式网络的重叠程度，这为本章分析并行结构提供了重要思路。我们将基于此构念分析同一组织结构单元（如部门等）中正式与非正式网络的互补对培育双元创新能力的影响。其次，双元创新能力的实现取决于利用现存知识及创造新知识的探索和利用过程（Lubatkin et al.，2006），而知识交换与整合及知识冲突代表了两类相反的知识管理过程，它们为创新活动提供了不同的场所（Nahapiet and Ghoshal，1998；张钢和倪旭东，2007b）。所以我们认为在不同的知识交换与整合及知识冲突过程中，上述正式与非正式结构形成的并行单元（部门）会随之形成不同的探索新知识和利用现存知识的双元创新能力，这两类知识管理过程可能发挥了调节作用。因此，我们试图从知识交换与整合及知识冲突两类不同的知识管理角度探讨并行结构形成双元创新能力的权变适用范围。

本章有以下两方面创新。第一，引入部门的正式与非正式网络一致性变量，运用社会网络方法分析双元创新能力形成的前因，通过分析同一组织结构单元（如部门等）中正式与非正式网络的互补对培育双元创新能力的影响，为并行结构视角平衡双元创新矛盾提供了新的思路。第二，通过引入两类相反的知识管理过程，分析了部门内正式与非正式并行结构单元会形成不同的探索新知识和利用现存知识过程的权变范围，细化了并行结构形成双元创新能力的条件。我们希望通过对上述两方面的探析，在理论上从社会网络视角对以往有关双元创新能力前因及权变范围的研究向前推进，并从实践上对企业平衡并培育双元创新能力提供借鉴和指导。

7.1 概念界定与研究假设

7.1.1 正式工作流网络与非正式网络一致性和双元创新能力

1. 正式工作流网络与非正式网络一致性

正式网络是由实现组织目标而专门设计的各个岗位间的所有正式合作关系构成，它包括形成部门的正式权力网络和部门内成员分工合作形成的工作流网络（Rank，2008）。非正式网络是由部门中非正式结构决定并自发形成的非正式合作关系构成（Rank，2008），它可以包括情感及咨询网络（Waldstrøm，2003）。因为网络中一群主体或者某个主体连接的其他个体之间必然存在正式与非正式关系，所以，这些正式与非正式关系之间的互动会形成不同的正式与非正式网络重叠形式（Rank et al.，2010）。Soda 和 Zaheer（2012）明确将网络一致性定义为组织内员工的正式与非正式网络和其他员工相关联并表现出的跨网络的重叠程度。

对本章而言，我们主要关注的是同一部门（组织结构单元）内相同层级员工之间的横向知识交流关系产生的创新行为，所以在正式网络中主要考虑工作流网络；具体地，工作流网络是部门内成员在协作完成工作任务时产生的关系，这种关系构成了部门的工作流网络（Rank，2008）。工作流网络体现了部门内成员获取工作知识及分配工作知识的过程（Brass，1984）。部门内工作流网络可以细分为互动工作流网络及顺序工作流网络，互动工作流网络体现了任务之间的互动关系，大多发生在部门内成员相互配合完成任务时；顺序工作流网络反映了任务之间的顺序关系，如流水线作业，部门中一个成员的任务完成代表了下一个成员的任务开始，而这种任务关系不会往复（Soda and Zaheer，2012）。此外，部门中的知识创新更直接地发生于员工之间知识网络中的信息交换关系中，而非朋友关系中，所以我们对非正式网络重点分析信息咨询网（Lomi et al.，2014）。因此，本章将主要关注两类正式与非正式网络一致性：顺序工作流和咨询网络的一致性与互动工作流和咨询网络的一致性。

2. 正式与非正式网络一致性和双元创新能力关系

双元创新能力是组织同步进行探索式创新及利用式创新的能力。探索式创新活动是组织为匹配新兴顾客及市场而广泛搜索获得新知识和开发新产品的能力；

利用式创新活动是组织为满足现有市场及顾客而利用现有知识和提高效率以改善现有产品的能力（He and Wong，2004），两者存在竞争性需求。通过并行结构实现双元创新能力的关键在于形成具有不同规则、过程及文化的结构单元，进而同时满足探索式创新及利用式创新的竞争性需求（Gibson and Birkinshaw，2004）。

从单一的正式或非正式网络看，正式网络是部门为实现效率最大化而设计的精密结构（Rank，2008），包含固定的规则、程序及控制活动，它主要强调利用现有知识进行创新的能力；非正式网络是部门内成员间非正式互动的结果，也是部门内知识交流的重要渠道，它更有利于员工探索并分享新想法和新知识（McDermott and Archibald，2010）。具体地，一方面，正式工作流网络能促进对现有复杂知识的利用式创新。正式网络中的工作流网络，特别是互动工作流网络为完成常规任务而进行的有序互动加深了员工对现有知识的熟悉与理解，使得部门内成员间的知识搜寻与传递更加频繁（Zappa and Robins，2016）；而且员工间通过正式互动交换简单的日常知识，能够在他们中间建立起共同行为准则和语言，增强了组织吸收能力和员工间的信任（Aalbers et al.，2014）；此外，任务间的互动能促进部门内成员更愿意向同事公开表达自己的建设性想法，推动充分利用现有知识的部门创新氛围的产生（Monks et al.，2016）。另一方面，非正式网络中的咨询网络能拓展员工探索新知识的能力。部门内成员更倾向于在咨询网络中传递新的创意和想法（Hansen，2002），使得信息在水平层级间频繁流动（Aalbers et al.，2014），而且非正式网络能支持部门内成员完成如保持顾客至上文化、发现新兴顾客及市场需求等日常任务之外的活动，这些非正式活动对部门进行探索新知识的活动是非常有益的（Gulati and Puranam，2009）。因此，正式工作流网络能帮助构建知识利用网络，从而进行利用式创新；非正式咨询网络所构建的知识创造网络有助于部门进行探索式创新。

但是，当正式与非正式网络重叠一致时，它们对双元创新能力的影响是双面的。一方面，正式及非正式网络适度重叠的互补平衡能构建有利于提升双元创新能力的并行结构单元。首先，正式网络中的专业知识能够借助非正式咨询网络的资源支持和信任关系得以充分利用并拓展（Aalbers et al.，2014）。专业知识大多存在于工作流网络的日常任务中（Adler and Borys，1996），当正式工作流网络与非正式咨询网络重叠时，非正式咨询网络能够利用正式网络中的专业知识及非正式咨询网络中的支持性资源实现探索式创新，同时非正式咨询网络的信任关系也有助于加强员工之间分享创新知识的意愿、提升理解复杂创新知识的能力、更好地利用现存知识并创造新知识（Aalbers et al.，2014）。其次，正式及非正式网络重叠一致能促进部门构建有利于探索式创新和利用式创新形成的共同愿景、价值观、行为准则及语言（O’Reilly and Tushman，2011）。部门内成员在正式互动工作流网络中形成的共同行为准则及语言能转化到非正式网络中，并因重叠一致带来的认同构建起共同愿景及价值观（Kuipers，2009）。此外，相较于单一正式或非正式网络，部门内成员网络一致性形成的亲密、自愿、稳定、持久的关系被认为也有利于形成使双元创新能力存在的文化（Jansen et al.，2005）。另一方面，正式及非正式网络的过度重叠一致可能对双元创新能力存在不利影响。首先，并行结构过多会使主要结构和补充结构失衡，进而探索式创新受利用式创新惯性影响而减弱（Raisch et al.，2009）。当正式网络与非正式网络重叠程度过高时，非正式咨询网络会被正式网络控制，使得利用式创新更明显，从而重视稳定、效率及知识利用倾向，但忽视了开放性思维及知识探索与创造，以致无法实现双元创新能力。其次，由于并行结构过度会迫使员工的思维在不同“世界”中高频率转换，致使其超出认知极限，从而不利于双元创新能力的产生（Raisch et al.，2009）。较高程度的正式与非正式网络一致性也会使得员工在探索式创新及利用式创新间进行高频思维转换而承担过重的认知负荷，从而难以培育双元创新能力。此外，过高的网络一致性还可能限制部门内成员广泛搜索知识的活动，削弱部门内成员更新知识的能力；而且维持高重叠关系需要花费大量时间及精力，从而也会限制他们参与深度探索及利用式创新活动（Soda and Zaheer，2012）。所以，适度的正式互动工作流网络与非正式咨询网络一致性对双元创新能力存在积极影响，而过高或过低的正式互动工作流网络与非正式咨询网络一致性对双元创新能力的培育都是不利的。由此，本章提出以下假设。

H1：正式互动工作流网络与非正式咨询网络的一致性和双元创新能力之间存在倒“U”形关系。

部门内顺序工作流网络成员按照自上而下的程序在同一任务组中与同事交换各种正式或非正式的建议，在这类正式顺序工作流网络中也存在着非正式的咨询网络（Brennecke and Rank，2016）。在两者相互交织重叠的过程中，非正式关系激发的探索式创新活动会与正式顺序工作流关系促成的利用式创新活动互补平衡，从而培育双元创新能力。同时，顺序工作流网络具有稳定、高效的特征，这更有助于利用式创新活动的进行（Soda and Zaheer，2012），而且稳定的正式工作流顺序与非正式网络关系适度交织也会加强员工间的亲密关系，进而有利于双元创新能力的产生（Jansen et al.，2009）。同样，正式顺序工作流网络与非正式咨询网络的过度重叠一致性也会对双元创新能力产生负面影响，进而非正式网络被正式网络控制，利用式创新占较大比重，而探索式创新被忽视；而且当正式顺序工作流网络与非正式网络一致性较高时，顺序工作流网络过于强调规则、利益及效率的目标导向，这会限制非正式网络进行突破性的探索式创新。因此，正式顺序工作流网络与非正式咨询网络的一致性对双元创新能力的影响也存在一个适度范围，过高或过低的正式顺序工作流网络与非正式咨询网络的一致性都不利于双元创新能力的培育。由此，本章提出以下假设。

H2：正式顺序工作流网络与非正式咨询网络的一致性和双元创新能力之间存在倒“U”形关系。

7.1.2　知识管理的调节作用

1. 知识交换与整合及知识冲突

正式工作流网络与非正式咨询网络交织重叠形成双元创新能力的过程是一个知识传递、利用和创造的过程。不同的知识管理会使得这一过程处于不同的部门知识交流场景中，进而使得正式工作流网络与非正式咨询网络交织重叠形成双元创新能力的结果有所不同，所以，我们认为知识管理在正式工作流网络与非正式咨询网络一致性影响双元创新能力的关系中发挥了调节作用。具体地，知识交换与整合和知识冲突是知识管理的两类关键机制。知识交换与整合是个体通过与他人互动获取、学习并创造新知识的过程（McFadyen et al.，2009），知识交换指的是知识和信息在不同知识主体间的交换，知识整合是将先前不相关的知识要素进行整合或者通过新方式整合先前相关的知识要素，是对现存知识的渐进式改变或根本性创造（Nahapiet and Ghoshal，1998）。通过知识交换与整合，部门内成员可以重建其公司现有知识，融合内外部知识或者不同来源的知识，进而创造新知识（Collins and Smith，2006）。知识冲突是指由于知识异质性而造成的知识主体之间在行为意向和行为方式上的差异、碰撞乃至对抗（张钢和倪旭东，2007a）。恶性的知识冲突会造成部门单元内知识偏见、传递迟滞、融合共享困难等问题，严重影响部门单元内部凝聚力；良性的知识冲突管理将会激发部门内成员间对新知识及要素的探索，促进异质性知识在部门内成员间的融合共享。良性知识冲突过程包含了知识在部门内成员间的冲突—共享—学习—创新的完整路径（张钢和倪旭东，2007b）。虽然知识冲突及知识交换与整合都是知识管理的关键机制，也都包含了知识传递、共享、学习、创新的路径。但两者的前导不同，前者依赖知识主体间的冲突而后者取决于知识主体的互动合作。所以，它们是两种截然不同的知识管理过程。因此，本章将分析这两种不同的关键知识管理过程对部门内成员网络一致性与双元创新能力间关系的调节作用。

2. 知识交换与整合的调节作用

知识交换与整合是企业内部始终需要坚持的知识管理机制，它营造了部门内成员之间更浓厚的知识交流氛围（Collins and Smith，2006）。首先，在更强调知识交换与整合的部门单元中，部门内成员之间会连接以前无关的想法和知识或者以新方式重组知识，促使部门内成员进行广泛的集体性知识交流协作，合作、信任、共享的氛围更强烈（Collins and Smith，2006），并且知识主体之间的关系强度和关系幅度都会增加（Smith et al.，2005），进而加强彼此间的互惠信任，使得相互之间关系更紧密及持久（Carmeli and Azeroual，2009）。这将使得正式工作流网络与非正式网络的重叠一致性增强，进而更有助于平衡探索和利用的矛盾，强化对双元创新能力的培育。其次，在关注知识交换与整合的部门单元中，部门内成员之间的知识利用及知识创造水平显著提升，进而促使资源、专业知识、共同愿景及共同行为准则嵌入在正式与非正式网络的重叠部分（Nahapiet and Ghoshal，1998）。这会使得正式工作流网络不断改进现存知识，非正式网络更加努力创造新知识、提高灵活性，两者一致性会更有利于获取创新所需的资源、专业知识、共同愿景、共同行为准则与语言，形成推动探索式学习及利用式学习的组织氛围（Prieto and Perez Santana，2012），从而通过正式与非正式网络一致性实现更高程度的双元创新能力。由此，本章提出以下假设。

H3：知识交换与整合正向调节正式互动工作流网络与非正式咨询网络的一致性和双元创新能力之间的倒“U”形关系。

H4：知识交换与整合正向调节正式顺序工作流网络与非正式咨询网络的一致性和双元创新能力之间的倒“U”形关系。

3. 知识冲突的调节作用

在知识冲突剧烈的部门中，有效的知识冲突管理能够产生知识协同，帮助员工组建工作流网络，并构建合理沟通机制及公平分配机制，进而提高网络成员间的信任程度（吴绍波和顾新，2011）；有效的知识冲突管理能帮助成员公开地讨论创新问题并表达思想，这不仅增强了部门内成员间正式关系强度，还避免了部门内成员潜在情感不和对非正式关系的削弱（Tan et al.，2005），进而推动部门内成员构建更适度的正式与非正式网络重叠关系；此外，部门的知识冲突能够在激发相互知识对抗的同时，弥补原有的知识漏洞，提升个体及部门的知识运用水平（张钢和倪旭东，2007b），有助于部门的利用式学习及探索式学习（尹惠斌和游达明，2014）；有效的知识冲突管理也包含完整的知识利用与知识创造过程，能提高部门内成员间知识共享、交换与整合程度，平衡探索和利用的矛盾，进而推动网络一致性培育双元创新能力。但是，在正式网络与非正式网络重叠较少的部门中，同时平衡探索和利用的难度加大，往往难以实施有效的知识冲突管理。因此，我们认为有效的知识冲突管理会强化网络一致性与双元创新能力之间的倒“U”形关系。由此，本章提出以下假设。

H5：知识冲突正向调节正式互动工作流网络与非正式咨询网络的一致性和双元创新能力之间的倒“U”形关系。

H6：知识冲突正向调节正式顺序工作流网络与非正式咨询网络的一致性和双元创新能力之间的倒“U”形关系。

综合上述假设，本章的理论模型如图 7.1 所示。

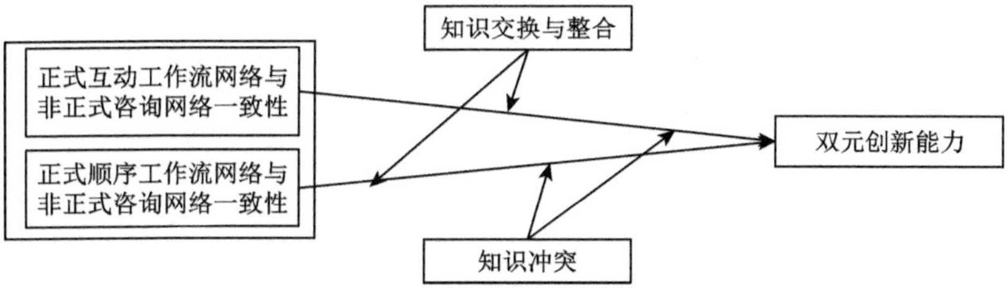

图 7.1　本章的理论模型

7.2　研究设计与方法

7.2.1　数据收集与样本选择

本章的研究对象为部门层面。采用问卷调查法收集数据，为保证测量工具的信度和效度，全部采用国内外文献已经使用过的量表，并根据研究目标及调研对象的反馈进行修改。具体包括：①英文问卷进行英文-中文背翻。英文问卷先由精通中英文的一位研究者从英文翻译为中文，并由中文回译为英文，比较其中的差别并做相应的修改；然后再由另一名同领域的研究者从英文翻译为中文，并由中文回译为英文；最后再与另外一位研究者一起检查其中的差别，并做相应的修正，定稿以完成问卷的翻译。②对 3 家企业的高管进行结构化的深度访谈，确保所有测项的表达符合企业实际情况，并根据企业高管反馈再请精通管理学的研究者对测项的适当性和问卷的科学性进行评定和修改。③在 2015 年 9 月至 2015 年 10 月期间以东南大学部分 MBA 学员（110 人）为对象进行小规模预调查，要求他们就问卷内容的符合程度及问卷的可读性提出意见。针对预调查的 110 份样本数据，通过探索式因子分析和信度分析，对问卷的指导语、结构设计等进行修订，对发现的问题进行处理，再按照指导语、基本信息和正式题目的顺序形成正式调查问卷。

本章采用方便抽样方法，选取江苏及陕西等地的 8 家企业中具有研发及创新职能的部门为调研对象，涵盖信息技术、智能电力、新材料研发、水净化、装备制造等技术密集型企业。正式调研在 2015 年 10 月～2016 年 6 月展开，问卷采用实地发放、现场调研的方式，发放对象为部门全体成员。我们对 56 个部门的 308 名员工发放问卷，在企业负责人的支持及联络人的大力配合下共收回

275 份问卷，剔除 30 份明显有误及不合理问卷后，有效问卷为 245 份，问卷有效回收率约为 79.5%，且每个部门参加填写的成员比例均达到 85%以上，达到整体网络调研要求。有效样本的构成情况见表 7.1。

表 7.1 有效样本基本统计信息

样本特征	分类标准	频数	比例/%	样本特征	分类标准	频数	比例/%
性别	男	162	66.122	工作时间	1 年以下	32	13.061
	女	83	33.878		1～3 年	47	19.184
职位	普通员工	224	91.429		3～7 年	52	21.224
	管理人员	20	8.163		7～12 年	37	15.102
	其他	1	0.408		12 年及以上	77	31.429
学历	高中及以下	7	2.857	企业性质	国有企业	179	73.061
	大专	27	11.020		民营企业	66	26.939
	本科	139	56.735	成立时间	1～5 年	12	4.898
	研究生及以上	72	29.388		5 年以上	233	95.102
年龄	25 岁以下	18	7.347	企业规模	100 人以下	12	4.898
	25～35 岁	118	48.163		100～500 人	163	66.531
	35～45 岁	73	29.796		500 人以上	70	28.571
	45～55 岁	33	13.469	企业行业	制造业及信息技术业	158	64.490
	55 岁及以上	3	1.225		电力及水生产供应业	87	35.510

正式调研中，我们将调研问卷分为员工卷及经理卷两个部分。正式与非正式网络一致性为部门整体网络数据，我们请部门内全体成员填写与其他成员之间的顺序工作流、互动工作流及非正式咨询关系的员工问卷；双元创新能力、知识交换与整合、知识冲突为部门层面数据，我们请每个部门的主管领导填写经理问卷。调研过程如下：①请企业提供被调研部门的全体员工及经理名单，确保调研时部门成员全体到场，并请负责人全程协助问卷的发放与收集；②调研组对被调研的各个部门员工及经理编号，该编号在员工填写整体网络关系时试用，我们将不同部门问卷分文件袋放置，并在各文件袋上标注相应公司及部门名称，问卷首页对研究目的、匿名性及保密性进行解释并在发放问卷之前我们向调研对象进行口头解释；③在问卷填写过程中，调研组成员会仔细观察各位调研对象的问卷填写情况，并提醒调研对象完整填写整体网络数据，在完成一个部门的问卷收集后，再转向下一部门。最大可能确保调研对象所填写的数据完整、可靠。

7.2.2　测量工具

1. 自变量

正式工作流网络与非正式咨询网络一致性的测量参考 Soda 和 Zaheer（2012）开发的测度方法。利用社会网络提名法，构建被调研部门的正式互动工作流网络、正式顺序工作流网络及非正式咨询网络的整体网。参考 Aalbers 等（2014）的做法，要求部门中的全体成员回忆在各个网络中对其最为重要的五名以上其他连接者。通过构造部门正式互动工作流网络、正式顺序工作流网络及非正式咨询网络整体网矩阵，使用 UCINET 6.0 软件采用 QAP 方法分别计算反映每个部门的正式互动及顺序工作流整体网络与非正式整体网络重叠程度的相关系数以测量部门的正式网络与非正式网络一致性。

2. 因变量

双元创新能力采用 He 和 Wong（2004）所开发的量表，以利克特七级量表来衡量，1 代表“从不”，7 代表“总是”，2～6 表示的具体内容见附录。其中探索式创新和利用式创新各 4 个测项，典型的题目分别为“公司研发新一代的产品或服务”及“公司提高现有产品/服务质量”。遵循 Gibson 和 Birkinshaw（2004）的方法，使用探索式创新与利用式创新乘积项测量双元创新能力。探索式创新与利用式创新的量表 Cronbach's α 系数分别为 0.925、0.901。

3. 调节变量

知识交换与整合采用 Collins 和 Smith（2006）所开发的量表，以利克特七级量表来衡量，1 代表“很不同意”，7 代表“很同意”，2～6 表示的具体内容见附录。共 8 个测项，典型的题目为“我认为与部门中的同事相互交换和整合想法可以获益”“我在部门中善于通过交换和整合想法来解决问题或者创造机会”。量表 Cronbach's α 系数为 0.904。知识冲突采用尹惠斌和游达明（2014）所开发的量表，以利克特七级量表来衡量，1 代表“从不”，而 7 代表“总是”。包括 6 个测项，如“您所在部门的专家之间经常因某些问题产生争论”“您与同事经常在学习新知识、提出新见解时引发争论”“引发我与同事争论的问题中，有些能用文字、语言表达的，有些不能或难以表达，只能意会(如技巧、洞察力)”“我与同事常因学科专业和知识背景差异而产生争论”“我所在部门的专家与非专家之间经常产生意见分歧”“我与同事对部门的任务、目标和运行机制往往产生分歧”等。Cronbach's α 系数为 0.910。

4. 控制变量

以往研究表明，对部门这一组织层面的创新而言，部门类型及部门异质性对其创新具有较大影响，因此本章选取部门类型及部门异质性作为控制变量（刘嘉和许燕，2006）。本章采用部门类型虚拟变量来控制部门类型的影响，以职能部门类型为参照，将部门类型设置为三个虚拟变量：营销部门类型、研发部门类型、生产管理部门类型。参考多数学者的研究，本章选择年龄、性别及教育程度这三种异质性来控制部门异质性的影响（刘嘉和许燕，2006）。对于性别、教育程度等类别的变量，不同研究者使用了不同的异质性指标，如较常使用的 Blau 系数，它表示 i 个随机选择的个体同时不属于同一个样本的概率，计算公式如下：$H=1-\Sigma(p_i)^2$，p_i 表示第 i 个类别成员在部门中所占的比例。例如，在一个 10 人的部门中，男性为 4 人，女性为 6 人，那么该部门性别异质性 $H=1-(0.16+0.36)=0.48$，Blau 系数越接近 1，表示部门异质性越高；越接近 0，表示部门异质性越低。本章在调研过程中将性别、年龄、教育程度皆设置为分类变量，因此采用 Blau 系数测度部门异质性。

7.2.3　信度及效度

首先，各变量的 Cronbach’s α 系数皆大于 0.8，满足大于 0.7 的最低要求，相关量表具有较好信度。其次，各变量测项均来自成熟量表，并经专业人士及研究者检查，且进行预测修正，因此量表达到内容效度要求。此外，探索式创新、利用式创新、知识交换与整合、知识冲突的组合信度（composite reliability，CR）最低为 0.899，皆达到组合信度大于 0.8 的要求；AVE 最低为 0.547，达到 AVE 大于 0.5 的要求，证明变量具有良好聚合效度。由此，本研究具有较好信度与效度。

考虑本章数据存在共同方法偏差风险，因此本章对共同方法偏差进行 Harman 单因子检验（对探索式创新、利用式创新、知识交换与整合、知识冲突进行探索式因子分析），结果显示采用主成分分析法未旋转时第一个因子解释的方差贡献率为 29.359%，未占解释变量（65.328%）的一半，说明并不存在严重同源偏差问题。

7.3　假设检验

7.3.1　描述性统计分析

表 7.2 为变量的相关系数及描述性统计分析。多重共线性检验表明所有变量 VIF 小于 5，各变量间不存在多重共线性问题，回归结果可信。

表 7.2　描述性统计和皮尔逊相关系数表

变量	均值	标准差	1	2	3	4	5	6	7	8	9	10
1. SD	0.159	0.367	1									
2. RD	0.527	0.500	−0.459***	1								
3. PD	0.237	0.426	−0.242***	−0.587***	1							
4. SH	0.342	0.131	−0.050	0.131*	0.272***	1						
5. AH	0.591	0.104	−0.216**	0.096	0.152*	−0.117+	1					
6. EH	0.432	0.168	0.155*	−0.563**	0.352***	0.070	0.047	1				
7. RCC	0.499	0.297	−0.044	0.196**	−0.073	0.071	0.082	−0.103	1			
8. SCC	0.409	0.319	−0.124+	0.272***	−0.003	0.238***	0.158*	−0.123+	0.481***	1		
9. KEC	5.035	0.621	0.007	0.028	−0.033	0.003	−0.058	−0.006	−0.143*	−0.044	1	
10. KC	4.068	1.002	−0.059	0.193**	−0.128*	−0.015	−0.026	−0.129*	−0.038	0.043	0.346***	1
11. OA	27.517	8.582	−0.151*	0.134*	0.240***	0.252***	0.040	−0.247**	0.085	0.116+	−0.015	0.002

注：SD 表示营销部门类型、RD 表示研发部门类型、PD 表示生产管理部门类型、SH 表示部门性别异质性、AH 表示部门年龄异质性、EH 表示部门教育程度异质性、RCC 表示正式互动工作流网络与非正式咨询网络一致性、SCC 表示正式顺序工作流网络与非正式咨询网络一致性、KEC 表示知识交换与整合、KC 表示知识冲突、OA 表示双元创新能力

+、*、**、***分别表示在 0.5、0.1、0.05、0.01 水平上显著

7.3.2 假设检验结果

1. 互动工作流网络与咨询网络的一致性和双元创新能力的关系及知识管理的调节作用

表 7.3 报告了以双元创新能力为因变量，逐步加入控制变量、调节变量、正式互动工作流网络与非正式咨询网络一致性及其平方项得到的结果。回归结果表明，控制变量对双元创新能力的变异解释为 $\Delta R^2=0.275$；放入正式互动工作流网络与非正式咨询网络一致性及其平方项后，对双元创新能力变异解释分别增加了 $\Delta R^2=0.000$、$\Delta R^2=0.011$。回归系数表明正式互动工作流网络与非正式咨询网络一致性平方项与双元创新能力之间存在较显著的负相关关系（$\beta=-0.108$，$p<0.5$），H1 被支持。

表 7.3 互动工作流网络与咨询网络一致性和因变量的关系及知识管理的调节效应

变量	OA						
	模型 1	模型 2	模型 3	模型 4	模型 5	模型 6	模型 7
RCC		0.013 （0.222）	0.016 （0.286）	0.015 （0.266）	–0.019 （–0.322）	0.015 （0.257）	0.013 （0.237）
RCC^2			–0.108$^+$ （–1.921）	–0.108$^+$ （–1.905）	–0.080 （–1.269）	–0.106$^+$ （–1.854）	–0.086 （–1.501）
KEC				–0.006 （–0.107）	0.092 （1.269）		
RCC^2×KEC					–0.166* （–2.108）		
KC						–0.018 （–0.316）	0.080 （1.036）
RCC^2×KC							–0.145$^+$ （–1.863）
SD	0.402*** （3.641）	0.399*** （3.572）	0.386** （3.468）	0.386** （3.461）	0.430*** （3.817）	0.389** （3.475）	0.381** （3.417）
RD	0.726*** （4.348）	0.719*** （4.235）	0.704*** （4.167）	0.706*** （4.156）	0.726*** （4.301）	0.712*** （4.160）	0.704*** （4.132）
PD	0.857*** （6.074）	0.853*** （5.996）	0.829*** （5.835）	0.830*** （5.821）	0.859*** （6.041）	0.833*** （5.829）	0.835*** （5.875）
SH	–0.050 （–0.619）	–0.050 （–0.608）	–0.047 （–0.579）	–0.047 （–0.581）	–0.050 （–0.616）	–0.049 （–0.603）	–0.044 （–0.543）
AH	–0.069 （–1.112）	–0.070 （–1.116）	–0.086 （–1.366）	–0.086 （–1.367）	–0.095 （–1.514）	–0.087 （–1.377）	–0.099 （–1.578）

续表

变量	OA						
	模型 1	模型 2	模型 3	模型 4	模型 5	模型 6	模型 7
EH	-0.195^{**} (−2.660)	-0.196^{**} (−2.662)	-0.190^{**} (−2.599)	-0.190^{**} (−2.588)	-0.205^{**} (−2.793)	-0.190^{**} (−2.589)	-0.190^{**} (−2.598)
ΔR^2	0.275	0.000	0.011	0.000	0.013	0.000	0.010
ΔF	15.081^{***}	0.049	3.690^{+}	0.012	4.445^{*}	0.100	3.472^{+}

注：SD 表示营销部门类型、RD 表示研发部门类型、PD 表示生产管理部门类型、SH 表示部门性别异质性、AH 表示部门年龄异质性、EH 表示部门教育程度异质性、RCC 表示正式互动工作流网络与非正式咨询网络一致性、KEC 表示知识交换与整合、KC 表示知识冲突、OA 表示双元创新能力

+、*、**、***分别表示在 0.5、0.1、0.05、0.01 水平上显著

进而，表 7.3 也报告了知识交换与整合和知识冲突在正式互动工作流网络与非正式咨询网络一致性和双元创新能力关系中的调节作用的检验结果。结果显示，放入正式互动工作流网络与非正式咨询网络一致性平方项和知识交换与整合的交互项后，对双元创新能力变异解释性显著增加（$\Delta R^2 = 0.013$），并且交互项与双元创新能力存在显著负相关关系（$\beta = -0.166$，$p<0.1$），比未加入调节项时显著，表明知识交换与整合调节正式互动工作流网络与非正式咨询网络一致性和双元创新能力之间的倒“U”形关系，H3 获得支持。加入知识冲突、正式互动工作流网络与非正式咨询网络一致性平方项和知识冲突的交互项后，对双元创新能力变异解释性显著增加（$\Delta R^2 = 0.010$），且交互项与双元创新能力存在显著负相关关系（$\beta = -0.145$，$p<0.5$），比未加入调节项时显著，证明知识冲突调节正式互动工作流网络与非正式咨询网络一致性和双元创新能力之间的倒“U”形关系，H5 被支持。

为了描述知识交换与整合及知识冲突在部门正式互动工作流网络与非正式咨询网络一致性和双元创新能力间的调节作用，根据 Cohen 等（2002）推荐的程序，我们分别以高于均值一个标准差和低于均值一个标准差为基准描绘了分别在不同知识交换与整合（图 7.2）和知识冲突（图 7.3）下部门正式互动工作流网络与非正式咨询网络一致性对双元创新能力影响的差异，进一步验证了 H3 及 H5。

2. 顺序工作流网络与咨询网络的一致性和双元创新能力的关系及知识管理的调节作用

表 7.4 报告了以双元创新能力为因变量，逐步加入控制变量、调节变量、正式顺序工作流网络与非正式咨询网络一致性及其平方项得到的结果。结果表明，

相较于仅考虑控制变量，放入正式顺序工作流网络与非正式咨询网络一致性及其平方项后，对双元创新能力变异解释分别增加了 $\Delta R^2 = 0.001$、$\Delta R^2 = 0.013$。结果表明正式顺序工作流网络与非正式咨询网络一致性平方项和双元创新能力间存在较为显著的负相关关系（$\beta = -0.124$，$p < 0.1$），H2 获得支持。

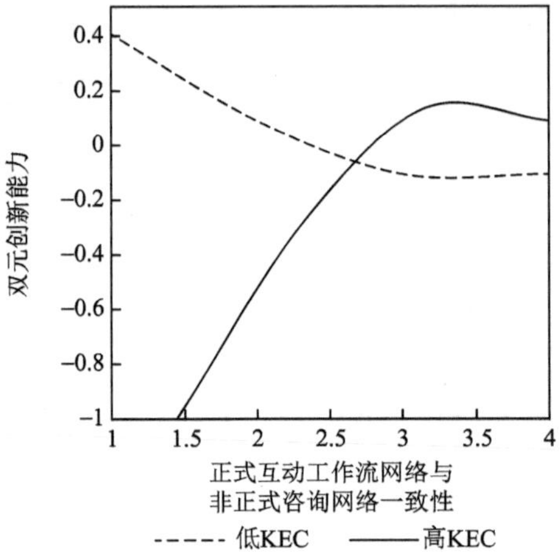

图 7.2　高低水平 KEC 对 RCC-OA 调节作用示意图

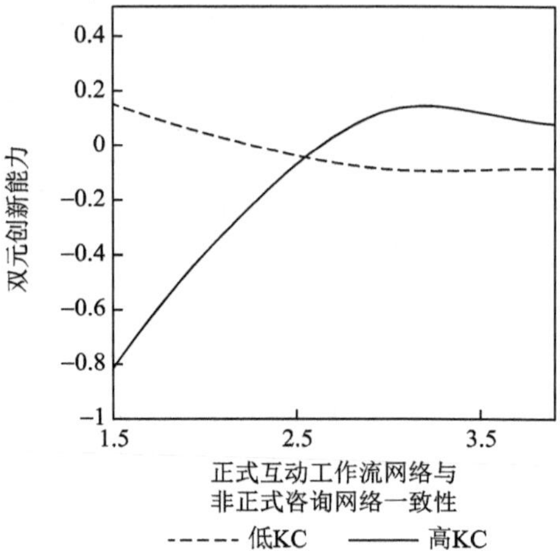

图 7.3　高低水平 KC 对 RCC-OA 调节作用示意图

表 7.4　顺序工作流与咨询网络一致性和因变量的关系及知识管理的调节效应

变量	OA						
	模型 1	模型 2	模型 3	模型 4	模型 5	模型 6	模型 7
SCC		−0.035 (−0.578)	−0.005 (−0.088)	−0.006 (−0.101)	−0.008 (−0.128)	−0.006 (−0.093)	−0.011 (−0.179)
SCC^2			-0.124^{*} (−2.070)	-0.124^{*} (−2.059)	-0.109^{+} (−1.796)	-0.123^{*} (−2.050)	-0.121^{*} (−2.029)
KEC				−0.014 (−0.253)	−0.079 (−1.070)		
$SCC^2 \times$ KEC					0.099 (1.326)		
KC						−0.030 (−0.537)	−0.128 (−1.585)
$SCC^2 \times$ KC							0.135^{+} (1.685)
SD	0.402^{***} (3.641)	0.412^{***} (3.681)	0.367^{**} (3.248)	0.368^{**} (3.249)	0.369^{**} (3.259)	0.372^{**} (3.273)	0.378^{**} (3.342)

续表

变量	OA						
	模型 1	模型 2	模型 3	模型 4	模型 5	模型 6	模型 7
RD	0.726*** (4.348)	0.747*** (4.364)	0.694*** (4.033)	0.696*** (4.033)	0.700*** (4.065)	0.706*** (4.063)	0.719*** (4.153)
PD	0.857*** (6.074)	0.870*** (6.081)	0.822*** (5.710)	0.823*** (5.704)	0.832*** (5.766)	0.827*** (5.725)	0.842*** (5.840)
SH	−0.050 (−0.619)	−0.048 (−0.583)	−0.036 (−0.449)	−0.037 (−0.454)	−0.041 (−0.510)	−0.040 (−0.490)	−0.051 (−0.628)
AH	−0.069 (−1.112)	−0.066 (−1.044)	−0.100 (−1.544)	−0.101 (−1.561)	−0.095 (−1.458)	−0.102 (−1.579)	−0.114 (−1.758)
EH	−0.195** (−2.660)	−0.194** (−2.637)	−0.184* (−2.515)	−0.184* (−2.501)	−0.184* (−2.515)	−0.184* (−2.504)	−0.180* (−2.468)
ΔR^2	0.275	0.001	0.013	0.000	0.005	0.001	0.009
ΔF	15.081***	0.335	4.285*	0.064	1.758	0.289	2.839+

注：SD 表示营销部门类型、RD 表示研发部门类型、PD 表示生产管理部门类型、SH 表示部门性别异质性、AH 表示部门年龄异质性、EH 表示部门教育程度异质性、SCC 表示正式顺序工作流网络与非正式咨询网络一致性、KEC 表示知识交换与整合、KC 表示知识冲突、OA 表示双元创新能力

+、*、**、***分别表示在 0.5、0.1、0.05、0.01 水平上显著

表 7.4 也报告了知识交换与整合和知识冲突在正式顺序工作流网络与非正式咨询网络一致性和双元创新能力关系中的调节作用的检验结果。加入知识交换与整合及正式顺序工作流网络与非正式咨询网络一致性平方项和知识交换与整合交互项后，对双元创新能力变异解释性未显著增加（$\Delta R^2 = 0.005$），且交互项与双元创新能力关系不显著（$\beta = 0.099$，$p > 0.1$），H4 未获得支持。加入知识冲突及正式顺序工作流网络与非正式咨询网络一致性平方项和知识冲突交互项后，对双元创新能力变异解释性显著增加（$\Delta R^2 = 0.009$），交互项与双元创新能力有显著正相关关系（$\beta = 0.135$，$p < 0.5$）。因此，知识冲突正向调节部门顺序工作流网络与非正式咨询网络一致性和双元创新能力间的关系，H6 未获得支持。

7.3.3　稳健性检验

为保证估计结果可靠性，本章从以下两个方面进行了稳健性分析：首先，除使用探索式创新与利用式创新乘积表示双元创新能力（Gibson and Birkinshaw，2004）外，Lubatkin 等（2006）及其他学者也认为探索式创新与利用式创新之和也可以表示“同时进行探索式创新与利用式创新的能力”，我们以探索式创新与

利用式创新之和重新计算双元创新能力，基于新的因变量进行重新检验，实证结果依然支持本章 H1、H2、H3 及 H5。其次，在样本数据中，存在部分部门主要从事探索式创新活动，对于这部分部门而言，它们可能并没有从事利用式创新的活动，因此无法实现真正的双元创新能力。因此我们将这部分样本剔除，再次进行回归分析，实证结果依然支持本章 H1、H2、H3 及 H5。[①]由此，本章的结果是稳健的。

7.4　研究讨论与结论

7.4.1　研究讨论

1. 部门正式互动工作流网络与非正式咨询网络一致性和双元创新能力之间存在倒“U”形关系

随着部门正式互动工作流网络与非正式咨询网络一致性程度增加，两类网络的补充匹配能帮助获取探索式创新及利用式创新所需的资源、专业知识基础、共同愿景、共同语言及共同行为准则，并使彼此间的关系更加紧密，从而它们形成的并行结构能在同一组织部门中有效平衡探索式创新与利用式创新之间的矛盾，培育双元创新能力；但是过高程度的正式互动工作流网络与非正式咨询网络一致性会导致利用式创新占主导地位而忽略了探索式创新，并加重部门内成员认知负荷、耗费员工大量精力与时间，对部门双元创新能力产生负面影响。

2. 知识交换与整合及知识冲突正向调节部门正式互动工作流网络与非正式咨询网络一致性之间的倒“U”形关系

在不同知识管理过程下，部门正式互动工作流网络与非正式咨询网络一致性对双元创新能力将发挥更大的潜力，不同知识管理过程构建了更有利于部门内网络关系培育双元创新能力的场所，两类知识管理发挥了异曲同工的调节作用。

3. 部门正式顺序工作流网络与非正式咨询网络的一致性和双元创新能力之间存在倒“U”形关系

随着部门正式顺序工作流网络与非正式咨询网络一致性程度增加，双元创新能力先增加，在达到一定阈值后，双元创新能力会随之下降。因此，在同一组织结构单元（如部门等）中正式顺序工作流网络与非正式咨询网络的一致性应保持适度才有助于培育最佳的双元创新能力，过高或过低的正式顺序工作流网络与非

① 限于篇幅，稳健性检验数据未列，可向作者索取。

正式咨询网络一致性都可能使部门偏离对探索式创新与利用式创新平衡的追求。

4. 知识交换与整合在部门正式顺序工作流网络与非正式咨询网络一致性和双元创新能力关系间的调节作用未得到验证

分析原因，我们认为一方面相较于交流频繁的正式互动工作流网络，正式顺序工作流网络由于缺乏部门成员间的相互适应、协调、合作机制而无法产生高频的交换与整合机制以连接未曾有关联的创意想法、累积性学习知识去提高利用和创造知识的能力，从而无法产生高效的利用和探索知识的创新能力基础；另一方面，往往在技术密集、创新强度极高的企业中，表现为顺序依赖特征的任务才会在网络成员间汇集较丰富专业知识、共同语言与规则，进而充分利用组织知识进行创新；但本章所选取样本未集中在类似企业，因此正式顺序工作流网络有效利用知识交换与整合过程进行创新的特征不显著，未来研究本章将尽可能选择在移动互联网、人工智能、生物医药等高精尖科技创新企业中对知识交换与整合在正式顺序工作流网络与非正式网络一致性和双元创新能力间的调节作用做进一步验证。此外，研究结果表明知识冲突负向调节部门正式顺序工作流网络与非正式咨询网络一致性和双元创新能力之间的关系，这与本章的假设相反。分析原因，我们认为良性的知识冲突依赖于成员频繁互动以交换各自想法并进行深入讨论，从而将冲突转换为学习机会（张钢和倪旭东，2007b）。而正式顺序工作流网络的工作任务往往按惯例顺序传递，进而缺乏互相探讨的知识碰撞，并降低部门利用与创造知识的效率，难以培育双元创新能力，这就使得知识冲突表现出负向调节的作用。

7.4.2　研究结论

本章从并行结构视角出发检验了部门正式工作流网络与非正式咨询网络的一致性对双元创新能力的影响及这种影响发挥作用的权变条件。研究发现：①部门正式互动/顺序工作流网络与非正式咨询网络的一致性和双元创新能力之间呈倒“U”形关系，说明部门内适度重叠的正式互动/顺序工作流网络与非正式咨询网络能够有效提高双元创新能力，而部门内过度重叠或分离的正式互动/顺序工作流网络与非正式咨询网络都不利于双元创新能力的培育。②知识交换与整合正向调节部门正式互动工作流网络与非正式咨询网络一致性和双元创新能力之间的倒“U”形关系，这表明知识交换与整合能力越强，部门内正式互动工作流网络与非正式咨询网络的一致性和双元创新能力之间的倒“U”形关系越显著；知识冲突正向调节部门内正式互动工作流网络与非正式咨询网络一致性和双元创新能力间的倒“U”形关系，这表明部门内知识冲突管理越有效，员工间网络一致性更能够高效利用知识冲突的良性结果平衡双元创新能力中的探索与利用的内在矛盾。

第 8 章　企业正式与非正式结构互动影响组织适应性的理论贡献与实践启示

8.1　理 论 贡 献

8.1.1　CAS 视角下的研究理论框架

本篇基于 CAS 视角并融合社会网络理论构建了基于 CAS 理论的企业内正式及非正式网络互动适应环境的理论框架。具体包括：基于“合法系统”和“影子系统”对企业内正式及非正式网络互动的界定和测量进行了全新的阐释；并基于 CAS 视角下的“有序”、“混沌边缘”、“混沌”及“适应性地形”等概念，引入“简单适应性”和“复杂适应性”，分析了正式及非正式网络对组织适应性影响的过程，解释两者互动影响企业适应环境的差异性；然后，借鉴“创造性空间”的概念分析“探索式创新及利用式创新的二元平衡”在正式和非正式网络互动影响企业适应环境中的作用机理；最后，基于 CAS 理论中的“系统复杂性与环境复杂性匹配观”从企业内部环境因素（如员工特征、任务复杂性和企业文化）与外部环境因素（环境不确定性）的匹配视角界定了正式和非正式网络互动影响组织适应性作用机理的权变情境。该理论框架的构建有助于弥补现有研究对组织内正式和非正式因素互动界定不完整的不足，并推动主流理论关注组织内正式及非正式因素整合；进而，也有利于阐明正式和非正式网络互动的不同类型影响企业适应环境的差别，并帮助整合、解释现有研究的不同结论；提出“探索式创新和利用式创新及其二元平衡”为中介变量分析正式和非正式网络互动影响企业适应环境的作用机理，这一结论是对以往理论的整合，同时也把原有关于同一现象的研究联系起来，使现有理论更系统（陈晓萍等，2012）；同时，对上述权变情境的分析将使正式与非正式网络互动与组织适应性间关系的解释更为精细（陈晓萍等，2012）。

此外，本篇融合 CAS 视角及社会网络分析构建的理论框架是当前 CS 和社会网络发展的前沿方向（罗家德等，2002），是研究 CS 的一种新颖角度和方法。它关注系统中个体相互关联作用的拓扑结构，是从网络结构的微观层次延展到宏观层次来理解社会、经济、生命、生态等复杂系统的性质和功能的基础。目前，已经波及众多科学领域，形成了各个学科领域的研究热潮。因此，本篇是对组织管理问题从国际最前沿方向展开研究的有价值尝试。未来研究中，我们将进一步尝试通过定性研究路径与定量研究路径结合的方法对上述理论框架进行验证和拓展，以期为理论研究者和管理实践者提供参考和思路。

8.1.2 不同类型正式与非正式网络互动影响市场/组织绩效

1. 较为完整地界定了正式与非正式组织结构的内涵、分类和测量，为相关主题的进一步实证研究提供了可供借鉴的工具

本篇首先的理论贡献在于从结构视角、控制视角和沟通视角三大视角重塑了正式与非正式组织结构的内涵和分类。首先，在结构视角下，当前研究（Soda and Zaheer，2012）主要从员工个体网络层面来考察正式与非正式网络一致性，忽视了部门的整体网络层面。本篇从部门视角提出了部门的正式与非正式网络一致性。进而，进一步界定了三类正式与非正式网络一致性，即正式顺序工作流网络与非正式朋友网一致性，反映员工在顺序工作流关系与非正式朋友关系中与其他员工相关联而表现出的重叠程度；正式权力网与非正式朋友网一致性，反映员工在正式权力关系与非正式朋友关系中与其他员工相关联而表现出的重叠程度；正式互动工作流网络与非正式朋友网非一致性，反映员工在互动工作流关系与非正式朋友关系中与其他员工相关联而表现出的非重叠程度。

2. 细化了不同正式与非正式组织结构的互动关系对企业短期市场绩效和长期组织绩效的影响

首先，当前关于正式与非正式网络一致性对绩效的影响还存在矛盾和冲突的一面，一部分学者指出网络一致性有利于提升绩效，但有研究指出网络一致性还存在成本和收益两个方面（Soda and Zaheer，2012）。面对这一“悖论”，本篇认为，从单一绩效的方向，无法准确解释这一现象，为此，我们引入短期市场绩效和长期组织绩效两个方面。我们认为，权力关系与顺序工作流关系仅反映部门内简单的权力指派与工作交接，因而对短期市场绩效影响较大。而对于互动工作流，需要部门成员反复地交流与讨论，往往涉及长期复杂的工作，因而对长期组织绩效影响较大。本篇据此将组织的不同绩效区分开来，从而全面细化了不同正式与非正式网络一致性对绩效的影响，并使得各阶段的脉络清晰可见，最终对解释当前这一“悖论”问题提供了有益的见解，并有利于组织管理者更具针对性地处理组织中正式与非正式网络关系。

3. 从组织双元平衡视角揭示了不同正式与非正式组织结构的互动关系影响企业绩效的作用机理研究

本篇首次从统一的组织双元平衡视角解释了正式与非正式组织结构的互动关系对企业绩效影响的作用机理。首先，对于正式与非正式网络而言，虽然现有研究已不同程度考察了正式和非正式网络的中介机制（Roxas and Chadee，2013），但对于正式与非正式网络一致性的中介机理，特别是部门网络一致性，相关的研究还十分鲜见。基于部门结构的视角，我们分别从双元的结构利用活动和结构探索活动解释了不同部门正式和非正式网络一致性对短期市场绩效和长期组织绩效影响的中介机理。我们认为，由于网络本身就是一种组织结构（Soda and Zaheer，2012），网络中的不同结构包括工作流程、权力关系等，它们本身的工作机制就是组织的结构分离活动在组织中的不同反映，其中，结构利用活动关注于正式与非正式网络资源的利用，包括对正式工作流程、非正式社交关系的利用等，进而当组织内的结构利用活动较好时，有利于提升短期市场绩效；结构探索活动更加关注于正式与非正式网络资源的探索，包括对外部环境的探索、对组织内非正式朋友关系的探索等，进而当组织内的结构探索活动较好时，有利于提升长期组织绩效。因此，本篇采用结构分离来解释网络一致性的作用机理，较为完整地诠释了网络的结构拆解问题。

4. 丰富了不同正式与非正式组织结构互动关系影响企业绩效的情境因素

本篇从环境不确定性（环境复杂性、环境动态性）角度统一考察了不同正式与非正式组织结构互动关系影响企业绩效的情境因素。首先，对于正式与非正式网络一致性而言，以往研究忽视了对其调节效应的分析（Soda and Zaheer，2012）。本章从 CAS 的“系统复杂性与环境复杂性匹配观”认为，一个复杂系统必须有一个复杂的控制机构，简单的控制机构不能有效地控制复杂的系统，该控制系统至少需要具有与环境同样程度的多样性才能更适应环境，只有系统复杂性高于环境复杂性，该系统才能够驾驭环境并获得适应性发展（吕鸿江等，2016a）。因此，在短期，当环境复杂性较高时，组织将很难把握和控制环境；在长期，组织可能调整内部环境以适应外部环境的复杂性。此外，本篇也考察了环境复杂性和环境动态性的有调节的中介作用，认为在整个模型中，环境不确定性将强化结构双元（结构利用、结构探索）的中介作用。这在一定程度上丰富了正式和非正式网络一致性影响企业绩效的情境因素，并深入解释了结构双元的中介作用和环境不确定性的有调节的中介作用。

8.1.3　正式网络与非正式咨询/朋友网络互动影响渐进/突破式创新

1. 该研究是对学者关于未来从正式网络与非正式咨询/朋友网络互动视角展开研究呼吁的回应

McEvily 等（2014）对过去的 50 年文献回顾发现如果只关注正式网络而不关注非正式网络的影响或者只关注非正式网络而没有考虑正式网络的影响，这样研究得出的结论很容易以偏概全。于是，他们在 2014 年首次呼吁未来该从正式网络与非正式网络互动的视角展开研究。由于该视角研究非常重要而相关的研究成果仍然不多，因此 Ter Wal 等（2020）再次呼吁学者应该从正式网络与非正式咨询/朋友网络互动的视角展开研究。所以该研究是对学者呼吁的回应。

2. 细化了正式网络与非正式网络互动对渐进/突破式创新能力影响的作用机理

此前研究多数只关注正式网络或者非正式网络对创新的影响（Ter Wal et al.，2020）。本篇依据学者的相关研究将非正式网络分为朋友网络与咨询网络（Soda and Zaheer，2012），将正式网络与非正式网络互动细化为正式网络与咨询网络互动和正式网络与朋友网络互动。研究发现在正式网络与咨询网络互动的过程中，组织成员主要是通过现有的显性知识或隐性知识分享来促进组织的渐进式创新提升。正式网络与朋友网络互动促进了组织内工友之间知识与信息的深度交流，增强了组织利用现有的显性知识与隐性知识来创造出全新的知识的能力，从而促进组织的突破式创新提升。

3. 该研究分析了环境不确定性对正式网络与非正式网络互动和渐进/突破式创新能力之间关系的影响，细化了组织适应环境的权变条件

此前研究组织内的正式网络或者非正式网络，较少区分环境复杂性和环境动态性对组织内部正式与非正式网络互动和创新能力之间关系的影响（McEvily et al.，2014）。本篇分析了当组织所在环境的复杂性提高时，正式网络中的成员通过提高咨询关系来促进组织内的知识流动速度，提高组织的渐进式创新，从而适应环境复杂性的提高；当组织所在环境的动态性提高时，正式网络中的成员需要与其工作中的朋友进行深入交流，促进组织内全新知识产生的速度，进而提升突破式创新来适应环境的变化。因此，本篇细化了组织内的正式网络与非正式网络互动对创新能力影响的环境条件。

4. 隐喻CAS与复杂再生系统来解释正式与非正式网络互动对渐进/突破式创新能力的影响，拓展了复杂理论的应用范围，这是对组织理论的贡献

首先，Chiva 等（2014）在研究复杂系统在“混沌边缘”状态时没有区分组织内的“合法系统”与“影子系统”的互动对创新能力的影响。该研究将正式网络隐喻为“合法系统”，非正式网络被隐喻为“影子系统”，区分了“合法系统”与“影子系统”互动形成的CAS状态和复杂再生系统状态。通过实证检验了CAS的适应性和复杂再生系统的超越性。其次，虽然 Chiva 等（2014）提出组织内存在CAS与复杂再生系统，但是他们没有对环境不确定性对这两个系统的影响进行研究。该研究发现为了适应复杂的环境，组织主要通过提高CAS的适应学习来适应环境的变化；为了处理环境的动态变化，组织应通过提高复杂再生系统的再生性学习来处理环境的相关变化。

8.1.4 顺序/交互工作流网络与非正式网络互动影响双元创新

1. 从社会网络视角细化了正式工作流网络与非正式网络在同一组织结构单元（如部门等）内实现并行结构及自下而上培育双元创新能力的路径

本篇从社会网络视角对正式与非正式结构如何匹配培育双元创新能力问题的回答呼应了 Raisch 等（2009）提出的并行结构对双元创新能力存在先增强再减弱的理论。该结论突破了以往双元创新能力必须依赖于顶层进行自上而下设计并行结构的局限，强调也可以通过同一部门内成员自发形成的非正式咨询网络与正式网络的并行结构，从自下而上的视角平衡探索和利用的矛盾，实现双元创新能力。事实上，员工自发行为的自下而上的非正式网络与基于管理者认知及决策的自上而下的正式网络形成的并行结构对双元创新能力的培育是互补的，而且在沟通、协调、知识壁垒等方面更具优势，更有利于双元创新能力的实现。因此，本篇的研究从自下而上的视角丰富了并行结构培育双元创新能力的理论，并且运用社会网络方法为实现并行结构提供了新的思路。

2. 从知识管理角度分析了并行结构实现双元创新的权变条件

本篇对知识交换与整合及知识冲突两种基础而又相反的知识管理过程在部门内正式工作流网络与非正式咨询网络的一致性和双元创新能力关系中的调节作用进行了验证，证实了不同的知识管理过程构建了部门内网络一致性形成双元创新能力的不同场景，知识管理限定了上述关系的适用范围，细化了部门网络一致性与双元创新能力之间关系的权变条件。在更有效的知识管理环境中，知识在部门内加速

流动、融合共享、利用并创造新知识，部门能更好地借助网络一致性培育双元创新能力。虽然以往研究提出知识连接及创造通过构造探索式及利用式创新结构推动双元创新能力（Kogut and Zander，1992），但他们未能明确指出哪些具体知识管理过程有利于创造双元结构。本篇的结论对上述问题进行了有效解释，实证证明了知识交换与整合及知识冲突是部门内正式网络与非正式网络一致性实现双元创新的权变条件，这将从知识管理视角为借助并行结构实现双元创新能力提供更细致的理论框架。

8.2 实践启示

8.2.1 不同类型正式与非正式网络互动影响市场/组织绩效

1. 管理者应综合判断部门的短期和长期需要，针对市场绩效、组织绩效及整体绩效要求，选择适合的组织发展模式

短期市场绩效包括公司的市场营销情况、公司销售额增长、公司盈利能力和公司市场份额等内容，主要反映企业的短期市场效益；长期组织绩效包括产品/服务/项目的质量、顾客或客户的满意度、留住重要员工的能力和公司与员工之间的关系等内容，主要反映企业的长期持续成长。而企业整体绩效反映组织整体的绩效水平，可以说也是长期绩效的一种反映。当部门着眼于短期绩效时，企业应积极了解部门内的员工状态，可通过构建集体主义文化、加强工作结果的要求，以及提高沟通效率等来提高员工的团结性和积极性，进而提高短期市场绩效水平；当部门处于平稳的发展时期，组织可能需要保持内部的稳定及对长期环境的适应，此时可通过构建个人主义文化、加强对工作过程和工作效率的控制，以及集思广益地展开交流和沟通，提高组织对长期环境的适应，进而提高长期组织绩效水平。特别地，作为一个整体来说，部门管理者应时刻保持警惕，认识到企业的绩效水平实际上是一个曲线的过程，管理者应理性判断企业不同发展阶段的要求，进而改变部门内部的组织结构模式，以适应不同发展要求的需要，最终实现相关目标。

2. 管理者应有意识通过建立不同正式与非正式组织结构形成不同组织双元能力进而实现企业短期和长期目标

具体而言，对于中国的国有企业来说，只关注短期资源利用活动的部门主管应该更多地关注部门内部员工的非正式需求，加强对长期探索活动的规划。对于非国有企业来说，注重外部市场开发的部门管理者需要同时加强内部资源规划，以形成企业短期提升和长期发展的良性成长周期。特别地，不同的部门网络本质

上是不同的部门之间的双元活动，部门管理者应从结构分离的角度出发，根据部门的发展需要选择合适的活动。另外，鉴于目前虚拟经济与实体经济的冲突，虚拟经济强调部门虚拟化、扁平化，而实体经济强调部门实体化，管理者还应利用“互联网+”的便利优势，综合考虑二者，从不同的部门形态出发，了解不同阶段的发展需要，选择适合的部门结构。

3. 管理者应关注自身所处的环境特征，分析应实施的正式和非正式组织互动模式

环境动态性和环境复杂性的不同背景因素会加强或削弱组织的双元活动，部门是一个整体，当面对外部动荡和复杂的环境时，应重点加强内部资源的利用，开源节流，特别地，对于正式与非正式网络而言，由于非正式网络具有不稳定性，易受外部环境的影响，也对外部环境的感知最为直接，管理者应重点了解部门成员的非正式活动，进而在自身关注的同时又通过非正式网络成员间接发现外部环境未知的不确定性因素，最终保障内部资源的利用。此外，互动工作流是受外部环境影响较大的工作任务完成流程，在这一点上，管理者应特别注意，可通过一系列方式，如成立环境分析小组、设立公共意见箱、建立专门论坛等方式及时了解环境的变化及互动工作的开展难度。所以，在短期，企业应时刻关注外部动态环境的变化，如经销商、用户数量的变化，竞争对手的动态，以及产品的技术革新的状况等，以及时做出对策，未雨绸缪；在长期，企业应注意组织双元适应性的培养，可在组织创建非正式工作团队，纳入矩阵组织结构，加强组织的扁平化以增加组织的弹性和柔性，最终提升组织的长期绩效水平和持续竞争力。

8.2.2　正式网络与咨询/朋友网络互动影响渐进/突破式创新

企业要依据目标合理调整正式与非正式网络互动。首先，当企业的主要目标是提升渐进式创新时，企业应加强正式组织结构对非正式网络的主导，鼓励员工通过对不同同事的咨询来提高工作效率；当企业的主要目标是提升突破式创新时，企业要淡化正式组织结构对非正式网络的主导作用，鼓励员工与其工作中的朋友进行深入沟通交流，注重创新思想的激荡来创造新知识，而不应过度关注朋友之间工作效率差异和工作层级差异。其次，企业可以搭建知识共享平台，利用知识管理系统对日常创造散落在各处的知识进行积累与汇总。企业可以授予不同员工不同的权限，让其学习到其工作岗位相关的知识，上传分享与工作相关的经验与知识，减少员工提供知识所付出的时间与物质成本。最后，企业应根据自身所处环境不确定性制定不同政策来鼓励员工分享知识，进而提升组织创新能力。当所处环境的复杂性提高时，企业除了利用正式组织结构要

求员工学习与职位相关的知识外，还要鼓励经验丰富的员工分享其工作经验；当所处环境动态性提高时，企业应鼓励员工与其工作中的朋友进行深度的知识交流与交换，面对新出现的问题想出新方法，鼓励员工与其合作者将面对的新问题与想出的新方法写成申请书，公司对申请者的创新成果进行评价，并做出相应的物质与精神奖励。

8.2.3　顺序/交互工作流网络与非正式网络互动影响双元创新

企业可以在部门中尝试通过创建鼓励员工非正式交流的文化氛围（如电子邮件、网络论坛、网络社区等非正式沟通工具的应用）、设计促进沟通合作的工作流程和规则为部门内正式与非正式的相互咨询及采纳建议提供机会，进而帮助部门适度提高正式工作流网络与非正式咨询网络的重叠程度，平衡探索与利用的矛盾以形成双元创新能力。例如，品管圈（quality control circle）是由相同、相近或互补性质的工作场所的人们自发组成数人一圈的小圈团体，然后共同合作、集思广益，探索一定的活动程序来解决工作现场、管理、文化等方面所发生的不确定性问题，同时也在正式结构中利用现有知识解决日常问题。但是，企业也需要注意，过度发展非正式交流网络或者阻碍员工之间交流网络的发展都不利于企业双元创新能力的培育。进而，企业可以通过有效地在部门中培育能形成共同的知识管理意识、规则和文化等的能力，保持部门内高水平的知识交换与整合和高效的知识冲突管理，提高部门中正式与非正式网络交流，进而形成部门内并行结构以提升部门双元创新能力。

第三篇　企业正式与非正式控制匹配对组织适应性的影响

第9章　企业正式与非正式控制互补匹配对组织/市场绩效的影响

企业中的正式和非正式控制一直是组织管理关注的重要问题。正式控制是企业中能影响员工或团队实现组织目标的行为并被写进章程中的管理机制（Jaworski，1988）；非正式控制是企业中影响组织成员行为，但未被写进章程的工作机制（Ouchi，1979）。虽然大多企业都意识到这两类管理控制对生存至关重要，但是几乎每年仍有大量企业暴露出严重的管理控制问题。例如，曾经轰动一时的安然事件，由于内部管理控制失衡导致的持续多年策划破产和制度化、系统化的财务造假给当时的美国经济造成了严重损失；随后的世界通信、施乐公司及国内的中航油、四川长虹等知名企业也相继曝出一系列管理控制问题。尽管政府相继颁发了一系列文件来应对此问题，如美国在2002年发布的《萨班斯-奥克斯利法案》，中国在2008年、2010年发布的《企业内部控制基本规范》和《企业内部控制指引》等；但是，仅从外部政府制定政策无法达到抽薪止沸的效果，企业自身进行科学的管理控制更为重要。因此，如何构建合理的正式与非正式管理控制机制以适应现代企业需要对当前的管理实践尤为重要。

目前的理论研究大多意识到了正式和非正式控制在企业中发挥的重要作用，而且也关注了两者互补匹配以相辅相成帮助企业实现组织目标的问题。但是，在我们对相关文献回顾（表9.1）后发现，目前研究仍存在如下三方面的不足：其一，大多将两者分离讨论，对它们的互补匹配缺乏深入的界定和测量。在20世纪80年代之前，以Ouchi（1979）发表在*Management Science*上的文章为代表，主要局限于定性探讨两种控制的概念及两者互补匹配给企业带来的影响；虽然在20世纪80年代以后，有关正式与非正式控制测量的研究开始兴起，以Jaworski等（1993）为代表在前人定性研究基础上对正式与非正式控制开发出量表①；但到目前为止，强调具体不同类型正式控制与非正式控制的测量的研究还很缺乏，仍停留在定性阶段。其二，仅关注正式控制与非正式控制某一方面对企业的影响，两者互补匹配影响组织绩效的实证研究还十分少见。学者大多分别考察它们对组织绩效的影

---

① 最初，Jaworski（1988）将正式控制划分为投入控制、过程控制和结果控制，将非正式控制划分为自我控制、社交控制和文化控制。后续，在Jaworski和Macinnis（1989）的进一步研究中，正式控制只包含过程控制和结果控制，而非正式控制只包含社交控制和文化控制，这种划分也成为当前主流的正式控制与非正式控制划分。

响（Voss and Brettel，2014），认为无论是正式控制还是非正式控制均有利于提高绩效（组织绩效、市场绩效）（Guenzi et al.，2014）。但由于对两者互补匹配的内涵及测量研究的局限，两者互补匹配对绩效影响的研究无法展开。其三，由于对上述两个问题缺乏清晰界定，进而对正式与非正式控制的互补匹配影响企业绩效的作用机理也很少深入探析。由于组织双元平衡是组织寻求一种内在的资源利用和外在的环境探索相结合的平衡能力，它同时追求组织短期利益和长期绩效的提高（March，1991）。正式与非正式控制的互补匹配的目的正是实现对内在资源的利用和外在环境的适应，所以，本章认为组织双元平衡可能是正式与非正式控制的互补匹配影响企业绩效过程中的作用机理。

表 9.1　企业正式与非正式控制划分及其互补匹配研究

文献	正式控制	非正式控制	互补匹配
Lawrence 等（1971）	组织过程	个人控制；社交控制	是
Hopwood（1974）	管理过程	个人控制；社交控制	是
Bruns 和 Waterhouse（1975）	管理过程	人员交互	是
Ansari（1977）	结构方法	行为过程	是
Ouchi（1979）	行为控制；结果控制	宗族控制	是
Flamholtz 等（1985）	计划过程；核心系统	奖赏机制；文化控制	否
Merchant（1987）	行为过程；行动过程；结果控制	个人控制；社交控制；文化控制	否
Jaworski（1988）	投入控制；过程控制；结果控制	个人控制；社交控制；文化控制	否
Jaworski 和 Macinnis（1989）	过程控制；结果控制	个人控制；社交控制	否
Jaworski 等（1993）	过程控制；结果控制	社交控制；文化控制	是
Joshi 和 Randall（2001）	过程控制；结果控制	社交控制	否
Ayers 等（2001）	集中化；正规化	关系规范	否
Cravens 等（2004）	过程控制；结果控制	社交控制；文化控制	是
Sitkin 和 George（2005）	结构和程序	非正式规则	否
Evans 等（2007）	过程控制；能力控制	—	否
Miao 和 Evans（2013）	活动、能力和结果控制	—	否
Voss 和 Brettel（2014）	过程控制；结果控制	社交控制；文化控制	否
Guenzi 等（2014）	过程控制；结果控制	社交控制；文化控制	否
吕涛和聂锐（2009）	—	自我控制；职业控制；文化控制	否
谢洪明等（2010）	预算和目标控制	社交、沟通和文化控制	否

注：此表根据 Jaworski（1988）的研究框架由笔者整理获得

综合上述分析，我们准备通过回答如下问题深入剖析正式和非正式控制互补匹配影响企业这一主题。第一，怎样界定和测量正式与非正式控制互补匹配的内涵与维度？第二，正式与非正式控制互补匹配对绩效影响如何？第三，组织双元平衡在正式与非正式控制互补匹配影响绩效的过程中发挥了怎样的机理作用？我们希望通过实证检验弥补以往对正式和非正式控制互补匹配相关问题缺乏规范测量和系统研究的不足，并为企业选择不同类型正式与非正式控制匹配来提高管理控制水平提出指导建议和策略。

9.1　概念界定与研究假设

9.1.1　企业正式与非正式控制及控制互补匹配的界定与测量

根据当前主流研究的划分，正式控制一般包括过程控制和结果控制两种（Jaworski et al.，1993）。其中，过程控制是指企业为实现组织目标而采取的一系列影响方式，它关注的重点是行为或活动本身而非结果，因此也有研究称其为行为控制，是正式控制机制的核心部分，也是最复杂的部分；结果控制是指一系列的绩效考核标准，用来判断组织是否实现了预期目标，它强调的是结果而非过程（Jaworski，1988）。非正式控制主要包括社交控制和文化控制两种（Jaworski et al.，1993）。其中，社交控制一般是指组织通过设立一些非正式的专业化标准来监控组织的日常工作是否偏离预期目标，也称为“小组织”控制（Lawrence et al.，1971），“宗族”控制（Ouchi，1979），或者“专业化”控制（Waterhouse and Tiessen，1978）；文化控制可以定义为组织中引导员工行为的一系列价值观和非正式行为准则。文化控制是范围最大的一种非正式控制机制，是组织成员长期交往产生共同的“故事”、习惯、“传奇”和规则的缓慢积累过程（Smith and Steadman，1981）。

目前，有关正式与非正式控制互补匹配问题的分类和界定主要以 Jaworski 等（1993）采用的判别分析（discriminant analysis）方法为主。他们尝试根据正式与非正式控制的高低程度将两者互补匹配划分为四种类型，分别是高控制系统、低控制系统、官僚控制系统和宗族控制系统，其中，高控制系统代表最高的正式与非正式控制结合，而低控制系统代表最低的正式与非正式控制结合。此后，也有学者对此问题进行了探索（Cravens et al.，2004），但他们大多还是停留在 Jaworski 等（1993）的分类基础上。由于正式控制和非正式控制是由不同类型组成的，仅仅通过它们的高低程度判断正式和非正式控制的互补匹配还比较简单，很难判断影响企业的具体管理控制类型等深层问题。所以，只有分别根据正式和非正式控制的不同类型界定两者互补匹配的分类才有助于打开管理控制的黑箱，并为探索正式和非正式控制互补匹配问题提供更细致的分析工具，本章准备对此进行探索。

强调组织元素之间合理匹配的元素平衡法研究为我们提供了思路。该方法相较于 Jaworski 等（1993）的判别分析法具有以下优势：第一，考虑了不同类型的管理控制，测量更细致。判别分析法是根据某一研究对象的各种特征值判别其类型归属问题的一种多变量统计分析方法，虽然也强调正式与非正式控制的互补匹配，但分类比较简单，未考察具体不同类型管理控制之间的互补匹配；元素平衡法综合考虑了正式与非正式管理控制的不同类型间的互补匹配。第二，指标的统一性。元素平衡法最终以一个量化指标来反映正式控制与非正式控制之间的平衡，相较于判别分析法的多指标划分，元素平衡法更有利于比较与组织其他变量之间的关系。第三，方法更加成熟。该方法包括三种：乘法（Kuipers，2009）、加法和减法（He and Wong，2004）。根据 Edwards（1994）的研究，Jansen 等（2009）进一步指出，可通过比较各种方法下的拟合优度大小来判断具体情境下三种方法的选择。目前，该类元素平衡法已在组织双元研究等多个领域成熟应用。因此，我们准备基于这种方法对正式与非正式控制互补匹配问题进行清晰界定和测量。

本章认为正式与非正式控制互补匹配是指企业同时强调正式控制机制与非正式控制机制的合理配置，而对这一构念的测量应分别根据两类管理控制的分类进行组合并在二者之间寻求一种最佳的平衡状态，最终通过统一的量化指标进行测量。具体地，根据目前有关正式与非正式控制的分类，我们可将正式与非正式控制互补匹配类型两两分别组合后划分为四种：①过程控制与社交控制互补匹配主要是对员工或团队中的正式工作行为制定章程并监管非正式的社交需要的管理控制机制；②过程控制与文化控制互补匹配是对员工或团队中的正式工作行为制定章程并与员工或团队长期价值观的培养相结合的管理控制机制；③结果控制与社交控制互补匹配是制定促进员工或团队实现工作目标的规章并强调与监管企业中的非正式社交需要相结合的管理控制机制；④结果控制与文化控制互补匹配是制定促进员工或团队实现工作目标的规章并与他们的长期组织价值观培养相结合的管理控制机制。

9.1.2 研究假设

1. 正式与非正式控制互补匹配与绩效

尽管与分开考察正式控制与非正式控制有所区别，但我们认为，四种正式与非正式控制互补匹配仍然对组织绩效产生正向、甚至更为积极的影响。这是因为，就单一控制机制而言，它所能发挥的效果往往是有限的，而正式与非正式控制互补匹配之后，往往能发挥出更大的效果。这主要表现在：第一，减少了员工个人的角色冲突，增加了员工之间的信任。当过程控制与社交控制的互补匹配越高时，员工与之交往的工作伙伴往往感情更加紧密，合作更加密切；当过程控制与文化控制的互补匹配越高时，员工的组织价值观往往能指导现在的工作行为，无疑增加了企业整体的合作氛围；当结果控制与社交控制、文化控制的互补匹配程度越高时，员工的绩效结果往往会得到更加有力的保障，员工之间信任度增加。第二，强化了组织价值观。组织控制的目的就是寻求正式与非正式之间的一种平衡，最终实现运作效率的提高，当四种互补匹配机制程度越高时，组织的平衡机制就越高，从而无论是员工的工作行为、绩效结果、社交行为还是组织价值观均得到长期提升和匹配强化。第三，减少了组织正式与非正式控制的维持成本。当各部分的正式与非正式控制机制的互补匹配程度越高时，组织单独维持各方的成本就会有所降低。具体地，员工的非正式社交需要往往能在正式工作中得到体现，从而无须组织再花费较多的精力投入，特别是组织文化氛围的培养，从长期来说，组织文化引领了组织的大方向，减少了组织各方的再投入成本。第四，从网络的视角来说，正式与非正式控制互补匹配程度越高，越有利于增加网络节点（员工）的多样性，增加信息交流，从而丰富员工的知识与技能，最终有利于产生更高的绩效节点（Granovetter，1973）。据此，本章提出以下假设。

H1：组织正式与非正式控制互补匹配程度越高，越有利于提高绩效。

H1a：过程控制与社交控制互补匹配程度越高，越有利于提高绩效。

H1b：过程控制与文化控制互补匹配程度越高，越有利于提高绩效。

H1c：结果控制与社交控制互补匹配程度越高，越有利于提高绩效。

H1d：结果控制与文化控制互补匹配程度越高，越有利于提高绩效。

2. 组织双元平衡的中介作用

目前，关于组织双元的分类，研究者从不同角度将其分为三类，分别是顺序双元、同步双元及情境双元。其中，顺序双元是指组织将探索活动和利用活动按顺序进行展开，组织应先进行一段探索活动后再进行资源利用，从而形成暂时性的循环（Siggelkow and Levinthal，2003）；同步双元是指组织同时进行利用活动和探索活动，组织探索活动和利用活动应同时拥有独立定位、结构、过程、文化及人员配备等，但是二者需拥有共同的目标整合机制以确保共同利用资源及能力（Tushman and O'Reilly，1996）；根据情境双元，组织的双元能力应随着特定环境而变化，组织应通过设置一系列过程和系统来有效鼓励个体去判断他们自己如何在变化的环境中进行探索和利用的最优时间分配（Gibson and Birkinshaw，2004）。尽管学者对组织双元进行了不同分类，但总体来说，组织双元平衡仍是强调寻求利用能力和探索能力之间的平衡，其本质问题仍是组织如何实现内部资源的正常利用，以及如何调整内部环境以适应外部环境的变动。

由此可见，组织双元平衡需要组织内部存在两种不同的环境，一种是使得内部的资源得到正常开发和利用的正式环境，另一种是促使组织不断变革自身以适应外部环境的宽松的非正式环境。事实上，部分组织双元的研究者已关注到了组织内的正式与非正式问题。Gulati 和 Puranam（2009）以思科系统公司为案例研究对象，证实了从企业资产重组中产生的正式和非正式组织之间的补偿匹配能帮助创建二元组织，并使其发挥最大绩效；而且从战略角度看，正式和非正式网络可以分别服务于两种不同但同样重要的“二元”战略，从而有利于多元战略的实施。Jansen 等（2009）也强调结构属性对同时追求探索和利用的二元组织具有重要影响，结构分化直接通过非正式的高层团队（即高级团队的社交整合）和正式的组织（即跨功能的接口）集成机制影响探索和利用的二元性。Lin（2014）进一步分析了企业国际战略制订中的正式和非正式组织设计与探索和利用的二元性关系，也指出正式和非正式组织设计的一致性有利于帮助海外子公司实现探索和利用的二元平衡，并提高企业绩效。因此，正因为企业需要在利用能力和探索能力之间寻求一种关系平衡，才引致了对正式与非正式环境的要求，而这种组织正式与非正式环境必然包含控制环境。

而且，正式与非正式控制有利于组织双元平衡的实现。一方面，正式控制强调对员工的工作行为及组织的最终目标进行控制，这需要在企业内部保持一个稳定有序的正式环境，以确保管理层对员工行为及组织目标的掌控（March，1991）。而这种正式的控制机制需要企业具有很强的利用能力，以利于企业内部资源的正常开发和利用。另一方面，企业非正式控制强调对员工社交行为及组织文化培养的控制，这需要企业内部保持一个相对宽松的非正式环境，以利于员工非正式的社交和整个组织文化氛围的培养（Ouchi，1979）。同样这种非正式的宽松环境需要企业能随时调整自身战略方向、适应外部环境，从而需要组织探索能力的保障。此外，当企业同时追求正式与非正式控制互补匹配时，即强调对员工行为及组织目标的掌握，同时又在组织内保持一种宽松弹性的社交和文化环境，这需要企业利用能力和探索能力的结合，即组织双元平衡。据此，本章提出以下假设。

H2：正式与非正式控制互补匹配对组织双元平衡有积极的正向影响。

H2a：过程控制与社交控制互补匹配程度越高，越有利于提高双元平衡。

H2b：过程控制与文化控制互补匹配程度越高，越有利于提高双元平衡。

H2c：结果控制与社交控制互补匹配程度越高，越有利于提高双元平衡。

H2d：结果控制与文化控制互补匹配程度越高，越有利于提高双元平衡。

此外，组织双元平衡对绩效也存在积极的作用。组织的利用能力有利于提升短期绩效，而探索能力有利于提升组织长期绩效。组织双元研究者认为，企业不能过于强调一方而忽视了另一方，应在二者之间寻求一种平衡（刘新梅等，2013；陈彦亮和高闯，2014）。具体地，顺序双元认为企业应在探索和利用之间交替进行，同步双元认为二者应同步进行，情境双元认为应随着组织环境的变化而选择适合的利用或探索能力。尽管组织双元研究者从不同的视角提出了双元的过程，但他们均认为组织实现二元之间的平衡有利于提升绩效。例如，Benner 和 Tushman（2003）实证发现双元性的组织设计和创新绩效呈正相关。Venkatraman 等（2007）利用 1005 家软件企业检验了双元性对组织绩效的影响，数据分析发现探索和利用的间断循环积极影响企业绩效。Zhan 和 Chen（2013）以中国的国际合资企业为研究对象发现，当企业在国外的新兴经济国家运营时，同时具备利用现有资源能力和动态更新竞争优势能力的企业，绩效表现更好，探索和利用能力之间相互加强，进而对企业绩效产生积极的交互影响。据此，本章提出以下假设。

H3：组织双元平衡对绩效具有正向影响。

由此，我们认为组织双元平衡是正式与非正式控制影响企业绩效的作用机理。正式与非正式控制的不同匹配组合有利于形成组织双元平衡能力并借此能力提高绩效。首先，过程控制与社交控制互补匹配是对员工或团队中的正式工作行为制定章程并监管非正式的社交需要的管理控制机制，其互补匹配程度越高，组织在员工工作行为的利用和非正式社交需求探索方面的平衡越高；其次，过程控制与文化控制互补匹配是对员工或团队中的正式工作行为制定章程并与其长期价值观的培养相结合的管理控制机制，其互补匹配程度越高，组织在员工工作行为的利用和组织价值观探索方面的平衡越高；再次，结果控制与社交控制互补匹配是制定促使员工或团队实现工作目标的规章并强调与监管企业中的非正式社交需要相结合的管理控制机制，其互补匹配程度越高，组织在控制员工绩效结果方面的利用和非正式社交需求探索方面的平衡越高；最后，结果控制与文化控制互补匹配是制定促使员工或团队实现工作目标的规章并与他们的长期组织价值观培养相结合的管理控制机制，其互补匹配程度越高，组织在控制员工绩效结果方面的利用和组织价值观探索方面的平衡越高。据此，本章提出以下假设。

H4：组织双元平衡在正式与非正式控制与绩效之间发挥着中介作用。

9.2　研究设计与方法

9.2.1　数据收集与样本选择

本章的调研对象为企业部门中对组织熟悉的中高层以上管理者以及整个部门员工。为了更加精确地反映某些组织层面的变量，我们将问卷分为两个部分，分别为经理卷和员工卷，其中，经理卷由反映组织层面的变量组成，由经理填写，员工卷由反映员工层面的变量组成，由员工填写。问卷设计主要基于现有成熟量表，并对有关国外的量表进行了英文-中文背翻。同时，结合研究背景对问卷进行了适当的“本地化”处理。首先，我们邀请了 5 家企业的高层管理人员（简称高管）对问卷内容进行了详细的评阅，确保所采用问卷的测项表达符合企业的实际情况，并根据企业高管的反馈，就测项的适当性和问卷的科学性进行评定和修改；其次，邀请某大学 EMBA 班的学员对初始问卷进行试评定，要求其就问卷内容的符合程度及问卷的可读性提出意见。最终，该研究得到包括 41 个测项（经理卷 21 个，员工卷 20 个）的初始问卷。针对预调查的样本数据，通过探索性因子分析和信度分析，对问卷的指导语、结构设计等进行了修订。在此基础上形成正式调查问卷，进行正式调查。另外，为减少同源误差的影响，本章研究根据 Podsakoff 和 Organ（1986）的建议，采取了保证匿名性、明确答案无对错之分、尽可能使用清晰明确的用语，以及用反向用语突破思维定式等问卷设计措施，并通过随机调整测项顺序等方法削弱同源误差的影响。

正式样本数据的收集在江苏和陕西两省展开。本次调查共向 5 家企业 12 个部门的 257 名员工及经理发放问卷，回收 238 份，剔除 31 份明显有误及不合理问卷后，剩余问卷为 207 份。此外，由于部分问卷采用预留方式，通过部门领导发放，存在未理解问题导致填写不认真、填写含糊，甚至若干企业的问卷都由一人填写等明显不完整或无效的问卷，通过比较同一部门问卷的字体及答案将这类问卷剔除。最终确定有效样本 166 个，有效回收率约为 64.59%。对回收企业与没有回收的企业进行无回应偏差分析后发现两者并没有显著差异，说明调研企业中无回应偏差问题不严重。样本的基本统计信息如表 9.2 所示。

表 9.2 样本基本统计信息

类别	样本量的特征分布
企业类型	国有企业占 53.3%、集体企业占 23.7%、民营企业占 10.8%、合资企业占 6.4%、外资企业占 3.8%、其他占 2%
企业规模	100 人以下占 6.2%、100～500 人占 64.3%、500 人以上占 29.5%
行业	制造业及信息技术业占 79.2%，电力、煤气及水的生产供应业占 20.8%
工作时间	1～3 年占 34.8%、3～7 年占 25.1%、7～12 年占 11.1%、12 年以上占 29%
职位	普通员工占 82.1%、管理人员占 17.9%
教育水平	高中及以下占 2.9%、大专占 5.3%、本科占 55.6%、研究生及以上占 36.2%
性别	男占 72.5%、女占 27.5%
年龄	25 岁以下占 7.7%、25～35 岁占 51.2%、35～45 岁占 27.1%、45 岁及以上占 14%

9.2.2 测量工具

1. 因变量

为了更稳健地反映研究结论，本章用两类指标来度量绩效，分别是组织绩效和市场绩效。由于因变量为反映组织层面的变量，此部分问卷均由经理填写。其中，组织绩效采用 Delaney 和 Huselid（1996）的量表，具体包括“公司的产品/服务/项目的质量”“公司吸引重要员工的能力”“公司的顾客或客户满意度”“公司的新产品/服务/项目的发展”“公司留住重要员工的能力”“公司领导与其他员工的关系”和“总体而言，公司与员工之间的关系”等七个测项。采用利克特七级量表来衡量（1 代表“最差”，7 代表“最好”，2～6 具体表示的内容见附录），量表的信度系数为 0.872；市场绩效采用 Tang 等（2015）的量表，具体包括“公司的市场营销情况”“公司的销售额的增长”“公司的盈利能力”和“公司的市场份额”四个测项，量表的信度系数为 0.865。

2. 自变量

本章的自变量为正式与非正式控制互补匹配，根据前文所述，本章借鉴 Edwards（1994）、Jansen 等（2009）的方法，采用两个步骤来进行度量。首先，Jaworski 等（1993）的量表被用来测量正式控制与非正式控制，其中，正式控制包括过程控制和结果控制，非正式控制包括社交控制和文化控制。过程控制包括四个测项，反映员工遵守公司章程的程度，信度系数为 0.865；结果控制包括五个测项，反映员工完成绩效目标的程度，信度系数为 0.792；社交控制包括五个测项，反映员工之间的非正式合作程度，信度系数为 0.913；文化控制包括两个测项，反映员工的工作环境，信度系数为 0.884。此部分问卷由经理填写。

其次，由于目前测量组织元素平衡的方法可归纳为乘法、加法和减法，本章将分别对正式控制（过程控制、结果控制）和非正式控制（社交控制、文化控制）的两个维度采用上述三种方法进行计算。这样，针对每种正式与非正式控制互补匹配，我们就分别得到了三个具体的计算数值。具体采用哪个数值，本章将根据 Edwards（1994）、Jansen 等（2009）的方法，针对每个数值，以绩效为因变量，独立进行三次回归分析，最终根据每个回归结果下的拟合优度大小来取值。拟合优度越大，说明解释力度越好，因此为本章的最终选择结果。在对两种绩效的回归结果中，四种正式与非正式控制互补匹配得到的结果如下，其中，过程控制与社交控制互补匹配的回归结果为乘法最好，拟合优度为 0.416（因变量：组织绩效）、0.213（因变量：市场绩效），分别大于加法 0.411（因变量：组织绩效）、0.207（因变量：市场绩效）和减法 0.345（因变量：组织绩效）、0.181（因变量：市场绩效）。同样的检验结果表里，过程控制与文化控制互补匹配的回归结果为乘法最好；结果控制与社交控制互补匹配的回归结果为乘法最好；但结果控制与文化控制互补匹配的回归结果为加法最好，拟合优度为 0.427（因变量：组织绩效）、0.235（因变量：市场绩效），分别大于乘法 0.414（因变量：组织绩效）、0.221（因变量：市场绩效）和减法 0.333（因变量：组织绩效）、0.171（因变量：市场绩效）。

3. 中介变量

本章的中介变量为组织双元平衡。同样，根据 Edwards（1994）、Jansen 等（2009）的方法，本章采用两个步骤来进行度量。首先，He 和 Wong（2004）所开发的量表被用来测量组织双元，以利克特七级量表来衡量（1 代表“从不”，7 代表“总是”，2～6 具体代表的内容见附录），其中利用式能力包括四个测项，典型的题目为“公司提高现有产品/服务质量”，信度系数为 0.878。探索式能力包括四个测项，典型的题目为“公司研发新一代的产品或服务”，信度系数为 0.915。其次，三种计算方法，即乘法、加法和减法被用来测量组织双元，回归结果表明加法最好，拟合优度为 0.682（因变量：组织绩效）、0.466（因变量：市场绩效），大于乘法 0.670（因变量：组织绩效）、0.422（因变量：市场绩效）和减法 0.333（因变量：组织绩效）、0.178（因变量：市场绩效）。

4. 控制变量

根据研究对象，本章主要从组织层面和员工层面来选择控制变量。首先，组织层面上，我们控制了企业类型和企业规模。Tang 和 Xi（2006）指出企业类型对公司绩效有着重要影响，因此，我们控制了五类企业类型虚拟变量，依次为国有企业取值为 1，集体企业取值为 2，民营企业取值为 3，合资企业取值为 4，外资企业取值为 5。此外，Li（1995）指出，大型企业之所以成为跨国并购获取先进技术和战略资源的旗舰企业，一个重要优势就是拥有雄厚的企业规模。但也有研究指出，企业规模的增大会带来结构惯性的增加（周楠等，2009）。因此，我们对企业规模进行控制，具体采用部门员工数量来度量。员工层面上，我们控制了四个常用虚拟变量，包括员工性别、工作时间、职位和教育水平，这些变量均对企业绩效有着重要影响（Tan and Peng，2003）。

9.2.3 信度及效度

首先，潜变量的测项均选用国外较为成熟的量表，经过小规模的访谈，经专业人士和学者对其内容进行检查，并进行预试及修正，量表符合内容效度要求。其次，通过对所有变量进行探索性因子分析，结果显示，正式量表的总体 KMO 值为 0.831，累积方差解释度为 77.843%，通过了巴特利特球形检验（$p<0.000$），所有测项共提取 8 个特征值大于 1 的公因子，每个测项的载荷都大于 0.441，表明聚合效度较好。最后，将正式控制、非正式控制、组织双元、组织绩效和市场绩效的所有测项一起放入结构方程模型中进行验证性因子分析后，我们还发现这些

变量的各个统计指标都符合标准（RMSEA＜0.080，NFI、TLI、CFI 均大于 0.90）。进一步说明，本章所用变量具有良好的结构效度。

9.3 假设检验

9.3.1 描述性统计分析

表 9.3 为各变量之间的相关系数表，由表可知，过程控制和社交控制互补匹配、过程控制和文化控制互补匹配、结果控制和社交控制互补匹配与结果控制和文化控制互补匹配之间均存在较高的相关性，有的甚至超过了 0.9，为了避免各变量之间的多重共线性问题，我们将采用层级回归的形式。除了四种正式与非正式控制互补匹配变量以外，其余各变量之间的相关性均较小，均远低于 0.7 的临界值。

在回归之前，我们分别进行了共线性检验，所有模型中的 VIF 值均在 1～5 的范围以内，而且解释变量的系数较为稳定，表明没有出现严重的多重共线性问题。

9.3.2 假设检验结果

1. 正式与非正式控制互补匹配对绩效的影响

表 9.4 为正式与非正式控制互补匹配对组织绩效影响的回归结果表。模型 1 检验了各控制变量的相关系数。在模型 2 中，过程控制和社交控制互补匹配的系数为 0.017，在 1%的水平上显著；在模型 3 中，过程控制和文化控制互补匹配的系数为 0.019，在 1%的水平上显著；在模型 4 中，结果控制和社交控制互补匹配的系数为 0.016，在 1%的水平上显著；在模型 5 中，结果控制和文化控制互补匹配的系数为 0.069，在 1%的水平上显著。因此，正式与非正式控制互补匹配的所有变量均对组织绩效产生积极的正向影响。

如表 9.5 所示，在模型 2 中，过程控制和社交控制互补匹配的系数为 0.014，在 1%的水平上显著；在模型 3 中，过程控制和文化控制互补匹配的系数为 0.017，在 1%的水平上显著；在模型 4 中，结果控制和社交控制互补匹配的系数为 0.017，在 1%的水平上显著；在模型 5 中，结果控制和文化控制互补匹配的系数为 0.067，在 1%的水平上显著。因此，正式与非正式控制互补匹配的所有变量均对市场绩效产生积极的正向影响。由此可见，正式与非正式控制互补匹配对组织绩效和市场绩效均产生积极的正向影响，H1 得到验证。

表 9.3　各变量之间的相关系数表

变量	1	2	3	4	5	6	7	8	9	10
1. 企业类型	1									
2. 企业规模	−0.404***	1								
3. 性别	0.083	−0.067	1							
4. 工作时间	−0.300***	−0.191**	0.056	1						
5. 职位	0.111	−0.054	0.001	0.222***	1					
6. 教育水平	−0.267***	0.402***	0.133*	0.203***	0.190**	1				
7. 组织双元平衡	−0.069	0.358***	−0.065	−0.040	0.127*	0.091	1			
8. 过程控制和社交控制互补匹配	−0.027	0.246***	0.020	−0.077	0.134*	0.117	0.248***	1		
9. 过程控制和文化控制互补匹配	0.044	0.217***	0.040	−0.137*	0.104	0.075	0.315***	0.924***	1	
10. 结果控制和社交控制互补匹配	−0.058	0.250***	0.011	−0.068	0.176**	0.156**	0.240***	0.910***	0.827***	1
11. 结果控制和文化控制互补匹配	0.057	0.197***	0.035	−0.119	0.128*	0.141*	0.280***	0.757***	0.850***	0.799***

*、**、***分别表示在 0.1、0.05、0.01 水平上显著

表 9.4　正式与非正式控制互补匹配对组织绩效的影响

变量	模型 1	模型 2	模型 3	模型 4	模型 5
企业类型	0.229*** （4.92）	0.235*** （5.36）	0.223*** （5.28）	0.242*** （5.48）	0.223*** （5.16）
企业规模	0.284*** （6.68）	0.240*** （5.87）	0.232*** （5.87）	0.247*** （6.01）	0.249*** （6.21）
性别	−0.072 （−0.98）	−0.067 （−0.96）	−0.078 （−1.17）	−0.065 （−0.92）	−0.063 （−0.92）
工作时间	−0.010 （−0.34）	0.004 （0.15）	0.012 （0.44）	0.007 （0.23）	0.012 （0.43）
职位	0.148** （2.25）	0.105* （1.68）	0.105* （1.75）	0.093 （1.46）	0.111* （1.81）
教育水平	−0.130** （−2.24）	−0.095* （−1.74）	−0.084 （−1.59）	−0.101* （−1.82）	−0.106* （−1.97）
过程控制和社交控制互补匹配		0.017*** （4.76）			
过程控制和文化控制互补匹配			0.019*** （5.96）		
结果控制和社交控制互补匹配				0.016*** （4.44）	
结果控制和文化控制互补匹配					0.069*** （5.11）
常量	4.186*** （13.17）	3.749*** （12.01）	3.716*** （12.43）	3.767*** （11.95）	3.489*** （10.72）
R^2	0.333	0.416	0.455	0.407	0.427
Adjusted R^2	0.308	0.391	0.431	0.380	0.402
F	13.21***	16.11***	18.85***	15.47***	16.84***
ΔF vs 模型	—	2.90***	5.64***	2.26***	3.63***

注：括号内是 t 值

*、**、***分别表示在 0.1、0.05、0.01 水平上显著

表 9.5　正式与非正式控制互补匹配对市场绩效的影响

变量	模型 1	模型 2	模型 3	模型 4	模型 5
企业类型	−0.140** （−2.33）	−0.135** （−2.30）	−0.145** （−2.52）	−0.126** （−2.17）	−0.145** （−2.51）
企业规模	0.187*** （3.41）	0.150*** （2.74）	0.139** （2.60）	0.147*** （2.73）	0.153*** （2.86）
性别	−0.056 （−0.58）	−0.051 （−0.55）	−0.061 （−0.67）	−0.047 （−0.51）	−0.047 （−0.51）
工作时间	−0.055 （−1.45）	−0.043 （−1.16）	−0.035 （−0.96）	−0.037 （−1.02）	−0.034 （−0.92）

续表

变量	模型 1	模型 2	模型 3	模型 4	模型 5
职位	0.072 （0.85）	0.035 （0.42）	0.033 （0.40）	0.013 （0.15）	0.036 （0.44）
教育水平	−0.178** （−2.38）	−0.149** （−2.02）	−0.136* （−1.89）	−0.147** （−2.02）	−0.155** （−2.15）
过程控制和社交控制互补匹配		0.014*** （3.01）			
过程控制和文化控制互补匹配			0.017*** （4.00）		
结果控制和社交控制互补匹配				0.017*** （3.61）	
结果控制和文化控制互补匹配					0.067*** （3.73）
常量	5.179*** （12.65）	4.808*** （11.51）	4.749*** （11.70）	4.730*** （11.43）	4.501*** （10.38）
R^2	0.168	0.213	0.244	0.231	0.235
Adjusted R^2	0.136	0.178	0.211	0.197	0.201
F	5.340***	6.105***	7.295***	6.789***	6.932***
ΔF vs 模型	—	0.765***	1.955***	1.449***	1.592***

注：括号内是 t 值

*、**、***分别表示在 0.1、0.05、0.01 水平上显著

2. 正式与非正式控制互补匹配对组织双元平衡的影响

如表 9.6 所示，模型 2～模型 5 检验了各正式与非正式控制互补匹配对组织双元平衡的影响，其中，在模型 2 中，过程控制和社交控制互补匹配的系数为 0.025，在 5%的水平上显著；在模型 3 中，过程控制和文化控制互补匹配的系数为 0.036，在 1%的水平上显著；在模型 4 中，结果控制和社交控制互补匹配的系数为 0.023，在 10%的水平上显著；在模型 5 中，结果控制和文化控制互补匹配的系数为 0.138，在 1%的水平上显著。由此可知，正式与非正式控制互补匹配的所有变量均对组织双元平衡产生积极的正向影响，因此，H2 得到验证。

表 9.6 正式与非正式控制互补匹配对组织双元平衡的影响及中介效应检验

变量	组织双元平衡					组织绩效	市场绩效
	模型 1	模型 2	模型 3	模型 4	模型 5	模型 6	模型 7
企业类型	0.046 （0.31）	0.054 （0.36）	0.035 （0.24）	0.065 （0.43）	0.035 （0.23）	0.219*** （6.78）	−0.151*** （−3.12）

续表

变量	组织双元平衡					组织绩效	市场绩效
	模型 1	模型 2	模型 3	模型 4	模型 5	模型 6	模型 7
企业规模	0.679*** (4.91)	0.614*** (4.38)	0.578*** (4.21)	0.624*** (4.46)	0.608*** (4.44)	0.133*** (4.21)	0.026 (0.55)
性别	−0.089 (−0.37)	−0.081 (−0.34)	−0.101 (−0.43)	−0.078 (−0.33)	−0.071 (−0.30)	−0.053 (−1.03)	−0.034 (−0.45)
工作时间	0.008 (0.09)	0.029 (0.30)	0.050 (0.53)	0.032 (0.34)	0.052 (0.55)	−0.012 (−0.57)	−0.057* (−1.87)
职位	0.436** (2.04)	0.372* (1.74)	0.353* (1.69)	0.355 (1.64)	0.361* (1.72)	0.051 (1.11)	−0.032 (−0.46)
教育水平	−0.349* (−1.85)	−0.298 (−1.58)	−0.261 (−1.41)	−0.306 (−1.63)	−0.302 (−1.63)	−0.052 (−1.28)	−0.095 (−1.57)
过程控制和社交控制互补匹配		0.025** (2.05)					
过程控制和文化控制互补匹配			0.036*** (3.30)				
结果控制和社交控制互补匹配				0.023* (1.91)			
结果控制和文化控制互补匹配					0.138*** (3.01)		
组织双元平衡						0.223*** (13.2)	0.237*** (9.39)
常量	9.158*** (8.86)	8.514*** (7.95)	8.250*** (7.94)	8.544*** (7.95)	7.758*** (6.99)	2.146*** (7.98)	3.006*** (7.48)
R^2	0.175	0.196	0.228	0.193	0.219	0.682	0.466
Adjusted R^2	0.143	0.160	0.194	0.157	0.185	0.668	0.442
F	5.605***	5.499***	6.662***	5.403***	6.341***	48.480***	19.690***
ΔF vs 模型	—	−0.106***	1.057***	−0.202***	0.736***	35.270***	14.350***

注：括号内是 t 值；模型 6 和模型 7 的 ΔF 依据表 9.4 和表 9.5 计算获得

*、**、***分别表示在 0.1、0.05、0.01 水平上显著

3. 组织双元平衡的中介效应

如表 9.6 所示，在模型 6 中，组织双元平衡对组织绩效的系数为 0.223，在 1%的水平上显著；在模型 7 中，组织双元平衡对市场绩效的系数为 0.237，在 1%的水平上显著。因此，组织双元平衡对绩效有着积极的正向影响，H3 得到验证，并且由于正式与非正式控制互补匹配均对组织双元平衡产生积极的正向影响，因此，组织双元平衡在正式与非正式控制互补匹配与绩效之间发挥着中介效应，H4 得到验证。

4. 控制变量检验

在对组织双元平衡的检验，以及正式与非正式控制互补匹配对组织绩效和市场绩效的检验中，企业规模均产生积极的正向影响，符合基本理论逻辑。然而，在正式与非正式控制互补匹配对组织绩效和市场绩效的检验中，企业类型产生了不同的影响，其中，对组织绩效产生正向的影响，而对市场绩效产生负向的影响。这可能是因为国有企业和集体企业在组织内部往往具有很好的规章制度和绩效保障，但在面对市场竞争时，它们可能不如民营企业和外资企业灵活。此外，在正式与非正式控制互补匹配对绩效的检验中，员工教育程度越高，绩效水平越差，这可能是因为我们调查的对象多为基础行业，从而导致员工的知识水平难以得到发挥。

9.4 研究讨论与结论

9.4.1 研究讨论

1. 正式与非正式控制互补匹配对绩效的影响

由回归结果可知，四种控制互补匹配机制，包括过程控制和社交控制互补匹配、过程控制和文化控制互补匹配、结果控制和社交控制互补匹配及结果控制和文化控制互补匹配均对绩效（组织绩效、市场绩效）产生积极的正向影响。由此可见，与以往单一考察各正式控制与非正式控制维度相比，将这四种控制在各维度下的指标统一进行匹配，更加深刻地诠释了各控制维度的协作关系。而相比于各控制机制而言，四种控制的指标匹配更加有利于提升组织的绩效水平。具体地，当过程控制与社交控制的互补匹配越高时，由于员工的社交需要得到保障，员工与之交往的工作伙伴往往感情更加紧密，合作也更加密切；当过程控制与文化控制的互补匹配越高时，组织文化产生的组织价值观往往能指导员工的工作行为，同时增加了企业整体的合作氛围；当结果控制与社交控制、文化控制的互补匹配程度越高时，员工的短期绩效结果往往得到更加有力的保障，且受组织文化氛围的影响，组织的长期绩效也有一定的保障。

2. 组织双元平衡在正式与非正式控制互补匹配与绩效之间发挥中介效用

由回归结果可知，四种控制互补匹配对组织双元平衡均产生显著的正向影响，而组织双元平衡对绩效也产生显著的正向影响，因此，组织双元平衡在其中发挥着中介效应。组织双元平衡需要组织内部存在两种不同的环境，一种是使得内部资源得到正常开发和利用的正式环境，另一种是促使组织不断变革自身以适应外部环境的宽松的非正式环境。因此，企业在对利用能力和探索能力追求的同时，必然引致对正式环境与非正式环境的要求，而这种组织正式与非正式环境必然包含控制环境。此外，正式控制与非正式控制也有利于组织双元平衡的实现。一方面，正式控制强调对员工的工作行为及组织的最终目标进行控制，这需要在企业内部保持一个严谨、稳定有序的正式环境，而且这种正式的控制机制需要企业具有很强的利用能力，以利于企业内部资源的开发和利用。另一方面，企业非正式控制强调对员工社交行为及组织文化培养的控制，这需要企业内部保持一个相对宽松的非正式的环境，同样这种非正式的宽松环境需要企业能随时调整自身战略方向以适应外部环境，从而需要组织探索能力的保障。由此可见，组织双元平衡是正式与非正式控制互补匹配发挥作用的重要机理。

3. 不同正式与非正式控制互补匹配的影响比较

我们还希望对不同正式与非正式控制互补匹配影响企业绩效的重要程度进行比较，希望能找到最适宜的正式与非正式控制互补匹配组合。我们使用组织绩效和市场绩效的 F 值变化（ΔF）来分析。在表 9.4 中，模型 2～模型 5 分别和模型 1 相比，加入过程控制和社交控制互补匹配的模型 2 的 F 值变化了 2.90，加入过程控制和文化控制互补匹配的模型 3 的 F 值变化了 5.64，加入结果控制和社交控制互补匹配的模型 4 的 F 值变化了 2.26，加入结果控制和文化控制互补匹配的模型 5 的 F 值变化了 3.63。这一结果表明，过程控制和文化控制互补匹配的影响力最大，结果控制和文化控制互补匹配的影响力其次，而结果控制和社交控制互补匹配的影响力最小。在表 9.5 中，对不同正式与非正式控制互补匹配的影响力大小分析，同样可以发现，过程控制和文化控制互补匹配的影响力最大，结果控制和文化控制互补匹配的影响力其次，但过程控制和社交控制互补匹配的影响力最小。

分析原因，我们认为，首先，对于正式控制而言，过程控制是正式控制机制的核心部分，也是最复杂的部分，而对于非正式控制而言，文化控制又是影响组织范围最大的一种控制机制。因此，过程控制和文化控制互补匹配具有最大的影响力。其次，从长期来说，非正式文化控制的影响要大于正式控制（过程控制、结果控制）的影响，因为文化是组织成员长期积累的价值观和行为准则，这一文化一旦形成，将引导员工，甚至企业的未来战略方向（Ouchi，1979）。因此，结果控制和文化控制互补匹配具有较大的影响力。此外，当以组织绩效为结果变量时，结果控制仅仅关注组织是否实现了预期目标，社交控制所考察的往往也是组织的日常工作是否偏离短期工作目标，相对于长期组织绩效来说，它们局限于眼前利益和短期影响，所以，结果控制和社交控制互补匹配的影响力最小。但对市场绩效而言，这一指标更关注营销结果而非过程，所以，结果控制和社交控制互补匹配的影响力要高于过程控制和社交控制互补匹配的影响力。

9.4.2　研究结论

本章基于组织双元平衡的作用机理，从正式与非正式控制互补匹配视角出发，考察了四种控制互补匹配对绩效（组织绩效、市场绩效）的影响。研究发现：过程控制和社交控制互补匹配、过程控制和文化控制互补匹配、结果控制和社交控制互补匹配及结果控制和文化控制互补匹配均对绩效产生积极的正向影响；此外，组织双元平衡在其中发挥了中介机理的作用，四种控制互补匹配对组织双元平衡均产生积极的正向影响，而组织双元平衡对绩效也产生显著的正向影响。最后，不同正式与非正式控制互补匹配的影响力比较结果表明，就组织绩效而言，过程控制和文化控制互补匹配的影响力最大，结果控制与文化控制互补匹配的影响力其次，结果控制和社交控制匹配的影响力最小；就市场绩效而言，过程控制和文化控制互补匹配的影响力最大，结果控制和文化控制互补匹配的影响力其次，而过程控制和社交控制互补匹配的影响力最小。

第 10 章　正式与非正式控制匹配：模式比较与演进规律

COSO①指出内部管理控制体系是一种防御性措施，强调如何通过控制完成企业的义务和责任。其中，正式控制是企业为促进员工或团队努力实现组织目标而写进正式章程中的控制机制，非正式控制是在企业中影响组织成员行为但未被写进章程，而是通过社交、文化等非正式管理过程实施的控制机制（Malek et al.，2016）。在企业中，两者相互作用共筑了影响员工、团队及组织行为的管理控制机制。目前，管理控制已成为全球企业面临的最大问题。在普华永道第 19 期全球 CEO 年度调研中国报告（2016）中发现 79%的中国企业高管对过度管理控制一筹莫展。一方面，企业因忽视正式管理控制引发安全事故或生产质量下滑的事件屡见不鲜。例如，2015 年，"7・26"荆州电梯事故，引发全国电梯生产控制问题；2016 年，同样由于生产控制不当，宁夏将多家企业列入药品生产黑名单，大众汽车在美召回近 5600 万辆电动汽车。另一方面，企业缺失非正式社交及文化控制也使各类不良事件层出不穷。2012 年，富士康武汉工厂约 150 位员工以跳楼相威胁要求公司改善工作环境，年末又在各地发生讨薪事件，富士康（太原）科技工业园也出现员工群殴事件；2016 年，黑龙江龙煤双矿职工群体上访、广东索尼员工罢工事件都源于企业对非正式社交及文化控制的忽视。可见，正式章程与社交、文化等在企业中是同时存在并共同发挥作用的，忽视或弱化正式与非正式控制的任何一方面都不利于企业发展。但是，中国上市公司 2017 年发布的内部控制白皮书在对 2017 年 4 月 30 日前在上海证券交易所、深圳证券交易所 A 股上市并披露 2016 年年度报告的 3117 家上市公司调查后发现，大多数企业在内部正式与非正式控制方面还存在严重的不规范、不准确、不及时等问题。所以，同时考虑正式与非正式控制机制，分析两者匹配形成的内部管理控制机制对企业实践有重要价值。

尽管早期以定性为主的研究关注了正式控制与非正式控制的互补匹配（Cardinal et al.，2004），而且后续少数实证研究发现非正式控制会减弱或加强正式控制，两类控制是相互作用的（Ayers et al.，2001）；但是发展正式控制与非正式控制测量并进行实证研究的学者并未对两者匹配的模式进行具体分析（Jaworski

① COSO 的全称为美国反虚假财务报告委员会下属的发起人委员会（The Committee of Sponsoring Organizations of the Treadway Commission）。

et al.，1993）。大多学者的实证研究往往孤立地强调或比较了正式控制和非正式控制对企业存在的不同影响，他们指出，正式控制比非正式控制更有助于建立组织信任（Sitkin and George，2005），非正式控制比正式控制更有助于开发新产品（Ayers et al.，2001），并且非正式控制具有更高的控制绩效（程新生等，2009），而且正式控制和非正式控制会以不同的方式影响组织公平行为（Cugueró-Escofet and Rosanas，2012）、企业社会责任实施（Hosoda and Suzuki，2015）及企业技术创新（谢洪明等，2010）。因此，Jaworski 和 Macinnis（1989）、Jaworski 等（1993）基于两类控制对企业有不同影响的思路，开发了正式控制和非正式控制的量表，分别界定了正式控制和非正式控制的高低程度，并通过高低程度的四种组合提出了高控制系统、官僚控制系统、宗族控制系统、低控制系统四类控制系统并分析了它们对绩效的影响。但是，正式控制和非正式控制本身还存在着不同的类型，而且这些不同类型的正式控制和非正式控制对企业的影响也是不同的。例如，正式结果控制和非正式文化控制有助于促进顾客导向的销售行为和销售团队效率，正式过程控制和非正式社交控制有助于调整顾客的销售行为（Guenzi et al.，2014）；过程控制可能会阻碍企业战略实施，但结果控制和社交控制会促进企业战略实施（Thomas and Ambrosini，2015）；结果控制和过程控制会提升联盟企业绩效，但非正式控制可能弱化这一影响（Stouthuysen et al.，2017）；非正式个人控制和文化控制能提升组织认同，而正式行为控制能提升管理控制系统效率（Goebel and Weißenberger，2017）；正式结果控制和正式过程控制分别会增加和减少工作紧张感（Cravens et al.，2004）；自我控制和非正式社交控制分别会减少和增加员工的越轨行为，正式结果控制和正式过程控制会促进信息系统交流（Jaworski and Macinnis，1989）。所以，不同类型之间的正式与非正式控制匹配必然对企业存在不同影响。

在企业中，正式控制与非正式控制是同时存在的，而且两者是可替代并互补的。Kreutzer 等（2014）、Jaworski 和 Macinnis（1989）、Jaworski 等（1993）的研究虽然考虑了正式控制与非正式控制高低程度的匹配，但是未考虑正式控制与非正式控制的不同类型之间的匹配，从而无法细致刻画正式控制与非正式控制匹配的不同模式及其产生的不同绩效结果（Kreutzer et al.，2014）。所以，根据正式控制与非正式控制的不同类型，对两者间的匹配模式进行细分，并进一步辨析它们影响企业绩效的差异，以寻求一种最佳的企业管理控制模式是十分重要的；而且探讨不同类型控制的匹配能将以往有关管理控制产生不同绩效结论的研究进行归类，使现有关于正式与非正式控制的理论系统更加细致。因此，本章根据正式控制与非正式控制的分类界定并测量它们的匹配模式，并进一步比较不同匹配模式对企业绩效的影响，以期推进正式控制与非正式控制模式的研究，并指导企业选择适当的管理控制模式。

10.1　概念界定与研究假设

10.1.1　正式与非正式控制匹配的概念界定及模式划分

管理控制是企业通过影响员工的行为实现组织目标的一系列努力（Szukits，2017）。从管理控制系统设计视角看，管理控制主要包括正式控制和非正式控制（Okamoto and Teo，2009）。其中，正式控制是一种关注效率的信息系统结构设计，非正式控制是一种关注社会系统的社交关系设计（Tiwana，2010）；正式控制是对正式管理过程的控制，非正式控制是对员工间的非正式交流的控制（Hosoda and Suzuki，2015）。在正式控制与非正式控制分类方面，目前学者认为正式控制包括市场控制和官僚控制，非正式控制为宗族控制（Ouchi，1979）；正式控制是一种管理过程，非正式控制为个人控制和社交控制（Hopwood，1974）；正式控制是一种计划过程、核心系统，非正式控制为奖赏机制和文化控制（Flamholtz et al.，1985）；正式控制是行为过程、行动过程和结果控制，非正式控制是个人控制、社交控制和文化控制（Merchant，1985）。最具代表性的是 Jaworski（1988）的观点，其通过总结上述观点提出正式控制包括投入控制、过程控制和结果控制；非正式控制包括个人控制、社交控制和文化控制，此后，Jaworski 和 Macinnis（1989）、Jaworski 等（1993）进一步将正式控制分为过程控制和结果控制、非正式控制分为社交控制和文化控制，并开发了相应的量表，为后续实证研究和理论发展奠定了基础（Voss and Brettel，2014）。本章将借鉴 Jaworski 等（1993）的这一分类对正式控制和非正式控制的匹配类型进行分析。

具体地，在正式控制中，结果控制是评价企业是否实现预期目标的一系列绩效考核标准，它强调对结果的控制；过程控制是企业对员工努力实现组织目标所采取的一系列行为或活动进行控制，它关注对过程的控制（Kreutzer et al.，2014）。因此，过程控制更关注对整个工作流程的长期整体控制，是正式控制机制的核心部分，也是最复杂的部分（Jaworski，1988）。在非正式控制中，社交控制是企业为监控组织日常工作是否偏离预期目标而设立一系列非正式交往标准的控制，是一种“小组织”控制（Lawrence et al.，1971）、“宗族”控制（Ouchi，1979）或“专业化”控制（Waterhouse and Tiessen，1978）；文化控制是企业为引导员工行为设立一系列价值观和非正式行为准则的控制，是组织成员共享的、隐式的规范和目标（Paul et al.，2015），是在员工长期交往中缓慢积累的“故事”、习惯、“传奇”和规则（Smith and Steadman，1981）。所以，相较于社交控制，文化控制是在全体组织成员中建立起的行为规范，是范围更广、影响更大的非正式控制机制。由此，根据上述正式控制与非正式控制类型的不同特征，本章划分出四类正式与非正式控制机制匹配的模式：结果控制和社交控制匹配的关系监管控制模式、结果控制和文化控制匹配的官僚目标控制模式、过程控制和社交控制匹配的人际影响控制模式，以及过程控制和文化控制匹配的文化熏陶控制模式（表 10.1）。

表 10.1 正式与非正式控制机制匹配的模式划分

控制机制		非正式控制	
		社交控制	文化控制
正式控制	结果控制	关系监管控制模式	官僚目标控制模式
	过程控制	人际影响控制模式	文化熏陶控制模式

1. 关系监管控制模式

这类控制机制匹配的模式是由正式结果控制和非正式社交控制组合形成。在这类控制匹配模式中，管理层既监督员工工作结果的各类指标又监控员工日常社交行为。一方面，管理者以工作结果作为监控员工行为的标准，但过度追求工作目标和工作结果往往存在很多隐患，可能忽视对员工的人文关怀及工作过程的改进，进而增加了员工的工作紧张感和压力；另一方面，由于管理层强化对员工的非正式社交需求的监控，在短期会促进一系列小团体、小组织（Ouchi，1979）的形成，但是，这些小组织往往是基于自身兴趣或利益结合在一起的，分散在不同的小群体中，难与正式的结果控制具有一致的目标，进而阻碍或限制员工追求工作业绩提升的行为或活动，难以发挥非正式控制的作用。特别是在短期，非正式社交控制氛围中，有各种社团、小组织以自身利益为动机形成，往往会偏离组织目标（Hosoda and Suzuki，2015），进而会与正式工作活动相悖，而过度关注工作结果不能很好地了解这些小团体需要，仅通过严格的标准对这些小团体进行控制会加重正式结果控制与非正式社交控制之间的矛盾，使员工处在高压工作环境中且员工间冲突不断（Voss and Brettel，2014）。在此类企业中，管理者为完成组织目标，会以绩效结果为导向，以严格的方式监控员工的社交关系，所以本章将此类模式称为关系监管控制模式。

2. 官僚目标控制模式

这类控制机制匹配的模式是由正式结果控制和非正式文化控制组合形成。在这类控制匹配模式中，管理层既监控员工工作结果的完成又关注组织文化的构建。一方面，管理层注重通过一系列企业预期目标的绩效考核结果来对员工进行控制；另一方面，他们也根据企业预期目标构建共享的员工价值观和行为准则的企业文化。而以结果为导向的管理控制往往会随短期绩效目标的不同发生调整，所以，结果控制可能与文化控制存在不一致。当结果控制和文化控制的方向一致时，员工会形成统一的奋斗目标和与之相匹配的价值观和行为准则，进而有助于企业工作任务的完成；但当结果控制和文化控制的方向不一致时，员工价值观和行为准则与企业强调的工作结果存在冲突，经常变化的正式控制环境不能很好地培育引导员工价值观和行为准则的企业文化（Olejniczak and Yasuyuki，2014），员工对工作缺乏积极性，随着矛盾加剧，企业会爆发严重问题。在此类企业中，由于非正式的文化控制主要围绕正式控制的绩效结果建立，管理者大多会基于绩效结果，并辅以与之适应的官僚文化帮助短期目标的达成，所以本章将此类模式称为官僚目标控制模式。

3. 人际影响控制模式

这类控制机制匹配的模式是由正式过程控制和非正式社交控制组合形成。在这类控制匹配模式中，企业既强调控制员工或团队在工作过程中的日常行为和工作活动，又关注规范他们的社交关系。一方面，管理层注重通过设定一系列的工作标准及章程来监控员工的工作过程，以保证工作质量、减少差错率并提高企业的整体运作能力；另一方面，管理层也强调对员工的非正式社交关系进行规范，在企业中设立各类社交标准，以期形成员工之间默契的社交惯例。在过程控制与社交控制的共同作用下，企业中会通过在过程控制中监督工作任务过程实施和在社交控制中规范各类社交小团体行为产生的两类控制的互补作用完成组织目标（Kreutzer et al.，2014）。但对工作任务过程的监督是长期循环进行的，对各类社交活动的规范会随不同员工的个人兴趣、利益而变化，所以两种控制可能会随时间的推移产生不一致、甚至冲突。当两种控制的目标一致时，对社交小团体的规范能够帮助员工排解工作压力并缓解紧张氛围；当两种控制的目标不一致时，对非正式社交小团体的规范不能及时调整达到与工作过程中的目标一致，可能会扰乱工作过程，违背工作规范与准则（Stouthuysen et al.，2017）。在此类企业中，管理层通过监控员工正式工作过程影响员工的人际关系，所以本章将此类模式称为人际影响控制模式。

4. 文化熏陶控制模式

这类控制机制匹配的模式是由正式过程控制和非正式文化控制组合形成。在这类控制匹配模式中，企业既控制员工或团队在工作过程中的日常行为和工作活动，又关注与之相适应的组织文化建设。一方面，管理层注重通过设定一系列的工作标准及章程来监控员工的工作过程，以保证工作质量、减少差错率并提高企业的整体运作能力；另一方面，他们也在企业中构建共享的员工价值观和行为准则的企业文化（Paul et al.，2015）。在上述过程控制和文化控制的共同作用下，稳定有序的正式控制环境对企业文化的长期建设提供了支持（Olejniczak and Yasuyuki，2014），企业会通过监督工作任务过程实施和构建对组织工作改进和质量提升有积极影响的企业文化，进而完成组织目标。非正式文化控制是根据正式过程控制的目标设立的，会与正式控制的目标一致；而且非正式文化控制是全体成员共同遵守的价值观和行为准则，不是个别员工之间的小群体的社交行为。所以，企业组织能通过组织文化的长期非正式熏陶，进而辅助对全体员工的工作过程的正式监控，两者匹配可以更好地完成企业目标，本章将此类企业文化熏陶下的工作过程控制称为文化熏陶控制模式。

10.1.2 研究假设

1. 关系监管控制模式与绩效

结果控制是企业为监控绩效结果的实现而设立一系列绩效考核标准的正式控制机制，社交控制是企业为监管组织日常社交活动是否偏离预期绩效目标而设立一系列交往规范的非正式控制机制（Malek et al.，2016）。正式控制决定了管理控制的目标，非正式控制受正式控制的影响较大（Olejniczak and Yasuyuki，2014），而正式结果控制主要关注的是短期绩效目标的实现，所以本章主要分析关系监管控制模式对短期市场绩效的影响。同样，社交控制的影响大多是小范围、不稳定，而且经常变化的，更多会在短期发挥作用，所以对市场绩效的影响较大。具体地，由于结果控制关注短期绩效结果而非工作过程，随着此类控制的不断增加，员工会急于求成而忽视对工作细节的改进，进而增加产品差错率并影响企业持续发展，特别是当短期绩效目标与企业长期发展规划不一致时，容易造成企业短期“繁荣”的假象，使其处于一种长期积弱的状态（Guenzi et al.，2014）；同时，对员工以自身利益为目标的非正式交往活动的监管和规范会因不同员工利益、偏好的变化而变化，需要经常调整和改进（Kroher and Wolbring，2015），进而增加了非正式社交控制的成本和难度，提升了结果控制和社交控制之间产生矛盾的风险。此外，在结果控制中，过于追求短期工作目标的实现，会加重员工的工作焦虑和紧张感，进而逐渐减弱甚至消除非正式社交控制的监督作用（Stouthuysen et al.，2017）；同时也使得两类控制之间的目标冲突不断加剧，最终不利于企业工作效率和市场业绩的提升。据此，我们提出如下假设。

H1：关系监管控制模式与市场绩效存在负向关系。

2. 官僚目标控制模式与绩效

结果控制是通过正式规章、考核标准对企业实现短期绩效而进行的正式控制，更有利于市场绩效的实现；文化控制是通过组织文化对全体组织成员共同遵守的价值观和行为准则进行的非正式控制，更关注企业的持续发展（Paul et al.，2015）；而正式结果控制决定了企业发展的目标，非正式文化控制是基于这一目标建立的，所以主要分析两种管理控制匹配形成的官僚目标控制模式对市场绩效的影响。文化控制是基于企业的结果控制目标建立的。起初，由于非正式的文化控制是以管理者设立的短期业绩为依据树立全体成员共同遵守的价值观和行为准则，两种管理控制机制的逐渐匹配有利于提高组织产量、市场份额和盈利能力等；但是，随着结果控制不断增加，其控制目标会随市场竞争环境等发生不断调整，而文化控制是对企业全体成员的价值观和行为准则的培养过程，它创建后难以很快随正式控制环境的变化而改变（Olejniczak and Yasuyuki，2014）；所以，在长期，非正式的企业文化控制必然会与正式的结果控制产生矛盾，出现文化控制与工作目标不适应的情况，这时组织文化不能促进企业效益的提升，反而掣肘了企业的发展（Brettel and Voss，2010），使得员工盲从、无措，不利于市场绩效的提高（Ouchi，1979）。因此，随着文化控制与结果控制从适应到不适应的发展，长期情况下，官僚目标控制模式对市场绩效的影响会呈现先增加后减小的趋势。据此，我们提出以下假设。

H2：官僚目标控制模式与市场绩效存在倒“U”形关系。

3. 人际影响控制模式与绩效

过程控制是对员工实现组织目标的整个工作流程的一系列行为或活动进行监督，关注整体组织绩效的提升；社交控制是对员工日常工作是否偏离组织目标进行的控制；正式过程控制决定了企业发展的目标，非正式社交控制发挥了辅助的作用，所以主要分析两种管理控制匹配形成的人际影响控制模式对组织绩效的影响。具体地，由于过程控制关注整体工作流程中的工作行为和活动，会促进管理层对员工的非正式社交行为的监督（Brettel and Voss，2010），而且依据过程控制实施的社交控制会给员工更多的社交自由，进而形成各类社交小团体（Lawrence et al.，1971），这些社交小团体一方面是在正式工作过程的控制中形成的，不会因仅局限于对工作结果的关注而出现过度竞争，同时又能帮助员工在工作之余排解压力，缓解由于正式工作带来的紧张氛围等（Stouthuysen et al.，2017），因而有利于组织绩效的提升。然而，随着企业内外环境变化对工作流程的更高要求，过程控制开始不断增添新的控制环节和标准，增加了控制的成本和难度；而且组织内外环境变化带来的社交小团体也日益多样化和差异化，它们往往以各自利益为标准、偏离组织目标，甚至违背工作规范与准则（Voss and Brettel，2014），这些活动加大了管理层对社交团体的控制难度，使得社交控制不断减弱。因此，从长远来说，随着社交控制与过程控制从适应到不适应的发展，最初两者匹配有助于组织绩效提升，但是随着过程控制的不断提升，社交控制的不断减弱，两类控制目标相悖会阻碍组织正常的工作活动，不利于组织绩效的提升（Guenzi et al.，2014）。据此，我们提出以下假设。

H3：人际影响控制模式与组织绩效存在倒“U”形关系。

4. 文化熏陶控制模式与绩效

过程控制更关注对全体员工在整个工作流程中的长期正式控制，文化控制是长期构建的对全体员工共同遵守的价值观和行为准则的非正式控制，所以两类控制都具有关注全体员工和企业长期发展的特征。正式过程控制决定了企业发展的组织绩效目标，而非正式文化控制是基于此建立的，所以主要分析两种管理控制匹配形成的文化熏陶控制模式对企业长期组织绩效的影响。具体地，在这种匹配模式中，组织文化是企业基于长远发展规划主动构建的，它是对员工工作过程中的工作改进和效率提升进行规范和引导的机制（Guenzi et al.，2014）；所以，关注全体成员的整个工作流程的正式过程控制能为企业文化控制提供支持（Olejniczak and Yasuyuki，2014），而非正式文化控制也有利于正式过程控制的实施。因此，两者之间能很好地互补匹配（Kreutzer et al.，2014），并实现组织持续发展的目标。当文化熏陶控制模式形成时，员工在工作过程中的正式活动和行为被这种有利于企业持续发展的价值观和行为准则氛围引导和控制，全体员工工作积极性普遍提升，企业核心能力具有更强的生命力（Ouchi，1979）。而且，随着内外环境变化带来的过程控制不断增加，长期建立的组织文化氛围会对工作过程中的全体员工的正式活动和行为产生持续积极影响，而且少数社交小团体往往也会被企业文化引导，逐渐与组织具有共同目标，避免了小团体追求自身目标带来的文化冲突。因此，通过过程控制和文化控制对企业全体成员的文化熏陶控制模式有助于组织绩效持续提升。据此，我们提出以下假设。

H4：文化熏陶控制模式与组织绩效存在正向关系。

10.2　研究设计与方法

10.2.1　数据收集与样本选择

本章采用调查问卷的方式收集数据，问卷设计主要基于现有成熟量表，并结合研究背景对问卷进行适当的“本地化”处理。首先，根据英文问卷进行英文-中文背翻。英文问卷先由精通中英文的一位研究者从英文翻译为中文，并由中文回译为英文，比较其中的差别并做相应的修改；然后再由另一名同领域的研究者从英文翻译为中文，并由中文回译为英文；之后，再与另外一位研究者一起检查其中的差别，并做相应的修正，然后定稿以完成问卷的翻译。其次，邀请了 5 家企业的高管对问卷内容进行了详细的评阅，确保所采用问卷的测项表达符合企业的实际情况，并根据企业高管的反馈，就测项的适当性和问卷的科学性进行评定和修改。最后，考虑到样本的便利性、可控性和填写的真实性等因素，选取来自东南大学 MBA 和 EMBA 的在职学员和其他企业高管作为调查对象，共 177 名，企业涉及南京、上海、苏州、西安等多个城市。最终，收回 175 份，剔除 12 份明显有误及不合理问卷后，剩余问卷为 163 份。此外，由于部分问卷存在未理解问题导致填写不认真、填写含糊，甚至若干问卷由一人填写等明显不完整或无效的问卷，我们将其剔除，最终获得 153 份问卷，有效回收率约为 86.44%。对回收企业与未回收企业无回应偏差分析后发现两者并没有显著差异，说明调研企业中无回应偏差问题并不严重。

10.2.2　测量工具

1. 自变量

正式与非正式控制采用 Jaworski 等（1993）所开发的量表，其中，正式控制包括结果控制和过程控制，非正式控制包括社交控制和文化控制；结果控制包括“您有具体的绩效目标”“上级会监管您绩效目标的完成程度”“上级会要求您解释绩效目标没有完成的原因”“您能从顾客、同事那里获得提高工作绩效的反馈信息”“上级会根据您实际工作结果与预期目标的比较来增加薪水”等五个测项，信度系数为 0.713；过程控制包括“上级会观察您遵守公司规章的程度”“上级会评估您完成指定任务的程序是否合适”“上级会修改您工作中那些没有获得预期结果的工作程序”“上级会获取您如何完成绩效目标的反馈信息”等四个测项，信度系数为 0.876；社交控制包括“上级会鼓励您和其他同事之间相互合作”“项目实施时的大多数人都了解其他人的能力”“上级会鼓励您和其他同事开展与业务相关的讨论”“项目实施时的大部分人都能准确评价同事的工作水平”“贵公司有意构建一个大家彼此尊重的工作环境”等五个测项，信度系数为 0.927；文化控制包括“贵公司的工作环境能让您感觉到自己是其中的一分子”“贵公司的工作环境能让您对自己的工作产生自豪感”两个测项，信度系数为 0.863。上述测项均采用利克特七级量表来衡量（1 代表“从不”，7 代表“总是”，2～6 具体代表的内容见附录）。

2. 因变量

市场绩效和组织绩效采用 Delaney 和 Huselid（1996）的量表，其中，市场绩效包括“公司的市场营销情况”“公司的销售额的增长”“公司的盈利能力”和“公司的市场份额”四个测项，主要反映了短期市场收益，信度系数为 0.865；组织绩效包括“公司的产品/服务/项目的质量”“公司的顾客或客户的满意度”“公司留住重要员工的能力”“公司的新产品/服务/项目的发展”“公司吸引重要员工的能力”“公司领导与其他员工的关系”和“总体而言，公司与员工之间的关系”等七个测项，主要反映了企业的长期持续成长，信度系数为 0.894。上述测项均采用利克特七级量表衡量（1 代表“最差”，7 代表“最好”，2～6 具体代表的内容见附录）。

3. 控制变量

首先，我们控制了企业类型和企业所处行业，它们均对企业绩效有着重要影响（吕鸿江等，2017b），其中，企业类型选择了五类虚拟指标。其次，Li（1995）指出大型企业之所以成为跨国并购获取先进技术和战略资源的旗舰企业，一个重要优势就是拥有雄厚的企业规模。但也有研究指出企业规模的增大会带来结构惯性的增加（周楠等，2009）。因此，我们对企业规模进行控制，具体采用企业员工数量来度量，但同样对其进行虚拟化处理。最后，公司成立时间也是绩效考核的重要指标之一，我们对其予以控制。

10.2.3 信度及效度

①信度。如上所述，除结果控制的信度系数达到 0.7 以上的比较好的信度要求外，其他各个量表的信度系数都在 0.8 以上，达到非常好的信度要求（Nunnally，1968）。②效度。首先，对于内容效度，潜变量的测项均选用国外较为成熟的量表，经过小规模的访谈，经专业人士和学者对其内容进行检查，并进行预试及修正，量表符合内容效度要求。其次，通过对所有变量进行探索性因子分析，结果显示，正式量表的总体 KMO 值为 0.831，累积方差解释度为 77.843%，通过了巴特利特球形检验（$p<0.000$），所有测项共提取 6 个特征值大于 1 的公因子，每个测项的载荷都大于 0.441，表明聚合效度较好。最后，将正式控制、非正式控制、组织绩效和市场绩效的所有测项采用 AMOS 21.0 进行验证性因子分析后，我们发现，这些变量的拟合指标都符合 RMSEA 小于 0.08，NFI、TLI、CFI 均大于 0.90 的要求，说明本章所用变量具有良好的结构效度。

10.3 假设检验

10.3.1 描述性统计分析

表 10.2 为各变量的均值、标准差和相关系数表，由表中可知，除市场绩效和

组织绩效间的相关系数为 0.915，结果控制和过程控制间的相关系数为 0.814，其余均低于 0.7。首先，由于四种匹配模式中，结果控制和过程控制均为正式控制机制，相互之间不存在匹配问题，因此，它们之间的相关性对本章的回归结果影响不大。其次，由于模型中包含平方项和乘积项，在处理这些变量时，我们相应进行了标准化处理，以减小共线性，提高精确度。最后，在回归之前，同时采用 VIF 值对各回归模型再次进行了检验，以避免潜在的多重共线性问题，结果表明，所有模型中的 VIF 均在 1～5 的范围以内，远低于临界值 10，而且解释变量的系数较为稳定，因此，多重共线性问题并不严重。

表 10.2　各变量的均值、标准差和相关系数表

变量	均值	标准差	1	2	3	4	5	6	7	8	9
1. 结果控制	4.802	1.119	1								
2. 过程控制	4.694	1.168	0.814	1							
3. 社交控制	4.787	1.697	0.519	0.580	1						
4. 文化控制	4.704	1.412	0.533	0.622	0.686	1					
5. 市场绩效	4.658	1.308	0.442	0.445	0.374	0.469	1				
6. 组织绩效	4.665	1.273	0.467	0.499	0.430	0.501	0.915	1			
7. 企业类型	2.333	1.634	0.203	0.205	0.245	0.239	0.177	0.169	1		
8. 企业所处行业	2.460	0.551	−0.023	−0.113	−0.100	−0.061	−0.042	−0.130	−0.110	1	
9. 企业规模	3.920	1.206	0.065	0.127	−0.011	0.057	0.225	0.183	−0.012	0.035	1
10. 公司成立时间	4.460	0.933	0.061	0.199	0.062	0.195	0.413	0.450	−0.011	−0.220	0.425

10.3.2　假设检验结果

1. 模型设定

已有研究表明（Edwards and Cable，2009），多项式回归和响应面分析是考察两变量匹配与第三方变量关系的重要分析工具。根据研究假设，本章首先构造了如下四个多项式回归方程。

$$\mathrm{MP} = b_0 + b_1X_1 + b_2Y_1 + b_3X_1^2 + b_4X_1Y_1 + b_5Y_1^2 + e \qquad (10.1)$$

$$\mathrm{MP} = b_0 + b_1X_1 + b_2Y_2 + b_3X_1^2 + b_4X_1Y_2 + b_5Y_2^2 + e \qquad (10.2)$$

方程（10.1）为结果控制与社交控制的匹配关系对市场绩效的影响；方程（10.2）为结果控制与文化控制的匹配关系对市场绩效的影响。其中，MP 为市场绩效；X_1 为结果控制；Y_1 为社交控制；Y_2 为文化控制；b_0 为截距项；e 为残差项。

$$\mathrm{OP} = b_0 + b_1X_2 + b_2Y_1 + b_3X_2^2 + b_4X_2Y_1 + b_5Y_1^2 + e \qquad (10.3)$$

$$OP = b_0 + b_1X_2 + b_2Y_2 + b_3X_2^2 + b_4X_2Y_2 + b_5Y_2^2 + e \quad (10.4)$$

方程（10.3）为过程控制与社交控制的匹配关系对组织绩效的影响；方程（10.4）为过程控制与文化控制的匹配关系对组织绩效的影响。其中，OP 为组织绩效；X_2 为过程控制；Y_1 为社交控制；Y_2 为文化控制；b_0 为截距项；e 为残差项。

进一步，由于多项式回归无法准确表达不同正式与非正式控制匹配模式对绩效的影响关系（唐杰等，2011），本章将进一步引入响应面分析方法。响应面分析方法主要通过考察不同控制匹配与绩效的三维图（图 10.1～图 10.4）来判断三者之间的关系，进而检验假设。在图中，我们主要依据 $Y=X$（完全匹配）和 $Y=-X$（完全不匹配到匹配）两条线的斜率与曲率来检验相关假设。具体地，当 $Y=X$ 时，代入方程（10.1）、方程（10.2）、方程（10.3）和方程（10.4），得到如下两个曲线方程。

$$MP = b_0 + (b_1 + b_2)X_1 + (b_3 + b_4 + b_5)X_1^2 + e \quad (10.5)$$

$$OP = b_0 + (b_1 + b_2)X_2 + (b_3 + b_4 + b_5)X_2^2 + e \quad (10.6)$$

同理，当 $Y=-X$ 时，代入方程（10.1）、方程（10.2）、方程（10.3）和方程（10.4），可得两个曲线方程。

$$MP = b_0 + (b_1-b_2)X_1 + (b_3-b_4 + b_5)X_1^2 + e \quad (10.7)$$

$$OP = b_0 + (b_1-b_2)X_2 + (b_3-b_4 + b_5)X_2^2 + e \quad (10.8)$$

方程（10.5）、方程（10.6）、方程（10.7）和方程（10.8）中，$(b_1 + b_2)$ 和 (b_1-b_2) 分别为响应面沿 $Y=X$ 和 $Y=-X$ 的斜率反映；$(b_3 + b_4 + b_5)$ 和 $(b_3-b_4 + b_5)$ 分别为响应面沿 $Y=X$ 和 $Y=-X$ 的曲率反映；其他参数同上。

2. 多项式回归

表 10.3 为正式与非正式控制匹配的多项式回归结果表，由表可知，模型 1 检验了各控制变量的相关系数，模型 2 为结果控制与社交控制的匹配关系对市场绩效的影响，对应方程（10.1），其中，社交控制表现出显著正相关（$\beta=0.321$，$p<0.01$），结果控制的平方表现出显著正相关（$\beta=0.171$，$p<0.5$），结果控制×社交控制表现出显著负相关（$\beta=-0.552$，$p<0.01$）；模型 3 为结果控制与文化控制的匹配关系对市场绩效的影响，对应方程（10.2），其中，文化控制表现出显著正相关（$\beta=0.243$，$p<0.1$），结果控制×文化控制表现出显著负相关（$\beta=-0.308$，$p<0.05$）；模型 4 为过程控制与社交控制的匹配关系对组织绩效的影响，对应方程（10.3），其中，社交控制表现出显著正相关（$\beta=0.296$，$p<0.01$），过程控制的平方表现出显著正相关（$\beta=0.320$，$p<0.05$），过程控制×社交控制表现出显著负相关（$\beta=-0.723$，$p<0.01$）；模型 5 为过程控制与文化控制的匹配关系对组织绩效的影响，对应方程（10.4），其中，过程控制×文化控制表现出显著负相关（$\beta=-0.253$，$p<0.1$）。

表 10.3　正式与非正式控制匹配的多项式回归结果表

变量	市场绩效			组织绩效	
	模型 1	模型 2	模型 3	模型 4	模型 5
企业类型	0.149* （2.53）	0.049 （1.00）	0.055 （1.12）	0.009 （0.20）	0.044 （0.91）
企业所处行业	0.147 （0.82）	0.153 （0.99）	0.190 （1.22）	−0.071 （−0.51）	0.039 （0.27）
企业规模	0.058 （0.66）	0.044 （0.63）	0.066 （0.93）	−0.031 （−0.48）	0.003 （0.04）
公司成立时间	0.571*** （4.84）	0.392*** （4.18）	0.413*** （4.22）	0.493*** （5.70）	0.460*** （5.05）
RC		−0.162 （−1.42）	−0.038 （−0.36）		
PC				−0.062 （−0.69）	0.082 （0.87）
SC		0.321*** （3.87）		0.296*** （4.76）	
CC			0.243* （2.49）		0.159+ （1.65）
RC^2		0.171+ （1.70）	0.037 （0.41）		
PC^2				0.320** （2.93）	0.019 （0.20）
SC^2		−0.015 （−0.74）		0.031 （1.34）	
CC^2			0.028 （0.48）		0.006 （0.10）
RC×SC		−0.552*** （−3.73）			
RC×CC			−0.308** （−2.92）		
PC×SC				−0.723*** （−4.60）	
PC×CC					−0.253* （−2.1）
常数项	1.196 （1.62）	1.599* （2.15）	1.125 （1.47）	1.707** （2.73）	1.376+ （1.97）
R^2	0.209	0.528	0.511	0.582	0.517
Adjusted R^2	0.187	0.498	0.480	0.555	0.486
F	9.768***	17.751***	16.612***	22.091***	16.990***

注：括号中为 t 值；结果控制用 RC 表示、过程控制用 PC 表示、社交控制用 SC 表示、文化控制用 CC 表示
+、*、**、***分别表示在 0.5、0.1、0.05、0.01 水平上显著

3. 响应面分析

本章结合响应面分析绘制了反映三个变量间多项式回归的系数关系的三维图，以分析研究假设。图 10.1～图 10.4 均是采用 Fast Interaction1.5.2，根据表 10.3 中的模型 2～模型 5 的回归方程所画，反映了不同的正式和非正式控制匹配机制与绩效的三维立体关系。在图中，我们可以清晰地判断三者之间的关系。表 10.4 为对应三维图响应面关键指标的估计值和显著性检验结果。

表 10.4　响应面数据分析（N= 153）

估计参数		关系监管控制		官僚目标控制		人际影响控制		文化熏陶控制	
		β	se	β	se	β	se	β	se
$Y=X$	斜率（b_1+b_2）	0.159^{+}	0.095	0.205^{+}	0.107	0.234^{**}	0.078	0.241^{*}	0.095
	曲率（$b_3+b_4+b_5$）	-0.393^{***}	0.064	-0.241^{***}	0.057	-0.404^{***}	0.057	-0.228^{***}	0.053
$Y=-X$	斜率（b_1-b_2）	-0.483^{**}	0.175	-0.281	0.172	-0.358^{**}	0.133	-0.077	0.165
	曲率（$b_3-b_4+b_5$）	-0.333^{***}	0.074	-0.298^{**}	0.091	-0.466^{***}	0.088	-0.240^{*}	0.095

注：采用 Stata delta 法来估计这些参数的标准误并检验这些参数显著性；b_1～b_5 分别为表 10.3 中的对应回归系数；β 是标准化系数；se 为标准误

+、*、**、***分别表示在 0.5、0.1、0.05、0.01 水平上显著

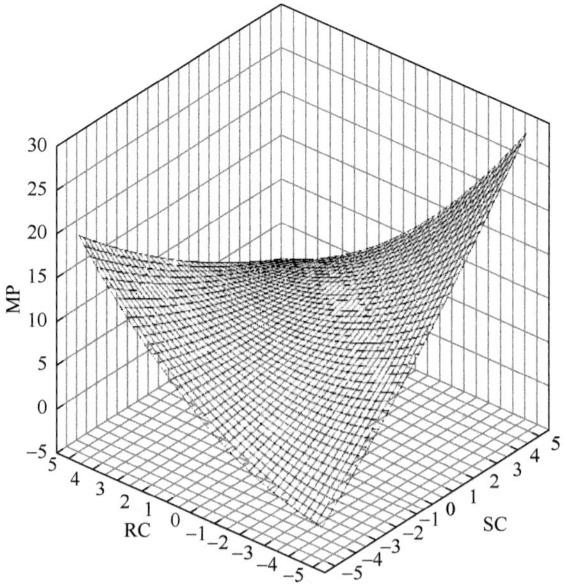

图 10.1　关系监管控制与市场绩效

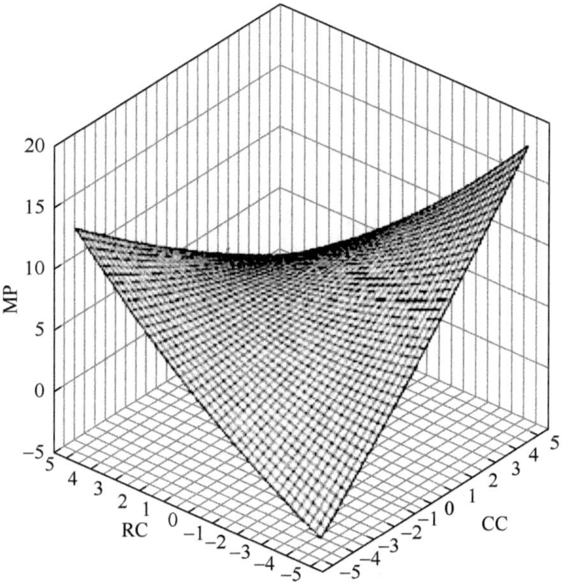

图 10.2　官僚目标控制与市场绩效

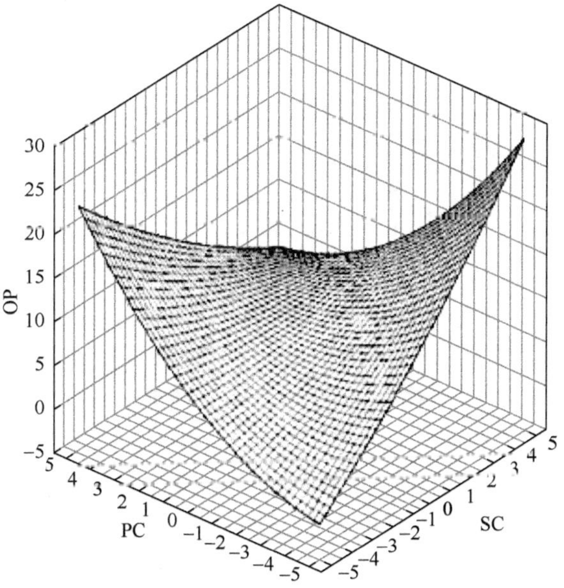

图 10.3　人际影响控制与组织绩效

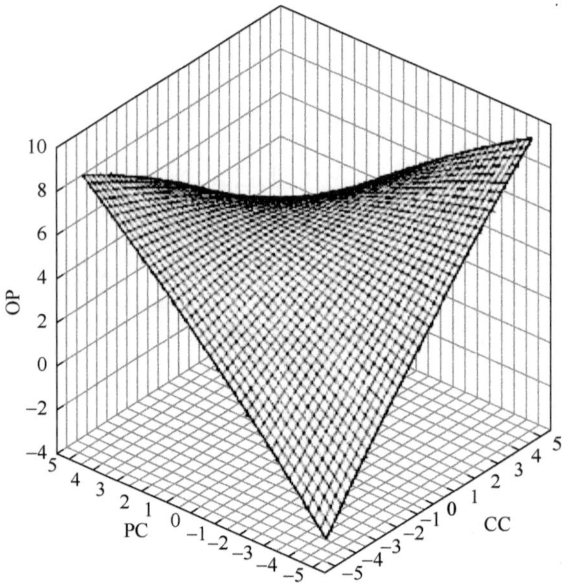

图 10.4　文化熏陶控制与组织绩效

图 10.1 反映的是结果控制与社交控制匹配的关系监管控制对市场绩效的影响，通过水平轴上 $Y=X$ 和 $Y=-X$ 两条线对应于三维曲面的走势可以判断不同匹配情况下的市场绩效变化。其中，$Y=X$ 反映的是结果控制与社交控制完全匹配并逐渐增加匹配度（$X=1$，$Y=1$；$X=2$，$Y=2$；…；$X=7$，$Y=7$）时的市场绩效变化趋势；$Y=-X$ 反映的是结果控制与社交控制由不匹配到匹配再到不匹配（$X=1$，$Y=7$；…；$X=4$，$Y=4$；…；$X=7$，$Y=1$）时的市场绩效变化趋势。由图 10.1 和表 10.4 可知，当 $Y=X$ 时，响应面的斜率为正且显著（$\beta=0.159$，$p<0.5$），响应面的曲率为负且显著（$\beta=-0.393$，$p<0.01$），说明随结果控制与社交控制匹配程度（即关系监管控制模式）不断增加，市场绩效呈现先增加后下降的趋势；当 $Y=-X$ 时，响应面的斜率为负且显著（$\beta=-0.483$，$p<0.05$），响应面的曲率为负且显著（$\beta=-0.333$，$p<0.01$），说明在短期，随着结果控制不断增加、社交控制不断下降，两者逐渐趋于匹配时，关系监管控制对市场绩效存在负向影响；在长期，随着结果控制与社交控制从不匹配到匹配再到不匹配的变化，关系监管控制对市场绩效的影响会呈现倒“U”形关系。从上述变化过程中可以看出，短期结果控制和社交控制从不匹配到匹配的相关系数的绝对值（$\beta=-0.483$，$p<0.05$）最高，说明此部分在关系监管控制影响市场绩效的过程中发挥了最重要的作用，所以 H1 被支持。

图 10.2 反映的是结果控制与文化控制匹配的官僚目标控制对市场绩效的影响，通过水平轴上 $Y=X$ 和 $Y=-X$ 两条线对应于三维曲面的走势可以判断不同匹配情况下的市场绩效变化

配情况下的市场绩效变化。其中，$Y=X$ 反映的是结果控制与文化控制完全匹配并逐渐增加匹配度（$X=1$，$Y=1$；$X=2$，$Y=2$；…；$X=7$，$Y=7$）时的市场绩效变化趋势；$Y=-X$ 反映的是结果控制与文化控制由不匹配到匹配再到不匹配（$X=1$，$Y=7$；…；$X=4$，$Y=4$；…；$X=7$，$Y=1$）时的市场绩效变化趋势。由图 10.2 和表 10.4 可知，当 $Y=X$ 时，响应面的斜率为正且显著（$\beta=0.205$，$p<0.5$），曲率为负且显著（$\beta=-0.241$，$p<0.01$），说明随结果控制与文化控制匹配程度（即官僚目标控制模式）不断增加，市场绩效呈现先增加后下降的趋势；当 $Y=-X$ 时，响应面的斜率为负不显著（$\beta=-0.281$，$p>0.1$），响应面的曲率为负且显著（$\beta=-0.298$，$p<0.05$），说明在短期，随着结果控制不断增加、文化控制不断下降，两者逐渐趋于匹配时，官僚目标控制对市场绩效影响不明显；在长期，随着结果控制与文化控制从不匹配到匹配再到不匹配的变化，官僚目标控制对市场绩效的影响会呈现倒“U”形关系。从上述变化过程中可以看出，长期结果控制和文化控制从不匹配到匹配再到不匹配的相关系数的绝对值（$\beta=-0.298$，$p<0.05$）最高，H2 被支持。

图 10.3 反映的是过程控制与社交控制匹配的人际影响控制对组织绩效的影响，通过水平轴上 $Y=X$ 和 $Y=-X$ 两条线对应于三维曲面的走势可以判断不同匹配情况下的组织绩效变化。其中，$Y=X$ 反映的是过程控制与社交控制完全匹配并逐渐增加匹配度（$X=1$，$Y=1$；$X=2$，$Y=2$；…；$X=7$，$Y=7$）时的组织绩效变化趋势；$Y=-X$ 反映的是过程控制与社交控制由不匹配到匹配再到不匹配（$X=1$，$Y=7$；…；$X=4$，$Y=4$；…；$X=7$，$Y=1$）时的组织绩效变化趋势。由图 10.3 和表 10.4 可知，当 $Y=X$ 时，响应面的斜率为正且显著（$\beta=0.234$，$p<0.05$），曲率为负且显著（$\beta=-0.404$，$p<0.01$），说明随着过程控制与社交控制匹配程度（即人际影响控制模式）不断增加，组织绩效呈现先增加后下降的趋势；当 $Y=-X$ 时，响应面的斜率为负且显著（$\beta=-0.358$，$p<0.05$），响应面的曲率为负且显著（$\beta=-0.466$，$p<0.01$），说明在短期，随着过程控制不断增加、社交控制不断下降，两者逐渐趋于匹配时，人际影响控制对组织绩效存在负向影响；在长期，随着过程控制与社交控制从不匹配到匹配再到不匹配的变化，人际影响控制对组织绩效的影响会呈现倒“U”形关系。从上述变化过程中可以看出，长期过程控制和社交控制从不匹配到匹配再到不匹配的相关系数的绝对值（$\beta=-0.466$，$p<0.01$）最高，说明此部分在人际影响控制影响组织绩效的过程中发挥了最重要的作用，这也是本章关注的重点，所以 H3 被支持。

图 10.4 反映的是过程控制与文化控制匹配的文化熏陶控制对组织绩效的影响，通过水平轴上 $Y=X$ 和 $Y=-X$ 两条线对应于三维曲面的走势可以判断不同匹配情况下的组织绩效变化。其中，$Y=X$ 反映的是过程控制与文化控制完全匹配并逐渐增加匹配度（$X=1$，$Y=1$；$X=2$，$Y=2$；…；$X=7$，$Y=7$）时的组织绩效变

化趋势；$Y=-X$ 反映的是过程控制与文化控制由不匹配到匹配再到不匹配（$X=1$，$Y=7$；…；$X=4$，$Y=4$；…；$X=7$，$Y=1$）时的组织绩效变化趋势。由图 10.4 和表 10.4 可知，当 $Y=X$ 时，响应面的斜率为正且显著（$\beta=0.241$，$p<0.1$），曲率为负且显著（$\beta=-0.228$，$p<0.01$），说明随着过程控制与文化控制匹配程度（即文化熏陶控制模式）不断增加，组织绩效呈现先增加后下降的趋势；当 $Y=-X$ 时，响应面的斜率为负且不显著（$\beta=-0.077$，$p>0.1$），曲率为负且显著（$\beta=-0.240$，$p<0.1$），说明在短期，随着过程控制不断增加、文化控制不断下降，两者逐渐趋于匹配时，文化熏陶控制对组织绩效影响不明显；在长期，随着过程控制与文化控制从不匹配到匹配再到不匹配的变化，文化熏陶控制对组织绩效的影响会呈现倒"U"形关系。从上述变化过程中可以看出，短期过程控制和文化控制匹配程度不断增加的相关系数的绝对值（$\beta=0.241$，$p<0.1$）最高，说明此部分在文化熏陶控制影响组织绩效过程中发挥了最重要的作用，所以 H4 被支持。

10.4　研究讨论与结论

10.4.1　研究讨论

1. 正式与非正式控制从不匹配到匹配再到不匹配的动态演进过程

在不同类型正式与非正式控制完全匹配并且匹配程度不断增加过程中，关系监管控制模式、官僚目标控制模式、人际影响控制模式、文化熏陶控制模式分别在企业绩效的不同阶段发挥着不同的重要影响（图 10.5）。

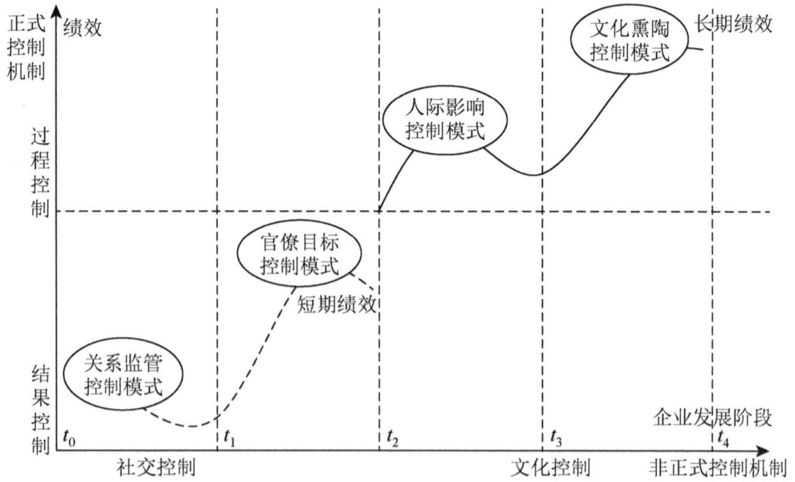

图 10.5　正式与非正式控制匹配模式的演进

（1）$t_0 \sim t_1$ 区间的关系监管阶段。H1 的结果表明，随着结果控制从低到高不断增加和社交控制从高到低不断降低，在两者的不匹配到匹配再到不匹配的动态变化过程中，短期的市场绩效会不断减少。这一企业发展阶段可以称为关系监管阶段，企业根据预期绩效目标不断增加一系列正式考核指标，同时也逐渐减少各种通过非正式社交等建立的小团体，在这一发展阶段，企业的正式信息系统会更加规范，而非正式社交变得越来越少；企业好像一个高速运转的机器，最初对员工的严格管理虽然能使企业绩效暂时提升，但是随着员工受到的来自规章制度的压力越来越多，而能够适当缓解这些压力的非正式交流越来越少，他们的工作积极性不断降低，最终不利于企业市场绩效的提升。这类管理控制模式往往体现在创业初期的规章制度建立阶段，往往企业一味强调规范化管理，而对其内社交关系缺乏关注。例如，郑州亚细亚失败，关系监管控制问题就占很大的因素。起初，王遂舟发挥军人精神，带领几个铁哥们儿高效完成了开业筹备工作，创下骄人业绩。但此后，其管理控制问题日益彰显，一方面，过分关注结果控制，导致王遂舟一人决策，而相关程序、信息沟通系统、内部审计和董事会名存实亡；另一方面，社交控制的逐渐缺失使得员工品行和价值观堪忧，人事上随意用人、任人唯亲、排斥异己现象频发。所以正式信息系统无法实施，且非正式社会系统极度缺乏，最终导致企业破产。

（2）$t_1 \sim t_2$ 区间的官僚目标阶段。H2 的结果表明，随着结果控制从低到高不断增加和文化控制从高到低不断降低，在两者的不匹配到匹配再到不匹配的动态变化过程中，市场绩效会先不断增加然后逐渐减少。这一企业发展阶段可以称为官僚目标阶段，企业根据预期绩效目标不断增加正式考核指标，同时也根据目标在全体组织成员中建立统一的价值观和行为规范等非正式控制机制。在这一发展阶段，企业的正式信息系统会越来越细致规范，非正式社会系统也基于企业最初的绩效结果目标设立；起初，正式规章制度和鼓励员工提升工作效率的文化结合使企业绩效不断提升，但是随着规章制度越来越严密繁杂，企业文化的影响逐渐减弱，员工感受到更多复杂规章带来的焦虑，且又缺乏适当的价值观和行为规范的引导，致使员工工作效率开始降低，进而企业市场绩效逐渐减少。这类管理控制模式往往体现在企业发展壮大期，即开始思考企业文化建设的阶段，这时企业如果仅依据绩效结果建立企业文化，往往难以长期引导全体成员的价值观和行为准则，容易导致正式控制与非正式控制的目标相冲突。三鹿集团是官僚目标阶段的典型代表。一方面，三鹿集团的“奶农—奶站—乳企”采购模式使得乳制品企业无法直接、全面地控制奶农和奶站，而且导致监督饲养环境、设施、工艺程序的驻站员难以有效实施，使得正式控制一直以绩效结果为主，过程控制流于形式；另一方面，三鹿集团宣称其企业文化的灵魂是为提高大众的营养健康水平而不懈进取，并以履行社会责任为己任进行非正式控制。起初，在企业文化引导下，三鹿产品质量赢得了社会各界的广泛赞誉，其配方奶粉被列为全国首批重点保护的品牌，产销量连续 15 年实现全国第一。但是，随着结果控制的不断增加，三鹿集团开始表现出对产品缺乏有效监督、信息收集传递迟缓、不主动地向社会披露信息以承担责任等结果控制的弊端；同时文化控制的逐渐懈怠使其无法履行社会责任并有效处理三聚氰胺事件，从而给顾客造成身心伤害，对中国奶业造成了巨大损失，最终导致企业破产。

（3）t_2～t_3 区间的人际影响阶段。H3 的结果表明，随着过程控制从低到高不断增加和社交控制从高到低不断降低，在两者的不匹配到匹配再到不匹配的动态变化过程中，组织绩效会先不断增加然后逐渐减少。这一企业发展阶段可以称为人际影响阶段，一方面，企业通过管理员工的行为或活动对整个工作流程进行长期整体控制；另一方面，企业为监控组织日常工作是否偏离预期目标设立一系列交往标准等非正式控制机制。在这一发展阶段，企业对工作过程的控制越来越规范，但非正式交往标准不断减少；起初，对非正式交流的规范能辅助工作流程控制提升工作绩效，但是随着工作流程控制要求更高，仅依靠对社会交往行为的约束无法满足更加复杂的工作流程需要，而且社会交往的控制也在不断减弱，这时，无序而缺乏规范的社会交往行为会干扰员工在工作过程中的努力程度，致使员工相互之间的冲突矛盾频发，从而组织绩效降低。这类管理控制模式往往体现在企业成长期，即开始逐渐将正式控制的重心从工作结果转向对工作流程的管理阶段，但是如果员工之间的社会交往缺乏长期规范的非正式社会系统管理，非正式控制会制约并干扰正式控制对工作流程的管理。三株集团的经营失败就是过程控制不断增加和社交控制不断减弱带来的结果。起初，三株集团在中国保健品市场总体衰落的情形下，通过强调全过程控制，研制出成功的拳头产品并设计出全新理论，以产品加理念铺开营销网络，形成“大医药，大保健”的产业格局；同时提出“有情管理与无情管理相结合”“干部是财富，不是成本”的社交控制方式，使得集团所有成员上下一心，共同致力于企业规模的扩张，创造了保健品市场的神话。然而，随着集团发展壮大，由于三株企业的结构、流程日益复杂，过程控制监管难度不断增加，但三株企业始终没有来得及培养企业文化和价值观，员工缺少归属感和凝聚力，无法维持长久的斗志，各分支机构对总部大量造假、无效的浪费现象严重，最终陷入夸大宣传、失去信任的管理危机。

（4）t_3～t_4 区间的文化熏陶阶段。H4 的结果表明，随着过程控制从低到高不断增加和文化控制从高到低不断降低，在两者的不匹配到匹配再到不匹配的动态变化过程中，在短期，组织绩效会不断增加。这一企业发展阶段可以称为文化熏陶阶段，一方面，企业通过管理员工的行为或活动对整个工作流程进行长期整体控制；另一方面，企业也根据工作目标在全体组织成员中建立统一的价值观和行为规范等文化机制。在这一发展阶段，企业对工作过程的控制越来越规范，企业文化也随之长期建立；文化对员工价值观和行为规范的引导能够使他们约束自身在工作流程中的违规行为，主动减少工作中的矛盾和冲突，进而不断提升组织绩效。但是由于文化控制不断降低，从长远看，当企业文化不能适应正式过程控制的需要时，两者的逐渐不匹配会使企业组织绩效下降。关注全过程的正式控制与倡导诚信的华为文化相结合的管理控制模式是引导华为一直站在民族通信产业前端的重要原因。一方面，华为建立了全球流程与业务变革的正式过程控制体系，发布了全球统一的业务流程架构，并基于业务流程架构任命了全球流程责任人负责流程和内控的建设，还设立了专门的内控与风险管理部门、多维度的内部信息正式传递渠道、内部投诉渠道、调查机制、防腐机制与问责制度和内部审计部门；另一方面，"爱祖国、爱人民、爱公司"为主导的华为文化倡导及维护公司诚信文化，高度重视职业道德，严格遵守企业公民道德相关的法律法规，制定了员工（包括高管）的商业行为准则。所以，企业文化的积极引导与华为的全过程控制相辅相成，最终促进了组织绩效水平的不断提高。但是，在长期，华为"狼性"文化的弊端也会带来员工缺乏创造力、滋生腐败等文化迷失现象，产生了文化控制不适应过程控制的隐患。

2. 四类正式与非正式控制匹配模式的演进过程

从水平轴上 $Y=X$ 对应于三维曲面的走势反映的四类正式与非正式控制匹配程度不断增加的结果中，我们还发现如下两个规律：第一，在短期，关系监管控制模式、官僚目标控制模式对市场绩效的提升作用及人际影响控制模式、文化熏陶控制模式对组织绩效的提升作用逐渐增加。这说明四类正式与非正式控制匹配模式中过程控制优于结果控制，文化控制优于社交控制，正式控制比非正式控制更重要，所以文化熏陶控制是有利于企业发展的最佳管理控制模式。COSO 报告也认为企业内部管理控制更应该关注对过程的正式控制，过程控制是通过纳入管理过程的大量制度及活动实现的、能确保管理层的指令得以实现的政策和程序，并帮助企业保证其针对"企业目标不能达成的风险"采取必要行动；企业文化强调了员工的道德、价值观等人为因素在内部控制环境中的核心地位及精神层面的软控制，它对于正式控制的作用也不仅是作为内部环境为有效实施管理控制提供保障，还能直接影响正式控制的长期贯彻执行。所以，过程控制与文化控制匹配的文化熏陶控制模式是企业长期发展的最佳管理控制模式。第二，在长期，关系监管控制模式、官僚目标控制模式对市场绩效的影响及人际影响控制模式、文化熏陶控制模式对组织绩效的影响都呈现先增加后减少的趋势。这说明，四类正式与非正式控制匹配模式对企业的影响都会随两者匹配程度的不断增加，先不断增加然后再逐渐减少。我们认为这是因为任何一种正式与非正式匹配模式都存在自身的局限性，需要随内外环境变化做出适应性调整。目前一些研究也发现任务清晰度（Miao and Evans，2013）、心理氛围（Evans et al.，2007）、客户行为（Guenzi et al.，2014）、工作复杂性、资源供应、探索型任务环境（Kreutzer et al.，2014）等外部环境因素，以及管理层的理念和风格（Pfister et al.，2009）、员工的角色（Joshi and Randall，2001）、员工努力、角色冲突、角色模糊（Miao and Evans，2013）、角色明晰性、情感性承诺（吕涛和聂锐，2009）、组织承诺（Goebel and Weißenberger，2017）等内部环境因素都会影响正式或非正式控制对企业绩效的作用。所以，对企业而言，没有哪种管理控制模式是最好的，适应内外环境变化、不断调整正式控制和非正式控制的管理控制匹配模式才是最具有生命力的。海尔一直以来就是将过程控制与文化控制相结合应对不同阶段的内外环境变化，在创业至今的名牌、多元化、国际化、全球化品牌及网络化的每一个发展阶段，都是通过过程控制与不同海尔文化匹配对企业管理进行控制以实现目标，所以各个阶段控制模式与内外环境的匹配最终保证了海尔业绩的持续创新。

10.4.2　研究结论

本章的研究结论包括：①基于不同类型正式控制与非正式控制匹配的角度将管理控制模式分为关系监管控制模式、官僚目标控制模式、人际影响控制模式、文化熏陶控制模式。②由于关系监管控制模式和官僚目标控制模式主要基于正式结果控制关注对短期市场绩效的影响，我们发现在结果控制不断增加和社交控制不断降低的不匹配到匹配再到不匹配的关系监管控制阶段，市场绩效会不断减少；在结果控制不断增加和文化控制从高到低不断降低的不匹配到匹配再到不匹配的官僚目标控制阶段，市场绩效会先不断增加然后逐渐减少。由于人际影响控制模式和文化熏陶控制模式主要基于正式过程控制关注对长期组织绩效的影响，我们发现在过程控制不断增加和社交控制不断降低的不匹配到匹配再到不匹配的人际影响控制阶段，组织绩效先不断增加然后逐渐减少；在过程控制不断增加和文化控制从高到低不断降低的不匹配到匹配再到不匹配的文化熏陶控制阶段，组织绩效会不断增加。③当四类正式与非正式控制匹配程度不断增加时，在短期，关系监管控制模式、官僚目标控制模式对市场绩效的提升作用及人际影响控制模式、文化熏陶控制模式对组织绩效的提升作用逐渐增加。在长期，关系监管控制模式、官僚目标控制模式对市场绩效的影响及人际影响控制模式、文化熏陶控制模式对组织绩效的影响都呈现先增加后减少的趋势。

第 11 章　企业正式与非正式控制匹配模式对长/短期绩效的影响

正式控制与非正式控制作为企业管理控制系统的两种基本类型，被广泛地应用于监督组织内部运作和人员管理的活动中（Malek et al.，2016）。其中，正式控制是企业为促进员工或团队实现组织目标写进正式章程中的管控机制，它发挥着信息系统设计的作用；非正式控制是未被写进章程，而是通过社交、文化等非正式过程实施的管控机制，它发挥着社会系统设计的作用（Tiwana，2010）。由于在企业组织管理活动中，信息系统与社会系统是互补共生的，所以两种管理控制的匹配也是企业管理控制系统持续良性运转的保证。尽管早在 1979 年 Ouchi 等学者就指出，正式控制与非正式控制二者缺一不可，相互匹配才能发挥最佳作用（Ouchi，1979）；目前研究也认识到不同类型的正式控制和非正式控制匹配模式（如按高低程度组合形成的高控制系统、官僚控制系统、宗族控制系统、低控制系统等）会对绩效产生重要影响（Jaworski et al.，1993）；而且，Cardinal 等（2004）、Kreutzer 等（2014）也进一步指出，正式与非正式控制机制匹配有助于提升组织绩效和竞争优势。但是，从中国上市公司 2017 年发布的内部控制白皮书对披露 2016 年年度报告的 3117 家企业的调查数据中发现，大多数企业的内部正式与非正式控制匹配对其上市绩效产生了严重不良影响。可见，实现企业内部的正式与非正式控制匹配并非易事。只有打开正式与非正式控制匹配模式如何影响企业绩效的黑箱，揭示其中的内部机理，才能指导这些企业根据管理控制的内部运作机理，调整自身管理控制模式，进而改善绩效下滑的严峻局面。所以，分析正式与非正式控制匹配模式影响企业绩效的内部机理有重要的理论和实践价值。

目前还少有研究分析正式与非正式控制匹配模式影响绩效的作用机理问题。一些学者分别探讨了某一类正式控制或非正式控制影响绩效的机理，分析了不同类型管理控制如何通过员工或客户等的心理因素方面影响绩效。例如，心理氛围（Evans et al.，2007）、客户行为（Guenzi et al.，2014）、角色明晰性、情感性承诺（吕涛和聂锐，2009）、组织公平行为（Cugueró-Escofet and Rosanas，2012）、员工角色、任务清晰度和效率承诺（Joshi and Randall，2001）、员工努力、角色冲突、角色模糊（Miao and Evans，2013）、组织承诺（Goebel and Weißenberger，2017）

等。但是，由于正式控制与非正式控制是同时存在的，两者的互补匹配会表现出不同的类型，仅分析某一类管理控制影响企业绩效的机理问题往往无法体现不同类型匹配模型的作用机理。进而，分别探讨正式控制或非正式控制影响绩效的研究为我们深入剖析管理控制匹配模式影响绩效的作用机理问题提供了思路，我们发现两类管理控制都对短期绩效，如团队效率（Guenzi et al.，2014）、管理控制系统效率（Goebel and Weißenberger，2017）、新产品开发（Ayers et al.，2001）、联盟企业绩效（Stouthuysen et al.，2017）等，或者长期绩效，如组织信任（Sitkin and George，2005）、员工满意度（Evans et al.，2007）、技术创新（谢洪明等，2010）、组织创造（刘新梅等，2013）、战略实施（Thomas and Ambrosini，2015）、企业社会责任（Hosoda and Suzuki，2015）等存在影响；所以，当组织中不同正式控制与非正式控制共存时，管理控制会推动企业同时追求长短期绩效的实现。但是，由于组织同时追求长短期绩效，必然存在资源分配过程中的搜索与执行的抉择矛盾、探索与开发的学习矛盾、变革与稳定的目标矛盾（March，1991）；而平衡上述矛盾的关键就是企业权衡复杂情景并应对相互冲突行为的组织双元能力（Rothaermel and Alexandre，2009），它综合反映了组织既能保持业务单元中所有活动的统一性，又能保持各业务单元迅速应对环境变化并重新调整业务活动的协调性（Gibson and Birkinshaw，2004）。其中，统一性是指组织内部各业务单元目标一致，合力完成共同任务的执行能力，是企业追求短期绩效的体现；协调性是指主动迎接外部挑战、自我创新以快速调整业务单元的活动来满足环境变化的能力，是企业提升长期绩效的体现（Tushman and O’Reilly，1996）。所以，组织双元能力有助于打开正式与非正式控制匹配影响绩效过程的黑箱，为探讨两者关系的作用机理提供新的视角。

鉴于此，本章拟在组织双元理论的基础上，分析正式与非正式控制匹配影响企业绩效的作用机理。旨在厘清两个问题：一是组织双元中的统一性和协调性分别在正式与非正式控制匹配影响企业绩效的过程中发挥了怎样的作用机理；二是组织环境中的哪些因素会改变上述作用机理。对上述问题的回答，将对当前我国企业根据企业长短期绩效发展需要，综合构建其组织双元能力，进而合理设计正式与非正式控制匹配模式有重要作用。

11.1　概念界定与研究假设

11.1.1　正式与非正式控制匹配模式

从系统设计视角看，管理控制主要包括正式和非正式两类，正式控制主要设计组织的信息系统，非正式控制主要设计组织的社会系统（Okamoto and Teo，2009）。Jaworski 等（1993）进一步将正式控制分为过程控制和结果控制、非正式控制分为社交控制和文化控制（Voss and Brettel，2014）。正式控制中，结果控制是通过控制一系列绩效考核标准实现企业预期目标；过程控制是企业通过控制一系列行为或活动监管员工努力实现组织目标；非正式控制中，社交控制是企业通过设立一系列非正式交往标准监督组织日常工作是否偏离预期目标，是一种“小组织”控制（Lawrence et al.，1971）、“宗族”控制（Jaworski et al.，1993）或“专业化”控制（Waterhouse and Tiessen，1978）；文化控制是企业通过设立一系列价值观和非正式行为准则引导员工行为，是对组织成员共享的行为规范和目标的控制（Paul et al.，2015）。

在管理控制机制中，正式控制主要通过规范和设计信息系统达成组织目标，其中结果控制关注市场、任务、财务等短期绩效的完成，过程控制关注质量、成长、创新等长期绩效的实现；非正式控制主要根据个人的社交、行为等活动设计社会系统，其中社交控制是对个人价值观和行为准则的管控，过程控制是对共享的集体价值观和行为准则的建设。所以，我们可以依据管理控制关注组织目标和价值观的视角将正式与非正式控制匹配的模式进行分类，如表 11.1 所示，具体包括结果控制和社交控制匹配的关系监管控制模式、结果控制和文化控制匹配的官僚目标控制模式、过程控制和社交控制匹配的人际影响控制模式、过程控制和文化控制匹配的文化熏陶控制模式。

表 11.1 正式与非正式控制匹配的模式

正式控制（组织目标）	非正式控制	
	非正式社交控制（关注个人价值观）	非正式文化控制（关注集体价值观）
正式结果控制（关注短期绩效）	关系监管控制模式	官僚目标控制模式
正式过程控制（关注长期绩效）	人际影响控制模式	文化熏陶控制模式

正式控制是对组织目标达成的结果和过程进行控制，它发挥着主导的作用；非正式控制是对个人或集体价值观和行为准则展开建设，它发挥着辅助的作用。所以，正式控制关注的组织目标决定了管理控制匹配模式的组织目标定位。据此，本章认为关系监管控制模式和官僚目标控制模式更适合对企业完成短期绩效的监管；人际影响控制模式和文化熏陶控制模式更适合对企业长期绩效实现的管控。从组织双元能力视角看，统一性反映了各业务单元不存在浪费资源和相互冲突的目标，协调一致开展工作，共同完成短期组织目标；协调性更强调鼓励员工挑战传统进行创新、通过灵活的管理体系应对环境变化，以实现组织长期演进的目标。

所以，我们认为，组织统一性会更多地在企业通过关系监管控制模式和官僚目标控制模式实现短期绩效的过程中发挥中介机理的作用，组织协调性会更多地在企业通过人际影响控制模式和文化熏陶控制模式实现长期绩效的过程中发挥中介机理的作用。进而，由于企业管理控制方式及组织双元能力也极易受到环境不确定性的影响（文东华等，2009），我们还想进一步剖析不同环境特征在上述机理发生中的权变调节作用。综上，本章将分别探讨四类管理控制模式影响长短期绩效的权变作用机理。

11.1.2 研究假设

1. 关系监管控制模式和官僚目标控制模式影响短期绩效的权变机理

关系监管控制模式是企业在结果控制与社交控制的共同作用下，管理层既强调通过各类指标设置监督员工或团队的工作目标和工作结果，又关注规范他们基于个人价值观的日常社交行为并监督其社交关系。由于此类匹配模式以正式工作结果为导向，以非正式社交关系为方式来监管员工或团队的活动，我们称其为关系监管控制模式。该类管理控制匹配模式会产生两方面的影响：一方面，结果控制强调的追求工作目标会使员工在短期投入更多精力在完成相关指标并达成最终结果上，而忽视了工作过程的改进；同时，社交控制关注的对日常活动的监管，忽视了员工的人文关怀，进而增加了员工的工作紧张感和压力（Stouthuysen et al.，2017）。另一方面，社交控制基于个人价值观对员工行为活动的监管会导致员工更多地依据自身兴趣或利益进行沟通和交流，从而很难与正式结果控制追求的工作目标一致；进而非正式社交控制难以发挥辅助正式结果控制实施的作用，甚至因个人与组织目标冲突阻碍或限制员工追求正式工作目标的提升。因此，当企业追求短期绩效时，关系监管控制模式往往会导致员工工作压力过大，其工作目标经常与自身社交活动冲突，从而带来资源浪费和业务单元冲突。据此，我们提出如下假设。

H1a：关系监管控制模式与组织统一性存在负向影响关系。

官僚目标控制模式是企业在结果控制与文化控制的共同作用下，管理层既强调通过设置各类指标监督员工或团队的工作目标和工作结果，又关注基于组织目标辅以强调集体价值观的组织文化建设。由于在此类匹配模式中，企业以工作结果控制为导向，企业文化也是基于组织目标建立的，往往带有一定的官僚色彩（Ouchi，1979），我们称其为官僚目标控制模式。该类管理控制匹配模式会产生不同影响：企业文化基于组织目标构建，关注于集体价值观（Paul et al.，2015），因此，组织文化有助于形成稳定有序的管理控制环境（Olejniczak and Yasuyuki，2014）。起初，以正式结果控制为主的组织在稳定有序的管理控制环境中会加强员工的凝聚力、形成统一的奋斗目标、构建共同的集体主义价值观，从而所有员工表现出团结奋斗、高效完成组织任务的趋势，组织的统一性也较高；但是，随着正式结果控制不断增加，长期处于集体主义文化下的稳定有序的管理控制环境中的员工往往会难以适应不断变化的新工作流程和工作效率的需要，这使得正式结果控制与长期文化价值观出现矛盾，进而导致员工对工作缺乏积极性，甚至产生抵触情绪，最终导致组织统一性降低。因此，官僚目标控制模式会使得组织统一性先增加后降低，我们提出以下假设。

H1b：官僚目标控制模式与组织统一性存在倒“U”形关系。

组织统一性是决定组织绩效水平的重要因素之一（He and Wong，2004）。这一能力要求企业能有效控制资源利用、产品生产及销售（Smith and Tushman，2005）。大量的实证研究也表明，双元视角的组织设计与创新绩效呈正相关（Benner and Tushman，2003）；而且探索能力和利用能力之间的平衡能促进企业绩效的提升（Venkatraman et al.，2007），特别是同时具备充分利用现有资源和动态更新竞争优势能力的企业会有更好的绩效表现（Zhan and Chen，2013）。具体地，由于组织双元能力中的统一性强调各业务单元协调一致，充分利用现有资源，共同完成各阶段工作任务，更有助于短期目标的实现和市场绩效的提升。王旭和张晓峰（2015）也指出组织统一性与管理创新的协同会比组织协调性更好地提升企业短期绩效。所以，我们提出如下假设。

H2：组织统一性与短期绩效存在正向影响关系。

基于上述分析，关系监管控制模式、官僚目标控制模式分别对组织统一性存在影响，而且，组织统一性又会对企业短期绩效存在正向的影响。因此，关系监管控制模式、官僚目标控制模式会通过实现组织内部各业务单元目标一致和完成共同任务的组织统一性能力，影响短期绩效。所以，组织统一性在关系监管控制模式、官僚目标控制模式和短期绩效之间分别发挥了中介机理的作用。由此，提出如下假设。

H3a：组织统一性在关系监管控制模式与短期绩效间发挥中介作用。

H3b：组织统一性在官僚目标控制模式与短期绩效间发挥中介作用。

环境不确定性反映构成组织外环境的经销商或用户、原材料或劳动力供应者、竞争对手、政府政策及技术革新等变化所带来的一系列不确定性，包括体现组织外部环境变化动态程度的环境动态性和组织外部环境变化复杂程度的环境复杂性两方面（Miles et al.，1978）。组织双元是企业通过统一性和协调性两种能力平衡短期任务与长期目标相互冲突的矛盾，以应对复杂环境变化（Rothaermel and Alexandre，2009），所以，处于不同环境的企业通过双元能力实现绩效的过程是不同的。设立短期经营效率和短期市场目标的企业更易受动态环境的影响，所以，我们认为环境动态性会对企业实现短期绩效产生更大影响。当外部环境动态变化时，企业需要快速转变业务单元活动方式并对内部做出调整以适应环境变化，从而组织业务单元目标统一性面临更多挑战（Raisch and Birkinshaw，2008）；此时，如果企业内部各个组织单元继续保持协调一致并以完成阶段性的短期绩效为目标，各个业务单元的经营活动往往会与变化的环境需求冲突；因此，环境动态性增加会减弱组织统一性提升短期绩效的能力。

H4：环境动态性对组织统一性与短期绩效之间的关系存在负向调节作用。

综上，组织统一性在关系监管控制模式、官僚目标控制模式与短期绩效之间发挥中介机理的作用，环境动态性会减弱组织统一性对短期绩效的影响。所以，我们可以推论，随环境动态性增加，关系监管控制模式、官僚目标控制模式通过组织统一性影响短期绩效的作用就越弱，即环境动态性在关系监管控制模式、官僚目标控制模式通过组织统一性影响短期绩效的过程中发挥调节作用。

H5a：环境动态性越高，组织统一性在关系监管控制模式影响短期绩效的过程中发挥的中介作用就越弱；环境动态性发挥有调节的中介作用。

H5b：环境动态性越高，组织统一性在官僚目标控制模式影响短期绩效的过程中发挥的中介作用就越弱；环境动态性发挥有调节的中介作用。

2. 人际影响控制模式和文化熏陶控制模式影响长期绩效的权变机理

人际影响控制模式是企业在过程控制与社交控制的共同作用下，既注重通过监控员工的工作过程保证工作质量、减少差错率并提高企业的整体运作能力，又强调规范员工基于自身价值观的社交关系并在企业中设立各类社交标准和行为准则。由于这类管理控制是由非正式社交中建立的人际关系影响正式工作过程的监管机制，我们称其为人际影响控制模式。该类管理控制匹配模式会产生不同影响：占主导的正式过程控制更关注整个工作过程的长期持续改善（Stouthuysen et al.，2017），而社交控制往往关注基于自我价值观的人际关系（Lawrence et al.，1971），缺乏对集体价值观的引导，因而两者组合会对组织协调性表现出不同影响。起初，由于社交控制和过程控制分别关注不同目标，正式过程控制很难主导非正式社交活动，社交控制也难与正式过程控制的长期发展目标一致，两者冲突造成日常工作活动不断冲突，甚至干扰正常工作流程；但是，由于过程控制是对整体工作的长期持续完善过程，它会逐渐地主动引导工作过程中的社交活动调整目标，共同适应长期环境变化，随着社交活动得到很好的规范和引导，社交控制开始发挥排解员工工作压力并缓解紧张氛围的作用，两类管理控制开始互补并帮助企业适应环境（Kreutzer et al.，2014）。因此，人际影响控制模式会使组织协调性先减少后增加。据此，提出以下假设。

H6a：人际影响控制模式与组织协调性间存在“U”形关系。

文化熏陶控制模式是企业在过程控制与文化控制的共同作用下，既监管员工或团队在工作过程中保证工作质量、减少差错率的整体行为，又关注在企业中构建的与组织目标相适应的企业文化建设、共享的集体价值观和行为准则（Paul et al.，2015）。由于此类控制匹配机制中组织能通过文化熏陶辅助工作过程的改善，从而达到控制全体员工工作活动的目的，我们称其为文化熏陶控制模式。这类管理控制模式会有助于企业长期适应环境。在关注整体工作过程的过程控制主导下，辅以基于过程控制建立的企业文化，企业会更好地监督完成长期工作任务实施和工作质量改进；而且，非正式文化控制与正式过程控制的目标一致，非正式文化控制反映了全体成员共同遵守的集体价值观和行为准则，不是个别员工之间的社交行为（Meyer and Rowan，1977），所以，当环境发生变化时，企业组织能迅速调整集体目标并通过全体员工的不断学习和创新适应长期环境变化。因此，文化熏陶控制模式有助于提升组织协调性。据此，我们提出以下假设。

H6b：文化熏陶控制模式与组织协调性间存在正向影响关系。

组织协调性能帮助把握潜在复杂多变的因素，进而敏锐感知到外部市场环境变化（Smith and Tushman，2005），它对企业绩效也具有重要影响（He and Wong，2004）。具体地，组织协调性是一种鼓励员工不断创新，并通过设计灵活的管理体系调整工作重心以适应长期环境变化的能力，所以我们认为协调性更关注长期绩效的持续发展。王旭和张晓峰（2015）的实证研究也指出，组织协调性与管理创新的协同会比组织统一性更好地提升企业长期绩效。据此，我们提出以下假设。

H7：组织协调性与长期绩效间存在正向影响关系。

基于上述分析，人际影响控制模式、文化熏陶控制模式分别对组织协调性具有不同影响，而且组织协调性又会对企业长期绩效产生正向的影响。因此，人际影响控制模式、文化熏陶控制模式会通过督促员工主动迎接外部环境挑战、自我创新以快速调整业务单元适应环境变化，进而影响长期绩效。所以，我们认为组织协调性在人际影响控制模式、文化熏陶控制模式影响长期绩效的过程中发挥着中介机理的作用，并由此提出以下假设。

H8a：组织协调性在人际影响控制模式与长期绩效间发挥中介作用。

H8b：组织协调性在文化熏陶控制模式与长期绩效间发挥中介作用。

随着外部环境复杂程度的提高，企业需要增加更多新的业务单元和工作方式以应对外部环境的复杂性，这就对企业的技术和市场等的创新能力提出更高要求（Smith and Steadman，1981），如增加新客户群或供应商就会需要新营销方式和供应链管理方式等；所以，强调提升员工自主学习与创新能力的组织协调性将更易受到环境复杂性的影响。当企业鼓励员工不断迎接复杂环境挑战，并通过创新增加新业务单元和经营活动时，企业就能够对环境复杂性的增加做出快速反应，进而不断提升企业产品或服务质量、开发新产品技术、提升顾客或客户满意度（Lumpkin and Dess，2001）；所以，当环境复杂性增加时，组织协调性的提升能够帮助企业把握新市场中的机会及所面临的挑战，从而获得更高的长期绩效回报。据此，我们提出如下假设。

H9：环境复杂性对组织协调性与长期绩效之间的关系存在正向调节作用。

综合上述分析，组织协调性在人际影响控制模式、文化熏陶控制模式与长期绩效之间发挥着中介机理的作用，环境复杂性会增强组织协调性对长期绩效的影响。所以，我们可以推论，随着环境复杂性增加，人际影响控制模式、文化熏陶控制模式通过组织协调性影响长期绩效的作用就越强；环境复杂性在人际影响控制模式、文化熏陶控制模式通过组织协调性影响长期绩效的过程中发挥着调节作用。据此，我们提出如下假设。

H10a：环境复杂性越高，组织协调性在人际影响控制模式影响长期绩效的过程中发挥的中介作用就越强；环境复杂性发挥有调节的中介作用。

H10b：环境复杂性越高，组织协调性在文化熏陶控制模式影响长期绩效的过程中发挥的中介作用就越强；环境复杂性发挥有调节的中介作用。

综合上述分析，本章的研究模型如图 11.1 所示。

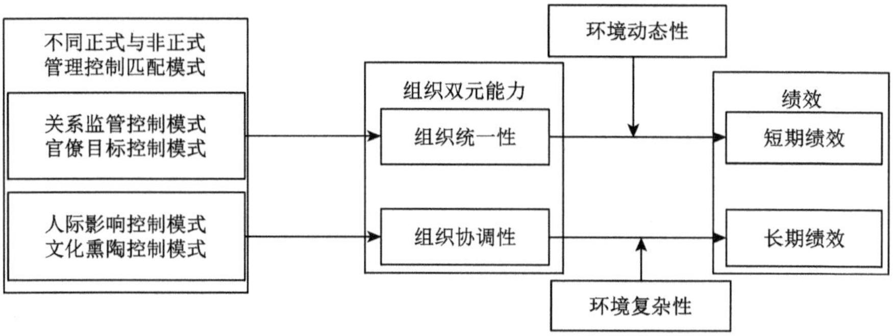

图 11.1　本章的研究模型

11.2　研究设计与方法

11.2.1　数据收集与样本选择

我们采用调查问卷的方式收集数据，问卷设计主要基于现有成熟量表，并结合研究背景对问卷进行适当的“本地化”处理。首先，根据英文问卷进行英文-中文背翻。英文问卷先由精通中英文的一位研究者从英文翻译为中文，并由中文回译为英文，比较其中的差别并做相应的修改；然后再由另一名同领域的研究者从英文翻译为中文，并由中文回译为英文；之后再与另外一位研究者一起检查其中的差别，并做相应的修正，然后定稿以完成问卷的翻译。其次，邀请了 5 家企业的高管对问卷内容进行了详细的评阅，确保测项表达符合企业的实际情况，并根据企业高管的反馈，对测项的适当性和问卷的科学性进行评定和修改。再次，邀请东南大学 MBA 和 EMBA 班的 110 名学员对初始问卷进行预调查，并要求其就问卷内容的符合程度及问卷的可读性提出意见。最后，针对预调查的样本数据，通过探索性因子分析和信度分析，对问卷的指导语、结构设计等进行了修订。在此基础上形成正式调查问卷，进行正式调查。

本章采用方便抽样方法，调研对象为高层管理者。正式样本数据的收集在 2015 年 10 月～2016 年 9 月于南京、扬州、苏州、徐州、上海、南通、西安等地展开，问卷发放形式为现场发放，现场填写，强调匿名性；少数未及时收回的问卷采取预留方式，之后通过邮件收回。最终，共发放问卷 698 份，回收 675 份，剔除 12 份明显有误及不合理问卷，剩余问卷为 663 份。此外，由于部分问卷存在未理解问题导致填写不认真、填写含糊，甚至若干问卷由一人填写等明显不完整或无效的问卷，我们将其剔除，最终剩余问卷 623 份，有效回收率约为 89.26%。对回收企业与未回收企业进行无回应偏差分析后发现两者并没有显著差异，说明调研样本中无回应偏差问题并不严重。

11.2.2　测量工具

1. 自变量

自变量为正式与非正式控制匹配模式。采用 Jaworski 等（1993）测量正式与非正式控制的量表，其中，正式控制包括结果控制和过程控制，非正式控制包括社交控制和文化控制；结果控制包括"您有具体的绩效目标""上级会监督您绩效目标的完成程度""上级会要求您解释绩效目标没有完成的原因"等五个测项，信度系数为 0.752；过程控制包括"上级会观察您遵守公司规章的程度""上级会评估您完成指定任务的程序是否合适""上级会修改您工作中那些没有获得预期结果的工作程序"等四个测项，信度系数为 0.825；社交控制包括"上级会鼓励您和其他同事之间相互合作""项目实施时的大多数人都了解其他人的能力""上级会鼓励您和其他同事开展与业务相关的讨论"等五个测项，信度系数为 0.893；文化控制包括"贵公司的工作环境能让您感觉到自己是其中的一分子""贵公司的工作环境能让您对自己的工作产生自豪感"两个测项，信度系数为 0.861。上述测项均采用利克特七级量表。

借鉴 Jansen 等（2009）、Edwards（1994）的元素平衡方法进行四类正式与非正式控制匹配模式的测量。首先，采用乘法、加法和减法三种方法分别对正式控制（结果控制、过程控制）和非正式控制（社交控制、文化控制）进行配对计算，分别得到四类正式与非正式控制匹配模式的三个值；其次，根据 Jansen 等（2009）的建议，以长期绩效为因变量，对每类正式与非正式控制匹配模式的三个计算数值进行回归分析，得到相应回归结果的拟合优度（表 11.2），再通过比较拟合优度值，选择解释力度最好的数值作为每类正式与非正式控制匹配模式的测量值。如表 11.2 所示，关系监管控制模式、官僚目标控制模式和文化熏陶控制模式选择加法测量，人际影响控制模式选择乘法测量。

表 11.2　四类正式与非正式控制匹配模式的计算方法拟合优度（R^2）比较

变量	乘法	加法	减法
关系监管控制模式	0.243	0.245	0.161
官僚目标控制模式	0.251	0.255	0.146
人际影响控制模式	0.302	0.301	0.132
文化熏陶控制模式	0.301	0.304	0.134

2. 因变量

因变量为短期绩效和长期绩效。借鉴 Delaney 和 Huselid（1996）的量表，其中，短期绩效用公司的市场份额等指标测量，主要反映了短期收益；长期绩效包括“公司的产品/服务/项目的质量”“公司的顾客或客户的满意度”“公司留住重要员工的能力”“公司的新产品/服务/项目的发展”“公司吸引重要员工的能力”“公司领导与其他员工的关系”“总体而言，公司与员工之间的关系”等七个测项，主要反映组织成长绩效，信度系数为 0.894，采用利克特七级量表。

3. 中介变量

中介变量为组织双元能力。采用 Gibson 和 Birkinshaw（2004）的量表，其中，组织统一性包括“公司的管理体系中，各部门协调一致开展工作，共同支持组织的总目标”“公司的管理体系不协调，各部门在毫无意义的事情上浪费大量资源”“公司的各部门目标相互冲突，使员工的工作往往背道而驰”三个测项；组织协调性包括“公司鼓励员工挑战过时的传统、实践”“公司的管理体系足够灵活，能够对市场变化做出快速反应”“公司的管理体系会随工作重心转变而快速转变”三个测项，信度系数分别为 0.732 和 0.804，采用利克特七级量表。

4. 调节变量

调节变量为环境不确定性。采用 Miles 和 Snow（1978）提出的构成组织外部环境的因素，我们对原始问卷项目根据中国企业所处的环境加以修订后，得到十一个测项，如经销商、用户、供应商等。采用利克特七级量表衡量，对环境动态性的测量要求被调查者根据本公司所处环境回答上述十一个测项，对环境复杂性的测量要求被调查者根据本公司所处环境回答上述十一个测项，信度系数分别为 0.882 和 0.902。

5. 控制变量

首先，企业类型和企业规模均对绩效有着重要影响（Tang et al.，2015），其中，企业类型划分为四类指标，分别为营销/销售取值为 1，研发取值为 2，生产或质量管理取值为 3，管理取值为 4；企业规模用企业总人数来度量。其次，以往研究表明企业异质性变量（包括年龄异质性、任期异质性和教育程度异质性）均对企业绩效有重要影响（刘嘉和许燕，2006）。采用 Blau 系数进行度量，计算公式为：$H=1-\Sigma(P_i)^2$，P_i 表示第 i 个类别成员数在所有类别成员数中所占的比例。三种企业异质性的类别分别为年龄分为 25 岁以下，25～35 岁，35～45 岁，45～55 岁，55 岁及以上；任期分为半年以下，半年至 1 年，1～3 年，3～5 年，5 年及以上；教育程度分为高中及以下，大专，本科，研究生及以上。Blau 系数越接近 1，表示企业异质性越高；越接近 0，表示企业异质性越低。

11.2.3　信度及效度

①信度。如上所述，除结果控制和组织统一性量表的信度系数达到 0.7 以上的比较好的信度要求外，其他各个量表的信度系数都在 0.8 以上，达到非常好的信度要求（Nunnally，1968）。②效度。首先，对于内容效度，潜变量的测项均选用国外较为成熟的量表，经过小规模的访谈，经专业人士和学者对其内容进行检查，并进行预试及修正，量表符合内容效度要求。其次，通过对所有变量进行探索性因子分析，结果显示，正式量表的总体 KMO 值为 0.831，累积方差解释度为 77.843%，通过了巴特利特球形检验（$p<0.000$），所有测项共提取 10 个特征值大于 1 的公因子，每个测项的载荷都大于 0.441，表明聚合效度较好。最后，将所有变量进行验证性因子分析后，相关拟合指标都符合 RMSEA 小于 0.08，NFI、TLI、CFI 大于 0.90 的要求，说明所有变量具有良好的结构效度。

11.3　假设检验

11.3.1　描述性统计分析

表 11.3 为各变量的均值、标准差和相关系数表，由表中可知，关系监管控制模式、官僚目标控制模式、人际影响控制模式和文化熏陶控制模式两两之间，以及环

境复杂性和环境动态性之间均存在较高的相关性，其余各变量之间的相关性均较小，均低于 0.7 这一临界值。为了避免各变量之间的多重共线性问题，我们将存在较高相关性的变量采用层级回归的形式。此外，在回归之前，为检验潜在的多重共线性问题，我们采用 VIF 值对各回归模型进行了检验，结果表明，所有模型中的 VIF 均在 1～5 范围以内，远低于临界值 10，而且解释变量的系数较为稳定，因此，多重共线性问题并不严重。

表 11.3　各变量的均值、标准差和相关系数表

变量	均值	标准差	1	2	3	4	5	6	7	8	9	10	11	12
1. 关系监管控制模式	10.27	0.73	1.00											
2. 官僚目标控制模式	10.22	0.79	0.94	1.00										
3. 人际影响控制模式	26.93	4.22	0.90	0.84	1.00									
4. 文化熏陶控制模式	10.31	0.86	0.87	0.92	0.95	1.00								
5. 组织统一性	4.55	1.03	−0.19	−0.17	−0.08	−0.08	1.00							
6. 组织协调性	5.08	0.89	0.19	0.10	0.16	0.08	0.58	1.00						
7. 环境动态性	3.01	0.79	−0.29	−0.26	−0.30	−0.28	0.06	−0.04	1.00					
8. 环境复杂性	3.10	0.99	−0.10	−0.09	−0.14	−0.14	−0.17	−0.10	0.74	1.00				
9. 企业类型	2.66	0.94	0.06	0.06	0.17	0.16	−0.10	−0.10	−0.36	−0.32	1.00			
10. 企业规模	19.11	9.30	0.21	0.14	0.06	0.01	−0.22	0.16	0.03	0.06	−0.22	1.00		
11. 年龄异质性	0.51	0.21	0.05	0.04	0.10	0.09	0.14	0.14	0.12	−0.06	−0.11	0.37	1.00	
12. 任期异质性	0.61	0.14	0.19	0.17	0.08	0.07	−0.14	0.17	−0.07	−0.06	0.00	0.27	−0.24	1.00
13. 教育程度异质性	0.44	0.16	0.05	0.00	0.15	0.08	0.32	0.25	−0.27	−0.39	0.18	−0.12	0.18	−0.15

11.3.2　假设检验结果

1. 关系监管控制模式和官僚目标控制模式影响短期绩效的权变机理

表 11.4 反映了关系监管控制模式和官僚目标控制模式对组织统一性和短期绩效的影响。模型 1～模型 4 检验了两类控制模式对组织统一性的影响。模型 1 检验了各控制变量的系数，在模型 2 中，关系监管控制模式的系数为−0.226，在

0.01 的水平上显著，说明关系监管控制模式对组织统一性存在负向影响，验证了 H1a；在模型 4 中，官僚目标控制模式平方的系数为 0.113，在 0.01 的水平上显著，说明官僚目标控制模式对组织统一性具有“U”形影响，H1b 没有得到验证。模型 5 检验了组织统一性对短期绩效的影响。在模型 5 中，组织统一性的系数为 0.532，在 0.01 的水平上显著，说明组织统一性对短期绩效存在正向影响，H2 得到验证。

表 11.4　正式与非正式控制匹配模式对组织统一性和短期绩效的影响

变量	组织统一性				短期绩效			
	模型 1	模型 2	模型 3	模型 4	模型 5	模型 6	模型 7	模型 8
企业类型	−0.216*** (−5.24)	−0.200*** (−4.91)	−0.204*** (−4.99)	−0.169*** (−4.05)	−0.270*** (−8.63)	−0.283*** (−8.37)	−0.287*** (−8.52)	−0.333*** (−10.05)
企业规模	−0.035*** (−7.19)	−0.031*** (−6.48)	−0.033*** (−6.92)	−0.031*** (−6.57)	−0.017*** (−4.48)	−0.016*** (−4.22)	−0.016*** (−4.38)	−0.018*** (−5.02)
年龄异质性	0.981*** (4.56)	0.985*** (4.64)	1.008*** (4.73)	0.959*** (4.53)	0.095 (0.58)	0.036 (0.23)	0.059 (0.37)	0.111 (0.72)
任期异质性	0.251 (0.84)	0.426 (1.43)	0.402 (1.34)	0.316 (1.06)	1.806*** (8.11)	1.811*** (8.22)	1.835*** (8.37)	1.947*** (9.19)
教育程度异质性	1.841*** (7.59)	1.921*** (8.01)	1.848*** (7.70)	1.549*** (6.15)	−0.316+ (−1.68)	0.229 (1.11)	0.223 (1.08)	0.542** (2.66)
关系监管控制模式		−0.226*** (−4.3)				−0.072+ (−1.77)		
官僚目标控制模式			−0.178*** (−3.74)	−0.098+ (−1.89)			−0.101** (−2.74)	−0.210*** (−5.4)
官僚目标控制模式 ^{2}				0.113*** (3.58)				−0.157*** (−6.9)
组织统一性					0.532*** (17.8)	0.514*** (17.33)	0.511*** (17.35)	0.540*** (18.83)
环境动态性						0.109** (2.77)	0.100* (2.53)	0.080* (2.10)
组织统一性×环境动态性						−0.162*** (−4.48)	−0.171*** (−4.73)	−0.163*** (−4.66)
常数项	4.31*** (16.56)	6.38*** (11.77)	5.96*** (11.68)	5.12*** (9.18)	2.61*** (11.23)	2.91*** (5.62)	3.24*** (6.63)	4.35*** (8.75)
R^2	0.203	0.226	0.221	0.236	0.480	0.506	0.510	0.545
Adjusted R^2	0.196	0.219	0.213	0.228	0.475	0.499	0.503	0.538
F	31.40***	30.04***	29.05***	27.21***	94.76***	69.84***	70.82***	73.42***

注：括号中为标准误差

+、*、**、***分别表示在 0.5、0.1、0.05、0.01 水平上显著

根据 Baron 和 Kenny（1986）的建议，由表 11.4 的检验结果可知，组织统一

性对短期绩效影响显著。同时，关系监管控制模式、官僚目标控制模式分别对组织统一性影响显著，因此，组织统一性的中介作用得到验证，即 H3a 和 H3b 得到验证。并且，在模型 6～模型 8 同时加入自变量和中介变量后，对比模型 2～模型 4 可知，关系监管控制模式和官僚目标控制模式在加入组织统一性后显著性有所降低，因此，组织统一性在此处发挥了部分中介作用。

由模型 6～模型 8 可知，所有模型的组织统一性与环境动态性乘积的系数均在 0.01 的水平上负向显著，由此可知，环境动态性对组织统一性与短期绩效间的关系具有负向的调节作用，H4 得到验证。进而，表 11.5 根据 Edwards 和 Lambert（2007）的建议，运用拔靴法程序，当环境动态性低时，关系监管控制模式对短期绩效的间接影响（组织统一性）不显著（$\beta=-0.073$，$p>0.1$），当环境动态性高时为负向显著（$\beta=-0.156$，$p<0.01$），但两者的差异不显著（$\Delta r=-0.083$，$p>0.1$），因此，环境动态性在关系监管控制模式与短期绩效之间有调节的中介作用不成立，H5a 未得到验证；当环境动态性低时，官僚目标控制模式对短期绩效的间接影响（组织统一性）不显著（$\beta=-0.019$，$p>0.1$），在环境动态性高时为负向显著（$\beta=-0.145$，$p<0.01$），且两者的差异显著（$\Delta r=-0.126$，$p<0.1$），同时官僚目标控制模式对短期绩效的间接影响在环境动态性第一阶段的差异负向显著（$\Delta r=-0.262$，$p<0.01$）。因此，环境动态性越高，官僚目标控制模式通过组织统一性对短期绩效的间接影响越弱，环境动态性在官僚目标控制模式与短期绩效之间发挥着有调节的中介作用，H5b 得到验证。

表 11.5　环境动态性的有调节的中介效应分析

调节变量	关系监管控制模式、官僚目标控制模式（X）→组织统一性（M）→短期绩效（Y）				
	阶段		效应		
	第一阶段	第二阶段	直接效应	间接效应	总效应
	P_{MX}	P_{YM}	P_{YX}	$P_{YM}P_{MX}$	$P_{YX}+P_{YM}P_{MX}$
关系监管控制模式					
低环境动态性	-0.102^{+}	0.714^{***}	−0.135	−0.073	-0.208^{**}
高环境动态性	-0.304^{***}	0.512^{***}	0.137^{*}	-0.156^{***}	−0.019
差异	-0.202^{**}	−0.202	0.272^{**}	−0.083	0.189^{+}
官僚目标控制模式					
低环境动态性	−0.026	0.736^{***}	-0.196^{*}	−0.019	-0.215^{**}
高环境动态性	-0.288^{***}	0.502^{***}	0.094	-0.145^{***}	−0.050
差异	-0.262^{***}	−0.233	0.291^{**}	-0.126^{*}	0.165^{+}

注：P_{MX} 代表关系监管控制模式、官僚目标控制模式对组织统一性的影响，P_{YM} 代表组织统一性对短期绩效的影响，P_{YX} 代表关系监管控制模式、官僚目标控制模式对短期绩效的影响；高环境动态性代表均值加 1 个标准差，低环境动态性代表均值减 1 个标准差

+、*、**、***分别表示在 0.5、0.1、0.05、0.01 水平上显著

2. 人际影响控制模式和文化熏陶控制模式影响长期绩效的权变机理

表 11.6 反映了人际影响控制模式、文化熏陶控制模式对组织协调性和长期绩效的影响。模型 1～模型 4 检验了两类控制模式对组织协调性的影响。模型 1 检验了各控制变量的相关系数，在模型 2 中，过程控制和社交控制匹配组合的人际影响控制模式的系数为 0.023，在 0.05 的水平上显著；进一步，在模型 3 中，过程控制和社交控制匹配组合的人际影响控制模式的平方系数为 0.065，在 0.05 的水平上显著，说明人际影响控制模式对组织协调性存在“U”形影响，H6a 得到验证；在模型 4 中，过程控制和文化控制匹配组合的文化熏陶控制模式的系数为 0.200，在 0.01 的水平上显著，说明文化熏陶控制模式对组织协调性具有正向影响，H6b 得到验证。

表 11.6　正式与非正式控制匹配模式对组织协调性和长期绩效的影响

变量	组织协调性				长期绩效			
	模型 1	模型 2	模型 3	模型 4	模型 5	模型 6	模型 7	模型 8
企业类型	−0.122*** (−3.32)	−0.139*** (−3.76)	−0.149*** (−4.62)	−0.146*** (−4.44)	−0.077*** (−3.73)	−0.090*** (−4.73)	−0.090*** (−4.72)	−0.089*** (−4.71)
企业规模	0.007 (1.62)	0.007 (1.54)	0.312*** (8.86)	0.291*** (8.08)	−0.043* (−2.05)	0.077*** (3.81)	0.076*** (3.70)	0.095*** (4.57)
年龄异质性	0.415* (2.17)	0.361+ (1.89)	0.132*** (4.01)	0.135*** (4.03)	0.065** (3.04)	0.060** (3.26)	0.060** (3.23)	0.062*** (3.34)
任期异质性	1.403*** (5.25)	1.324*** (4.96)	0.267*** (8.06)	0.269*** (8.03)	−0.089*** (−4.00)	−0.065*** (3.31)	−0.065*** (−3.32)	−0.060** (−3.11)
教育程度异质性	1.652*** (7.66)	1.579*** (7.31)	0.196*** (5.56)	0.249*** (7.56)	−0.058** (−2.69)	−0.023 (−1.12)	−0.021 (−0.95)	−0.006 (−0.27)
人际影响控制模式		0.023** (2.83)	0.050*** (6.04)			0.061*** (13.25)	0.061*** (13.24)	
人际影响控制模式 ^{2}			0.065** (2.61)				−0.003 (−0.22)	
文化熏陶控制模式				0.200*** (4.83)				0.306*** (13.42)
组织协调性					0.215*** (8.63)	0.148*** (6.74)	0.148*** (6.72)	0.161*** (7.45)
环境复杂性						0.156*** (8.03)	0.158*** (7.77)	0.167*** (8.56)
组织协调性×环境复杂性						0.022 (1.26)	0.022 (1.28)	0.031+ (1.83)
常数项	3.469*** (14.95)	3.014*** (10.72)	3.676*** (16.33)	3.016*** (7.04)	3.973*** (31.03)	2.177*** (13.50)	2.174*** (13.40)	0.574* (2.27)

续表

变量	组织协调性				长期绩效			
	模型 1	模型 2	模型 3	模型 4	模型 5	模型 6	模型 7	模型 8
R^2	0.150	0.161	0.254	0.231	0.181	0.404	0.404	0.408
Adjusted R^2	0.143	0.153	0.246	0.223	0.173	0.396	0.395	0.399
F	21.83***	19.74***	29.98***	30.81***	22.63***	46.22***	41.54***	46.90***

注：括号中为标准误差

+、*、**、***分别表示在 0.5、0.1、0.05、0.01 水平上显著

由模型 5 可知，组织协调性系数为 0.215，在 0.01 的水平上显著，说明组织协调性对长期绩效存在正向影响，H7 得到验证。通过模型 6～模型 8 对比模型 2～模型 4 可知，人际影响控制模式的平方加入组织协调性后显著性有所降低，因此，组织协调性在此处发挥了部分中介作用，H8a 和 H8b 得到验证。

由模型 8 可知，组织协调性与环境复杂性乘积的系数为 0.031，在 0.5 的水平上正向显著，说明环境复杂性对组织协调性与长期绩效间的关系具有正向的调节作用，H9 得到验证。进而，表 11.7 根据 Edwards 和 Lambert（2007）的建议，运用拔靴法程序，当环境复杂性低时，人际影响控制模式对长期绩效的间接影响不显著（$\beta=-0.046$，$p>0.1$），当环境复杂性高时为正向显著（$\beta=0.048$，$p<0.5$），且两者的差异显著（$\Delta r=0.094$，$p<0.5$），同时，人际影响控制模式对长期绩效的影响在环境复杂性第一阶段的差异正向显著（$\Delta r=0.498$，$p<0.01$）。因此，环境复杂性越高，人际影响控制模式通过组织协调性对长期绩效的影响越强，环境复杂性在人际影响控制模式与长期绩效之间发挥着有调节的中介作用，H10a 得到验证。当环境复杂性低时，文化熏陶控制模式对长期绩效的间接影响不显著（$\beta=-0.041$，$p>0.1$），在高环境复杂性时为正向显著（$\beta=0.058$，$p<0.1$），且两者的差异显著（$\Delta r=0.100$，$p<0.5$），同时文化熏陶控制模式对长期绩效的影响在环境复杂性第一阶段的差异正向显著（$\Delta r=0.340$，$p<0.01$）。因此，环境复杂性越高，文化熏陶控制模式通过组织协调性对长期绩效的影响越强，环境复杂性在文化熏陶控制模式与长期绩效之间发挥着有调节的中介作用，H10b 得到验证。

表 11.7　环境复杂性的有调节的中介效应分析

调节变量	人际影响控制模式、文化熏陶控制模式（X）→ 组织协调性（M）→长期绩效（Y）				
	阶段		效应		
	第一阶段	第二阶段	直接效应	间接效应	总效应
	P_{MX}	P_{YM}	P_{YX}	$P_{YM}P_{MX}$	$P_{YX}+P_{YM}P_{MX}$

续表

人际影响控制模式					
低环境复杂性	−0.162***	0.282*	−0.145+	−0.046	−0.190*
高环境复杂性	0.336***	0.144	0.143*	0.048+	0.191**
差异	0.498***	−0.137	0.288**	0.094+	0.382***
文化熏陶控制模式					
低环境复杂性	−0.128*	0.323*	0.259***	−0.041	0.218**
高环境复杂性	0.212***	0.275*	0.495***	0.058*	0.553***
差异	0.340***	−0.047	0.235*	0.100+	0.335***

注：P_{MX} 代表人际影响控制模式、文化熏陶控制模式对组织协调性的影响，P_{YM} 代表组织协调性对长期绩效的影响，P_{YX} 代表人际影响控制模式、文化熏陶控制模式对长期绩效的影响；高环境复杂性代表均值加 1 个标准差，低环境复杂性代表均值减 1 个标准差

+、*、**、***分别表示在 0.5、0.1、0.05、0.01 水平上显著

3. 控制变量检验

由表 11.4 和表 11.6 可知，企业类型对组织双元、短期绩效和长期绩效均表现出显著负相关，说明越倾向于管理类型的企业其平衡组织利用能力和探索能力的难度越大，进而对绩效产生负向的影响；企业规模对组织统一性和短期绩效表现出显著负相关，说明越是小的企业，越有利于企业内业务单元模式的统一性和短期市场日标的实现，但对组织协调性和长期绩效表现出正向影响，说明在长期，企业规模越大，越有利于组织协调性的展开和提高企业绩效水平；年龄异质性对长期绩效和组织双元（统一性、协调性）表现出显著正相关，说明年龄差异越大，越有利于组织长期绩效的发挥和组织双元能力的开展；任期异质性对短期绩效和组织协调性表现出正向影响，但对长期绩效具有负向影响，说明员工或经理的工作时间越久，所带来的惰性惯性较大，不利于组织创新，但有利于提升组织协调性；教育程度异质性对短期绩效和组织双元表现出显著正相关，对长期绩效表现出负向影响，说明教育差别越大，越有利于组织双元能力的开展和短期绩效的提升。

11.3.3　稳健性检验

为保证估计结果的可靠性，本章进一步对相关结果进行了稳健性检验。主要从两个方面进行稳健性分析，首先，对于核心解释变量，本章主要根据 Jansen 等（2009）采用的加法、乘法、减法三种方法混合计算不同正式与非正式控制匹配模式，但也

有研究采用单一方法考察组织元素之间的平衡（Gibson and Birkinshaw，2004），为此，本章将所有正式与非正式匹配模式均调整为乘法之后，再次进行回归估计，发现所有结果的显著性没有实质性改变。其次，针对样本估计可能存在偏差，我们结合预调查样本再次进行了回归分析，同样发现所有模型的显著性没有太大的改变，所有假设仍得到验证。[①]因此，本章检验结果稳健。

11.4 研究讨论与结论

本章基于组织双元理论视角，探讨了关系监管控制模式、官僚目标控制模式、人际影响控制模式和文化熏陶控制模式四类正式与非正式控制匹配模式影响企业短期绩效和长期绩效的权变机理。研究结论表明，在短期，当组织过于注重以工作结果为重心的短期目标时，会不利于短期业务单元模式的统一，进而不利于短期绩效的提升。当处于关系监管控制模式时，正式控制模式很难对短期内形成的非正式社交活动进行适当的引导，导致员工个人价值观和行为准则与组织正式目标冲突，甚至抵制正式目标，从而使得短期内组织业务单元模式的统一性较差，不利于组织统一性的展开及短期资源的利用。该逻辑契合了当前关于控制研究的主流思想，如企业不能对组织内的社交小团体进行适当引导，最终不利于组织承诺的实施（Gibson and Birkinshaw，2004）和绩效的提升（Guenzi et al.，2014）。当处于官僚目标控制模式时，企业关注短期目标实现会使得组织形成集体的价值观以完成眼前工作为主，组织文化无法随环境变化及时变更，最终不利于组织文化对正式工作目标的引导，导致组织业务单元模式的统一性较差，进而影响组织短期绩效。此外，环境动态性会减弱组织统一性对短期绩效的影响，并在官僚目标控制模式与短期绩效之间发挥有调节的中介作用，说明动态环境会减弱组织业务单元活动追求统一性的能力，而且环境动态性越高，官僚目标控制模式通过组织统一性提升短期绩效的作用越弱。

但是，研究结果也表明，官僚目标控制模式对组织统一性产生了“U”形影响（$\beta=0.113$，$p<0.01$），这与假设相悖。我们认为，由于被调查企业多为大型国有企业，其企业文化已经长期形成，短期内经常变化工作目标的结果控制难与这种文化模式相匹配，组织统一性较差；但随着组织的发展，这种企业文化会发挥作用，引导工作目标与文化建设趋近一致，从而表现出“U”形关系。此外，环境动态性在关系监管控制模式与短期绩效之间的有调节的中介作用也未得到验证。我们认为，由于结果控制和社交控制组合的关系监管控制模式更多关注短期目标的实现，其工作目标不易受外部环境变化的影响，而社交活动也比组织文化

① 限于篇幅，稳健性结果此处未列出。

对外部环境变化更不敏感，所以，关系监管控制模式受环境变化影响较小。

从长期来看，当组织以工作过程为重心关注组织的长期持续成长时，有利于建立可持续发展的组织集体价值观和行为准则，进而提升组织对长期环境的适应及改善组织的长期绩效水平。由回归结果可知，人际影响控制模式表现出倒“U”形关系，并且一次项为正；文化熏陶控制模式表现出正向影响关系，说明无论何种非正式控制，选择关注过程控制与非正式社交关系或组织文化的匹配最终有利于提升组织对外部环境的适应。此外，环境复杂性正向调节组织协调性对长期绩效的影响，并在人际影响控制模式、文化熏陶控制模式与长期绩效之间发挥有调节的中介作用，说明面对长期复杂的环境，组织控制会不断调整以适应外部环境的变化。这也符合当前权变理论认为环境不确定性能提升预期、减轻员工长期的焦虑与心理冲突，从而产生激励效果的假说（文东华等，2009）。

第 12 章　企业正式与非正式控制匹配影响组织适应性的理论贡献与实践启示

12.1　理 论 贡 献

12.1.1　正式与非正式控制互补匹配及其对绩效的影响

1. 对正式与非正式控制互补匹配的内涵和测量进行了界定，为相关主题的实证研究提供了可供借鉴的工具

本篇与以往将正式控制与非正式控制分别考虑的研究不同，根据当前主流研究的分类，将正式与非正式控制互补匹配分为四个类型，即过程控制与社交控制互补匹配、过程控制与文化控制互补匹配、结果控制与社交控制互补匹配以及结果控制与文化控制互补匹配。这种正式与非正式控制互补匹配不同类型测量工具的发展为相关主题的实证研究提供了可供借鉴的工具，有利于进一步展开后续研究。此外，本章将当前较为成熟的组织元素平衡方法纳入到正式与非正式控制互补匹配的计算中，即采用乘法、加法和减法三种方法计算其互补匹配，并根据各模型下的拟合优度判断取舍，是对当前组织元素平衡方法的重要拓展，丰富和完善了组织元素平衡方法在管理控制中的应用。

2. 将不同正式与非正式控制互补匹配影响企业绩效的研究向前推进

本篇采用两类绩效指标（组织绩效、市场绩效）来考察企业正式与非正式控制互补匹配的影响，发现不同类型正式与非正式控制互补匹配均对其产生显著的正向影响。相对于判别分析方法（Jaworski et al.，1993）的研究，本篇采用的测量互补匹配的方法更能体现不同类型企业正式与非正式互补匹配对绩效的影响。而且，这种单一维度的匹配考核有利于我们进一步比较影响企业的各管理控制机制的不同，如在各指标的影响力分析中，就组织绩效而言过程控制与文化控制互补匹配的影响力最大，结果控制与文化控制互补匹配的影响力其次，而结果控制与社交控制互补匹配的影响力最小。可见，这种统一研究的指标互补匹配划分有利于我们更加深入地分析其对企业绩效的影响，并能为相关研究提供新的思路。

3. 打开了正式与非正式控制互补匹配影响企业绩效过程的黑箱，从组织双元平衡角度探析了其中的作用机理

组织利用能力需要组织有一个稳定的正式控制环境，组织探索能力需要组织能随时适应外部环境的变化，需要组织内有一个宽松的非正式控制环境。此外，正式与非正式控制互补匹配对组织双元平衡具有重要影响，一方面，正式控制强调对员工的工作行为及组织的最终目标进行控制，这需要企业具有很强的利用能力，以利于企业内部资源的正常开发和利用；另一方面，企业非正式控制强调对员工社交行为及组织文化培养的控制，这需要企业能随时调整自身战略方向以适应外部环境，从而需要组织探索能力的保障。而正式与非正式控制互补匹配需要企业利用能力和探索能力的结合，即组织双元平衡。因此，本篇研究打开了正式与非正式控制互补匹配影响企业绩效过程的黑箱，即组织双元平衡在正式与非正式控制互补匹配与绩效之间发挥了中介机理的作用。

12.1.2　正式与非正式控制匹配：模式比较与演进规律

1. 细化了不同类型正式与非正式控制匹配模式的分类，为相关主题的进一步实证研究提供了可借鉴的工具

根据目前有关正式控制与非正式控制的分类，界定了四类不同的正式与非正式控制匹配模式（关系监管控制模式、官僚目标控制模式、人际影响控制模式、文化熏陶控制模式），弥补了以往研究忽视两者相互匹配的影响（吕涛和聂锐，2009）或者仅从高低程度考虑两者间匹配的作用的不足（March，1991），为未来研究同时考虑不同类型的正式与非正式控制匹配模式提供了新的思路。

2. 探讨了不同正式与非正式控制机制匹配模式影响企业绩效的差异

以往研究仅分别考虑了正式控制或非正式控制对企业的影响（Kuipers，2009），无法体现不同控制组合影响企业的差异（Edwards，1994）；少数关于正式与非正式控制组合的研究仅从两者高低程度上进行匹配（He and Wong，2004），未考虑不同管理控制的类型，进而也无法细致体现不同类型正式与非正式控制匹配模式之间的区别；本篇通过分析四类控制匹配模式与企业绩效的关系，分别从长期绩效和短期绩效角度细化了四类控制匹配模式对企业绩效影响的差异，全面刻画了不同控制机制匹配模式在企业不同发展阶段所发挥的作用。

3. 拓展了正式与非正式控制匹配不断增加对绩效影响的分析，指出了管理控制匹配模式的一般演进规律

我们发现四类正式与非正式控制匹配模式都具有随匹配程度不断增加，企业绩效先增加后减少的趋势，说明没有哪种管理控制匹配模式是好的，任何一种管理控制匹配模式都需要随内外环境变化进行适应性调整，企业需要根据自身发展阶段和内外环境变化不断改变其控制模式。所以，未来研究应重视对管理控制匹配模式影响绩效的权变情境的探索。

12.1.3　正式与非正式控制匹配模式影响绩效的权变机理

1. 提出了不同类型正式与非正式管理控制匹配模式，为相关主题的进一步实证研究提供了可供借鉴的工具

在管理控制机制中，正式管理控制主要通过规范和制度设计信息系统以达成组织目标；非正式管理控制主要根据个人的社交、行为等活动设计社会系统。本章根据目前有关正式控制与非正式控制类型的划分，界定了四类不同的正式与非正式管理控制匹配模式：关系监管控制模式、官僚目标控制模式、人际影响控制模式、文化熏陶控制模式。该分类弥补了以往研究大多孤立地讨论正式与非正式管理控制的不足（Dalton，1971），剖析了正式管理控制和非正式管理控制之间存在的相互加强或减弱的作用（Gibson and Birkinshaw，2004），为未来同时考虑企业内正式与非正式管理控制的相关研究提供了可供参考的概念和工具。

2. 从组织双元视角剖析了不同正式与非正式管理控制匹配模式影响绩效的作用机理

以往研究发现两类管理控制都对短期绩效或者长期绩效存在不同的影响，但未考虑正式管理控制与非正式管理控制共存时企业如何提升绩效水平；组织中正式与非正式管理控制是同时存在的，所以它们必然存在权衡组织单元资源分配冲突的组织双元问题。因此，本篇从组织双元的视角探究了不同正式与非正式控制匹配模式影响企业绩效的作用机理，指出了组织统一性在关系监管控制模式和官僚目标控制模式影响短期绩效过程中发挥中介机理的作用，组织协调性在人际影响控制模式和文化熏陶控制模式影响长期绩效过程中发挥中介机理的作用。该研究打开了正式与非正式管理控制机制影响企业绩效过程的黑箱，并全面刻画了不同控制机制匹配模式影响短期绩效和长期绩效的内部机理，为未来相关研究提供了新思路。

3. 丰富了正式与非正式管理控制模式影响企业绩效的作用机理的情境因素

由于不同的控制方式及组织双元能力极易受到外部环境不确定性的影响（Podsakoff and Organ，1986），本篇从外部环境动态性和复杂性分析了它们在不同组织双元机理与绩效之间的调节作用，以及在不同控制匹配模式与绩效之间的有调节的中介作用。该研究丰富了不同控制机制影响企业绩效的情境因素，细化了正式与非正式管理控制模式影响绩效的作用机理的适用范围。

12.2 实践启示

12.2.1 正式与非正式控制互补匹配及其对绩效的影响

1. 企业管理者应重视正式与非正式控制互补匹配的作用

当前管理者虽已认识到正式控制与非正式控制二者密切联系，不可分割，但很难综合分析并合适匹配进行抉择。本篇的研究有利于管理者更加直观地判断和选择正式与非正式控制互补匹配和平衡，帮助他们明确比较各种控制互补匹配的不同作用。在面对当前的一系列企业内部管理控制问题时，企业可以有的放矢地选择配置各类正式与非正式管理控制机制，构建科学合理的管理控制环境，这将有利于提升企业整体管理控制水平、减少风险。

2. 企业管理者应认识到培育组织双元能力在正式与非正式控制互补匹配中所发挥的重要作用

管理者可以考虑通过保持合理的正式与非正式控制互补匹配机制形成组织双元平衡能力进而提高企业绩效。管理者也应立足组织双元能力来调整正式与非正式控制机制，如当企业迫切需要利用内部资源来提高绩效时，应加强对正式控制的管制，从而保证企业有一个稳定、有序的正式控制环境；当企业迫切需要适应外部环境的变化时，应转向对非正式控制的放宽，增加组织的弹性和适应性；当企业处于稳定的发展时期，而又无动荡的外部环境时，应追求利用和探索能力的平衡和稳定，保持合理的正式控制和非正式控制比例，增加其稳定性和平衡性。

3. 企业管理者应特别重视企业文化对组织长远发展的关键性影响

由我们对各控制互补匹配影响力的分析可知，过程控制和文化控制互补匹配对企业绩效影响最大，而且文化控制的影响力大于社交控制的影响力，文化控制是企业最强的非正式控制机制。因此，从长远来说，企业管理者应认识到组织文化对正式与非正式控制的影响，注重在组织内部培养有利于长期价值观、目标的可持续发展的组织文化氛围。但是，这类组织文化的培育也应与企业的正式管理控制结合。特别地，由于过程控制是正式控制的核心部分，管理者在制订文化战略时应重点考察员工的行为方式和组织经营需要等过程控制。所以，应全面考虑企业的系统特征，综合分析管理控制结果和过程以制订适宜的文化战略。

12.2.2　正式与非正式控制匹配：模式比较与演进规律

随着企业内外部环境竞争的加剧，企业强化管理控制的需求不断升温，如何采取适宜的管理控制机制监督各类组织活动成为管理层考虑的首要问题。

在不同发展阶段的企业应采用不同的管理控制模式。在企业初创期，关注绩效结果并规范社交行为的关系监管控制模式有助于企业迅速占领市场；随着企业的发展，当关系监管控制模式不利于企业成长时，可以通过将正式结果控制向过程控制或者非正式社交控制向文化控制两个方向进行调整，结果控制与文化控制组合的官僚目标控制模式会帮助企业重新获得市场认可，而过程控制和社交控制组合的人际影响控制模式会有利于企业持续发展；但是，随着企业的进一步发展，这两类控制模式都表现出实现目标短视、影响人群局限等天然矛盾，所以，同时考虑全体成员和企业长远发展的文化熏陶控制模式是企业管理控制模式转型的方向。

此外，在上述任何一个阶段，即使四类管理控制模式一直保持匹配程度的不断增加，企业绩效也会呈现先增加后减少的规律；因此，管理控制模式的选择没有统一的标准，任何类型的管理控制模式随企业的成长和环境的变化都会呈现先有助于企业绩效提升、后阻碍企业发展的规律，管理层应根据具体情境在不同阶段对管理控制模式做出适应性调整，以保证有效地监督企业完成组织目标。

12.2.3　正式与非正式控制匹配模式影响绩效的权变机理

1. 企业应关注正式与非正式管理控制匹配模式产生的综合作用，而不是仅考虑某一类管理控制的影响

采取关系监管控制模式和官僚目标控制模式不利于业务单元的目标一致，而采用人际影响控制模式和文化熏陶控制模式会促进组织对环境的长期适应。所以，关注工作结果的企业应该在适当机会向关注全员参与工作过程的管理控制观念转变，而且无论关注短期结果还是长期过程改进的企业都应考虑主动建立适应组织目标的企业文化，这将更有利于企业长期持续发展。

2. 企业应有意识建立合适的管理控制模式，培育不同组织双元能力，以实现企业长短期绩效

采用关系监管控制模式和官僚目标控制模式会影响企业各业务单元目标统一、协调一致，进而影响短期绩效；采用人际影响控制模式和文化熏陶控制模式有助于企业形成应对环境变化、快速创新的组织协调性，进而提升长期绩效；所以，企业应综合考虑未来长短期目标，主动建立正式与非正式管理控制的不同匹配模式，培育组织统一性或协调性，如在短期，企业应加强官僚目标控制模式的规则和程序，以保证业务单元的一致，长期应采用文化熏陶控制模式以适应外部环境的动态变化。

3. 企业应关注所处的环境特征，选择最适宜的目标，并建立与之匹配的正式和非正式管理控制模式

当企业处于动态环境中时，采用关系监管控制模式和官僚目标控制模式形成组织统一性，进而实现短期市场绩效目标的作用会减弱；当企业处于复杂环境中时，采用人际影响控制模式和文化熏陶控制模式形成组织协调性，进而实现长期组织绩效目标的作用会增强。所以，在短期，企业应时刻关注外部动态环境变化，如经销商、用户数量的变化，竞争对手的动态，以及产品的技术革新的状况等，以及时对组织目标和管理控制模式做出动态调整；在长期，企业应注意组织协调性的培养，建立与动态环境适应的组织目标，并努力建立文化熏陶控制模式，保证组织长期适应，进而形成企业短期绩效提升和长期绩效发展的良性成长周期。

第四篇　正式与非正式沟通匹配与组织绩效

第 13 章　企业正式与非正式沟通匹配对组织适应性的影响

沟通是企业组织实现其管理职能的主要方式与途径。“双 70 定律”表明，在企业中，70%的问题是由于沟通不畅所致，管理者 70%的时间也都是用在沟通上。然而，自 2015 年以来，连续数届国管审“全国企业管理现代化创新成果审定委员会”的评审工作表明，目前中国企业在部门沟通方面仍存在很大的不足。主要表现在：一方面，组织正式沟通制度的科层化仍比较严重，管理者与员工在企业固有的等级结构下进行交流，即使在部门内部也少见跨级沟通的现象；另一方面，组织非正式沟通没有引起足够的重视，甚至是流于形式。罗伯特·哈夫技术公司（Robert Half Technology）2018 年《工作场所交流方式调查报告》也发现，目前大多数企业的信息主管（chief information officer，CIO）和普通员工在企业沟通方式的重要性选择方面也不尽一致，分歧较大。由此可见，当前企业管理还未能很好地融合与发挥正式与非正式沟通的特殊作用，如何处理好二者的关系以最大限度地提升组织绩效成为当前企业亟须解决的现实问题。

以正式与非正式沟通及部门沟通作为关键词对国内近 19 年（2000～2018 年）CSSCI 期刊的文献梳理发现，相关文献一般围绕正式与非正式沟通或部门沟通对组织成员或部门的影响而展开，如工作压力（邓丽芳和郑日昌，2008）、心理情绪（宋杨，2017）、部门绩效等。国内研究所涉及的理论主要有扎根理论、部门沟通理论等。国外关于正式与非正式沟通的研究脉络较为明显，早期研究主要集中在正式与非正式沟通内涵的界定、特征的比较（Johnson et al，1994）等。近年来，学者开始探讨正式与非正式沟通及其互动对企业的影响。例如，Turner 和 Müller（2004）研究指出，正式沟通与非正式沟通相互作用能够帮助企业较好地解决突发问题。Tang 等（2015）也指出，正式与非正式沟通能够提高员工间的信任度、提升部门绩效等。国外研究所涉及的理论主要有知识基础理论、委托代理理论等。

目前关于正式与非正式沟通的研究呈现以下特点：①从组织视角考察的正式与非正式沟通的研究层次较为模糊，国内部分研究甚至混淆了组织层次和个人层次的概念；②大部分文献以委托代理理论和部门沟通理论等为依据，基于 CAS 理论的研究相对较少，部分文献甚至没有明确的理论支撑；③实证研究均割裂考察了正式沟通与非正式沟通的概念，忽视了二者的匹配关系对企业的影响；④由于对二者的匹配研究缺乏实证分析，进而对其作用机理的研究也十分缺乏，因此难以打开其作用机制的黑箱。基于此，本章将从部门视角，依据 CAS 理论，具体考察正式与非正式沟通及其匹配对部门绩效的权变影响。

13.1 概念界定与研究假设

13.1.1 CAS 视角下的部门正式与非正式沟通

部门正式沟通是通过预先制订的计划、时间表及管理信息报告，保障部门的等级命令和信息在部门成员间相互传递的过程；部门非正式沟通是自发的、即时的、在部门规则之外的沟通活动和沟通方式（Tang et al.，2015）。从 CAS 视角来看，任何部门都是由行为主体相互作用组成的系统，行为主体间的信息传递方式可分为两种："合法系统"与"影子系统"（Stacey，1996）。"合法系统"是部门高层所建立的正式联系，它划定了部门中每个行为主体所必须遵守的义务；"影子系统"是部门成员通过非正式方式所形成的另一种联系，它是部门行为主体间非正式的私人联系。由于部门是一个 CAS（Stacey，2010），类似于"合法系统"与"影子系统"的构念，部门正式沟通和非正式沟通本质上是不同"合法系统"与"影子系统"之间的信息传递状态。其中，部门正式沟通本质是"合法系统"之间的信息传递过程，它是正式的等级联系；部门非正式沟通本质是"影子系统"之间的信息传递过程，是通过非正式方式形成的联系。

此外，由于当前实证研究大多将正式沟通与非正式沟通割裂开来讨论，忽视了二者的匹配问题。从 CAS 视角来看，"合法系统"与"影子系统"是相互作用、不可分割的，其中"影子系统"的信息传递（非正式沟通）是不稳定源，其非线性影响对"合法系统"的信息传递（正式沟通）存在支持或反对的不同作用（Stacey，1996），进而这种支持或反对的程度与两种系统信息互动的程度交织在一起使得正式沟通与非正式沟通的相互作用表现出不同类型。因此，类似于"合法系统"与"影子系统"之间的互动，正式沟通与非正式沟通之间必然存在相互作用与匹配。在本章中，从 CAS 的视角，我们将正式沟通与非正式沟通的匹配关系界定为在 CAS"合法系统"与"影子系统"的信息传递中，某部门成员在正式沟通与非正式沟通中相关联而表现出的跨系统的重叠程度。

进而，由于部门内部"合法系统"与"影子系统"的相互作用过程是一个辩证的演变过程，它们对部门短期和长期绩效具有不同的影响，使组织处在不断打破并重建平衡的矛盾状态（Stacey，1996）。并且，这种作用过程主要是通过部门领导者有意设计的不同部门情境来实现的，情境双元能力的本质也是平衡部门内短期和长期的两种矛盾（Rothaermel and Alexandre，2009）。因此，我们认为，“合法系统”与“影子系统”的信息传递是通过不同的情境双元路径影响部门绩效的。①“合法系统”的信息传递（正式沟通）通过部门有意设计的正式情境（即情境利用能力），保证正式系统的发挥，实现短期目标；②“影子系统”的信息传递（非正式沟通）通过部门有意设计的非正式情境（即情境探索能力），保证非正式系统的发挥，实现长期目标；③“合法系统”与“影子系统”信息传递的互动（正式与非正式沟通匹配）需要部门建立一整套流程和制度，促使和鼓励组织成员在面临利用性与探索性活动冲突时，合理地在两种活动间分配并做出判断。此外，部门所面临的产业环境是影响部门沟通与情境双元能力的重要因素之一（Wu Y Y and Wu S K，2016），在本章中，我们认为产业类型发挥有调节的中介作用。据此，我们构建了如下理论模型（图 13.1）。

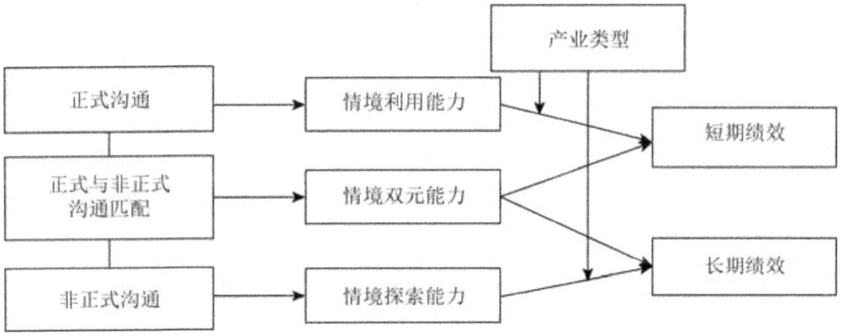

图 13.1　本章的理论模型

13.1.2　研究假设

1. 部门正式沟通影响短期绩效的权变机理

部门正式沟通本质是“合法系统”之间的信息传递，在短期，它将主要通过部门有意设计的正式情境，保证短期目标的实现。从 CAS 视角来看，当部门的正式沟通机制较为完善时，有利于部门情境利用能力的发挥。具体表现在：第一，有利于保障部门正式“合法系统”的秩序和规则得以实施，为部门情境利用氛围的培养提供制度保障；第二，有利于部门领导者合法统辖并分配各系统资源，站在部门整体的高度营造适当的情境；第三，有利于部门个体成员在合法制度下更好地开展工作，激发其主动性。

此外，根据 CAS 理论，“合法系统”与“影子系统”是相互作用、不可分割的，

"影子系统"的信息传递还会对"合法系统"产生支持或反对的作用（Stacey，1996）。在短期，组织往往以短期工作目标和工作结果为考核标准，因而可能忽视了对员工的人文关怀及对组织中的非正式声音的聆听。因此，组织的非正式沟通将难以对正式沟通发挥辅助的作用，甚至可能因个人需求与部门目标冲突，进而影响部门的正式工作效率。所以，我们认为，在短期，非正式沟通可能会减弱正式沟通对部门资源利用效率的提高。由此，提出以下假设。

H1：正式沟通与部门情境利用能力之间存在正向关系，同时，非正式沟通会减弱上述关系。

情境利用能力反映部门成员加强对现有资源利用的能力，它是部门正式沟通发挥作用的重要机理。一方面，尽管鲜有文献直接关注到部门正式沟通对情境利用能力的影响，但关注正式与非正式组织的文献指出正式组织的建立有助于帮助创建正式情境（Gulati and Puranam，2009）；另一方面，目前有大量的研究认为情境利用能力对部门绩效的提升有积极的影响。例如，Zaidi 和 Othman（2015）、林筠和杨翠萍（2015）指出，情境利用能力能够激发员工自行完成多重甚至冲突性任务，并提升部门绩效。从 CAS 视角来看，CAS 与管理融合的文献也指出"合法系统"的信息传递需要通过建立一整套正式组织情境，来鼓励和促使部门成员加强对现有资源的利用，实现短期目标（吕鸿江等，2016a）。由此，提出以下假设。

H2：情境利用能力与短期绩效之间存在正向关系。

H3：情境利用能力在正式沟通与短期绩效的关系中存在中介作用。

2. 非正式沟通影响长期绩效的权变机理

非正式沟通是"影子系统"之间的信息传递，在长期，它将主要通过部门有意设计的非正式情境，来保证对外部环境的适应，实现长期目标。从 CAS 视角来看，"影子系统"的信息传递特征能为情境探索能力提供保障，具体表现在：第一，有利于在部门成员之间形成非正式的规则和秩序，从而帮助部门领导者主动培养探索性情境；第二，"影子系统"是不稳定源，有利于部门成员发散性思维的展开、集思广益；第三，"影子系统"具有极强的适应力，自发遵循个体成员的活动规则，这一状态有利于部门打破现有状态，满足对长期环境的适应与变革。

同理，根据 CAS 理论，"合法系统"与"影子系统"是相互作用、不可分割的（Stacey，1996）。在长期，"影子系统"的信息传递同样会受到"合法系统"的情境影响。但与短期情境不同，在长期，部门正式与非正式沟通已经历了长期的磨合，组织已充分认识到非正式沟通在部门适应环境与长期绩效提升方面的潜在作用。因此，此时的部门非正式沟通目标是与组织集体价值观相一致的，员工的个人需要也得到了组织较好的认同与尊重。所以，我们认为，在长期，部门的正式沟通会对非正式沟通产生积极的支持作用。由此，提出以下假设。

H4：非正式沟通与部门情境探索能力之间存在正向关系，同时，正式沟通会加强上述关系。

情境探索能力反映部门为应对业务环境变化而不断做出调整和适应的能力，它是部门非正式沟通发挥作用的重要机理。同样，一方面，关注到非正式组织研究的文献指出非正式组织的建立有助于帮助创建非正式情境（Gulati and Puranam，2009）。另一方面，探讨情境双元能力对绩效影响的文献指出情境探索能力对组织长期绩效的提升具有积极的影响（林筠和杨翠萍，2015）。并且，CAS 理论也指出“影子系统”的信息传递需要通过建立一整套非正式的组织情境，来鼓励和促使部门成员加强对外部环境的适应，实现组织的长期目标（吕鸿江等，2016a）。由此，提出以下假设。

H5：情境探索能力与长期绩效之间存在正向关系。

H6：情境探索能力在非正式沟通与长期绩效间的关系中存在中介作用。

3. 正式与非正式沟通匹配影响绩效的权变机理

正式与非正式沟通匹配反映部门成员在正式沟通与非正式沟通中相关联并表现出的跨系统的重叠程度。由于“影子系统”的信息传递是不稳定源，其对“合法系统”的信息传递表现出非线性影响（Stacey，1996）。随着二者匹配程度的不断提高，部门的情境双元能力会表现出不同的影响。当二者的匹配程度较高时，“影子系统”对“合法系统”的支持程度会逐渐提高，形成 CAS“负反馈”效应。此时，部门的情境双元能力会不断提高。然而，当二者的匹配程度过高时，“影子系统”与“合法系统”嵌入度过高，可能造成 CAS“正反馈”效应，这又会阻碍部门情境双元能力的提高。因此，随着正式与非正式沟通匹配程度的不断提高，情境双元能力会表现出先增加后下降的趋势。由此，提出以下假设。

H7：正式与非正式沟通匹配与情境双元能力之间存在倒“U”形关系。

情境双元能力反映部门成员在面临利用性活动与探索性活动冲突时不断做出调整的能力，它是部门正式与非正式沟通匹配发挥作用的重要机理。一方面，关注到正式与非正式组织互动的文献指出正式与非正式组织的相互匹配能够帮助创建双元情境（Gulati and Puranam，2009）。另一方面，CAS 与组织管理结合的研究强调“合法系统”与“影子系统”的相互作用需要组织加强正式制度与非正式制度之间的彼此联系。特别地，吕鸿江等（2016b）认为利用式和探索式二元平衡是“合法系统”与“影子系统”的互动作用实现组织目标的重要“黑箱”。由此，提出以下假设。

H8：情境双元能力与短期绩效、长期绩效之间存在正向关系。

H9：情境双元能力在正式与非正式沟通匹配和短期绩效、长期绩效的关系中存在中介作用。

4. 产业类型的有调节的中介作用

产业类型是部门所面临的重要外部环境之一。从 CAS“系统复杂性与环境复杂性匹配观”看，一个系统的复杂性须高于周边环境的复杂性，否则将无法适应环境并获得发展（吕鸿江等，2016b）。当部门的产业环境偏向以基础资源生产为主的第一产业时，部门内部的系统复杂性要求相对较低。此时，部门主要针对近期收益表现出较高的要求。出于对部门短期效益的考虑，部门内部成员必然会加强短期资源的利用；当部门的产业环境偏向以灵活多变的服务业为主的第三产业时，部门对外部环境的变化性要求较高，对自身系统复杂性的要求也较高，并且这种复杂性容易强化情境双元能力对长期绩效的影响（Wu Y Y and Wu S K，2016）。在以上的论述中，我们假定情境利用能力对正式沟通有中介效应，情境探索能力对非正式沟通有中介效应。因此，根据 Edwards 和 Lambert（2007）的研究，进一步得到以下推论。

H10a：产业类型越低（越偏向于第一产业），情境利用能力在正式沟通与短期绩效间的中介作用越强。

H10b：产业类型越高（越偏向于第三产业），情境探索能力在非正式沟通与长期绩效间的中介作用越强。

13.2 研究设计与方法

13.2.1 数据收集与样本选择

本章采取问卷调查的方式收集数据。在正式调研的样本选择中，本章重点选择了管理创新获奖企业进行调研，以保证样本的可靠性与典型性。正式调研在 2018 年 3 月至 2018 年 5 月期间进行（随创新大赛评审过程进行）。共调研了 51 家企业的 161 个部门，共 770 人，回收 767 份问卷，剔除部分无效及不认真问卷后，剩余问卷为 733 份，有效回收率约为 95.19%。由于在一般标准（α 在 0.05，可接受误差在 3%）下，样本数量要达到 118，我们最终选择部门样本数为 152 个。

13.2.2 测量工具

1. 自变量

自变量包括部门正式沟通、非正式沟通，以及正式与非正式沟通匹配。首先，部门正式沟通、非正式沟通采用 Tang 等（2015）所开发的量表。信度系数分别为

0.858、0.738。其次，对于正式与非正式沟通匹配，本章借鉴 Cao 等（2009）的做法，将正式与非正式沟通匹配划分为结合式匹配与平衡式匹配两类。其中，结合式匹配采用正式沟通与非正式沟通分值之积；平衡式匹配采用量表所得最高分减去正式沟通与非正式沟通分值的差的绝对值（即 7–｜正式沟通-非正式沟通｜）。在本章中，数值越大，说明匹配的程度越高。

2. 因变量

因变量包括短期绩效和长期绩效。采用 Delaney 和 Huselid（1996）所开发的量表，信度系数分别为 0.887、0.855。

3. 中介变量

中介变量包括情境利用能力、情境探索能力与情境双元能力，采用 Zaidi 和 Othman（2015）所开发的量表。信度系数分别为 0.899、0.864 和 0.904。

4. 调节变量

产业类型采用《国民经济行业分类》的三类产业标准，用虚拟变量进行度量，分别为第一产业取值 1，第二产业取值 2，第三产业取值 3，数值越大，表示产业类型越高。

5. 控制变量

我们控制了部门类型、部门规模与部门成立时间三个变量。所有变量的信度均符合要求（>0.7）；效度通过探索性因子分析（聚合效度）与验证性因子分析（结构效度）检验。

13.3　假设检验

13.3.1　部门正式与非正式沟通影响绩效的路径

回归前，我们首先进行了所有变量的相关性检验（受限于篇幅，此处未报告）。表 13.1 为部门正式与非正式沟通影响绩效的路径检验结果表。在模型 2 中，部门正式沟通的系数为 0.335（$p<0.01$），同时，模型 4 中，正式沟通×非正式沟通的系数为–0.172（$p<0.1$），H1 得到验证。在模型 8 中，情境利用能力的系数为 0.139（$p<0.05$），H2 得到验证。对于中介效应，利用 SPSS Process 程序进行检验，结果发现，情境利用能力的中介效应值为 0.0745（$p<0.05$），H3 被验证。

表 13.1 部门正式沟通与非正式沟通影响绩效的路径检验

变量	情境利用能力				情境探索能力			短期绩效	长期绩效
	模型 1	模型 2	模型 3	模型 4	模型 5	模型 6	模型 7	模型 8	模型 9
部门类型	0.077 （1.21）	0.063 （1.02）	0.068 （1.11）	0.060 （0.99）	0.130** （2.11）	0.116* （1.92）	0.111* （1.83）	−0.003 （−0.05）	−0.032 （−0.76）
部门规模	0.029 （1.65）	0.028 （1.64）	0.029* （1.68）	0.027 （1.58）	0.027 （1.58）	0.026 （1.54）	0.025 （1.46）	−0.004 （−0.28）	0.008 （0.72）
部门成立时间	−0.081 （−0.75）	−0.056 （−0.53）	−0.050 （−0.48）	−0.075 （−0.72）	−0.060 （−0.57）	−0.048 （−0.46）	−0.065 （−0.63）	0.205*** （2.67）	0.230*** （3.31）
产业类型	−0.053 （−0.25）	0.020 （0.10）	−0.020 （−0.10）	−0.014 （−0.07）	−0.146 （−0.69）	−0.068 （−0.33）	−0.063 （−0.30）	0.253 （1.65）	−0.114 （−0.82）
正式沟通		0.335*** （3.56）	0.273*** （2.65）	1.032** （2.41）		0.265** （2.59）	0.793* （1.85）		
非正式沟通			0.174 （1.44）	1.027** （2.13）	0.316*** （2.86）	0.187 （1.56）	0.780 （1.62）		
正式沟通×非正式沟通				−0.172* （−1.82）			−0.120 （−1.27）		
情境利用能力								0.139** （2.37）	
情境探索能力									0.142*** （2.65）
常数项	4.671*** （5.89）	2.861*** （3.12）	2.419** （2.51）	−1.143 （−0.53）	3.307*** （3.62）	2.453** （2.57）	−0.0218 （−0.01）	2.789*** （4.46）	3.369*** （5.91）
R^2	0.032	0.110	0.122	0.142	0.100	0.140	0.149	0.094	0.123
Adjusted R^2	0.006	0.079	0.086	0.100	0.069	0.104	0.108	0.063	0.093
F	1.225	3.595***	3.365***	3.405***	3.233***	3.921***	3.605***	3.024***	4.084***

注：括号中为 t 值，情境利用能力与探索能力的相关性较高，采取分层回归，下同

*、**、***分别表示在 0.1、0.05、0.01 水平上显著

同理，在模型 5 中，部门非正式沟通的系数为 0.316（$p<0.01$），但模型 7 中，正式沟通×非正式沟通的系数不显著，H4 仅得到部分验证。在模型 9 中，情境探索能力的系数为 0.142（$p<0.01$），H5 得到验证。同样，根据 SPSS Process 程序，情境探索能力的中介效应值为 0.0403（$p<0.1$），H6 得到验证。

13.3.2 部门正式与非正式沟通匹配影响绩效的路径

表 13.2 为部门正式与非正式沟通匹配模型影响绩效的路径检验。在模型 2 中，

结合式匹配的系数为 0.045（$p<0.01$），在模型 3 中，结合式匹配的平方的系数为 –0.002（$p<0.05$），但平衡式匹配不显著，H7 得到部分验证。在模型 6 和模型 7 中，情境双元能力的系数分别为 0.184（$p<0.01$）、0.149（$p<0.05$），H8 得到验证。对于情境双元能力的中介效应，结合式匹配的中介效应值为 0.0424（$p<0.1$），但平衡式匹配不显著，H9 得到部分验证。

表 13.2　部门正式与非正式沟通匹配模型影响绩效的路径检验

变量	情境双元能力					短期绩效	长期绩效
	模型 1	模型 2	模型 3	模型 4	模型 5	模型 6	模型 7
部门类型	0.139** (2.39)	0.143** (2.54)	0.128** (2.30)	0.143** (2.40)	0.126** (2.23)	–0.017 (–0.38)	–0.035 (–0.83)
部门规模	0.021 (1.29)	0.022 (1.41)	0.019 (1.22)	0.022 (1.32)	0.019 (1.21)	–0.003 (–0.26)	0.009 (0.77)
部门成立时间	–0.096 (–0.97)	–0.063 (–0.66)	–0.090 (–0.95)	–0.097 (–0.97)	–0.092 (–0.96)	0.211*** (2.78)	0.234*** (3.35)
产业类型	–0.026 (–0.13)	0.012 (0.06)	0.023 (0.12)	–0.007 (–0.04)	0.018 (0.10)	0.250 (1.65)	–0.124 (–0.89)
结合式匹配		0.045*** (3.77)	0.157*** (3.12)		0.158*** (3.11)		
平衡式匹配		–0.137 (–1.12)	–0.111 (–0.92)	–0.146 (–0.09)	–0.362 (–0.24)		
结合式匹配的平方			–0.002** (–2.30)		–0.002** (–2.29)		
平衡式匹配的平方				0.005 (0.04)	0.022 (0.17)		
情境双元能力						0.184*** (2.91)	0.149** (2.56)
常数项	4.651*** (6.40)	4.288*** (4.31)	3.093*** (2.79)	5.308 (1.14)	3.817 (0.86)	2.581*** (4.09)	3.348*** (5.79)
R^2	0.060	0.147	0.177	0.063	0.177	0.111	0.120
Adjusted R^2	0.034	0.111	0.137	0.024	0.131	0.080	0.090
F	2.329*	4.148***	4.417***	1.615	3.842***	3.631***	3.979***

注：括号中为 t 值

*、**、***分别表示在 0.1、0.05、0.01 水平上显著

13.3.3　产业类型的有调节的中介效应检验

根据 Edwards 和 Lambert（2007）的研究，我们采用拔靴法程序进行检验。由表 13.3 可知，当产业类型低时，正式沟通对短期绩效的间接影响为负向显著（$\beta=-0.098$，$p<0.01$），当产业类型高时不显著，但两者的差异显著（$\Delta r=0.067$，

$p<0.05$)，同时正式沟通对短期绩效的影响在第一阶段的差异负向显著($\Delta r=-0.172$，$p<0.01$)。并且，对比产业类型的低高系数可知，此时间接效应存在一个正向加强的作用，H10a 得到验证。

表 13.3　产业类型对情境利用能力的有调节的中介效应

调节变量（产业类型）	正式沟通（X）→情境利用能力（M）→短期绩效（Y）				
	阶段		效应		
	第一阶段	第二阶段	直接效应	间接效应	总效应
	P_{MX}	P_{YM}	P_{YX}	$P_{YM}P_{MX}$	$P_{YX}+P_{YM}P_{MX}$
低产业类型（偏第一产业）	0.863***	−0.113	−0.543***	−0.098***	−0.641***
高产业类型（偏第三产业）	0.691***	−0.045	−0.299***	−0.031	−0.330***
差异	−0.172***	0.068	0.244***	0.067**	0.311***

注：P_{MX}代表正式沟通对情境利用能力的影响，P_{YM}代表情境利用能力对短期绩效的影响，P_{YX}代表正式沟通对短期绩效的影响；高产业类型代表均值加 1 个标准差，低产业类型代表均值减 1 个标准差

、*分别表示在 0.05、0.01 水平上显著

由表 13.4 可知，当产业类型低时，非正式沟通对长期绩效的间接影响为负向显著（$\beta=-0.237$，$p<0.01$），产业类型高时为负向显著（$\beta=-0.096$，$p<0.01$），两者的差异显著（$\Delta r=0.141$，$p<0.01$），同时非正式沟通对长期绩效的影响在第一阶段的差异正向显著（$\Delta r=0.318$，$p<0.01$）。间接效应有正向加强作用，H10b 被验证。

表 13.4　产业类型对情境探索能力的有调节的中介效应

调节变量（产业类型）	非正式沟通（X）→情境探索能力（M）→长期绩效（Y）				
	阶段		效应		
	第一阶段	第二阶段	直接效应	间接效应	总效应
	P_{MX}	P_{YM}	P_{YX}	$P_{YM}P_{MX}$	$P_{YX}+P_{YM}P_{MX}$
低产业类型（偏第一产业）	−0.673***	0.352***	−0.862***	−0.237***	−1.099***
高产业类型（偏第三产业）	−0.355***	0.272***	−0.538***	−0.096***	−0.635***
差异	0.318***	−0.081	0.323***	0.141***	0.464***

注：P_{MX}代表非正式沟通对情境探索能力的影响，P_{YM}代表情境探索能力对长期绩效的影响，P_{YX}代表非正式沟通对长期绩效的影响；高产业类型代表均值加 1 个标准差，低产业类型代表均值减 1 个标准差

***表示在 0.01 水平上显著

13.4　研 究 结 论

本章的研究结论包括：①从短期来看，正式沟通对情境利用能力表现出正向影响，进而情境利用能力对短期绩效表现正向影响并发挥中介作用，但这一影响会受到部门非正式沟通的弱化。②从长期来看，非正式沟通对情境探索能力表现出正向影响，进而情境探索能力对长期绩效表现正向影响并发挥中介作用。此外，当正式与非正式沟通结合式匹配度较高时，“影子系统”将支持“合法系统”，但当二者的匹配度过高时，“影子系统”将反对“合法系统”，从而带来倒“U”形影响。③部门沟通还会受外部产业环境影响，产业类型对正式沟通与非正式沟通分别发挥有调节的中介效应。

第14章 企业正式与非正式结构互动、组织沟通与知识交换整合

知识交换整合是员工之间交换和整合知识以创造新知识的能力，这种能力能提升个人价值和组织价值，并使企业在动态环境中创新并战胜对手（Aalbers et al.，2016）。随着市场环境的迅速变化，这种能力的重要性日益凸显，一些企业已经开始关注对知识交换整合能力的培育。华为把组织结构变革作为知识创新的催化剂，通过产品导向到营销需求导向再到“集中—控制”导向的发展历程，不断改变组织结构以提升知识交换整合能力，并在2015年世界知识产权组织专利排行榜中以3898项专利蝉联榜首。同样，腾讯为顺应“互联网+”形势进行大规模的组织变革、丰田汽车提前将庞大的体制按“小丰田调头快”的理念进行组织结构设计，都是基于对知识交换整合能力的追求。可见，有效的组织结构设计是提升知识交换整合能力的重要因素。但是，对目前大多数企业而言，如何借助组织结构设计指导其培育知识交换整合能力仍无定论，亟须相关理论进行指导。

学者分别从组织设计的微观和宏观层面对知识交换整合驱动因素进行了探讨。在微观方面，他们主要分析了组织成员的特征及行为对知识交换整合能力的影响，如领导行为（Carmeli and Waldman，2010）、基于承诺的人力资源管理实践（Collins and Smith，2006）等；在宏观方面，学者关注了组织或部门内的氛围和结构的作用，如组织氛围和结构（Chen et al.，2010）、团队氛围（Basaglia et al.，2010）、内部学习氛围（Chou et al.，2005）、合作氛围（Nahapiet et al.，2005）、信任氛围（Shih et al.，2012）、共享行为准则、语言及目标（Chow and Chan，2008）等。上述研究对知识交换整合的驱动因素进行了细致分析，取得了丰硕的成果。但是，组织结构及氛围是由组织成员之间的互动行为交织在一起形成的，而组织成员之间的互动行为又受到组织结构及氛围的影响，所以微观和宏观的两个层面是相互作用的。简单地将两个层面分开讨论，不能全面反映知识交换与整合能力形成的全貌。因此，本章将考虑微观和宏观相互作用的因素，全面反映组织内部知识交换整合能力形成的过程。

具体地，社会网络分析的优势就在于研究组织内成员之间的微观相互作用关系表现出的宏观结构特征，组织中正式网络和非正式网络是目前文献中公认的两种最重要的网络模式（Gulati and Puranam，2009）。所以，我们准备运用社会网络

方法，综合考虑组织成员的正式网络和非正式网络微观互动形成的宏观结构特征对知识交换与整合的影响。具体地，目前研究往往分别讨论正式网络和非正式网络对组织创新和知识转移的作用，大多数强调了非正式网络关系对知识转移的重要性（Gulati and Puranam，2009）；但正式网络往往被等同于组织结构，它的作用很少被提及，而员工之间正式与非正式两类关系网络互动更是完全被忽视（Agneessens and Skvoretz，2012）。丰富的重叠关系对组织知识交换与转移具有重要作用，而且实际上目前分别关注正式网络或非正式网络对组织知识转移的研究往往都是两者重叠的综合效应（Aalbers et al.，2016）。所以，将正式与非正式网络重叠互动作为分析知识交换整合能力形成的切入点十分必要。

因此，本章将从两个方面展开研究。第一，借鉴了 Soda 和 Zaheer（2012）界定的正式与非正式网络一致性概念分析正式与非正式网络相互作用的概念界定和测量，并结合 Biancani 等（2014）提出的半正式组织（semiformal organization）理论探讨两者互动的状态。Soda 和 Zaheer（2012）将正式与非正式网络一致性定义为反映组织中正式与非正式网络员工之间相互关联而表现出的跨网络重叠程度，并进行了测量。Biancani 等（2014）更形象化地提出了半正式组织的特殊形式，他们认为这是一种介于正式和非正式之间的中间状态，该组织形式需要具备以下先天条件：①存在一个可以衍生出半正式组织的正式组织；②半正式组织的核心成员在组织内可以自主行动；③成员可以自主选择他们的合作者（Biancani et al.，2014）。正式与非正式网络一致性和半正式组织都反映了正式与非正式网络相互作用的组织形式，但正式与非正式网络一致性更关注概念界定和测量，而半正式组织关注管理实践中的组织形式。本章准备借鉴这两个概念分析正式与非正式网络中员工互动对知识交换整合能力的驱动作用。第二，正式与非正式网络中的不同员工存在不同需求、目标和矛盾，他们的互动存在信息多样性和知识异质性问题，所以协调机制对解决网络互动问题十分重要（Soda and Zaheer，2012）。组织沟通是与知识交流相关联的重要协调机制，可以通过各种信息传递形式促进知识交流，也是沟通伙伴关系并传输和交换信息的重要模式。所以，本章认为组织沟通在组织内正式与非正式网络互动形成知识交换整合能力过程中发挥了作用机理的功能，并希望由此探讨它的中介作用。

本章有以下两方面创新。第一，引入正式与非正式网络一致性及半正式组织的概念，从自下而上的社会网络视角融合微观和宏观视角分析知识交换整合前因，弥补了以往仅关注非正式网络对知识交换整合的作用而忽视了正式网络作用的不足，探讨了员工之间相互作用的正式与非正式网络关系对知识交换整合能力的影响。第二，引入组织沟通的作用机理，打开了正式与非正式网络重叠一致形成不同知识交换整合能力的黑箱，为正式与非正式网络重叠的协调机制提供了新思路。我们希望通过对上述两个方面的研究，在理论上从社会网络视角将以往有关知识交换整合能力前因及作用机理的研究向前推进，并从实践上对企业培育知识交换整合能力提供借鉴和指导。

14.1 概念界定与研究假设

14.1.1 正式与非正式网络一致性

在管理文献中最广为接受的两种组织关系是正式组织授权关系和自发涌现的非正式网络关系（Gulati and Puranam，2009），它们反映了组织内最主要的相互作用关系，是研究创新知识在组织内网络传递的变量（Aalbers et al.，2016）。正式网络是组织成员之间的正式关系网络，由组织科层和工作流组成，主要完成组织目标，并进行战略定位和流程优化，它由组织科层的垂直权力关系和分工合作的水平工作流关系组成（Brass et al.，2004）；其中，组织科层的垂直权力关系包含层级、审核为基础的关系，工作流包含顺序工作流关系和互动工作流关系。非正式网络是由相同特征、机制和相似吸引力等非正式因素驱动的社会关系网络，包括建议、信息和友谊等方面（Casciaro and Lobo，2008）。Waldstrøm（2003）运用整体分类法对西方学者的研究进行归类后概括出非正式网络类型：①情感类——友谊、信任和私人关系；②政治类——影响力、权力和势力；③生产类——建议、信息和技术/知识/创新交换；④文化类——沟通及信息流。具体到企业中，员工间的日常交流主要涉及工作咨询和情感交流，所以非正式咨询网络和情感网络是企业中最常见的非正式网络类型（Krackhardt and Hanson，1993）。

综合上述分析，本章在研究中对正式网络与非正式网络的界定如下。首先，在正式网络中，知识交换与整合主要发生在与完成任务相关的员工的水平工作流关系中，所以我们将重点讨论正式工作流网络。正式工作流网络是由执行工作流程活动的员工间的关系形成的，包括顺序工作流和互动工作流。顺序工作流反映某个员工的工作输出是下一个员工的工作输入，而互动工作流涉及一些不确定性任务，每个员工的行为取决于对方的行动，他的工作输出或输入是下一个员工的工作输入或输出（Soda and Zaheer，2012）。所以，本章研究的正式网络主要指正式顺序工作流网络和正式互动工作流网络。其次，知识交换整合的获取本质上还是取决于组织内部知识及技能的融合与更新，主要是信息和建议在员工之间的传递；而非正式咨询网络是指咨询者和被咨询者基于工作任务进行相关的信息、建议、资源的交流而形成的关系网络（Krackhardt and Hanson，1993）。所以，本章研究中非正式网络主要指非正式咨询网络。由于每个正式网络中都存在非正式网络，而每一个非正式网络中也会演化出正式网络的特征，所以正式与非正式网络一致性主要指正式与非正式网络员工相互关联表现出的跨网络的重叠程度，它体现了某些成员的正式和非正式双重角色（Soda and Zaheer，2012）。因此，本章探讨的正式与非正式网络一致性主要测量两个变量，即正式顺序工作流与非正式咨询网络之间的重叠以及正式互动工作流与非正式咨询网络间的重叠。

14.1.2　研究假设

1. 正式顺序/互动工作流与非正式咨询网络一致性对知识交换整合的影响

（1）正式顺序工作流与非正式咨询网络一致性对知识交换整合的影响。在顺序工作流网络中，组织成员很难从顺序工作流网络之外的其他不参与工作任务的员工那里获取建议，所以他们需要相互依赖以传递知识。这也要求正式顺序工作流网络层级分明，以追求网络知识流动的效率，而且其间的知识交换整合过程是在成员之间单向进行的。当员工之间的正式顺序工作流与非正式咨询网络相互作用时，如果两者重叠程度较高，则大多数员工既是正式顺序工作流网络中的成员又是非正式咨询网络中的成员。两类网络的交织使得他们的工作目标和个人知识交流目标一致，而且咨询网络能为工作流网络提供更多的信息和知识交流途径，更有利于组织任务完成。同时，正式顺序工作流网络中的任务传递者能够在非正式咨询网络协助下更快找到专业化最强的或最信任的人，而且接受任务者也会依据自己的专业特长尽可能发挥优势，所以，两类网络的重叠能帮助执行团队将任务传递到适合的或有能力的人手中并提高传递效率。此外，完成任务的员工也会主动自下而上地反馈信息和建议给正式工作流网络，使得流水线作业更加高效。但是，正式顺序工作流网络往往并不会直接与非正式咨询网络进行知识交换，但会从非正式咨询网络员工的信息交流过程中获得更多的“额外信息补偿”（Gulati and Puranam，2009）。这些额外信息会使得任务传递过程中正式顺序工作流网络与非正式咨询网络频繁互动，交换有价值的资源和社会资本，并使得知识不断地发酵增长，所以两类网络的重叠交互能有效促进组织学习、知识交换（Zappa and Robins，2016）及个体创新行为（黄海艳，2014）。反之，如果正式顺序工作流网络与非正式咨询网络重叠程度很低，员工会面临任务目标与非正式目标间的矛盾，而且高度的网络异质性不利于资源集中，使得员工难以在知识交流中明确理解他们面临的复杂任务（Soda and Zaheer，2012），此时组织效率会降低进而无法促进知识交换整合的形成。据此，本章提出如下假设。

H1a：正式顺序工作流与非正式咨询网络一致性越高，知识交换整合越强。

（2）正式互动工作流与非正式咨询网络一致性对知识交换整合的影响。由于正式互动工作流网络和非正式咨询网络之间的重叠存在正反两方面的影响。一方面，从网络同质性带来的优势看，更多重叠的网络关系会增加员工之间的亲密程度和信任程度，使关系更稳定并降低不确定性（Soda and Zaheer，2012）；所以，正式互动工作流网络和非正式咨询网络之间的高度重叠可以提高组织成员知识交流的质量和频率，降低不同网络在需求、资源、信息等方面的异质性成本，并提高知识交换整合的效率。另一方面，从知识交流成本的角度看，当正式互动工作流网络和非正式咨询网络之间重叠过多时，互动工作流的知识会比顺序工作流的知识在两个不同网络间流动得更频繁，而且在非正式咨询网络的作用下，与任务完成不相关的更多知识也会在员工中频繁流动，这些非正式网络中获得的建议和信息增加了任务完成的不确定性和员工游离任务之外的机会；此时，团队可能制定防御规则（如隐蔽的游戏规则）来降低冲突，表面遵循一种温和的参与决策和控制的方式，但实际上，每个成员都会害怕自身或任务失败而选择防御措施以减少知识交流，从而带来较高的知识流动成本，降低与任务相关的知识交换整合的效率。因此，我们认为过高或过低的正式互动工作流网络和非正式咨询网络的重叠都会带来知识交换整合的成本。而且，在两种网络的重叠过程中存在一个最适宜的折中状态，这个状态下的知识交换整合的效率最高。半正式组织的提出为解释这一状态提供了思路，它类似于正式组织关注任务完成，也类似于非正式组织强调员工自愿参与，当组织提供正式工作且员工自愿接受则是半正式组织；半正式组织中的成员都有较一致的兴趣爱好，但成员的重叠一致程度是动态变化的（Biancani et al.，2014）。在半正式组织中，正式互动工作流与非正式咨询网络一致性过低会带来知识交换成本，从而引起无序状态；过高会使组织结构过于有序，从而减少了异质知识流动的机会。所以，半正式组织是在正式与非正式网络互动中产生的复杂组织状态，它会使知识交换整合以非线性的形式发展。据此，本章提出以下假设。

H1b：正式互动工作流与非正式咨询网络一致性和知识交换整合之间存在倒“U”形曲线关系；随着正式互动工作流与非正式咨询网络一致性增加，知识交换整合先增强后减弱。

2. 组织沟通在正式与非正式网络一致性与知识交换整合间的中介作用

在工作流与咨询网络互相依赖的任务关系中，组织成员从两类网络重叠中获取资源以完成组织任务，这样的网络在为他们提供了信息多样性、客观性的同时，也带来了协调不同需求、目标和矛盾的问题。组织沟通是知识集成和知识创造必不可少的协调机制（Mu and Benedetto，2012），而且增强网络成员的沟通协调机制对处理网络互动产生的矛盾十分重要（Soda and Zaheer，2012）。因此，我们认为组织沟通是正式与非正式网络一致性形成知识交换整合能力过程中的重要作用机理。

（1）正式顺序工作流与非正式咨询网络一致性对组织沟通的影响。正式顺序工作流与非正式咨询网络重叠程度提高时，正式顺序网络会主动与非正式网络进行更多的组织沟通，正式网络关系中的非正式沟通和非正式网络关系中的正式沟通都会增加（Srivastava，2015）。非正式网络沟通（如小道消息等）可能会穿过正式网络的结构和功能而发挥作用，而且正式网络的沟通渠道也会扩展正式网络中的规章程序（Damurski，2015），这都会促使员工在正式任务和非正式建议等的驱动下经常地通过自下而上顺序将组织任务传递给适合的员工，而且非正式咨询网络的支持也保证了员工能很快获得如何完成任务的信息，进而会想办法完成任务并将完成的任务自下而上反馈给下一道程序。所以，这种高效率的信息传递能促进员工进行更多的组织沟通活动。反之，正式顺序工作流与非正式咨询网络重叠较少时，正式顺序网络往往很少主动与非正式网络进行交流，所以主要依靠以往经验进行任务传递，往往员工在面临复杂工作任务时无法及时从非正式渠道获得建议，进而缺乏必要交流，工作进展缓慢，不利于组织员工之间的顺利沟通。据此，本章提出如下假设。

H2a：正式顺序工作流与非正式咨询网络一致性越高，组织沟通越强。

（2）正式互动工作流与非正式咨询网络的重叠对组织沟通存在正反两方面的作用。一方面，当正式互动工作流与非正式咨询网络的重叠程度低时，非正式网络渠道能帮助员工更清楚地知道谁拥有哪种知识，所以这种无序的非正式网络状态会促使员工更多依赖从非正式渠道中获得创意，并尝试和寻找新的信息或知识，避免在不熟悉工序和组织成员的情况下过多利用知识，从而导致复杂网络回应缓慢的“能力陷阱”（March，1991）。这在半正式组织的初期阶段更为常见，组织员工会因非正式咨询网络带来的新想法或项目而激发出与正式互动工作流网络进行组织沟通的欲望，进而不断增加正式与非正式网络互动重叠以达到最适宜的状态，并不断重视组织沟通氛围，进而开始跨入追求效率的“务实边界”（Carlile，2004）。另一方面，随着正式互动工作流与非正式咨询网络的重叠程度继续增强，起初的非正式沟通欲望会随着熟悉程度的提高而淡化，但是，正式互动工作流网络功能会逐渐增强，并开始具备控制网络成员顺利下达正式组织任务的功能；此时，为了更好地完成组织任务，正式互动工作流网络会有效地整合、分配、动员组织知识，避免过多探索产生的“探索—失败—无回报”的“创新陷阱”（March，1991）。这时，组织成员出于充分利用现有知识的需要进行频繁互动，进而组织沟通不断增强。上述两个方面的过程体现了半正式组织不断演进影响组织沟通的过程。由于在这个过程中存在正反两方面的作用，所以本章认为正式互动工作流与非正式咨询网络的重叠一致程度存在一个适宜的临界状态，在此状态下组织沟通会达到最大值。据此，本章提出如下假设。

H2b：正式互动工作流与非正式咨询网络一致性与组织沟通之间存在倒“U”

形曲线关系；随着正式互动工作流与非正式咨询网络一致性增加，组织沟通先增强后减弱。

（3）组织沟通对知识交换整合的影响。在组织正式结构和非正式结构中进行充分的沟通有利于促进组织知识交流，并提升目标市场绩效（Lai，2016）。当处于正式顺序工作流网络与非正式咨询网络重叠过程中时，非正式网络的组织沟通能帮助与组织任务相关的知识传播，防止知识聚集在某一群体中，而且适当的非正式知识沟通会促进知识转移；这能促进正式网络与非正式网络通过建立单向明确的渠道进行任务下达及成果反馈。随着员工之间组织沟通的不断增强，自上而下的知识交换会更加有效率，进而也能促进知识交换整合的形成。当处于正式互动工作流网络与非正式咨询网络重叠的过程中时，员工之间的组织沟通会通过面对面沟通和计算机媒介沟通等形式来控制正式与非正式间的知识探索与利用的过程（Tang et al.，2015），最终促使知识交换整合的形成。具体地，当组织沟通处于初期时，员工之间自发形成的非正式网络会很好地促进正式网络的知识交换；当沟通进行到一定程度后，非正式网络的交流会使得员工之间更加熟悉，更频繁地进行面对面沟通，会促进正式组织更好地进行知识交换整合（March，1991）。而且，事先指定的，单向的正式合作沟通机制能帮助员工领会组织任务和新知识。所以，组织沟通过程中的正式和非正式机制都有利于组织成员充分利用和整合各种差异化的专业知识，进而促使组织目标和任务的达成（Tang et al.，2015），并形成知识交换整合能力。据此，本章提出如下假设。

H3：组织沟通越强，知识交换整合越强。

（4）组织沟通的中介作用。综合上述分析，员工在组织中存在正式知识交流行为和非正式知识交流行为，他们共同构建了组织内的正式和非正式知识交流结构网络（Trinkner et al.，2016），其中，正式顺序工作流网络与非正式咨询网络的高一致性更有利于追求更高的效率氛围，通过任务快速地自上而下地下达与自下而上地反馈，避免冗余的交流，进行更多简单有效的组织沟通，从而有助于迅速传递组织任务完成所需的知识并最终促成知识交换整合的形成。而当正式互动工作流网络与非正式咨询网络的一致性高时，两者互动形成的半正式组织会通过不断地变化对组织沟通产生非线性影响，进而促成不同演进阶段的知识交换整合能力。据此，本章提出如下假设。

H4a：组织沟通在正式顺序工作流与非正式咨询网络一致性和知识交换整合的关系中发挥中介作用。

H4b：组织沟通在正式互动工作流与非正式咨询网络一致性和知识交换整合的关系中发挥中介作用。

14.2　研究设计与方法

14.2.1　数据收集与样本选择

本章采用问卷调查法收集数据，为保证测量工具的信度和效度，全部采用国内外文献已经使用过的量表，并根据研究目标及调研对象反馈进行修改。具体包括：①英文问卷进行英文-中文背翻。英文问卷先由精通中英文的一位研究者从英文翻译为中文，并由中文回译为英文，比较其中的差别并做相应的修改；然后再由另一名同领域的研究者从英文翻译为中文，并由中文回译为英文；之后，再与另外一位研究者一起检查其中的差别，并做相应的修正，然后定稿以完成问卷的翻译。②邀请 5 家企业的高管对问卷内容进行了详细的评阅，确保所采用问卷的测项表达符合企业的实际情况，并根据企业高管的反馈，就测项的适当性和问卷的科学性进行评定和修改。③邀请东南大学 MBA 和 EMBA 班的 102 名学员对初始问卷进行试评定，并就问卷内容的符合程度及问卷的可读性提出意见。最终，针对预调查的样本数据，通过探索性因子分析和信度分析，对问卷的指导语、结构设计等进行了修订。在此基础上形成正式调查问卷，进行正式调查。

本章采用问卷调查的方式收集数据。正式样本数据收集于 2015 年 11 月～2016 年 6 月在江苏和陕西两省展开。本次调查共发放问卷 588 份，回收 538 份，剔除 31 份明显有误及不合理问卷后，剩余问卷为 507 份。此外，由于部分问卷存在填写不认真、填写含糊的问题，我们通过比较同一部门回收的问卷字体及答案认真程度将其剔出。最终确定有效样本 485 个，有效回收率约为 82.5%。对回收企业与没有回收的企业进行无回应偏差分析后发现两者并没有显著差异，说明调研企业中无回应偏差问题不严重。样本的基本统计信息如表 14.1 所示。

表 14.1　样本企业统计特征描述

统计特征	样本量特征分布
企业类型	国有企业占 62.9%；民营企业占 37.1%
行业	信息技术企业占 40.6%；制造业企业占 23.4%；化工行业占 36.0%
企业规模	100 人以下占 6.9%；100～500 人占 52.6%；500～1000 人占 13.6%；1000 人及以上占 26.9%
成立时间	3～5 年占 6.9%；10 年以上占 93.1%
性别	男性占 68.6%；女性占 31.4%
工作时间	半年以下占 15.4%；半年～1 年占 21.9%；1～3 年占 26.0%；3～5 年占 11.2%；5 年及以上占 25.5%
年龄	25 岁以下占 10.4%；25～35 岁占 61.0%；35～45 岁占 27.3%；45 岁及以上占 1.3%
教育程度	高中及以下占 3.6%；大专占 6.0%；本科占 57.1%；硕士及以上占 33.3%

14.2.2　测量工具

本章测量工具都为国内外普遍使用的成熟量表，并进行了英文-中文背翻。同时，结合研究背景对问卷进行适当“本地化”处理。另外，为减少同源误差的影响，我们根据 Podsakoff 和 Organ（1986）的建议，采取了保证匿名性、明确答案无对错之分、尽可能使用清晰明确的用语，以及用反向用语突破思维定式等问卷设计措施，并采用随机调整测项顺序等方法削弱同源误差影响。具体如表 14.2 所示。

表 14.2　各变量定义与说明

变量类型	变量标识	变量说明
因变量	KEC	知识交换整合
自变量	SCC	正式顺序工作流网络和非正式咨询网络一致性
	RCC	正式互动工作流网络和非正式咨询网络一致性
中介变量	OC	组织沟通
控制变量	Gender	性别
	Time	现公司工作时间
	Position	员工组织层级
	Age	年龄
	Education	教育程度
	Type	企业类型
	Industry	所属行业
	TMS	交互记忆系统
	Regtime	公司成立时间

1. 自变量

对正式与非正式网络一致性的计算中，正式网络采用目前 Soda 和 Zaheer（2012）的网络一致性测量表，包含正式顺序工作流网络和正式互动工作流网络。正式顺序工作流网络包括 2 个测项，分别是“我会把工作任务下达给他/她”和“他/她的工作任务完成后会转向我”；正式互动工作流网络包括 1 个测项为“我和他/她需要完成相互交流和配合的工作任务”。非正式网络采用罗家德等（2002）的非正式咨询网络量表，包括 3 个测项，分别是“在工作上遇到困难时，我会向他/她咨询”“在处理日常业务时，我常和他/她讨论相关问题”“在工作中遇到困难时，他/她会主动协助我”。具体地，主要将正式网络与非正式网络分别转化为整体网，然后通过 QAP 计算两个网络的重叠程度，具体包括正式顺序工作流与非正式咨询网络一致性和正式互动工作流与非正式咨询网络一致性。

2. 因变量

知识交换整合采用 Collins 和 Smith（2006）开发的量表，这是目前组织行为和人力资源管理领域使用最广泛的成熟量表。他们用 8 个问题进行测量，分别是“我认为与部门中的同事相互交换和整合想法可以获益”“我相信交换和整合想法能比独立工作更快地推进新项目或者产生新创意”“我经常感到从相互交换和整合想法的过程学到新知识”“我在部门中善于通过交换和整合想法来解决问题或者创造机会”“我在部门中经常通过分享个人想法，去提出新观点、开发新产品和新服务”“我在部门中很少通过交换和整合想法来解决问题”“我在部门中很乐意与同事交换和整合想法”，以及“我在部门中善于通过分享自己的专业知识，以促成新项目的落成或者新成果的达成”。采用利克特七级量表（从 1“很不同意”到 7“很同意”，2～6 具体表示的内容见附录）。该研究知识交换整合的信度较好，Cronbach's α 达到 0.846。

3. 中介变量

组织沟通采用 Tang 等（2015）通过凝练以往研究成果最新提出的测量量表，共包括 3 个测项，分别是 “您参与的项目中大部分交流都有明确设定的流程、计划和时间表”“您在交流大部分项目活动时，都有一套易操作的步骤以方便执行”“您参与的大多数项目活动都是基于预先设立的事务、规则和流程进行交流的”。采用利克特七级量表（从 1“从不”到 7“总是”，2～6 具体表示的内容见附录）。该研究组织沟通的信度较好，Cronbach's α 达到 0.788。

4. 控制变量

本章选取了员工性别、现公司工作时间、员工组织层级、年龄、教育程度、企业类型、所属行业和公司成立时间八个变量，它们均对企业有着重要影响（Tang et al.，2015）。此外，组织沟通与交互记忆系统（transactive memory system，TMS）有非常重要的关系（Kanawattanachai and Yoo，2007），而且 TMS 也是影响知识交换整合的重要因素（Lewis，2003）。因此，在正式互动工作环境下，TMS 会影响知识交换整合的形成。所以，本章也将 Lewis（2003）提出的 TMS 作为正式互动工作流网络下的控制变量。具体包括 15 个测项，分别是“您团队中的每个成员都具有项目相关的某类专业知识”“您本人具有其他团队成员没有的某方面的项目知识”“不同的团队成员负责不同领域的专业知识或技能”“为了完成项目，不同团队成员的专业知识是必不可少的”“您知道哪些团队成员在特定领域有专业知识或技能”“您很乐意接受其他团队成员的有关工作流程的建议”“您相信其他团队成员拥有的项目知识是值得信赖的”“您对于如何完成任务存在许多困惑”“对于其他成员提供的信息，您想自己再次核查一遍”“您对于其他成员的专业知识（或技能）没有太大信心”“您的团队能以非常协调的方式一起工作”“对于要做什么和何时做，团队能基本达成共识”“您团队的工作很多时候需要重新来过”“您团队能够顺利且高效地完成任务”“您信赖经过其他团队成员所讨论的信息”。采用利克特七级量表（从 1“很不同意”到 7“很同意”）。该研究控制变量的信度较好，Cronbach's α 达到 0.846。

14.2.3 信度与效度

（1）信度。本章通过 Cronbach's α 测量量表问卷，首先依据校正的项总计相关（corrected item-total correlation，CITC）＞0.5 的标准保留测项，剔除≤0.5 的测项，但删除后 Cronbach's α 变小的选择保留，其余的当作“垃圾测项”删除；其次根据 Hinkin（1998）的验证标准，总量表的 Cronbach's α 达到 0.84，说明信度非常好，并且各量表都呈现良好的内部一致性。

（2）内容效度。为了确保量表的内容效度，正式与非正式网络一致性、组织沟通和知识交换整合的量表都来自国内外成熟量表，为了避免由地域文化背景的差异导致量表效度的降低，本章采用专家评价法。邀请东南大学、河海大学、南京农业大学企业管理方面的副教授、东南大学企业管理专业的三名博士研究生和四名硕士研究生，以及三名企业中高层管理者共同讨论措辞，在不改变量表含义的前提下，对语言和文字进行修订，以便更适于理解。然后采用 Schriesheim 和 Hinkin（1990）的方法，将量表呈现给 102 名东南大学 MBA 中心的工商管理硕士进行评分，通过计算各测项在每个因子上的得分，将超过 60%的测项保留，从而保证量表的内容效度。在结构效度方面，对于聚合效度，本章所有变量进行探索性因子分析后结果显示，正式量表总体的 KMO 值为 0.759，累计贡献率为 62.46%，并通过巴特利特球形检验（p＜0.001），9 个测项共提取 2 个特征值大于 1 的因子，并且每个测项载荷都大于 0.5，表明各测项间聚合效度好。对于区分效度，本章分析了潜变量相关系数矩阵（表 14.3），各变量间相关系数的绝对值都在 0.003～0.680，均小于 0.7 临界标准，大多为中低程度的相关，且 AVE 的平方根都大于潜在变量相关系数的绝对值，证明各概念间的区分效度较好。

14.3 假 设 检 验

14.3.1 描述性统计分析

本章相关变量的描述性统计分析见表 14.3。

表 14.3　主要变量的均值、标准差和皮尔逊相关系数

变量	均值	标准差	1	2	3	4	5	6	7	8	9	10	11	12
1.Gender	1.31	0.47	1											
2.Time	3.09	1.40	−0.022	1										
3.Position	1.15	0.53	−0.098	0.139^{*}	1									
4.Age	2.37	0.82	−0.030	0.667^{***}	0.114	1								
5.Education	3.20	0.71	−0.051	−0.111	0.027	-0.230^{***}	1							
6.Type	1.74	0.97	0.041	-0.324^{***}	0.124	−0.056	-0.378^{***}	1						
7.Industry	1.95	0.88	0.064	0.527^{***}	0.079	0.352^{***}	-0.170^{**}	-0.290^{***}	1					
8.Regtime	4.86	0.51	−0.061	0.068	0.036	−0.017	0.343^{***}	-0.35^{***}	−0.014	1				
9.TMS	5.52	0.55	−0.045	-0.164^{**}	0.077	-0.204^{***}	−0.035	0.100	-0.159^{**}	0.058	1			
10.RCC	0.51	0.31	−0.011	0.154^{+}	−0.107	0.179^{**}	−0.105	-0.151^{*}	0.247^{***}	0.074	-0.168^{**}	1		
11.SCC	0.45	0.31	−0.052	0.280^{***}	−0.020	0.233^{***}	−0.101	-0.260^{***}	0.309^{***}	0.077	-0.195^{***}	0.559^{***}	1	
12.OC	4.99	0.99	−0.064	−0.122	0.074	-0.153^{**}	0.003	−0.054	-0.154^{*}	−0.017	0.414^{***}	0.041	−0.011	1
13.KEC	5.54	0.69	−0.056	−0.127	0.137^{*}	-0.128^{*}	0.009	-0.134^{*}	-0.161^{**}	0.012	0.680^{***}	-0.183^{**}	-0.255^{***}	0.418^{***}

+、*、**、***分别表示在 0.5、0.1、0.05、0.01 水平上显著

14.3.2 假设检验结果

1. 正式与非正式网络一致性对知识交换整合的影响

表 14.4 为正式顺序工作流网络与非正式咨询网络一致性对知识交换整合的影响。模型 1 考察了控制变量的影响。由模型 1 和模型 2 可知，加入正式顺序工作流网络与非正式咨询网络一致性后，对知识交换整合变异解释增加了（$\Delta R^2=0.028$，$p<0.01$）。但是，正式顺序工作流网络与非正式咨询网络一致性对知识交换整合有显著负向关系（$\beta=-0.374$，$p<0.05$），H1a 未得到验证。

表 14.4 正式顺序工作流网络与非正式咨询网络一致性对知识交换整合的影响

变量		KEC	
		模型 1	模型 2
控制变量	Gender	–0.059（–0.52）	–0.047（–0.46）
	Time	0.005（0.08）	0.006（0.12）
	Position	0.184*（1.80）	0.181*（1.94）
	Age	–0.094（–1.05）	–0.077（–0.95）
	Education	–0.021（–0.24）	–0.044（–0.54）
	Type	0.063（0.92）	0.036（0.57）
	Industry	–0.089（–1.24）	–0.068（–1.03）
	Regtime	0.053（0.48）	0.065（0.63）
自变量	SCC		–0.374**（–2.43）
F		1.439***	2.187***
R^2		0.065	0.093
ΔR^2			0.028***

注：括号中为 t 值

*、**、***分别表示在 0.1、0.05、0.01 水平上显著

表 14.5 为正式互动工作流网络与非正式咨询网络一致性对知识交换整合的影响。结果表明，加入正式互动工作流网络与非正式咨询网络一致性和其平方项后，对知识交换整合变异解释增加了（$\Delta R^2=0.018$，$p<0.01$）。正式互动工作流网络与非正式咨询网络一致性对知识交换整合存在显著正向影响（$\beta=0.863$，$p<0.05$），且正式互动工作流网络与非正式咨询网络一致性的平方对知识交换整合存在显著负向影响（$\beta=-0.903$，$p<0.05$），因此，正式互动工

作流网络与非正式咨询网络一致性和知识交换整合之间存在倒“U”形曲线关系，H1b 得到验证。

表 14.5　正式互动工作流网络与非正式咨询网络一致性对知识交换整合的影响

变量		KEC	
		模型 3	模型 4
控制变量	Gender	−0.024（−0.29）	−0.015（−0.19）
	Time	0.001（0.02）	−0.002（−0.06）
	Position	0.100（1.30）	0.095（1.35）
	Age	0.023（0.35）	0.041（0.67）
	Education	0.060（0.89）	0.055（0.89）
	Type	0.042（0.83）	0.046（0.98）
	Industry	−0.034（−0.62）	−0.035（−0.71）
	Regtime	−0.041（−0.48）	−0.040（−0.52）
	TMS	0.738***（11.45）	0.734***（12.42）
自变量	RCC		0.863**（2.30）
	RCC^2		−0.903**（−2.58）
F		16.837***	17.239***
R^2		0.479	0.497
ΔR^2			0.018***

注：括号中为 t 值

、*分别表示在 0.05、0.01 水平上显著

2. 组织沟通在正式与非正式网络一致性和知识交换整合之间的中介作用

首先，由表 14.6 中模型 5 和模型 6 可知，加入正式顺序工作流网络与非正式咨询网络一致性后，对组织沟通变异解释未增加（$\Delta R^2 = 0.000$），而且正式顺序工作流网络与非正式咨询网络一致性对组织沟通的回归系数不显著（$\beta = 0.086$，$p > 0.1$），因此，H2a 未得到验证。进而，组织沟通在正式顺序工作流网络与非正式咨询网络一致性和知识交换整合之间未发挥中介作用，所以 H4a 也没有得到验证。同时，由表 14.6 中模型 7 和模型 8 可知，加入正式互动工作流网络与非正式咨询网络一致性后，对组织沟通变异解释增加了（$\Delta R^2 = 0.055$，$p < 0.01$），同时，正式互动工作流网络与非正式咨询网络一致性的平方与组织沟通呈显著负相关（$\beta = -1.498$，$p < 0.05$），呈现较为显著的倒“U”形的曲线关系，H2b 得到验证。

表 14.6　正式工作流网络与非正式咨询网络一致性和组织沟通的关系

变量		OC			
		模型 5	模型 6	模型 7	模型 8
控制变量	Gender	−0.096（−0.59）	−0.099（−0.66）	−0.067（−0.45）	−0.035（−0.22）
	Time	−0.029（−0.35）	−0.030（−0.38）	−0.032（−0.42）	−0.029（−0.72）
	Position	0.248*（1.68）	0.249*（1.82）	0.178（1.30）	0.206（1.43）
	Age	−0.140（1.10）	−0.144（−1.21）	−0.043（−0.36）	−0.036（−0.28）
	Education	−0.171（−1.34）	−0.166（−1.39）	−0.104（−0.87）	−0.080（−0.64）
	Type	−0.207**（−2.10）	0.201**（−2.17）	−0.224**（−2.45）	−0.205**（2.10）
	Industry	−0.202*（−1.95）	−0.206**（2.14）	−0.156（−1.62）	−0.201*（−1.94）
	Regtime	−0.112（−0.69）	−0.114（−0.76）	−0.190（−1.26）	−0.232（−1.45）
	TMS			0.612***（5.33）	0.673***（5.50）
自变量	SCC		0.086（0.38）		
	RCC				2.042**（2.52）
	RCC^2				−1.498**（−1.99）
F		1.627***	1.699***	4.844***	4.564***
R^2		0.073	0.073	0.209	0.264
ΔR^2			0.000		0.055***

注：括号中为 t 值

*、**、***分别表示在 0.1、0.05、0.01 水平上显著

由表 14.7 的模型 9 可知，加入组织沟通后，对知识交换整合变异解释增加了（$\Delta R^2 = 0.004$，$p<0.01$），同时，组织沟通和知识交换整合间存在显著正向关系（$\beta = 0.115$，$p<0.01$），H3 得到验证。

表 14.7　正式互动工作流网络与非正式咨询网络一致性及组织沟通与知识交换整合

变量		KEC	
		模型 9	模型 10
控制变量	Gender	−0.017（−0.20）	−0.010（−0.13）
	Time	−0.005（0.11）	−0.001（0.02）
	Position	0.080（1.05）	0.074（1.06）
	Age	0.028（0.43）	0.046（0.75）
	Education	0.072（1.09）	−0.064（1.06）

续表

变量		KEC	
		模型 9	模型 10
	Type	0.068（1.33）	0.068（1.45）
	Industry	–0.016（–0.30）	–0.015（–0.30）
	Regtime	–0.019（–0.23）	–0.017（–0.22）
	TMS	0.667***（9.74）	0.665***（10.48）
自变量	RCC		0.685*（1.85）
	RCC^2		–0.772**（–2.22）
中介变量	OC	0.115***（2.68）	0.108***（2.70）
F		16.442***	16.926***
R^2		0.501	0.515
ΔR^2		0.004***	0.014***

注：括号中为 t 值

*、**、***分别表示在 0.1、0.05、0.01 水平上显著

由表 14.7 的模型 10 可知，同时加入正式互动工作流网络与非正式咨询网络一致性、其平方项和组织沟通后，对知识交换整合变异解释增加了（$\Delta R^2 = 0.014$，$p<0.01$），而且正式互动工作流网络与非正式咨询网络一致性平方项和组织沟通间存在显著负向关系（$\beta = -0.772$，$p<0.05$），组织沟通与知识交换整合间存在显著正向关系（$\beta = 0.108$，$p<0.01$），因此，根据温忠麟和叶宝娟（2014）对中介作用检验的建议，组织沟通在正式互动工作流网络和非正式咨询网络一致性与知识交换整合之间发挥了部分中介作用，H4b 得到验证。检验结果及中介路径系数见图 14.1。

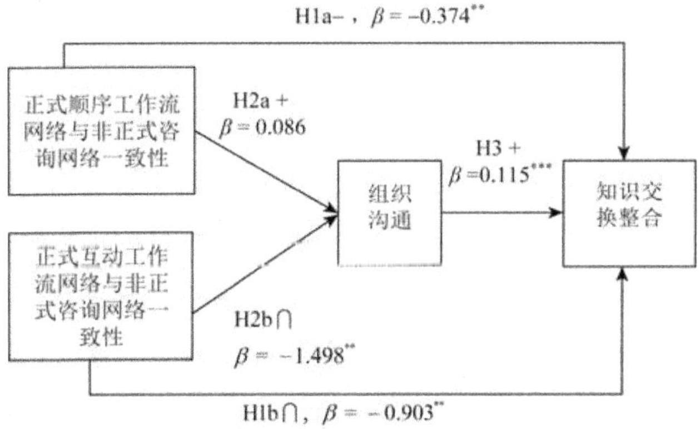

图 14.1　研究模型的中介路径

14.4　研究讨论与结论

14.4.1　研究讨论

1. 正式顺序工作流网络与非正式咨询网络一致性对知识交换整合的影响

实证分析表明，正式顺序工作流网络与非正式咨询网络一致性对知识交换整合的正向影响未被验证，而且与假设不同，研究结果表明正式顺序工作流网络与非正式咨询网络一致性对知识交换整合存在负向影响。分析原因，本章认为可能与假设提及的低网络一致性会使组织成员无法明确理解复杂任务和非正式咨询网络有助于补充信息的解释恰恰相反。由于正式顺序工作流网络大多为显性知识的传递，网络成员不需要过多地私下非正式交流并分享隐性知识，当网络一致性较低时，组织成员分别处在不同的正式顺序工作流网络和非正式咨询网络中，即具有相同正式顺序工作流网络的组织成员分别属于不同的非正式咨询网络，他们之间非正式交流会更少，进而成员进行正式交流获得显性知识时的干扰越少、交流成本也越低，成员间的知识交换整合能力越高。所以，当正式顺序工作流网络与非正式咨询网络一致性低时，传递显性知识的效率反而更高，更易形成知识交换整合能力。例如，苹果公司的知识交换整合的过程就是如此。产品保密原则是该公司的一种文化，特别是在乔布斯时代，除了公司高层知情外，其他员工无法获得任何信息，每个模块都是相对独立开发，任务是自上而下传达的，按顺序由上级领导告诉不同的员工相关设想，任何私下的声音都会被严厉禁止，虽然员工知道自己在做什么但绝不知道为什么要做这个东西，因此，他们之间私下交流很少，只能传递符号性质的显性知识。但是，这种模式可以将公司的产品创新内容模块化地交给合适的员工，并且能在公司正式网络中一直保持相互竞争，这会使每次任务下达后，项目组就像初创团队一样高效。这种正式顺序工作流网络与非正式咨询网络重叠较少的竞争性组织氛围使得员工高效率地传递显性知识，从而提高了知识交换整合能力。

2. 正式互动工作流网络与非正式咨询网络一致性对知识交换整合的影响

实证结果表明，正式互动工作流网络与非正式咨询网络一致性和知识交换整合间存在倒“U”形曲线关系，如图 14.2 所示。这说明随着正式互动工作流网络与非正式咨询网络重叠一致程度的增加，知识交换整合能力会先不断增加，达到最高阈值后，又会随之不断降低。我们认为，互动工作流网络大多传递的是复杂的隐性知识，需要非正式咨询网络的支持才能更有效地进行知识交换整合。

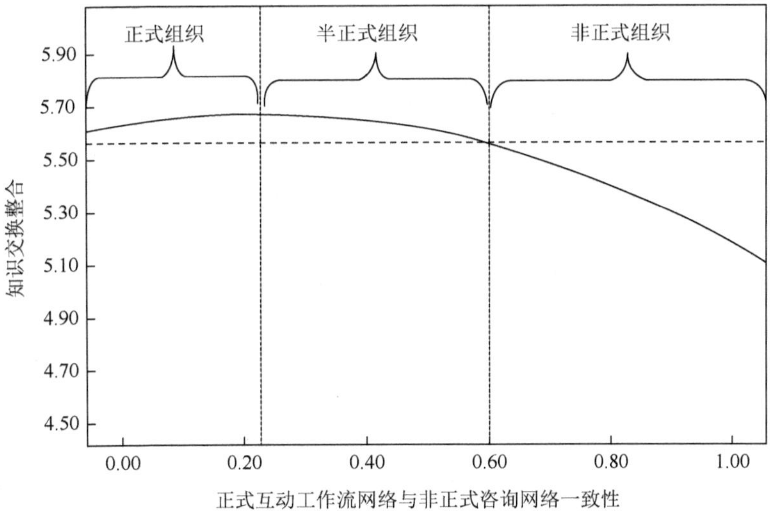

图 14.2　正式互动工作流网络与非正式咨询网络一致性和知识交换整合能力

从动态演进的角度看，在组织的创建过程中，正式互动工作流网络与非正式咨询网络重叠一致形成知识交换整合能力。具体由如图 14.2 所示的三个阶段组成。第一阶段，面对环境变化或新组织创建产生的压力和紧张，规范的正式互动工作流网络可以迅速改变以适应变化，而非正式咨询网络的调整会滞后，这就会出现正式互动工作流网络与非正式咨询网络重叠较少的阶段，这个阶段以正式互动工作流网络形成的正式组织为主，组织强调尽可能利用现有知识完成组织任务，从非正式咨询网络渠道获取的创意比较少，这时知识交换整合能力比较弱。第二阶段，随着感兴趣的员工不断自愿加入，一个全新的半正式组织开始形成，组织能够从非正式咨询网络的渠道中探索新知识并获得创意，同时也可以通过新渠道促进员工的合作和生产（Biancani et al.，2014）。这就是正式互动工作流网络与非正式咨询网络重叠一致形成的第二个阶段，即半正式组织阶段，这一阶段中每个员工将属于非正式组织，也属于正式组织，项目有序进行，建立了最高效的知识交换整合的平台。很多公司存在这样的半正式组织平台。例如，英国石油公司通过项目讨论邀请其他部门的员工，强生公司采用鼓励员工到其他部门做志愿者等方式将跨部门不同专业的人通过正式或非正式的形式整合到一个平台，从而解决边界长期阻隔带来的知识无法交换和更新的问题。当组织中有多个半正式组织时，就会形成多元创新型企业，可以同时开发多种创新项目。第三阶段，半正式组织是灵活可变的，具有实验的性质（Biancani et al.，2014），如果它成功了，正式互动工作流网络可以给予更多的支持和利用，将其变为正式的或制度化的结构，继而重新开始新建组织；如果失败了，那么非正式咨询网络有可能取代正式互动工作流网络，组织进入混乱、效率低下的状态。上述三个阶段是不断循环往复的。事实上，谷歌项目团队是典型的半正式组织。谷歌的初创项目起始于创意邮箱中的任意员工在20%的自由时间中所设计的项目，员工之间可以自由创建小组或组间合作，这促使志同道合的员工会逐步加入到新项目中，使得在初期项目组建的正式互动工作流网络与非正式咨询网络存在高度的异质性。随着感兴趣员工的不断加入，谷歌公司初创项目逐步进入半正式组织阶段，正式与非正式网络重叠达到一定程度时，知识交换整合带来的创新能力最高，最终促进了项目想法的成形与发展。所以，在以正式互动工作流网络为主并追求创新的项目团队中，激发自由加入的非正式成员自发形成半正式组织，能实现最好的组织知识交换整合。

3. 正式顺序工作流网络与非正式咨询网络一致性对知识交换整合的作用机理

实证结果表明，正式顺序工作流网络与非正式咨询网络一致性和组织沟通无显著关系，所以组织沟通在正式顺序工作流网络与非正式咨询网络一致性和知识交换整合中未发挥中介作用。这与本章的研究假设不同，分析原因，我们认为正式顺序工作流网络中更多传递的是显性知识，而组织沟通同时关注促使正式组织任务完成的显性知识传递和进行更广泛创新行为的隐性知识交流。根据之前的分析，正式顺序工作流网络与非正式咨询网络一致性较低时会形成竞争性的正式组织氛围，这更有利于显性知识的交流，但同时也会阻碍隐性知识的传播；当正反两个方向同时发生作用时，正式顺序工作流网络与非正式咨询网络一致性对组织沟通的影响就会表现为不显著。因此，在未来的研究中我们应充分考虑分析不同类型的组织沟通的中介作用，如与正式结构相关的正式沟通，主要通过预先设定的计划、时间表、预测、备忘录、管理信息报告等形式进行沟通以严格遵守组织惯例及操作程序。

此外，我们认为以正式顺序工作流网络为主的企业组织由于传递显性知识，追求组织效率，未来应考虑建立非正式咨询网络较少的简单、扁平的组织结构。这是因为顺序工作流网络经常按一定流程完成任务，使得员工往往凭旧经验或惯性认定新事务，所以更需要能迅速做出判断的专业团队帮助他们掌握显性知识，而扁平结构的能快速传递信息的特征使其更具优势；而且，如果正式顺序工作流网络与非正式咨询网络之间重叠过多会带来大量成本，扁平化组织结构能使部门内水平边界模糊，即使组建新团队，非正式结构也不会有过多影响，进而规避了成本风险；此外，非正式咨询网络较少也有利于正式顺序工作流网络实施保密化原则，从而有利于顺序工作流网络中的关键工序的完成。所以，以正式顺序工作流网络为主的企业组织可以通过减少非正式网络提高知识传递与整合的效率。

4. 正式互动工作流网络与非正式咨询网络一致性对知识交换整合的作用机理

实证分析表明，组织沟通是正式互动工作流网络与非正式咨询网络一致性和知识交换整合间的倒“U”形曲线关系中的作用机理，其中，正式互动工作流网络与非正式咨询网络一致性和组织沟通间存在倒“U”形曲线关系，如图 14.3 所示。

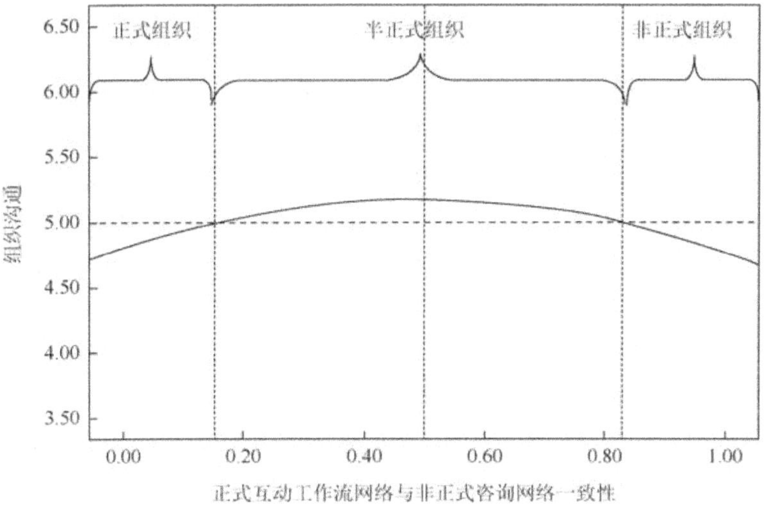

图 14.3　正式互动工作流网络与非正式咨询网络一致性和组织沟通

这说明，组织沟通在正式互动工作流网络与非正式咨询网络重叠一致形成知识交换整合能力的三个阶段中都发挥了机理作用。在第一阶段，以正式互动工作流网络为主，非正式咨询网络较少，组织沟通更多以互动交流完成正式任务的正式沟通为主，组织成员大多只能传递简单或显性的知识，对复杂隐性知识的交换与整合能力较弱；第二阶段，随着组织成员自发不断地加入正式互动工作流网络，非正式咨询网络比重不断增加，开始形成半正式组织状态，组织沟通开始逐渐出现更多非正式的建议和交流，两类网络频繁互动的组织沟通使知识交流跨入“务实边界”，避免了“创新陷阱”和“能力陷阱”，使得组织成员对复杂隐性知识的交换与整合能力提高；第三阶段，随着员工的灵感更多来源于非正式咨询网络，正式互动工作流网络控制减弱，虽然组织沟通仍不断增强，但大多为非正式的组织沟通，这对团队交换与整合复杂隐性知识的能力帮助不大，组织创新和效率下降。

此外，本章也发现，控制 TMS 后，上述正式互动工作流网络与非正式咨询网络一致性影响知识交换整合及组织沟通作用机理的关系更加显著。这进一步说明正式互动工作流网络中大多进行的是复杂隐性知识的交换与整合，TMS 的复杂知识交流环境可以促进正式互动工作流网络与非正式咨询网络一致性对知识交换整合能力的形成影响，而正式顺序工作流网络进行的是简单显性知识的交换与整合，过多的复杂 TMS 环境反而会不利于正式顺序工作流网络的工作惯性，从而无法有效传递显性知识并促进知识交换整合能力的形成。

14.4.2 研究结论

本章得到如下结论：正式顺序工作流网络和非正式咨询网络的一致性与知识交换整合间存在负相关关系；正式互动工作流网络和非正式咨询网络的一致性与知识交换整合间存在倒“U”形曲线关系。这说明正式顺序工作流网络与非正式咨询网络的重叠一致不利于知识交换整合能力形成，而适度的正式互动工作流网络与非正式咨询网络的重叠一致有利于知识交换整合能力的培育。组织沟通在正式互动工作流网络与非正式咨询网络一致性对知识交换整合的影响中起中介作用，但在正式顺序工作流网络与非正式咨询网络一致性对知识交换整合的影响中的中介作用不显著。这说明组织沟通是正式互动工作流网络与非正式咨询网络一致性对知识交换整合影响过程中的作用机理。

第 15 章　企业正式与非正式沟通匹配影响组织适应性的理论贡献与实践启示

15.1　理 论 贡 献

以往关于知识交换整合能力前因的分析往往将组织成员间的微观互动行为与宏观组织氛围研究分离考虑，无法反映组织内部微观和宏观两者互相影响形成知识交换整合能力的过程。因此本篇基于社会网络分析方法从以下三方面对此进行了弥补。

15.1.1　从自下而上的视角探讨了正式与非正式行为对知识交换整合能力的影响

本篇引入正式与非正式网络重叠一致的概念从自下而上的社会网络视角探讨了员工之间相互正式与非正式行为对知识交换整合能力的影响。一方面，该概念区别于过去的从微观角度分析组织成员行为或只关注组织结构或氛围的宏观特征的研究，它反映了处于不同正式网络与非正式网络的组织成员如何相互作用形成不同网络关系，所以它的引入发挥了社会网络分析特点，是对以往研究从微观和宏观角度的重要融合；另一方面，由于以往研究主要重视非正式网络对知识交换与整合的作用，忽视了正式关系更容易确定专业知识和获取资源、更大程度上决定交流对象（Gulati and Puranam，2009）的作用，而该概念同时反映了正式网络与非正式网络员工之间相互关联而表现出的跨网络重叠程度的正式与非正式网络一致性，对知识交换整合能力的前因进行了细化，是对以往研究的有力补充。

15.1.2　打开了正式与非正式网络重叠一致形成不同知识交换整合能力的黑箱

本篇研究打开了正式与非正式网络重叠一致形成不同知识交换整合能力的黑箱，分析了组织沟通的机理作用，并为正式与非正式网络重叠的协调机制提供了新思路。目前研究鲜有探讨正式与非正式网络重叠一致影响知识交流的问题，更少关注它们内部的作用机理。本篇从组织沟通角度分析了不同正式工作流网络与非正式网络重叠一致形成不同知识交换整合能力的中介作用，该研究打开了以往Soda和Zaheer（2012）研究的正式与非正式网络一致性影响绩效内部的黑箱，指出组织沟通在正式互动工作流网络与非正式咨询网络一致性形成知识交换整合能力的过程中发挥中介作用，细化了正式工作流网络与非正式网络重叠一致形成不同知识交换整合能力的内部机理。

15.1.3 从知识交流角度整合了以往有关正式组织及非正式组织研究

本篇将正式互动工作流网络与非正式咨询网络一致性形成知识交换整合能力的过程划分为三个阶段，这是从动态演进角度对以往有关正式组织及非正式组织进行知识交流研究的重要整合。同时，该观点也是对Soda和Zaheer（2012）分析正式与非正式网络一致性产生不同绩效的解释和补充。本篇认为从知识管理视角看，由于不同正式与非正式网络重叠一致过程存在不同的发展阶段，如正式组织、半正式组织、非正式组织等，它们在企业中形成了不同的沟通氛围，进而在不同组织中形成不同的知识交换整合能力，所以产生不同绩效。这可能是绩效不一致背后的深层原因。这一观点将为未来从动态视角分析正式与非正式网络互动提供新的思路和框架。

15.2 实践启示

15.2.1 对提升团队沟通效率的启示

在短期，团队管理者应加强正式沟通制度的建立，并强调提升短期资源利用效率。具体地，团队管理者可在企业总体制度体系的基础上，构建适合本团队交流的正式规则和规章，保障团队交流顺畅。同时，应注意对团队内的非正式沟通进行适当的引导，使其支持正式沟通。

从长期来看，团队管理者应注重对团队内非正式沟通的保护，营造和谐的非正式沟通环境。可通过建立虚拟社区等方式及时了解团队内的非正式动态，及时获取有用的信息。特别地，团队管理者应对正式与非正式沟通匹配程度进行适当的把握，应注意避免选择过高的匹配度。

团队管理者应特别关注团队所处的产业环境，当偏向于第一产业时，应注重正式沟通制度的建立，加强对现有资源的利用；当偏向于第三产业时，应注重非正式沟通方式的建立，加强对外部环境的适应。特别地，团队管理者应认识到，产业环境能够强化团队情境双元能力，随着产业环境的动态发展，团队需审时度势，及时变更策略，选择合适的管理模式。

15.2.2 为企业培育知识交换整合能力提供指导

对于以正式顺序工作流为主的企业、部门或团队而言，应尽可能保持简单、扁平的正式组织结构，减少各种非正式沟通渠道，避免组织内非正式咨询网络的影响，进而通过提高对显性知识的沟通效率培育知识交换与整合能力；对于以正式互动工作流为主的企业、部门或团队而言，应不断鼓励组织成员通过各种正式或非正式渠道自发交流形成非正式咨询网络，进而促进组织内的频繁沟通以提升对复杂隐性知识的交换与整合能力；但是，过多的非正式交流也会对正式互动工作流的完成带来成本和干扰，所以培育适宜的非正式咨询网络对这类组织最有利。如前所述，苹果和谷歌就是这两类企业的典型例子，前者以顺序工作流为主，组织结构相对简单；后者以互动工作流为主，组织中非正式交流频繁。

因此，在管理实践中，企业可以借鉴上述思路根据自身不同组织、部门或团队的顺序工作流和互动工作流特征，借助各类组织沟通方式，制订相应的知识交换整合能力培育策略。所以，该研究将为目前处在复杂环境下的根据自身工作任务特征培育知识交换整合能力的企业提供指导和帮助。

第五篇　企业组织正式与非正式互动的进一步思考

第16章　CAS视角下企业正式和非正式网络互动的前因

当前，伴随着企业管理步入“VUCA”[即易变性（volatility）、不确定性（uncertainty）、复杂性（complexity）和模糊性（ambiguity）]时代，企业内部非正式社交软件的日益更迭（如微信、微博、脉脉等）不断冲击着个体间的正式互动结构和方式。正如沃顿商学院管理学教授Rothbard指出的那样，非正式社交网络在办公室内的不断兴起使得组织正式结构发生重大变革。同时，企业内正式工作流程越发扁平化、网络化和多元化，也为非正式关系的产生和发展提供了必要的基础和条件。由此，信息技术及管理方式的变化使得当前组织内正式及非正式关系的相互作用越发复杂化和多样化，二者之间互动的影响已成为组织管理研究的关键议题。

目前研究证明了正式与非正式网络互动作用对组织结果的重要影响（Soda and Zaheer，2012），如权力网和非正式网络的一致性会促进个体绩效，而顺序工作流网络和非正式网络之间的不一致会降低个体绩效（Soda and Zaheer，2012）；Kratzer等（2008a）的研究发现正式和非正式网络一致性对团队的时间效率有负面影响。此外，Gulati和Puranam（2009）提出正式组织与非正式组织之间存在一种补偿效应，如非正式组织可以通过激励个体产生一种独特而有价值的行为来补偿正式组织有效运行的缺陷，反之亦然；也有学者指出，组织网络连接性与绩效之间存在倒“U”形关系，即过高或过低的连接性均会导致较差的组织绩效，只有适度的网络连接性能够维持最好的组织绩效（Lazer and Friedman，2007）；正式组织分配的任务与非正式社交网络之间的弱重叠和团队的创造力之间呈倒“U”形关系（Kratzer et al.，2008a）；互动工作流网络和非正式网络之间的不一致会使得个体绩效先增加后降低（Soda and Zaheer，2012），即存在倒“U”形关系。Biancani等（2014）指出同时具备适度正式和非正式组织特征的“半正式组织”可以通过建立新工作关系激励创新。

综合上述研究，我们不难发现，正式和非正式网络之间适当的互动作用可以给组织带来更好的结果。然而，仅有少数学者关注了正式和非正式网络之间适度互动作用的形成机制和发生条件，这使得我们难以为企业如何实现正式和非正式组织适度互动提供有益指导。因此，本章试图通过探究正式网络和非正式网络的重要前因来填补这一理论空缺。

16.1 理论基础

16.1.1 战略前因

战略是影响企业组织结构的重要因素（Gurianova and Mechtcheriakova，2015）。"结构遵循战略"理论（Chandler，1969）研究了战略与结构之间的契合及其对企业绩效的影响（Miller，1987）。这些研究的共同结论是企业的组织设计特征应与公司的战略相匹配，以实现可持续的卓越业绩（Wasserman，2008）。因此，我们通过提出和厘清正式和非正式网络互动作用的战略前因，为分析正式与非正式结构互动前因做出贡献。为实现组织目标而设计的正式网络（Rank，2008）可以通过深入利用现有知识互动（Caimo and Lomi，2015）来构建，而为非正式沟通伙伴关系设计的非正式网络（Rank，2008）可以通过新的知识传播行为来构建（Caimo and Lomi，2015）。我们假设利用式创新战略和探索式创新战略构成的双元创新战略是正式网络和非正式网络互动作用的合适的战略前提。

16.1.2 内外环境前因

企业文化和环境分别形成了战略和组织结构相互作用的内部和外部环境因素（Raisch et al.，2009）。首先，文化是组织内的一个关键组成部分，其可鼓励和推动组织成员接受（或拒绝）新战略，从而实现（或未能实现）新制订的组织目标（Kerr and Slocum，2005）。在战略驱动的组织结构调整中，员工行为的主要决定因素是组织文化（Bushardt et al.，2007）。因此，不同的组织集体主义文化和个人主义文化可能会对组织中的正式活动和非正式活动产生不同的影响。其次，商业环境中的外部动态和竞争力水平是影响组织结构的一个重要因素（Birkinshaw and Gibson，2004）。有学者认为，环境复杂性通常会减少寻求高风险和高成本的探索性创新的可用资源（Zahra，1996），大大损害组织的生存能力（Zahra and Bogner，2000）。也有学者认为，复杂的环境可能会导致创造性的开发，改变或扩大现有产品、服务和市场，以加强组织对现有趋势和需求的反应，并提高绩效（Jansen et al.，2005）。然而，关于文化和环境对正式网络和非正式网络互动作用的研究很少（Raisch and Birkinshaw，2008）。因此，本章选择文化与环境作为内、外部环境的调节变量。

16.1.3　复杂理论的隐喻

鉴于每个人类组织都是一个复杂的系统，它由多个节点组成，并根据一组规则相互作用，这些规则要求它们通过学习来检查和响应彼此的行为，以改进自身的行为，从而进一步改善它们所嵌入的系统行为（Stacey，2012）。企业组织也是一个复杂的系统（Schneider and Somers，2006），因为企业是由全体员工组成的人类组织，其目的是通过相互学习提高绩效和创新。CS 理论不同于传统的牛顿思维，强调组成系统的所有主体都可以通过正负反馈的自组织行为实现不同的系统状态，这一理论可以更好地帮助我们从系统的角度来思考企业中正式和非正式网络互动的前因。CS 由两种类型的系统组成，一种是“合法系统”，另一种是“影子系统”。“合法系统”是由最强大的成员或一个组织依据深奥、含蓄的原则正式和特意建立的链接；“影子系统”是由各个成员在合法系统的相互作用过程中自发和非正式建立的联系组成，在这种联系中，成员制定了自己的团体规则，以便通过非正式的社会和政治联系相互作用（Stacey，2010）。我们将正式网络和非正式网络分别类比为“合法系统”和“影子系统”。此外，基于 CS 理论的基本观点[通过正负反馈学习形成的三种系统状态（即“有序”、“混沌”和“混沌边缘”），以及“系统复杂性和环境复杂性匹配观”理论，实现了“合法系统”和“影子系统”之间的相互作用]，我们认为，以双元创新战略为基础的利用式和探索式创新战略将促进组织中作为 CS 的负反馈学习行为，进而形成正式网络作为“合法系统”和非正式网络作为“影子系统”的不同互动作用（即系统状态），最终适应不同的复杂环境。

基于上述考虑，本章将引入复杂性的视角来分析战略、文化和环境在正式网络和非正式网络互动的形成过程中的作用，具体比较见表 16.1。

表 16.1　组织变量在复杂理论中的隐喻

组织内变量	释义	复杂理论名词	释义
正式网络	由各种专门为实现组织目标而设计的职位之间的正式伙伴关系组成，包括在组织中形成的正式权力网络和职员的不同分工而形成的工作流网络（Rank，2008）	合法系统	一类组织内部在约束行为和分配资源时有权威等级、官僚作风和共享的意识形态的系统（Stacey，1996）
非正式网络	非正式的伙伴关系结构，由该组织的非正式相互关系决定并自发形成（Rank，2008）	影子系统	合法系统的组织成员在这个有制度的系统之外通过相互之间的作用关系形成的系统（Stacey，1996）
正式网络与非正式网络一致性高（正式网络占主导）	正式网络占主导并控制非正式网络，使整个组织处于一致性高的状态	有序状态	合法系统占主导，整个系统呈现制度化、合法化的有序状态

续表

组织内变量	释义	复杂理论名词	释义
正式网络和非正式网络一致性中等	正式网络和非正式网络均有较强作用，重合度低，在该状态下组织创新能力最强	混沌边缘状态	“合法系统”与“影子系统”互相支持度较低，重合度较低，使得系统位于混沌边缘的状态
正式网络与非正式网络一致性高（非正式网络占主导）	非正式网络占主导并控制正式网络，使整个组织处于一致性高的状态	混沌状态	“影子系统”占主导，整个系统呈现无制度支持的、以非正式关系为主的混沌状态
利用式创新	企业利用现有的知识提高效率，以满足现有的市场和客户的一类战略（He and Wong，2004）	负反馈学习	当前一个组织行为的反馈值与实际输出的期望值之差的信息被用来减少实际输出与期望之间的差异时，形成负反馈（Stacey，2010）
探索式创新	企业寻求新知识、开发新产品以适应新兴客户和市场的战略（He and Wong，2004）	正反馈学习	当前一个组织行为的反馈值与实际输出的期望值之差的信息被用于放大实际输出和预期值之间的差异时，形成正反馈（Stacey，2010）

16.2　概念界定与研究假设

16.2.1　概念界定

1. 正式网络和非正式网络互动

组织设计的相关研究强调正式组织和非正式组织在组织层面（如组织目标、层级特征、领导特征、组织任务等）存在的匹配和不匹配的权变关系。认为两者不匹配的学者指出，非正式组织会由于团队压力而产生的群体盲思对抗正式组织（Janis，1972），并抵制变革（Davis and Newstrom，1977）。与此同时，正式组织也会控制非正式交流，并将其调整到正式组织的目标（Johanson，2000），进而控制非正式组织发展。认为两者匹配的学者指出，非正式组织能使企业整体成为一个更有效、更完整的系统，可以弥补管理者的工作缺陷，减少其工作量，同时为员工提供安全的情绪释放渠道（徐碧琳，2005），因而被认为是组织内重要和必要的联系渠道（Mintzberg，1983）。正式组织也可以支持非正式组织（Bessie，1994），重塑非正式网络（Johanson，2000）。所以，两者是互补的关系（Groat，1997）。还有学者认为，正式因素和非正式因素的匹配互补是权变的，随其各自特征的变化而变化。正式组织的集权化对非正式组织有显著负向影响，而规范化通过促进部门整合对非正式网络产生间接的正向作用。较完善的正式沟通结构和渠道导致非正式沟通的部分被抵消甚至完全被替代（Groat，1997）；只有当正式组织和非正式组织发生冲突时，非正式组织才会对抗正式组织，而正式组织在此时也会有意识制约非正式组织发展（徐碧琳，2005）；但当组织正式结构透明而稳定时，非正式组织可能不会发生作用（Reif et al.，1973）。

随着社会网络分析方法在组织管理研究中的兴起，学者开始引入非正式网络特征来分析企业内正式结构及非正式网络的互动关系。例如，有学者强调非正式网络会抗衡正式结构。非正式网络是组织内不由正式组织规定和管理的个人的社会关系网络，网络成员会在个人利益的驱动下组织活动，较少考虑自己的正式工作目标（Rank，2008），这样会导致时间的浪费、合作的延迟，从而难以发挥补偿正式系统的功能。相反地，有学者认为，非正式网络会支持正式结构。非正式网络更有利于信息传递和知识共享，可以缓解刚性层次结构的效率低下问题（Lamieri and Mangalagiu，2009），从而使得组织的正式结构更具柔性（Reif et al.，1973）。也有学者认为，非正式网络对正式结构的支持和反对作用同时存在。非正式网络对正式结构的影响往往是权变的（Ibarra，1992）。正式结构的垂直及水平层级特征（Rank，2008）、处理问题的复杂程度（Stevenson and Gilly，1991）会使非正式网络对正式结构存在支持和反对的不同影响。虽然，社会网络分析引入了对非正式网络的研究，并强调了非正式网络对正式结构（如个人利益与企业目标、知识传递与组织柔性等）存在支持和抗衡作用，但上述是从组织设计角度进行的组织层面的分析，从社会网络角度进行的个人层面的分析，难以体现组织成员具有的正式与非正式双重角色的特点。

起初，由于正式结构体现了组织层面的特征，而非正式网络分析了个人层面的特征，以往研究难以体现出上述的组织成员扮演的双重角色特点。但组织正式结构本质上是一种正式工作流网络（Chen and Krauskopf，2013）与正式权力网的结合，是与非正式网络共存并发挥不同作用的，因此研究正式网络和非正式网络的互动能更深入地揭示企业中正式及非正式因素的关系（Chen and Krauskopf，2013）。研究者开始尝试通过探讨在组织成员层面，正式网络和非正式网络表现出的网络一致性（Kratzer et al.，2008b）、重叠（Kuipers，2009）等特征分析两者的互动。Soda 和 Zaheer（2012）开发和验证了正式网络与非正式网络一致性的概念，定义“网络一致性”为组织内员工的正式及非正式网络与其他员工相关联并表现出跨网络的重叠程度，以反映非正式网络与正式网络之间的互动。Kratzer 等（2008a）指出由于非正式沟通网络联系更广泛，正式权力网络和非正式沟通网络只有轻微重叠，而且随正式工作流网络的变化，非正式沟通网络结构变化不大（Kratzer et al.，2008b）；当朋友网与正式网络重叠时，员工会加强组织身份；当信任网与正式网络重叠时，组织规范得以发展（Kuipers，2009）；非正式网络的强度决定了正式网络与非正式网络重叠的绩效结果（Gulati and Puranam，2009）。但是，目前反映正式网络和非正式网络互动的“网络一致”或“重叠”的概念是关系强度匹配的表现（Soda and Zaheer，2012），难以反映非正式网络对正式网络存在着支持与反对的特征（Rank，2008），即无法完整体现二者动态互动的过程；只有将这一特征考虑进来，才能更全面地分析非正式网络和正式网络之间的互动。

在对正式网络和非正式网络互动匹配的研究中，学者多关注于其结果变量，即二者互动状态对企业的影响。目前，学者主要以短期绩效（如离职、财务绩效、任务完成等）等静态指标为结果变量分析企业内正式及非正式组织（或网络）互动对企业的影响（Soda and Zaheer，2012），另有学者对非正式网络影响企业组织适应性演进过程进行了研究（Aalbers et al，2014）。研究结果表明，正式网络与非正式网络的互动对企业有着重要的作用，但是对于如何形成有益的互动状态，目前学界的研究较少。有学者从组织设计角度研究正式及非正式元素如何在组织层面（如组织目标、层级特征、领导特征、组织任务等）互动（Johanson，2000），也有学者从个人到组织层面分析了非正式网络对正式结构（如个人利益与企业目标、知识传递与组织柔性等）存在的支持和反对作用（Rank，2008）。

在企业组织中，正式网络由各种专门为实现组织目标而设计的职位之间的正式伙伴关系组成，而非正式网络是非正式的伙伴关系结构，由该组织的非正式相互关系决定并自发形成（Rank，2008）。因而，正式网络与非正式网络的互动反映了人们在一个由这两种网络形成的一个整体的网络中能够与他人建立联系的程度。如果在这个整体的组织网络中，个体之间的相互关系被精确地复制到正式网络与非正式网络这两个不同的网络中，就意味着正式网络中所有成员的关系模式和变化与非正式网络中的相同，从而使得两个网络有最大程度的重叠，这就是高程度的正式网络与非正式网络互动。相反地，如果两个网络中的成员间的联系关系完全不同，使得两个网络中的关系链的变化和联系完全没有重叠，那么正式网络与非正式网络就在整体中几乎没有重叠，这就是低程度的互动作用。

正式网络包括在组织中形成的正式权力网络和由同事间不同分工而形成的工作流网络（Rank，2008）。权力网络是指将正式组织架构图中的分级审批和否决关系等书面关系转变为行为者之间直接联系的网络（Soda and Zaheer，2012），它会对基于正式架构条款的非正式网络关系产生影响，因此它比工作流网络更加正式和稳定。工作流网络是通过在提供或接收资源（包括信息、材料、咨询或与任务有关的沟通）的行为者之间建立关系，相互联系（Soda and Zaheer，2012）。

组织中的非正式网络包括以下几种，如朋友网、咨询网、信息网等（Casciaro and Lobo，2008），又抑或分为情感网和咨询网（Waldstrøm，2003）。其中，咨询网是在组织中维持现有的专业价值观；朋友网可以促进新的专业价值观的发展（Gibbons，2004）。这意味着咨询网更多的是传播现有价值观，而不是深入地利用现有价值观或广泛地从中探索。双元创新战略强调创新，而组织创新观点一般会在员工基于朋友关系的知识网络中迸发（Snijders et al.，2013），朋友关系带来的新知识比咨询关系带来的更多。因此，本章以朋友网为研究对象，对非正式网络进行分析。综上所述，我们将主要讨论两种形式的正式网络与非正式网络的互动作用。一种是权力网与朋友网的互动作用，另一种是工作流网络与朋友网的互动作用。

基于复杂理论，公司或组织中的部门是一个 CS（Schneider and Somers，2006），该系统由“合法系统”和“影子系统”组成（Stacey，2010）。组织中的正式结构可以比喻为一个合法的网络，这意味着组织成员之间的关系建立了一个权威的等级体系，他们在约束行为和分配资源以实现组织目标的方面有着共同的意识形态。非正式网络可以被类比为“合法系统”背后的“影子系统”，它是指组织成员在严格界定的法律制度规则之外，通过各种社会和政治关联形成的一种制度，追求个人的理想、价值观和行为（Stacey，2010）。“合法系统”试图确保组织处于稳定、规则和有序的状态，而影子系统往往使组织处于非线性、不稳定和不断变化的状态（Stacey，2010）。“合法系统”与“影子系统”之间的互动作用可以形成“有序”、“混沌边缘”和“混沌”三种不同的系统状态（Stacey，2010）。当“影子系统”完全支持“合法系统”时（“合法系统”控制“影子系统”），CS 处于“有序”状态。然而，当“影子系统”完全反对“合法系统”时（“影子系统”控制“合法系统”），CS 就处于“混沌”状态。此外，当“影子系统”部分支持和部分反对“合法系统”时，CS 处于“混沌”状态的边缘。因此，人们认为，组织的正式结构和非正式结构之间的不同互动作用可以看作一个复杂的系统，它们会形成不同状态（即“有序”、“混沌边缘”和“混沌”三种状态）。

图 16.1 显示了某企业组织中正式网络和非正式网络之间的互动作用。图中的

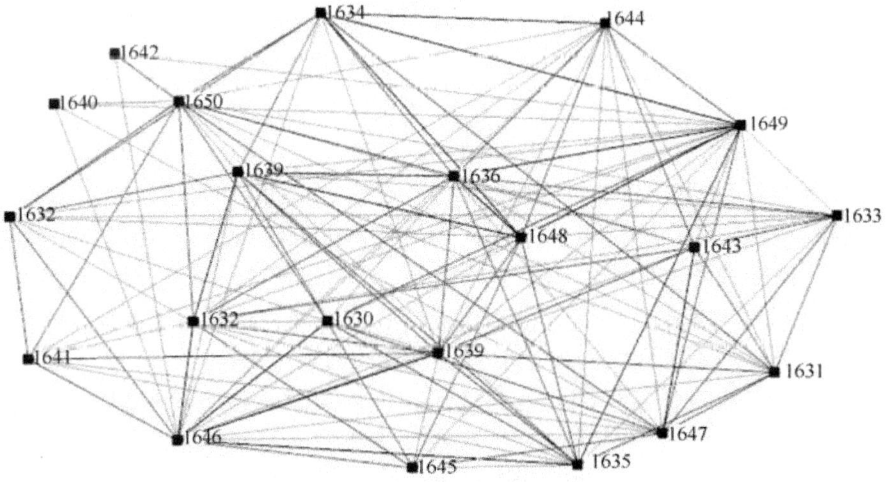

图 16.1　某企业组织中正式网络与非正式网络互动示例

浅色线表示正式网络中的联系，深色线表示非正式网络中的联系。当两个网络中的关系发生重叠时，线条将变为更浅的颜色，这直接显示了正式网络和非正式网络之间的互动作用。根据文中解释，当正式网络和非正式网络之间存在高度互动时，即组织处于“有序”或“混沌”状态时，几乎所有的线条都将变成更浅的颜色。当正式网络和非正式网络之间有中等程度的互动时，即组织处于“混沌边缘”状态时，超过一半的线会变成更浅的颜色。为了度量正式网络和非正式网络之间的互动作用，我们使用了 UCINET 软件的 QAP 算法。该方法用于比较两个矩阵的相似性，计算两个矩阵之间的相关系数，并对系数进行非参数检验。

2. 双元创新战略

March（1991）首次提到利用和探索的概念时，是将组织的活动分为利用式和探索式。他指出，与搜寻、试验、变异、风险及创新相关的活动是探索式的活动，与提炼、生产、效率及执行相关的活动是利用式的活动。在后来的研究发展中，技术创新领域提出了渐进式创新和突破式创新的概念（Abernathy and Clark，1985）。顾名思义，渐进式创新就是在原有技术基础上加以改良，使得技术整体渐进式地向前发展，以期能够维护企业原有用户并提高原有用户对企业的满意度。之后，随着研究的进一步深入，Smith 和 Tushman（2005）、He 和 Wong（2004）等学者在此基础上提出了利用式创新与探索式创新的概念。

目前，学界对于利用式创新与探索式创新的定义已经有了较为公认的说法。对一个组织或者业务单元来说，利用式创新的实施，是强调企业在已有知识基础上，对现有业务或技能进行细化与改善，或针对现有产品和服务进行一定程度的提升和创新，以更好地满足现有客户的需求（Benner and Tushman，2003）。由此可见，企业若是推动利用式创新战略，是需要推动组织内成员根据现有的知识体系来理解和演绎的（Lewin et a1.，1999）。因此，利用式创新战略推动的是在现有的知识结构、资源、产品和服务的基础上，深入挖掘，进行更新升级。探索式创新是强调企业要超越现有的知识基础，通过不断尝试新的可能来拓展新业务，开发新的产品与服务，吸引新的客户群体（Levinthal and March，1993）。由此可见，处于探索式创新战略中的组织所要面临的领域是全新的，没有可以演绎的知识基础（Jansen et al.，2006）。因此，探索式创新战略推动的是组织更多地获取异质性的信息或差异化的思维来刺激生成非常规性和突破性想法。

双元创新战略具体是指同时追求利用式创新战略和探索式创新战略（Lin et al.，2017）。如前文所述，利用式创新战略是企业利用现有的知识提高效率，以满足现有的市场和客户的一类战略，探索式创新战略是组织寻求新知识、开发新产品以适应新兴客户和市场的战略（He and Wong，2004）。因此，两者都有天然的竞争性需求，通过平行的组织结构实现双元创新战略的关键是形成具有不同规则、过程和文化的结构单元，从而满足探索式创新和利用式创新的竞争需求（Gibson and Birkinshaw，2004）。

利用式创新和探索式创新之间的权衡会因为它们相互争夺稀缺资源而显得尤为重要，很多研究都已证实利用式创新和探索式创新要求不同的战略支持、组织结构和组织文化（Smith and Tushman，2005）。Andriopoulos 和 Lewis（2009）认为，在战略意图方面，利用式创新强调利润，而探索式创新强调突破性技术（breakthrough technology）；在顾客导向方面，利用式创新强调紧密耦合（tight-coupling），而探索式创新强调松散耦合（loose-coupling）；在个人驱动力方面，利用式创新强调纪律（discipline）驱动，而探索式创新强调激情（passion）驱动。因而，March（1991）建议，组织应在探索和利用之间保持适当的平衡，这对企业生存和繁荣至关重要。正如 Levinthal 和 March（1993）所言，“一个组织面临的基本问题是进行充分的利用式创新，以确保其目前的可行性，同时，投入足够的精力进行探索式创新，以确保其未来的可行性”。同样地，Burgelman（1991）提出，在战略制订过程中，将减少变化所产生的战略进程和增加变化的自主战略进程结合起来，会使企业有机会逃脱环境选择压力。他的分析表明，企业可能需要同时保持利用和探索这两个过程，尽管这意味着公司永远无法在某一领域中充分发挥其优势。利用式创新战略与探索式创新战略都是组织重要的战略举措，因而双元创新战略与企业的生存及繁荣息息相关，能够保证企业的长期绩效并有利于构建企业的动态吸收能力（Andriopoulos and Lewis，2009）。单纯追求任何一种创新模式而牺牲另一种创新模式都会使企业陷入次优均衡（He and Wong，2004）。此外，Tushman 和 O’Reilly（1996）提出双元组织概念，也使得企业中利用式创新和探索式创新之间适当平衡的需求得到了具体化的展现。但目前关于企业采取利用式创新战略及探索式创新战略后对其组织内部结构的影响的探讨还较少，即对于双元创新战略作为前因变量如何能够引导组织内正式网络与非正式网络的关系的探究还需要深入。

在对于双元创新战略的调节变量的研究方面，目前主要包括外部环境层面和企业层面。外部环境的竞争性可以调节双元创新与组织绩效之间的关系（Uotila et al.，2009）。环境不确定性也可以调节高管团队的行为整合、中庸思维与双元性创新之间的关系（王益民和缪小梅，2012）。企业的调节变量包括市场导向、资源禀赋、组织结构及企业规模。市场导向既可以促进双元性创新的实现（Atuahene-Gima，2005），又能正向调节企业双元性导向与新产品财务绩效之间的关系（Kyriakopoulos and Moorman，2004）。资源禀赋可以调节双元性创新与企业绩效之间的关系，资源匮乏的企业无力承担双元性创新所需的成本（Lubatkin et al.，2006）。

3. 集体主义文化与个人主义文化

Hofstede（1984）最早在跨文化研究中提出了集体主义与个人主义的概念，他在对跨国公司的员工进行文化价值观调查和分析的基础上，归纳出描述文化差异的五个维度：个人主义 / 集体主义；权力距离；不确定性规避；刚性 / 柔性导向；长期 / 短期导向。其中，个人主义 / 集体主义是最具代表性的维度。Hofstede（1984）对个人主义 / 集体主义做了如下界定：个人主义与集体主义指社会是关注个人的利益还是关注集体的利益，个人主义社会是指人与人之间的关系较为淡薄的社会，人们只顾及自己及其直系家属；而集体主义社会就是人们一出生就结合在强大而紧密的团体之中，这种团体为他们提供终生的保护，而他们反过来也毫无疑问地忠诚于自己的团体。集体主义与个人主义这一概念首先被 Hofstede（1984）提出后，作为国家文化的重要研究维度，深植于跨文化研究领域（Shane et al.，1995）。随后，集体主义与个人主义越来越多地被作为一种组织文化引入到组织层面的研究中来（Robert and Wasti，2002）。

组织集体主义文化主要是指个体成员牺牲个人利益去服从集体福利的价值导向，强调群体内的分享、合作与人际和谐（Chen et al.，2014）。组织集体主义文化下的个体成员严格区分群体内和群体外，他们受组织规范的约束，重视责任与义务，而不是以个人价值观为行为准则（阎守娟，2010）。在个人主义文化中，个体的动机是出于个人利益和个人目标的达成，个人主义者更关心他们自己，当个人利益和集体利益有冲突时，他们会忽视集体的利益，只有在他们自己的努力得到重视时他们才会对集体行动做出贡献（Wagner and Moch，1986）。具体比较见表 16.2。

表 16.2 集体主义与个人主义的区别

内容区别	集体主义	个人主义
组织内目标定位	集体目标高于个人目标	个人目标高于集体目标
组织内归属感	归属感来自群体内部的关系	自我独立于群体组织
组织内行为	在组织内的行为由规范、责任、义务及个人的需要与态度共同决定	在组织内的行为主要取决于个人的需求
组织内幸福感	幸福感来自群体内关系的和谐	幸福感多来源于对自我的满意

集体主义文化与个人主义文化之所以能够成为组织行为方向的研究重点，主要原因是个体会受到组织内不同文化的影响进而产生不同的组织行为。一般来说，个人主义文化在组织管理中的实施最终会提高个人福利和竞争水平，而集体主义文化在组织管理中的实施最终会提高合作水平和群体福利。组织文化

作为一种重要的组织情境，在组织创新方面起着重要作用（Bartel and Garud，2009）。在个体或群体层面，集体主义（或个人主义）与员工创造力的关系在文献中已被广泛讨论。一些学者认为个人主义和创造力之间存在正相关关系，因为个人主义文化强调独立自主性、特殊性和成就感（Triandis and Suh，2002），进而减少了从众的压力并增加了产生新想法的可能性（Rank，2004）。特别地，一些研究发现，通过培育一种保障性的组织情境并优化组织学习过程，组织文化可以成为双元创新的重要原因之一（O'Reilly and Tushman，2004）。Morris 等（1994）指出检验集体主义文化与不同种类的创新（如渐进式创新与非连续性创新）之间的关系具有重要意义，但至今仍然缺乏此类实证分析。

4. 环境复杂性

环境复杂性是决定组织与环境关系的重要特征（Anderson and Tushman，2001），用于描述组织环境的结构，其中包括环境因素的数量和与组织相关的相互关系（Tang and Xi，2006）。具体而言，构成组织外部环境的因素有顾客因素、供应商因素、竞争因素、社会因素、政治要素和技术因素（Miles et al.，1978）。因此，环境复杂性反映了影响组织绩效和决策进程的因素的数量，如客户和分销商数量（Blau and McKinley，1979）。根据“系统复杂性与环境复杂性匹配观”，环境变化导致系统的多样性和复杂性，组织和环境的不确定性共同演化为一个整体的 CAS（Ashby，1956）。由于结构双元是复杂环境的基础，组织应该有能力运用两种不同的行动来解决双元创新战略（利用式创新、探索式创新）间的矛盾（Rothaermel and Alexandre，2009）。环境的复杂性很高时，只有更复杂的组织系统才能为企业提供更多的选择以避免组织风险，同时保证企业有足够的异构性来促进信息收集和创新的过程（van Maanen and Schein，1977）。实证研究还表明，当外部环境高度复杂、组织对环境敏感时，组织将产生更复杂的目标、战略、决策过程和结构，使组织具有更高的内部复杂性（Ashmos et al.，1996）。

16.2.2　研究假设

1. 双元创新战略和正式网络与非正式网络的互动：“有序”、“混沌边缘”和“混沌”的状态

双元创新战略即同时追求利用式创新战略和探索式创新战略（Lin et al.，2017）。利用式创新战略是企业利用现有的知识提高效率，以满足现有的市场和客户的一类战略，而探索式创新战略是组织寻求新知识、开发新产品以适应新兴客户和市场的

战略（He and Wong，2004）。因此，两者都有天然的竞争性需求。探索式创新和利用式创新之间的权衡会因为它们相互争夺稀缺资源而显得尤为重要。当利用式创新战略在组织中发挥更重要的作用时，组织鼓励成员充分利用现有资源，不断增加非正式网络间的信息交换和交流，非正式网络作为“影子系统”充分支持作为“合法系统”的正式网络，组织成员遵守正式规则，频繁地进行非正式沟通和交流，使企业组织处于一个高效稳定的有序系统状态。此时正式网络和非正式网络之间有高程度的互动作用，且正式网络占主导地位。相反地，当组织更注重探索式创新战略时，它们想要对各种未知的新知识进行尝试或探索新的市场。因此，组织鼓励成员通过非正式沟通打破正式的组织惯例，发现并创造新的知识。当所有员工表达自己的个人创新思想时，非正式网络作为“影子系统”完全反对作为“合法系统”的正式网络，企业组织正处于一个混乱的系统状态，将走向无序崩溃。此时，正式网络和非正式网络之间依旧有高程度的互动，但非正式网络占据主导地位。此外，如果探索式创新战略和利用式创新战略在企业组织中达到动态平衡，一些成员进行非正式交流以促进现有知识的使用和支持正式结构，而另一些成员通过表达个人意见和反对正式结构来探索组织之外的新知识，那么企业组织会处于最具创新能力的“混乱边缘”状态。正式网络和非正式网络表现出中等程度的互动作用。根据上述分析，组织采用不同的战略对正式网络和非正式网络的互动作用产生不同的影响，并形成曲线相关性。因此，提出如下假设。

H1：双元创新战略和正式网络与朋友网一致性间呈倒“U”形曲线关系。

2. 利用式创新战略和正式与非正式网络的互动：负反馈学习的作用

负反馈学习通过在“发现—选择—行动”回路中输入偏差信息来减少反馈的期望值与实际输出之间的差异，进而纠正 CS 中的偏差并保持稳定性（Stacey，2011）。利用式创新战略是在现有知识的基础上扩展现有产品（Benner and Tushman，2003），因此它可以被看作负反馈学习过程，即通过反馈控制减少偏差（Stacey，2011）。

正如我们前面所提到的，利用式创新战略推动企业组织走向正式网络主导的“有序”状态。在这一过程中，正式网络类比于“合法系统”，是稳定的、不易改变的，而非正式网络作为一个不稳定的“影子系统”，会发生动态变化。利用式创新战略通过负反馈学习减少非正式网络和正式网络之间的差异，以防止变化并保持稳定，从而促进非正式网络对正式网络的支持，鼓励更多的非正式社会活动来完成正式组织目标，从而使正式网络和非正式网络具有更高程度的互动能力。

此外，在权力网中，利用式创新战略驱动负反馈学习，使更多的员工彼此之间建立朋友关系，进而在自上而下关系的基础上更好地促进两个网络间的重叠，从而增加权力网与朋友网之间的互动作用，增强一致性，加快系统向高互动程度、高一致性的“有序”状态发展。然而，由于工作流网络相较于权力网是一个不太正式的系统（Soda and Zaheer，2012），基于协作完成任务的工作流关系相对松散，更难直接刺激其他同事快速建立朋友关系，从而减少了工作流网络与朋友网之间的互动作用，使整个组织走向低互动程度的状态。负反馈学习驱动的利用式创新战略对两种正式网络和朋友网之间互动作用的不同影响将形成曲线关系。因此，提出以下假设。

H2：利用式创新与正式网络和朋友网一致性间呈倒“U”形曲线关系。

H2a：利用式创新与权力网和朋友网一致性间呈正相关关系。

H2b：利用式创新与工作流网络和朋友网一致性间呈负相关关系。

3. 组织集体主义文化的调节作用

组织集体主义是个体希望保持群体内和谐的倾向，并将个人偏好和优先次序置于群体的偏好和优先次序之下（Robert and Wasti，2002）。在组织集体主义文化下，企业将像对待家庭成员一样照顾每一名员工，使所有员工都同意他们对组织的成败负责，并相互考虑对方的观点（Fitzsimmons and Stamper，2014）。

从复杂理论的角度看，“合法系统”在倡导组织集体主义文化的企业中起着越来越重要的作用。利用式创新战略会加速负反馈学习，因此员工将以集体目标为指导，建立更多的非正式关系，以完成正式的组织任务。在权力网中，组织集体主义会增强员工之间的权力效率，利用式创新战略可以更快地建立起更多的友谊，从而促进负反馈学习，进而促进权力网与朋友网之间的更高程度的互动。相应地，在工作流网络中，组织集体主义会增加员工之间完成工作任务的协作和交流，利用式创新战略将推动建立更多的友谊关系，促进负反馈学习，从而更容易在工作流中发展友谊，减缓工作流网络与朋友网之间互动作用减少的趋势。因此，本章提出以下假设。

H3：在集体主义下，利用式创新会使正式网络和朋友网一致性增强。

H3a：在集体主义下，利用式创新与权力网和朋友网一致性的正相关关系增强。

H3b：在集体主义下，利用式创新与工作流网络和朋友网一致性的负相关关系减弱。

4. 探索式创新战略和正式与非正式网络的互动：正反馈学习的作用

正反馈是指放大实际产出与期望值之间的差异（Stacey，2011），以扩大和不稳定的方式向“发现—选择—行动”过程发送信息。探索式创新战略引导各组织追求新知识，为新兴客户或市场开发新产品和服务（Benner and Tushman，2003），因此，它可以被看作根据复杂理论通过反馈控制促进偏差扩大的正反馈学习（Stacey，2011）。

一味追求探索式创新战略会把企业组织引向非正式网络主导的“混沌”状态。

在这一过程中，非正式网络作为一个“影子系统”更容易动态变化，而正式网络作为“合法系统”更稳定。由于探索式创新战略试图通过正反馈学习扩大非正式网络和正式网络之间的差异，增加变化和降低稳定性，非正式网络将会变得更加反对正式网络，并倾向于在组织中表达更多不同于组织目标的个人观点和想法，这使得非正式网络占据主导地位，控制正式网络，二者形成以非正式网络为主导的高程度的互动。

具体而言，权力网过于稳定，不会受到朋友网影响，因此，推动正反馈学习，快速影响员工和下属关系，进而建立更加友好的关系。这样，就会减少权力网和朋友网之间的互动作用，减缓系统进入高互动状态的过程。由于基于协作的工作流网络关系的相对平等和松散，在探索式创新战略的推动下，朋友网更容易直接影响其他同事，通过在工作流中建立更多的朋友关系来表达各自的想法。因而探索式创新战略驱动的正反馈学习会促使员工在工作流关系中与同事建立更多的友谊，以帮助员工探索未知的新知识。工作流网络与朋友网之间的互动作用增强，系统朝着高互动程度的“混沌”状态快速发展。探索式创新战略对两种正式网络和朋友网互动作用的不同影响形成曲线关系。由此，提出如下假设。

H4：探索式创新与正式网络和朋友网一致性间呈倒“U”形曲线关系。

H4a：探索式创新与权力网和朋友网一致性间呈负相关关系。

H4b：探索式创新与工作流网络和朋友网一致性间呈正相关关系。

5. 组织个人主义文化的调节作用

组织个人主义倾向于将个人视为最有意义的社会单位，并强调发展和区别独特的个性、身份、自主性、个人目标及需要的首要地位（Fitzsimmons and Stamper，2014）。在组织个人主义文化下，企业鼓励员工发掘自己独特的潜能，重视员工的独立思考能力，使企业也能接受企业内部员工之间的适当竞争，强调员工的独立性（Robert and Wasti，2002）。

基于 CS 理论，“影子系统”在倡导组织个人主义文化的企业中扮演着更为重要的角色。探索式创新战略会加速正反馈学习的进程，因此员工将以个人目标为导向，更多地表达自己不同于组织目标的观点和策略。在权力网中，组织个人主义会削弱员工阶层的权力效率，正反馈学习驱动的探索式创新战略将更容易通过影响正式网络创造更多的个人视角和互动，从而更加减缓了权力网和朋友网之间互动作用的进程。在工作流网络中，组织个人主义文化增加了员工在工作活动中非正式交流新思想的影响，探索式创新战略将建立更多的朋友关系，通过正反馈学习促进在工作中发现新知识和产生新思想的创新，但在使得工作流中的友谊更容易发展的同时，工作流网络的正式秩序会受到一定冲击，减缓工作流网络与朋友网互动作用的趋势。由此，提出如下假设。

H5：在个人主义下，探索式创新会使正式网络和朋友网一致性减弱。

H5a：在个人主义下，探索式创新与权力网和朋友网一致性间的负相关关系增强。

H5b：在个人主义下，探索式创新与工作流网络和朋友网一致性间的正相关关系减弱。

6. 环境复杂性的调节作用：系统复杂性与环境复杂性的匹配

环境复杂性是决定组织与环境关系的重要特征（Anderson and Tushman，2001），用于描述组织环境的结构，其中包括环境因素的数量和与组织相关的相互关系（Tang and Xi，2006）。具体而言，构成组织外部环境的因素有顾客因素、供应商因素、竞争因素、社会因素、政治要素和技术因素（Miles and Snow，1978）。因此，环境复杂性越高，组织外部环境越复杂和多变。

根据系统复杂性与环境复杂性相匹配的复杂理论，在环境复杂性高的情况下，组织应增加其内部复杂性以应对来自复杂环境的机遇和风险（van Maanen and Schein，1977）。多样化的战略使组织能够开展更多的战略性活动，通过促进信息收集、创新进程及改善充分的异质性应对环境复杂性（Ashmos et al.，1996）。通过研究发现，采用双元创新战略可以更好地帮助企业适应复杂的环境，而不是分别加强利用式创新战略或探索式创新战略。实际上，根据 Tushman 和 Euchner（2015）的研究，将两类战略都运用好的公司都能长期生存下去，而仅采用利用式创新战略或探索式创新战略的公司却无法成功。

因此，当一个倡导集体主义文化的企业处于一个更加复杂的环境中时，继续推动利用式创新战略将不利于企业适应外部环境。企业应减少利用式创新战略的推动，削弱企业员工之间建立更多朋友关系的动机。组织集体主义文化的调节作用减弱。因此，本章假设如下。

H6：环境复杂性与集体主义文化和利用式创新战略之间存在负的三项互动作用。在环境复杂性调节下，集体主义文化对利用式创新与正式网络和朋友网一致性间的关系的调节减弱。

H6a：环境复杂性与集体主义文化和利用式创新战略之间存在负的三项互动作用。在环境复杂性调节下，集体主义文化对利用式创新与权力网和朋友网一致性间的关系的调节减弱。

H6b：环境复杂性与集体主义文化和利用式创新战略之间存在负的三项互动作用。在环境复杂性调节下，集体主义文化对利用式创新与工作流网络和朋友网一致性间的关系的调节减弱。

企业经营环境的复杂性和不确定性迫使企业不断改进和寻找塑造决策过程的新的、往往是非传统的解决方案（Gorzeń-Mitka and Okręglicka，2014）。同样，当倡导个人主义文化的企业处于更加复杂的环境中时，继续推动探索式创新战略会阻碍企业适应环境，因此企业应减少推动探索式创新战略，减少企业员工之间的朋友关系的建立。组织个人主义文化的调节作用被削弱。因此，假设如下。

H7：环境复杂性与个人主义文化和探索式创新战略之间存在负的三项互动作用。在环境复杂性调节下，个人主义文化对探索式创新与正式网络和朋友网一致性间的关系的调节减弱。

H7a：环境复杂性与个人主义文化和探索式创新战略之间存在负的三项互动作用。在环境复杂性调节下，个人主义文化对探索式创新与权力网和朋友网一致性间的关系的调节减弱。

H7b：环境复杂性与个人主义文化和探索式创新战略之间存在负的三项互动作用。在环境复杂性调节下，个人主义文化对探索式创新与工作流网络和朋友网一致性间的关系的调节减弱。

综上所述，本章研究模型图如图 16.2 所示。

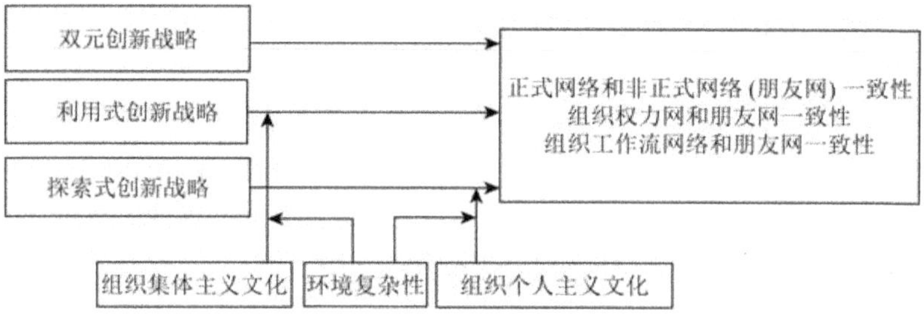

图 16.2 本章研究模型图

16.3 研究设计与方法

16.3.1 数据收集与样本选择

本章的考察层面为企业组织层面，我们运用有明确界定的组织的数据来检验我们的理论，运用组织整体网来探索组织结构相关的变量关系。正式调研采取方便随机抽样的方式，在南京、镇江、徐州、扬州、苏州、上海等多个城市的企业中展开。最终调研了 168 个企业组织，调查对象为组织内的所有员工和管理者。基于我们采集的整体网络数据（矩阵数据）及企业创新、内外部环境相关数据的需求和考虑，我们选择的组织均为能够使全体管理者和员工参与调研的组织。此外，为了反映样本的代表性，我们的调研对象均为具有明确创新战略和活动的组织。它们都是国家级和省级管理创新奖获得者，具有明确的管理创新战略，且一直按照自己的管理实践明确自己的创新活动。被调研企业的经营范围广泛，涵盖制造业、建筑业、运输业、金融服务业、高新技术企业、其他专业服务业等行业。

在正式的调研中，我们将问卷区分为经理卷及员工卷两份不同的问卷(附录)。正式网络与非正式网络一致性为组织层面的整体网络数据，要求部门内的领导者和员工分别填写各自问卷上相同的网络矩阵部分，用以描绘组织内所有成员间的正式网络与非正式网络的关系。而其他数据主要是与员工相关的员工评组织数据及与管理者相关的管理者评组织数据，分别以量表的形式出现在两份问卷上，供不同被调查者填写。

本章采用发放调查问卷的方式收集数据。问卷的设计主要是在现有成熟量表的基础上，结合当前研究背景，对问卷进行适当的“本地化”处理。问卷设计处理步骤如下：①根据英文问卷进行英文-中文背翻。先由精通中英文双语的战略管理学领域的研究者将英文问卷翻译为中文，再回译为英文，比较其中差别并做相应修改；再由另一名同领域的研究者重复上述工作。最后，两位研究者一起检查核对其中差别，并做相应的修正。在此基础上，定稿问卷中译版。②邀请 5 位企业高管对问卷内容进行详细评阅，确保问卷中测项的表达符合企业实际情况。调研组成员根据企业高管的反馈，就问卷的科学性和测项的适当性进行评定和修改。③邀请东南大学 MBA 和 EMBA 班的 110 名学生对初始问卷进行预调研，收集大家就问卷内容符合程度及问卷可读性提出的意见。④针对预调查的样本数据，通过探索性因子分析和信度分析，对问卷的指导语、结构设计等进行修订。在此基础上形成正式调查问卷，进行正式调查。

正式调研在 2016 年 10 月至 2018 年 7 月期间进行。168 个部门的数据全部收回，但考虑到组织整体网络的整体性及准确度(确保每个组织的填写比例大于 90%)，我们对所有的问卷进行了筛选并对不合格的组织的全部问卷进行了剔除。最终，我们选择的样本数为 156 个部门，有效回收率为 92.86%。样本的基本分布情况如下：平均企业内的组织规模为 15 人；部门类型中，营销或销售类占 7.4%，研发类占 12.5%，生产或质量管理类占 37.6%，管理类占 42.5%。组织内成员年龄范围为 21～55 岁，平均组织成员年龄为 31 岁。组织中 76.24%的成员受教育程度为本科及以上。

16.3.2　测量工具

1. 自变量

①利用式创新战略。利用式创新战略是运用 He 和 Wong（2004）的量表进行测量的。该量表旨在衡量企业认为提高现有产品市场效率的重要程度（α[①] = 0.73）。

① α 为 Cronbach 信度系数，用以检验量表内部一致性。

测项有 “公司提高现有产品/服务质量”“公司改进工作流程，以增加生产/服务的灵活性”“公司减少生产/服务的成本”“公司提高产出”等 4 项，运用利克特七级量表，被调研者需从 1（从不）到 7（总是）的范围中选择适合自己组织的评价。利用式创新战略为管理者评价组织的变量，因而该变量的测量出现在经理卷中，由管理者填写。②探索式创新战略。探索式创新战略是运用 He 和 Wong（2004）的量表进行测量的。该量表旨在衡量企业认为提高现有产品市场效率的重要程度（$\alpha=0.69$）。测项有“公司研发新一代的产品或服务”“公司扩大产品/服务范围”“公司开拓新的市场”“公司进入新的技术领域”4 项，运用利克特七级量表，被调研者需从 1（从不）到 7（总是）的范围中选择适合自己组织的评价。探索式创新战略为管理者评价组织的变量，因而该变量的测量出现在经理卷中，由管理者填写。③双元创新战略。组织双元创新战略由组织内利用式创新战略和探索式创新战略计算得出。为了避免多重共线性，我们将利用式创新战略和探索式创新战略做了中心化处理，二者相乘的结果作为双元创新战略的度量值（He and Wong，2004）。

2. 因变量

（1）正式网络与非正式网络一致性。测量该变量时，采用了当前较为成熟的度量方法，但与 Soda 和 Zaheer（2012）在员工个体网络之间构造一致性时采用的 CONCOR 方法有所区别。本章所考察的网络一致性是组织整体网络之间的网络一致性。因此，借鉴 Soda 和 Zaheer（2012）的思想，本章运用 UCINET 软件，根据我们在企业收集到的正式网络和非正式朋友网的数据样本，采用 QAP 算法计算了正式网络与非正式网络一致性变量。具体地，我们计算了每个正式整体网络（包括正式网络及其细分的权力网和工作流网络）和每个非正式整体网络（在本章中指朋友网）之间的相关系数，以此来反映不同正式网络与非正式网络之间的一致性程度（吕鸿江等，2016b）。因此，最终构造了三个正式网络与非正式网络一致性变量：正式网络与非正式网络一致性、权力网与非正式网络一致性、工作流网络与非正式网络一致性。

（2）正式网络与非正式网络权力网的数据获取基于从人力资源管理部门提供和确认的企业文档中获得的“主管-下属”关系信息。工作流网络的测量分为顺序工作流网络的测量和互动工作流网络的测量。顺序工作流网络的测项为“我会把工作任务下达给他/她”和“他/她的工作任务完成后会转向我”；互动工作流网络的测项为“我和他/她需要完成相互交流和配合的工作任务”。在数据处理过程中，会将互动工作流网络与顺序工作流网络进行合并计算，得到工作流网络数据。上述测项来自 Soda 和 Zaheer（2012）的成熟量表。被调研对象需要在该测项后面填入实际工作中相对应的同事的编号代码，用以后期的数据处理和运算。同样地，我们用“工作中遇到挫折或被责难时，我会向他/她倾诉”“他/她和我聊天时，会谈到家庭生活中的事”“他/她和我最熟”等 3 个测项来测量朋友网变量，该问卷测项来源于 Krackhardt（1988）的成熟量表。网络变量需要组织内全体成员填写，以保证网络的完整性，因而会同时出现在经理卷和员工卷中。

3. 调节变量

①组织集体主义文化。组织集体主义文化的测量采用 Robert 和 Wasti（2002）的量表，该量表旨在探求企业内的集体主义文化氛围情况（$\alpha=0.89$）。量表主要有 7 个测项：“每位员工在工作中表现忠诚时，会得到管理层的慷慨对待”“公司有关工作方法的变革由所有员工和主管协商制定”“公司像对待家庭成员一样关照每一位员工”“公司的每位员工都认为自己应对组织的成败负有责任”“公司的不同级别的员工之间会相互考虑彼此的观点”“对每位被公司雇用的员工，组织会承担他们的全部福利”“每位员工都能及时知道影响公司成败的重大决策”。运用利克特七级量表，被调研者需从 1（从不）到 7（总是）的范围中选择适合自己组织的评价。组织集体主义文化为员工评组织的变量，因而该变量的测量出现在员工卷中，由员工根据自己对组织的认知进行填写。②组织个人主义文化。组织个人主义文化的测量同样采用 Robert 和 Wasti（2002）的量表，该量表旨在探求企业内的个人主义文化氛围情况（$\alpha=0.77$）。量表主要有 6 个测项：“公司鼓励每个员工发掘自己的独特潜力”“每个员工有好主意时，管理层都知道这个主意是谁提出的”“公司重视每个员工的独立思考能力”“每个员工在团队中表现突出时会得到认可”“公司强调每个员工在工作中的独立性”“公司可以接受员工之间的适当竞争”。运用利克特七级量表，被调研者需从 1（从不）到 7（总是）的范围中选择适合自己组织的评价。组织个人主义文化为员工评组织的变量，因而该变量的测量出现在员工卷中，由员工根据自己对组织的认知进行填写。③环境复杂性。为测量环境复杂性变量，我们在采用 Miles 和 Snow（1978）提出的构成组织外部环境因素的量表的基础上，对原始量表上的项目根据中国企业所处环境进行了修订，得到 11 个测项。有“经销商”“用户”“原材料供应商”“设备供应商”“零配件供应商”“劳动市场中的劳动提供者”“争夺供应商的竞争对手”“争夺顾客的竞争对手”“政府对行业的规划控制”“公众对行业的评价”“行业的产品技术/服务革新”等（$\alpha=0.93$）。该量表采用利克特七级量表，被调查者需要从 1（数量很少）到 7（数量很多）的范围中选择适合自己组织的评价。环境复杂性为管理者评组织的变量，因而该变量的测量出现在经理卷中，由管理者填写。

4. 控制变量

在本章的模型中，我们主要控制了组织层面上的各种因素，包括组织类型、组织规模和组织异质性。之前的研究显示，部门类型和部门规模对于企业绩效和表现有重要的影响（刘嘉和许燕，2006）。其中，被调研组织类型划分为四类指标：营销或销售取值为1，研发取值为2，生产或质量管理取值为3，管理取值为4。组织规模用被调研组织的总人数来度量。组织异质性包括组织年龄的异质性、任期和员工的受教育程度等三个方面。之前的研究显示，这些因素对创新任务和团队合作具有潜在影响。Jehn等（1997）认为不同的教育经验会影响组织内部的合作。Timmerman和Kiers（2000）发现，当人们一起工作时，年龄差异确实会产生潜在的影响。Jackson 等（1991）通过研究发现团队在完成创新任务时，团队异质性对团队绩效产生影响。在研究过程中，由于组织成员年龄、任期、受教育程度等因素的分类变化性质，本章采用 Blau 系数来度量组织的异质性。对于组织内人员年龄、任期和受教育程度变量，不同的研究人员曾使用不同的异质性指标。例如，常用的 Blau 系数表示随机选择的不同个体属于同一样本的概率，公式为 $H=1-\Sigma(P_i)^2$，P_i 代表组织中 i 类成员的比例。例如，在一个由4名男性和6名女性组成的10人组织中，性别异质性的Blau系数 $H=1-(0.16+0.36)=0.48$。当 Blau 系数越接近 1 时，表明该部门的异质性越高，而越接近 0，该部门的异质性越低。除此之外，利用式创新战略与探索式创新战略的相互作用会对组织正式网络与非正式网络的一致性产生影响（Uotila et al.，2009）。在验证利用式创新战略对组织正式网络与非正式网络一致性的影响时，将探索式创新战略放入控制变量。同样地，在验证探索式创新战略对组织正式网络与非正式网络一致性的影响时，将利用式创新战略放入控制变量。

16.3.3 信度与效度

为了检验变量的可靠性，我们使用了样本数据的 Cronbach's α 系数进行测量。结果表明，Cronbach's α 系数均不小于 0.69，说明各指标具有内在一致性（Fornell and Larcker，1981）。为了保证内容的有效性，我们采用了已经被广泛使用的量表，并根据研究目标和调查对象的反馈对量表进行了修订，并邀请了来自商学院的组织和管理领域的副教授进行问卷调查。对 3 名企业高管进行了深入访谈，以确保所有项目都符合企业实际情况，并对 110 名 MBA 和 EMBA 班的学生进行了预调查。此外，本章对总样本数据进行了验证性因子分析，检验所有测度的收敛性和判别式效度。结果表明，所有项目都被适当地反映了潜变量，最小 t 值为 3.96（$p<0.001$），说明每个指标都捕获了它们所要测量的变量构成。此外，总体拟合统计表明，本次研究的拟合是适当的（$\chi^2=78.87$，RMSEA = 0.032，TLI = 0.96，CFI = 0.94，

SRMR[①] = 0.001）。主要变量间的相关系数不超过 0.70，表明判别效度良好，解释度要优于其他结构（Fornell and Larcker，1981）。

16.4　假设检验

16.4.1　描述性统计分析

表 16.3 显示了各变量的描述性统计及皮尔逊相关系数，该描述性统计分析由 SPSS 21.0 分析所得。从表中可以看出，相关网络一致性变量间、相关创新战略变量间、组织集体主义和个人主义间相关性较高，其余各变量之间的相关性均较低，可初步表明各变量间不存在多重共线性问题。尽管相关分析的结果可以初步排除存在严重的多重共线性问题的可能，但出于对研究细节的把控与严谨的实证研究态度，我们将采取分层回归的方式进行处理，以多方面地避免多重共线性问题。除此之外，在回归之前，为检验潜在的多重共线性问题，我们采用 VIF 值对各回归模型进行了二次检验，结果表明，所有模型中的 VIF 均在 1～5 的范围以内，远低于临界值 10，而且解释变量的系数较为稳定，因此，多重共线性问题并不严重。

16.4.2　假设检验结果

本章主要采用普通最小二乘法进行线性回归分析来验证假设。为验证假设，使用 STATA 进行线性回归检验各变量间的因果关系及自变量与调节变量间两项互动的效应。鉴于三项互动效应（自变量与两个调节变量）需要进行更进一步检验，仅仅从回归系数的显著性无法检验假设是否得到支持。因此，本章引入交互效应图、简单斜率分析和配对斜率分析进行进一步的检验（Aiken and West，1991）。为降低预测变量之间的多重共线性问题，将所有主要的连续性预测变量进行标准化处理后再纳入回归分析。

1. 双元创新战略的主效应

如表 16.4 所示，双元创新战略的平方项和正式网络与非正式网络一致性间呈显著的负相关（$\beta = -0.049$，$p < 0.01$），即双元创新战略和正式网络与非正式网络一致性间呈倒“U”形曲线关系，H1 成立。

① SRMR 的全称为标准化残差平方和的平方根（standardized root mean square residual）。

表 16.3　描述性统计和 Person 相关系数

项目	均值	标准差	1	2	3	4	5	6	7	8	9	10	11	12	13
1.正式网络与朋友网一致性	0.315	0.198	1												
2.权力网与朋友网一致性	0.105	0.113	0.518**	1											
3.工作流网与朋友网一致性	0.373	0.195	0.834**	0.401**	1										
4.组织类型	3.149	0.904	−0.131*	−0.044	−0.123	1									
5.组织规模	14.517	0.895	0.358**	−0.041	0.479**	−0.279*	1								
6.组织成员平均年龄	0.522	0.185	−0.101	−0.087	0.008	0.068	0.237**	1							
7.组织成员平均任期	0.582	0.167	0.266**	0.015	0.343**	−0.029	0.316**	−0.070	1						
8.组织成员平均受教育程度	0.442	0.147	−0.059	−0.061	−0.061	−0.019	0.115	0.204**	−0.102	1					
9.双元创新战略	5.166	1.254	0.094	−0.024	0.114	−0.011	0.179*	0.025	0.052	0.041	1				
10.探索式创新战略	5.554	1.074	0.029	−0.016	0.021	0.034	0.062	0.093	−0.043	0.047	0.873**	1			
11.利用式创新战略	4.962	1.327	0.037	−0.138	0.085	−0.005	0.167*	−0.024	0.072	0.040	0.899**	0.609**	1		
12.组织集体主义	5.051	0.648	0.120	−0.095	0.119	−0.033	0.064	0.137	0.052	0.090	0.028	0.145*	0.029	1	
13.组织个人主义	5.240	0.650	0.150*	−0.106	0.137	−0.102	0.141*	0.039	0.070	0.047	0.048	0.085	0.094	0.904**	1
14.环境复杂性	3.417	1.654	−0.126	−0.050	−0.119	0.103	−0.150*	0.008	−0.023	−0.092	0.243**	0.182*	0.213**	−0.044	−0.064

*、**分别表示在 0.1、0.05 水平上显著

表 16.4　双元创新战略对正式网络与非正式网络一致性的影响

项目	正式网络与朋友网一致性	
	模型 1	模型 2
双元创新战略		0.501（8.52）
双元创新战略 ^{2}		–0.049***（–8.23）
组织类型	0.018***（2.85）	0.029***（4.83）
组织规模	–0.049（–1.16）	–0.025（–0.59）
组织成员平均年龄	0.024（0.82）	0.068**（2.42）
组织成员平均任期	0.191**（4.24）	0.141***（3.20）
组织成员平均受教育程度	–0.123（–3.22）	–0.133***（–3.71）
常量	0.268***（5.67）	–0.997***（–6.51）
R^2	0.072	0.180
Adjusted R^2	0.064	0.170
F	9.091	18.350

注：$n = 156$；括号内的数值为 t 值

、*分别表示在 0.05、0.01 水平上显著

2. 利用式创新战略的主效应与企业集体主义文化的调节效应

为验证 H2（含 H2a 和 H2b），本章对利用式创新战略和正式网络与非正式网络一致性、权力网和朋友网一致性及工作流网络和朋友网一致性的关系进行了线性回归分析，如表 16.5 所示。由模型 2 可知，利用式创新战略的平方项与正式网络和非正式网络一致性间呈负相关关系（$\beta = -0.043$，$p < 0.01$），即利用式创新战略与正式网络和非正式网络一致性间呈倒“U”形曲线关系。由模型 4 可知，利用式创新战略与权力网和朋友网一致性的关系并不显著（$\beta = 0.007$，$p > 0.1$），H2a 不成立。由模型 8 可知，利用式创新战略与工作流网络和朋友网一致性间的关系呈显著负相关（$\beta = -0.040$，$p < 0.01$），H2b 成立。因而，H2 基本成立。

为验证 H3（含 H3a 和 H3b）中组织集体主义文化的调节作用（H3：在集体主义下，利用式创新会使正式网络和朋友网一致性增强），我们在表 16.5 中构建了模型 5 和模型 9。首先将正式网络与非正式网络一致性设为因变量，其次依次引入控制变量（组织类型、组织规模、组织成员平均年龄、组织成员平均任期、组织成员平均受教育程度）、自变量（利用式创新战略）和调节变量（集体主义文化），最后加入自变量和调节变量的乘积项。

表 16.5　集体主义及环境复杂性调节下利用式创新战略对正式网络与非正式网络一致性的影响

项目	正式网络与非正式网络一致性		权力网与朋友网一致性				工作流网络与朋友网一致性			
	模型 1	模型 2	模型 3	模型 4	模型 5	模型 6	模型 7	模型 8	模型 9	模型 10
利用式创新战略		0.406*** （8.52）		0.007 （1.38）	0.003 （0.68）	0.002 （0.34）		−0.040*** （−5.34）	−0.052*** （−6.93）	−0.051*** （−6.89）
利用式创新战略 ^{2}		−0.043*** （−9.40）								
集体主义文化					0.046*** （5.43）	0.030*** （3.52）			0.090*** （6.91）	0.084*** （6.24）
利用式创新战略×集体主义文化					0.016*** （4.64）	0.009*** （2.60）			0.011** （2.11）	0.008 （1.49）
环境复杂性						−0.019*** （−4.74）				0.009 （1.47）
利用式创新战略×集体主义文化×环境复杂性						−0.033*** （−5.12）				−0.024** （−2.44）
组织类型	0.023*** （3.69）	0.022*** （3.92）	0.007* （1.82）	0.007* （1.78）	0.007* （1.83）	0.002 （0.59）	0.012** （2.00）	0.013** （2.20）	0.012** （2.14）	0.014** （2.49）
组织规模	−0.111*** （−2.59）	−0.060 （−1.50）	0.019 （0.72）	0.020 （0.76）	0.036 （1.34）	0.023 （0.78）	−0.005 （−0.11）	−0.010 （−0.25）	0.061 （1.46）	0.063 （1.53）
组织成员平均年龄	0.037 （1.28）	0.079*** （2.96）	−0.056*** （−3.17）	−0.060*** （−3.33）	−0.079*** （−4.44）	−0.090*** （−5.16）	0.147*** （5.24）	0.168*** （6.07）	0.140*** （5.15）	0.132*** （4.89）
组织成员平均任期	0.113** （2.44）	0.149*** （3.49）	−0.165*** （−5.77）	−0.164*** （−5.74）	0.189*** （−6.72）	−0.200*** （−7.15）	0.201*** （4.45）	0.195*** （4.43）	0.152*** （3.53）	0.179*** （4.11）
组织成员平均受教育程度	−0.133*** （−3.57）	−0.131*** （−3.81）	−0.110*** （−4.77）	−0.107*** （−4.64）	−0.118*** （−5.09）	−0.180*** （−7.15）	−0.097*** （−2.67）	−0.113*** （−3.15）	−0.158*** （−4.47）	−0.146*** （−3.73）

续表

项目	正式网络与非正式网络一致性		权力网与朋友网一致性				工作流网络与朋友网一致性			
	模型 1	模型 2	模型 3	模型 4	模型 5	模型 6	模型 7	模型 8	模型 9	模型 10
探索式创新战略	0.031*** (5.55)	0.041*** (6.58)	−0.007* (−1.91)	−0.010** (−2.36)	−0.008** (−2.04)	−0.007* (−1.65)	0.034*** (6.12)	0.053*** (8.18)	0.052*** (8.26)	0.048*** (7.59)
常量	0.172*** (3.50)	−0.856*** (−6.52)	0.208*** (6.84)	0.187*** (5.54)	−0.012 (−0.26)	0.185*** (3.22)	0.070 (1.45)	0.192*** (3.68)	−0.150** (−2.08)	−0.163* (−1.82)
R^2	0.118	0.262	0.112	0.115	0.167	0.216	0.148	0.188	0.250	0.265
Adjusted R^2	0.109	0.252	0.103	0.105	0.154	0.201	0.140	0.178	0.238	0.251
F	13.09	25.95	12.41	10.93	13.02	14.58	17.07	19.39	21.66	19.11

注：$n = 156$；括号内的数字为 t 值

*、**、***分别表示在 0.1、0.05、0.01 水平上显著

如表 16.5 中的模型 5 所示，组织集体主义文化对利用式创新战略和权力网与朋友网一致性间的关系呈正向调节（$\beta = 0.016$，$p < 0.01$），使得利用式创新战略和权力网与朋友网一致性间的负相关关系减弱。如表 16.5 中的模型 9 所示，组织集体主义文化对利用式创新战略和工作流网络与朋友网一致性的关系呈正向调节（$\beta = 0.011$，$p < 0.05$），使得利用式创新战略和工作流网络与朋友网一致性间的负相关关系增强。因而，在组织集体主义文化调节下，利用式创新会使正式网络和朋友网之间的一致性增强。根据上述结果，H3 完全成立。图 16.3 为组织集体主义文化与利用式创新的交互效应图，显示了低集体主义文化及高集体主义文化对利用式创新战略与正式网络和非正式网络一致性间的关系的影响。

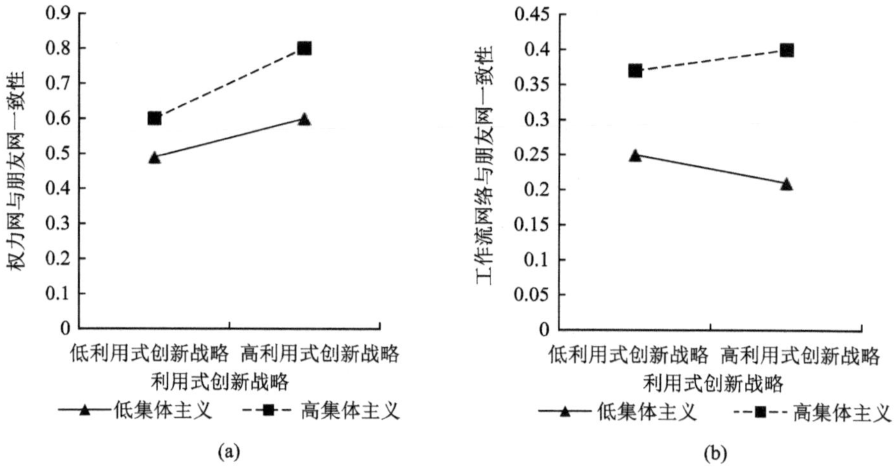

图 16.3　组织集体主义文化与利用式创新的交互效应图

3. 探索式创新战略的主效应与企业个人主义文化的调节效应

为验证 H4（含 H4a 和 H4b），本章对探索式创新战略和正式网络与非正式网络一致性、权力网和朋友网一致性及工作流网络和朋友网一致性间的关系进行了线性回归分析，如表 16.6 所示。由模型 2 可知，探索式创新战略的平方项与正式网络和非正式网络一致性间呈负相关关系（$\beta = -0.017$，$p < 0.01$），即探索式创新战略与正式网络和非正式网络一致性间呈倒“U”形曲线关系。由模型 4 可知，探索式创新战略与权力网和朋友网一致性间呈显著负相关关系（$\beta = -0.010$，$p < 0.05$），H4a 成立。由模型 8 可知，探索式创新战略与工作流网络和朋友网一致性间呈显著正相关（$\beta = 0.053$，$p < 0.01$），H4b 成立。因而，H4 成立。

表 16.6　个人主义及环境复杂性调节下探索式创新战略对正式网络与非正式网络一致性的影响

项目	正式网络与非正式网络一致性		权力网与朋友网一致性				工作流网络与朋友网一致性			
	模型 1	模型 2	模型 3	模型 4	模型 5	模型 6	模型 7	模型 8	模型 9	模型 10
探索式创新战略		0.213^{***}（6.17）		-0.010^{**}（−2.36）	-0.013^{***}（−3.05）	−0.002（−0.53）		0.053^{***}（8.18）	0.047^{***}（7.46）	0.049^{***}（7.40）
探索式创新战略 ^{2}		-0.017^{***}（−4.85）								
个人主义文化					−0.001（−0.12）	−0.011（−1.36）			0.031^{**}（2.50）	0.032^{**}（2.56）
探索式创新战略×个人主义文化					-0.018^{***}（−5.26）	-0.024^{***}（−7.20）			-0.024^{***}（−4.44）	-0.026^{***}（−4.75）
环境复杂性						-0.018^{***}（−4.90）				0.010（1.64）
探索式创新战略×个人主义文化×环境复杂性						0.051^{***}（7.42）				0.031^{***}（2.83）
组织类型	0.017^{***}（2.81）	0.031^{***}（5.11）	0.008^{**}（2.11）	0.007^{*}（1.78）	0.009^{**}（2.34）	0.003（0.70）	0.006（1.04）	0.013^{**}（2.20）	0.016^{***}（2.87）	0.018^{***}（3.03）
组织规模	−0.045（−1.06）	-0.088^{**}（−2.10）	0.006（0.22）	0.020（0.76）	0.068^{**}（2.45）	0.045^{*}（1.71）	0.067（1.58）	−0.010（−0.25）	0.081^{*}（1.92）	0.080^{*}（1.89）
组织成员平均年龄	0.026（1.28）	0.063^{**}（2.25）	-0.054^{***}（−3.01）	-0.060^{***}（−3.33）	-0.051^{***}（−2.87）	0.016（0.82）	0.136^{***}（4.68）	0.168^{***}（6.07）	0.176^{***}（6.49）	0.218^{***}（7.12）
组织成员平均任期	0.197^{***}（4.30）	0.092^{**}（2.06）	-0.182^{***}（−6.58）	-0.164^{***}（−5.74）	-0.180^{***}（−6.34）	-0.245^{***}（−8.80）	0.292^{***}（6.51）	0.195^{***}（4.43）	0.153^{***}（3.52）	0.144^{***}（3.21）

续表

项目	正式网络与非正式网络一致性		权力网与朋友网一致性				工作流网络与朋友网一致性			
	模型 1	模型 2	模型 3	模型 4	模型 5	模型 6	模型 7	模型 8	模型 9	模型 10
组织成员平均受教育程度	−0.124*** （−3.24）	−0.147*** （−4.08）	−0.112*** （−4.84）	−0.107*** （−4.64）	−0.132*** （−5.73）	−0.203*** （−8.64）	−0.088** （−2.33）	−0.113*** （−3.15）	−0.162*** （−4.57）	−0.154*** （−3.97）
利用式创新战略	−0.005 （−0.72）	−0.043*** （−5.59）	0.001 （0.07）	−0.010** （−2.36）	0.003 （0.51）	−0.008* （−1.75）	−0.006 （−0.87）	0.053*** （8.18）	−0.050*** （−6.71）	−0.056*** （−7.17）
常量	0.290*** （5.16）	−0.079 （−0.86）	0.186*** （5.48）	0.187*** （5.54）	0.228*** （4.82）	0.408*** （7.79）	0.198*** （3.60）	0.192*** （3.68）	0.123* （1.69）	−0.085 （1.01）
R^2	0.072	0.183	0.107	0.115	0.160	0.255	0.095	0.188	0.239	0.254
Adjusted R^2	0.063	0.172	0.098	0.105	0.148	0.241	0.086	0.178	0.227	0.240
F	7.66	16.41	11.73	10.93	12.42	18.14	10.32	19.39	20.42	18.02

注：$n=156$；括号中的数值为 t 值

*、**、***分别表示在 0.1、0.05、0.01 水平上显著

为验证 H5（含 H5a 和 H5b）中组织个人主义文化的调节作用（H5：在个人主义下，探索式创新会使正式网络和朋友网一致性减弱），我们在表 16.6 中构建了模型 5 和模型 9。首先将正式网络与朋友网一致性设为因变量，其次依次引入控制变量、自变量（探索式创新战略）和调节变量（个人主义文化），最后加入自变量和调节变量的乘积项。

如表 16.6 中的模型 5 所示，组织个人主义文化对探索式创新战略与权力网和朋友网一致性间的关系呈负向调节（$\beta = -0.018$，$p < 0.01$），使得探索式创新与权力网和朋友网一致性间的负相关关系增强。如表 16.6 中的模型 9 所示，组织个人主义文化对探索式创新战略和工作流网络与朋友网一致性间的关系呈负向调节（$\beta = -0.024$，$p < 0.01$），使得探索式创新与工作流网络和朋友网一致性间的正相关关系减弱。因而，在个人主义调节下，探索式创新会使正式网络和朋友网之间的一致性减弱。根据上述结果，H5 完全成立。图 16.4 为组织个人主义文化与探索式创新的交互效应图，显示了低个人主义文化及高个人主义文化对探索式创新战略与正式网络和非正式网络一致性间的关系的影响。

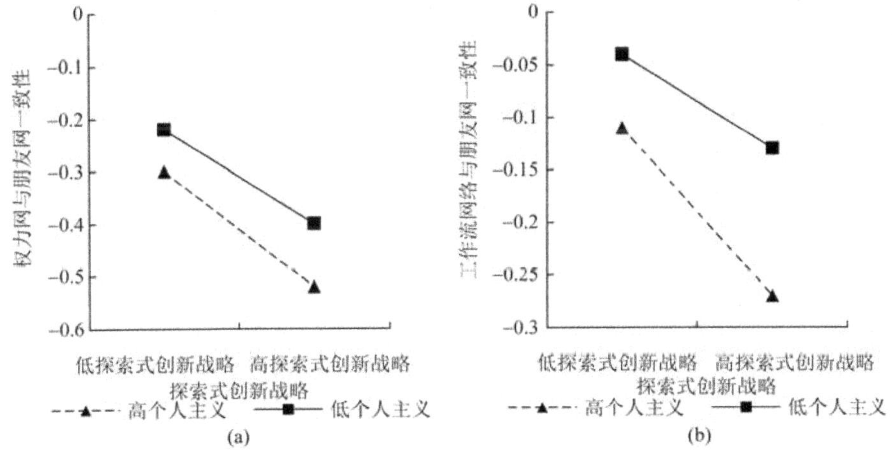

图 16.4　组织个人主义文化与探索式创新的交互效应图

4. 环境复杂性的调节效应

为验证 H6（含 H6a 和 H6b）中环境复杂性、组织集体主义文化和利用式创新战略的三项互动作用（H6：环境复杂性与集体主义文化和利用式创新战略之间存在负的三项互动作用。在环境复杂性调节下，集体主义文化对利用式创新与正式网络和朋友网一致性间的关系的调节减弱），我们在表 16.5 中构建了模型 6 和模型 10。首先将正式网络与朋友网一致性设为因变量，其次依次引入控制变量（组织类型、组织规模、组织成员平均年龄、组织成员平均任期、组织成员平均受教育程度）、自变量（利用式创新战略）和两个调节变量（组织集体主义文化和环境复杂性），最后加入自变量分别与第一个调节变量的乘积项（利用式创新战略×集体主义文化及自变量与两个调节变量的乘积项（利用式创新战略×集体主义文化×环境复杂性）。如表 16.5 中的模型 6 所示，环境复杂性与集体主义文化和利用式创新战略之间存在负的三项互动作用，且在环境复杂性调节下，集体主义文化对利用式创新战略与权力网和朋友网一致性之间的关系的调节减弱（$\beta=-0.033$，$p<0.01$）。表 16.5 中的模型 10 证明了三者存在负的三项互动作用，表明在环境复杂性调节下，集体主义文化对利用式创新战略与工作流网络和朋友网一致性间关系的调节减弱（$\beta=-0.024$，$p<0.05$）。

同样地，对于 H7（含 H7a 和 H7b）中环境复杂性、组织个人主义文化和探索式创新战略的三项互动作用（H7：环境复杂性与个人主义文化和探索式创新战略之间存在负的三项互动作用。在环境复杂性调节下，个人主义文化对探索式创新与正式网络和朋友网一致性间的关系的调节减弱）的检验，我们依旧采取上述的检验方法。如表 16.6 中的模型 6 所示，环境复杂性与个人主义文化和探索式创新战略之间存在正的三项互动，在环境复杂性调节下，个人主义文化对探索式创新与权力网和朋友网一致性之间的关系的调节增强（$\beta=0.051$，$p<0.01$）。表 16.6 中的模型 10 证明了三者存在正的三项互动，表明在环境复杂性调节下，个人主义文化对探索式创新与工作流网络和朋友网一致性之间的关系的调节增强（$\beta=0.031$，$p<0.01$）。根据上述结果，H6 完全成立，H7 不成立。图 16.5 为环境复杂性、组织集体主义和利用式创新战略的三项交互效应图。图 16.6 为环境复杂性、组织个人主义和探索式创新战略的三项交互效应图。

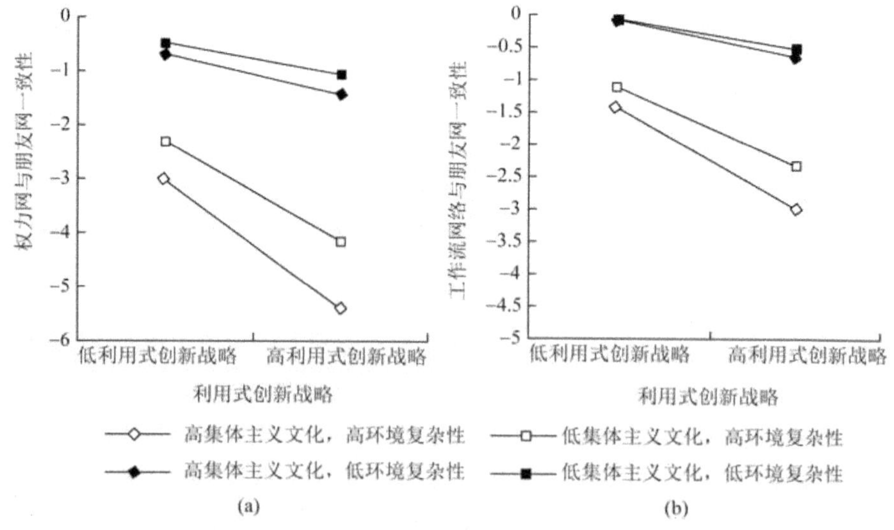

图 16.5　环境复杂性、组织集体主义和利用式创新战略的三项交互效应图

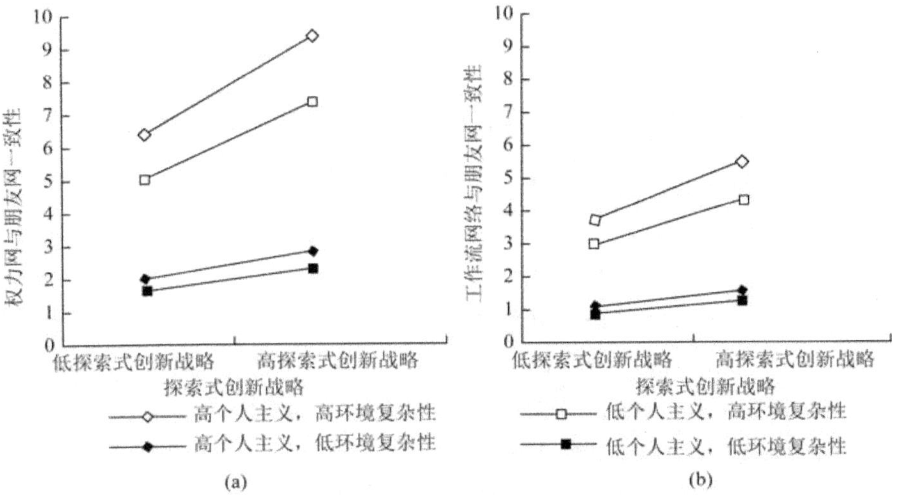

图 16.6　环境复杂性、组织个人主义和探索式创新战略的三项交互效应图

16.5　研 究 结 论

本章通过探究战略、组织文化和环境的作用分析了正式网络和非正式网络之间形成互动作用的前因。研究发现：首先，双元创新战略、利用式创新战略和探索式创新战略都对正式网络与非正式网络一致性产生倒“U”形影响，因为探索式创新战略与权力网和朋友网一致性之间呈负相关，利用式/探索式创新战略与工作流网络和朋友网一致性之间呈负相关/正相关。其次，当组织文化作为内部调节变量时，本章发现在组织集体主义文化下，利用式创新战略促进了正式网络（即权力网、工作流网络）与朋友网之间的高程度的互动；在个人主义文化下，探索式创新战略降低了正式网络（即权力网、工作流网络）与朋友网之间的高程度的互动。最后，当环境作为外部调节变量时，本章发现环境复杂性削弱了组织集体主义文化对利用式创新战略和正式网络与非正式网络一致性之间的关系的影响，增强了组织个人主义文化对探索式创新战略和正式网络与非正式网络一致性之间的关系的影响。

第 17 章　正式结构支持与非正式网络帮助在创新中的作用

企业组织绩效的高低反映了其产品或服务创新是否与时俱进以满足顾客不断更新的需求、是否具有较强的市场竞争力，以及是否可以吸纳更多优秀的人才（Delaney and Huselid，1996）。更重要的是，由于产品的市场生命周期日益短缩，组织只有不断地进行产品与服务的更迭创新才能帮助其在日益竞争的市场环境中保持较高的组织绩效（Slater et al.，2014）。有研究指出，渐进式创新和突破式创新作为企业两类重要的创新模式，在各自的运作过程和作用机制下都有利于促进组织绩效（Baker et al.，2014）。然而，当只发展二者之一时，组织就很容易陷入“能力陷阱”或“失败陷阱”（Rui and Luo，2018）。因此，当前组织更希望将有限的资源用来平衡发展渐进式创新与突破式创新以克服这两种陷阱。进而，很多企业通过利用本地知识网络、超本地知识网络嵌入（魏江和徐蕾，2014）和产品开发联盟中的竞合关系（Bouncken et al.，2018）等方式来同时提升组织的渐进式创新与突破式创新。然而，尽管平衡发展渐进式创新与突破式创新对组织来说至关重要，但理论和实践研究还未对平衡发展渐进式创新与突破式创新如何作用于组织绩效及这种作用受哪些因素影响展开深入探讨。

学者从网络视角强调了组织内的正式网络与非正式网络是组织资源与信息流通的重要通道（Methot et al.，2018），对组织创新具有关键作用（Lee et al.，2019）。一方面，强调非正式网络有助于创新的研究指出，利用非正式网络向他人寻求或提供信息和建议等帮助行为（Thompson and Bolino，2018）会促进组织绩效（Podsakoff et al.，2009）和个人绩效（Shah et al.，2018）。而反对者认为，利用非正式网络提供帮助这种角色外行为会占用提供帮助者完成工作任务的时间并干扰其注意力（Fisher et al.，2018），也会展露接收帮助者工作中存在的弱点（Fisher et al.，2018），降低其自尊（Lee et al.，2019），所以这些成本会降低组织成员提供与接收非正式帮助的意愿（Thompson and Bolino，2018）。同时，这些角色外非正式行为也具有不可持续性，组织很难只依赖这种偶发性的角色外行为为创新提供持续的解决方案。另一方面，强调正式网络有助于创新的研究指出，组织成员从正式网络中获得的支持往往源于正式规章制度的安排和分配，并且具有持续性效应，因而能够降低双方的沟通和维系成本（Li et al.，

2018）。所以，正式网络支持能使成员从非正式网络中获得帮助，并对组织创新发挥着重要作用。

然而，目前研究大多主要关注利用非正式网络提供和接收帮助，而忽略了组织成员从正式网络提供的信息与资源中获得支持（McEvily et al.，2014）。更未见有关组织成员利用不同网络提供支持与帮助对创新能力与组织绩效之间关系的影响的研究。事实上，从以往研究中我们不难发现，组织中的正式网络和非正式网络分别从不同渠道支持和促进创新。例如，组织成员往往通过利用正式网络中的合法资源与人力资本为渐进式创新提供解决方案（Li et al.，2018），利用非正式网络中的社会资本为突破式创新提供新想法（Thompson and Bolino，2018）。所以，两类网络在组织创新中各自发挥着互补的重要作用（McEvily et al.，2014）。因此，当前亟须解决的问题是平衡发展渐进式创新和突破式创新对组织绩效产生怎样的影响？组织成员利用正式网络为同事提供支持，利用非正式网络为同事提供帮助将对渐进式、突破式及平衡式创新与组织绩效之间的关系产生何种影响？

为了解决这些问题，本章将依据社会网络理论对其进行分析。一方面，社会网络理论认为组织内的各个成员可以被看成嵌入网络中的节点（Methot et al.，2018），各个成员之间的关系被看作网络的边（McEvily et al.，2014）。组织成员可以通过正式网络提供政策、交换知识和传递资源（Methot et al.，2018），也可以通过非正式网络分享经验和交换观点（Shah et al.，2018）来帮助同事解决与渐进式创新和突破式创新相关的问题，从而有利于促进组织获得竞争优势并提高组织绩效（Methot et al.，2018）。另一方面，McEvily（2014）等将组织内的网络分类为正式网络和非正式网络，可以为本章分析组织成员利用正式网络与非正式网络提供支持与帮助提供理论基础。因此，社会网络理论为解决本章研究问题提供了很好的借鉴。

17.1　概念界定与研究假设

17.1.1　概念界定

1. 渐进式创新、突破式创新和平衡式创新

渐进式创新是组织对现有产品、服务、技术平台和组织结构的概念、过程、程序进行小幅度的、细微的改进与提升（Bouncken et al.，2018），它是一种建立在已有知识基础上对现有的产品、技术平台和组织结构进行改进的创新（Subramaniam and Youndt，2005）。突破式创新要求组织大规模地打破以往技术、流程和组织格局，建立新的技术、流程和组织格局，对原有的观点、过程、程序、产品和技术

进行大幅度的变革，使其脱离原有的发展轨迹（Bouncken et al.，2018）。突破式创新可以使组织在快速变化的环境中适应顾客需求的演变（Slater et al.，2014），为组织开创新业务，或者为客户提供前所未有的利益，从而提高组织绩效（Slater et al.，2014）。渐进式创新与突破式创新的区别主要表现在三个方面：首先，渐进式创新频率高，突破式创新频率低；其次，渐进式创新变动程度低，突破式创新变动程度高；最后，渐进式创新的不确定性较低，突破式创新的不确定性较高。平衡式创新是指组织同时发展渐进式创新与突破式创新并希望在渐进式创新与突破式创新之间取得平衡。进行平衡式创新的组织希望在对产品与服务进行适中的频率与程度创新的同时降低风险、提高收益。

2. 正式网络支持与非正式网络帮助

提供帮助是指在组织成员向其同事寻求建议或咨询的过程中，被咨询者向咨询者提供问题解决方案（Shah et al.，2018）。非正式网络帮助是指组织内非正式网络中的成员在与同事互动过程中投入时间与精力，讨论与工作相关的问题并提供相应解决方案（Shah et al.，2018）。Shah 等（2018）为了研究在咨询网络中提供帮助者为他人提供帮助对其自身绩效的影响，从非正式网络视角提出了提供帮助的概念（Shah et al.，2018）。Soda 和 Zaheer（2012）认为组织内的咨询网络与朋友网络属于非正式网络，而互动工作流网络、顺序工作流网络和权力网络属于正式网络（McEvily et al.，2014）。与 Shah 等（2018）从非正式网络视角提出的提供帮助（非正式网络帮助）概念相比，本章认为正式网络中的成员在完成组织规定工作任务时，既需要从同事那里获取政策、资源、产品与服务的支持，又需要利用正式网络通道为同事提供相关的政策、资源、产品与服务的支持。因此，本章提出正式网络支持概念，正式网络支持是正式网络中的成员按照公司的规章制度使用组织分配的权力与资源和同事相互配合完成工作任务。

17.1.2 研究假设

1. 平衡式创新与组织绩效

由于组织拥有的高价值资源是有限的（Mardi et al.，2018），希望将有限的资源均衡地投入到渐进式创新与突破式创新中以降低风险的同时取得较好的组织绩效。当组织的渐进式创新与突破式创新都低时，也就是组织处于消极的低能状态，此时组织绩效最低。在理论上，此时提升创新能力有三种发展方向，见图 17.1。

当组织向渐进式创新比较高而突破式创新比较低的状态发展时，组织运行的效率会被逐渐提升从而降低组织的成本。然而，当组织太专注于渐进式创新时，容易使其对所处环境变化的感知与应变能力退化，造成新产品与服务难以推出，容易引发组织陷入“能力陷阱”（Rui and Luo，2018）。

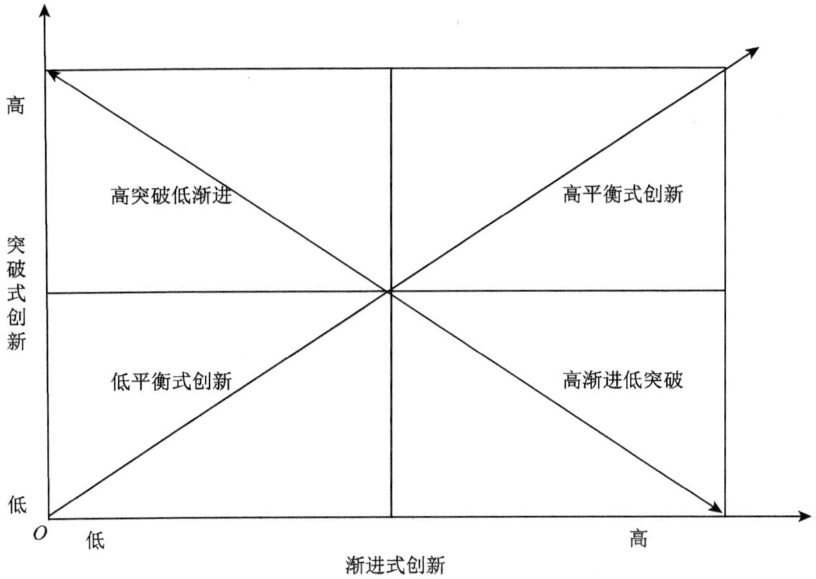

图 17.1　平衡式创新矩阵

当组织向渐进式创新比较低而突破式创新比较高的状态发展时，虽然每次组织推出新产品与服务都可以在市场中获得较高的收益，但是当组织过度专注于新产品与新服务创新研究时，就会投入大量的资金。研发全新的产品与服务需要组织不断地进行试错，并且失败的概率很高。当不能及时推出新产品与服务时，组织前期投入的高额的成本很难回收，这很容易引发组织的资金链断裂，使组织陷入“失败陷阱”（Rui and Luo，2018）。由以上分析可知，当组织的创新失衡时会不利于组织的长期发展。

当组织向平衡式创新比较高的状态发展时，可以在研发新产品与服务的同时对现有的产品与服务进行改进。这样组织可以在没有新产品推出时，通过提高组织的效率来提高组织绩效，并且可以弥补研究全新产品与服务的部分投入成本。当组织的渐进式创新提高到不能再提高的时候，经过长时间的研发，组织会有新产品与服务推出，从而对原有的产品与服务进行淘汰。由于新推出的产品存在一定的改进空间，在下一批新产品与服务推出之前对新产品进行改进，这样组织可以在通过对产品与服务的渐进式创新提高收入的同时进行突破式创新研究。通过这种方式，组织避免陷入“能力陷阱”（Rui and Luo，2018）和“失败陷阱”（Rui and Luo，2018）。因此，在平衡式创新较高的状态下组织持续发展能力较强。

组织向平衡式创新较高状态发展时的组织运行效率会被提高，同时推出新产品与服务的能力也会被提高。因此，与平衡式创新较低状态相比，在较高的平衡状态下组织绩效会被提高。然而，在维持平衡式创新处于较高状态时，容易引起组织内的管理处于紧张状态。因为渐进式创新与突破式创新需要组织成员掌握不同关键任务、同时具备不同能力及组织要制定不同的控制和奖励政策来进行协调（Mardi et al.，2018），这就会导致部分资源消耗在协调上。此时组织所提高的绩效就会比组织只专注于提升渐进式创新或者只专注于提升突破式创新所提高的绩效要低。所以，与单方面提升渐进式创新或者单方面提升突破式创新相比，当组织向平衡式创新较高的状态发展时，组织所提高的绩效比较低。因此提出如下假设。

H1a：平衡式创新对组织绩效产生显著的正向影响。

H1b：组织单独发展渐进式创新或者单独发展突破式创新所提高的组织绩效要比平衡式创新处于较高状态时的组织绩效高。

2. 正式网络支持对渐进式创新与组织绩效之间关系的调节作用

正式网络中成员相互支持有利于促进渐进式创新转化为组织绩效。当组织单方面提升渐进式创新时，组织的主要目的是提高效率、降低成本来实现成本领先战略（Porter，1980）。依据战略与结构相匹配的原则（Chandler，1969），提高渐进式创新的组织战略要求组织设计提高效率的组织结构。而正式网络是组织为了提高效率而精心设计的，每个员工的职责和工作流程都可以被严格控制。因此，正式网络支持要求拥有不同知识、技术、资源和权力（Stea et al.，2017）和不同工作能力（Clement and Puranam，2018）的领导者与员工相互支持来完成组织的任务，通过提高工作效率提高组织绩效。原因主要有以下三点：首先，领导者依据经验对员工提供支持。领导者时刻关注市场中顾客需求的变化、法律的变化、前沿科技的动态和竞争者的竞争方式的改变（Slater et al.，2014）。在分析潜在风险之后为员工提供更具体的市场远景（Bolino and Grant，2016），员工在具体的市场远景鼓舞下（Bolino and Grant，2016），更容易细化工作任务、调整产品与服务来适应市场的需求（Slater et al.，2014）。其次，员工与员工之间通过分享知识相互支持。尤其在持续创新的复杂项目中，为了克服项目中随时出现的困难，员工之间分享专业知识（Fisher et al.，2018）和相互支持会贯穿在整个项目的始终（Fisher et al.，2018）。最后，员工对领导者提供支持。为了实现组织的目标，员工会积极配合领导者制定与调整行动计划与政策，减少在工作中因为延误而浪费的资源，降低组织计划变更失败的概率（Heyden et al.，2017）。当组织渐进式创新所浪费的资源降低，失败的次数减少时，组织绩效就会被提高。

H2：正式网络提供的支持越高越有利于促进渐进式创新转化为组织绩效。

3. 非正式网络帮助在突破式创新与组织绩效之间关系的调节作用

非正式网络中的成员相互帮助有利于促进突破式创新转化为组织绩效。当组织单方面提升突破式创新时，组织的主要目的是希望生产出与竞争对手存在差异的产品（Bouncken et al.，2018）来实现差异化战略（Porter，1980）。依据战略与结构相匹配原则，提高突破式创新的组织战略要求组织结构具有开放协作的特点。而组织成员互动过程中所涌现出来的非正式网络是员工之间开放性协作的具体表现。利用非正式网络提供高水平帮助有助于培养员工之间的合作默契（Stea et al.，2017），增加识别议题的能力（Fisher et al.，2018）和提高工作能力（Shah et al.，2018），从而降低突破式创新产生的成本，最终提高组织绩效。首先，依据心智理论，在突破式创新过程中长期相互帮助的人有能力推断彼此的欲望、目的、知识和信念，有利于员工之间的相互理解，从而通过降低信息不对称的方式减少认知成本（Stea et al.，2017）。因此，员工之间的相互帮助有利于促进相互学习、分享最好的实践经验、增强团队的凝聚力（Stea et al.，2017）和工作的投入感（Lee et al.，2019），这将有助于提高团队成员之间的合作默契。其次，组织成员会利用非正式网络识别需要帮助的议题，来消除突破式创新过程中知识与资源的错配问题（Fisher et al.，2018），构建帮助框架来引导团队渡过难关（Fisher et al.，2018）。最后，当提供帮助者多次遇到之前创新过程中解决过的相类似的问题时，会不停地识别、想出与应用新的解决方案（Shah et al.，2018）。事实上，这些多次解决与突破式创新工作相关问题的组织成员不断地从每一次困难中学习，最终会成长为其领域的专家（Shah et al.，2018），解决问题的能力更强。因此当组织成员愿意利用非正式网络提供帮助时，突破式创新中产生的问题更容易被解决，从而促进组织绩效的提高（Shah et al.，2018）。

H3：非正式网络提供的帮助越高越有利于促进突破式创新转化为组织绩效。

4. 支持与帮助的互动作用对平衡式创新与组织绩效关系的调节作用

当组织为了提高平衡式创新时，会营造出积极健康的工作环境（Lee et al.，2019），鼓励员工互动利用正式网络提供支持与非正式网络提供帮助去协助同事完成日常工作，共同创造新的知识来克服工作中遇到的困难。首先，当组织成员愿意互动利用正式网络与非正式网络提供支持与帮助时，支持与帮助的提供者与接收者之间会形成虚拟的合作循环系统（Thompson and Bolino，2018），正式网络与非正式网络中的信息、政策和资源就会被合理地利用。其次，在正式网络提供高的支持与非正式网络提供高的帮助的互动环境中，遇到困难时成员可以向正式网络中的同事寻求支持，也可以向非正式网络中的同事寻求帮助，这有利于促进创新产品与服务中所产生的问题的及时解决。最后，组织成员之间的支持与帮助有利于提高遇到困难的成员的工作投入感（Lee et al.，2019）。此时，整个组织的成员会团结一致提高工作效率，从而较好地提升组织绩效。

当组织成员对同事不信任（Thompson and Bolino，2018），担心同事误解自己提供支持与帮助的动机时（Lee et al.，2019），这些负面认知往往会让其不愿意利用正式网络与非正式网络提供的支持与帮助。首先，这会降低同事之间互动的频率，进而导致与创新有关的知识流动受到限制，从而降低组织成员的创新能力（Shah et al.，2018）。其次，这会损害同事之间的合作默契，不利于组织成员从不同视角提供经验与知识以创造出新问题解决方案（Hargadon and Bechky，2006）。最后，当存储在非正式网络中的社会资本（Thompson and Bolino，2018）与正式网络中的合法资源和人力资本（Methot et al.，2018）不能被合理利用时，工作中产生的问题往往不能被及时解决（Thompson and Bolino，2018），从而导致渐进式创新与突破式创新的产品与服务转化为销售额的成本增加，最终导致组织绩效下降。

H4：正式网络提供的支持与非正式组织提供的帮助的互动效应越高，组织的平衡式创新就越容易转化为组织绩效。

综上，本章的研究模型见图 17.2。

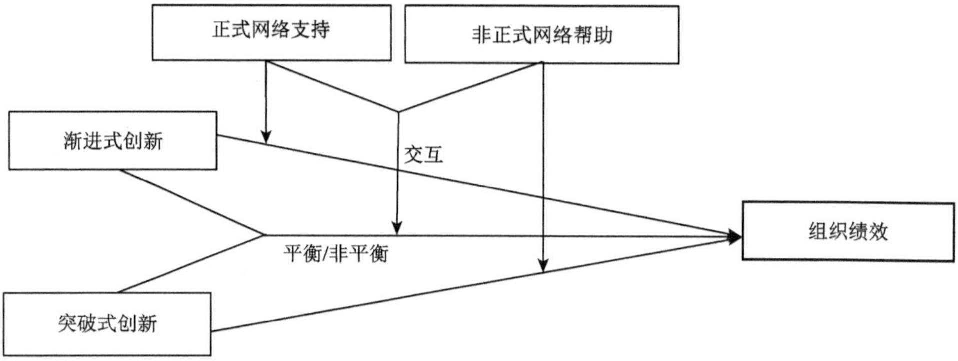

图 17.2　研究模型

17.2　研究设计与方法

17.2.1　数据收集与样本选择

本章采用问卷调查法来收集数据。在预调研阶段：第一步，从高质量期刊上选出测量变量的量表。关于英文题目量表采用传统的英文-中文背翻方法来翻译。第二步，在初步确定了调研问卷之后，邀请了三位来自不同公司的高级主管进行深度结构化访谈，依据其反馈意见对问卷中的题目进行修改。第三步，为了保证问卷中题目的可读性和保证题目描述与现实相符，我们在 2015 年 9 月至 2015 年 10 月期间邀请了某大学的 MBA 学生进行预先调研，让其对问卷中的题目与现实一致性提出建议，通过对 110 份 MBA 学生回答的样本数据进行分析来判断量表是否具有较好的信度与效度。此外，还依据 MBA 学生的反馈意见对问卷中部分表述进行修正。第四步，我们对问卷的指导语、结构设计等进行了修订才形成了正式调查问卷。

本章采用方便抽样方法，这些分布在陕西、南京、常州、徐州、南通、苏州等地的创新型组织参与了管理创新评选，所提供的产品与服务主要与信息技术、新材料等相关。在征询这些组织中的经理同意之后，邀请组织中参与对产品和服务的研发与生产的部门或团队参与调研。正式调研时间持续 1 年左右。为了保证调研数据的质量，我们采用走访方式进入企业发放问卷，现场指导组织内全体成员进行问卷填写并当场收回问卷。正式调研总共发放问卷 1246 份，收回问卷之后剔除填写潦草、关键题目无应答、连续多个条目填写极其有规律等填写不认真的问卷之外，还删除了整个组织多数成员填写不认真的整个组织问卷，得到的有效问卷为 94 个创新型组织，共 1019 份，有效回收率约为 81.78%。其中，男性比例为 58.10%；受教育程度为本科和硕士研究生的占多数，本科生所占的比例为 54.07%，研究生所占的比例为 22.77%；调研对象的年龄以 25～35 岁和 35～45 岁占多数，25～35 岁的人员所占的比例为 48.48%，35～45 岁人员所占的比例为 25.52%；其中经理填写的问卷数为 216 份，占总人数的比例约为 21.20%。

17.2.2　变量测量

1. 自变量

创新能力主要包括渐进式创新与突破式创新这两个子维度，测量主要用 Subramaniam 和 Youndt（2005）的量表。原始量表共由 6 个测项构成，每个维度由 3 个测项构成，测项如附录所示，要求管理者根据企业的实际情况进行回答，以利克特七级量表衡量，1 代表“非常少”，7 代表“非常多”，2～6 具体代表的内容见附录。

2. 因变量

组织绩效的测量主要用 Delaney 和 Huselid（1996）开发的量表，量表的测项如附录所示。要求管理者根据企业的实际情况进行回答，以利克特七级量表衡量，1 代表“最差”，7 代表“最好”，2～6 具体代表的内容见附录。

3. 调节变量

非正式网络帮助与正式网络支持的测量借鉴 Aalbers 等（2013）所用的社会网络提名法，对于整体网络的测量要求整个组织成员填写与题目描述最相符的五名以上同事的编号。非正式网络包括咨询网络与朋友网络两个维度（Soda and Zaheer，2012），咨询网络采用 Soda 和 Zaheer（2012）的量表改编来测量，如咨询网络测量的三个测项分别是“在工作上遇到困难时，我会向他/她咨询；在处理日常业务时，我常和他/她讨论相关问题；在工作中遇到困难时，他/她会主动协助我”；朋友网络主要是用 Krackhardt 和 Brass（1994）文中的量表来测量，朋友网络测量的三个测项分别是“工作中遇到挫折或被责难时，我会向他/她倾诉；他/她和我聊天时，会谈到家庭生活中的事；他/她和我最熟”。在获得数据后，将朋友网络与咨询网络维度的数据聚合为非正式网络。对于非正式网络中节点的入度计算是使用 UCINET 6.0 软件，由于本章关注的是组织层面的问题，用非正式网络中节点的入度平均值来反映非正式网络帮助。由于非正式网络中节点的入度的组内一致性系数 R_{wj} 平均值为 0.866，组内相关系数 ICC（1）为 0.111，ICC（2）为 0.586，高于对数据聚合的要求（R_{wj}＞0.7；ICC（1）＞0.05；ICC（2）＞0.5）。因此，采用平均值聚合法到组织层面是可信的（Jia et al.，2014）。

正式网络的测量主要包括顺序工作流网络、互动工作流网络和权力网络三个子维度（Soda and Zaheer，2012），正式网络采用 Soda 和 Zaheer（2012）的量表来测量，顺序工作流网络测量的两个测项分别是“我会把工作任务下达给他/她”和“他/她的工作任务完成后会转向我”；互动工作流网络维度的测项为“我和他/她需要完成相互交流和配合的工作任务”；权力网络是依据组织提供的领导与员工的关系图整理而得。对于正式网络中节点的入度计算是使用 UCINET 6.0 软件，本章关注的是组织层面的问题，因此用正式网络中节点的入度平均值来表示正式网络支持。由于正式网络中节点的入度的组内一致性系数 R_{wj} 平均值为 0.904，组内相关系数 ICC（1）为 0.247，ICC（2）为 0.788，因此，采用正式网络中节点的入度平均值聚合法到组织层面是可信的（Jia et al.，2014）。对于正式网络支持与非正式网络帮助的互动效应，该研究用正式网络中节点入度平均值与非正式网络中节点入度的平均值乘积来表示。

4. 控制变量

本章的控制变量包括组织成员的性别、组织成立时间、教育水平异质性、年龄异质性、雇用年限异质性、非正式网络效率和正式网络效率。此前的研究表明组织内平均性别水平与组织成立的时间对组织绩效产生影响（Shah et al.，2018），因此首先对组织的性别水平与组织成立的时间进行控制。性别的测量问题与选项为“您的性别：①男②女”；组织成立时间的问题与选项为“公司成立：①1 年以下②1～3 年③4～7 年④8～10 年⑤10 年以上”。其次，教育水平的问题与选项“您的最高教育程度是（包括目前在读的）：①高中及以下②大专③本科④研究生及以上”；年龄的问题与选项“您的年龄：①25 岁以下②25～35 岁③35～45 岁④45～55 岁⑤55 岁及以上”；雇用年限的问题与选项“您在现公司工作时间：①半年以下②半年～1 年③1～3 年④3～5 年⑤5 年及以上”。组织中学者较为常用 Blau 系数对教育水平、年龄与雇用年限异质性进行测量，其公式为 $H=1-\sum(P_i)^2$，其中 P_i 反映的是在组织中第 i 个类别员工的占比。Blau 系数取值范围在 0 到 1 之间，越靠近 1 说明组织中的该属性差异越大（Soda and Zaheer，2012）。最后，网络效应对组织绩效也存在影响（Shah et al.，2018；Soda and Zaheer，2012），Shah 等（2018）认为个人的网络效率会对绩效产生影响，为控制在组织层面的网络影响，该研究对正式网络效率与非正式网络效率予以控制，具体是通过 UCINET 6.0 对网络效率计算之后取均值表示组织的网络效率。其中正式网络效率的 R_{wj} 平均值为 0.973，ICC（1）为 0.514，ICC（2）为 0.919；非正式网络效率的 R_{wj} 平均值为 0.963，ICC（1）为 0.499，ICC（2）为 0.915，说明采用平均值聚合法到组织层面是可信的（Jia et al.，2014）。本章对所用变量的说明见表 17.1。

表 17.1　变量说明

变量	符号	变量测量说明	变量	符号	变量测量说明
性别	Gender	每个组织的性别均值	组织绩效	P	与因变量组织绩效描述相同
组织成立时间	OAGE	每个组织建立时间长度	渐进式创新	X	与自变量渐进式创新描述相同
教育水平异质性	HEDU	每个组织中成员教育水平差异	突破式创新	Y	与自变量突破式创新描述相同
年龄异质性	HAGE	每个组织中成员年龄差异	正式网络支持	PSF	正式网络中节点入度的均值表示
雇用年限异质性	HEP	组织成员雇用年限差异	非正式网络帮助	PAIF	非正式网络中节点入度的均值表示
非正式网络效率	IFNE	非正式网络中节点效率的均值	正式网络支持与非正式网络帮助的交互	W	正式网络提供支持与非正式网络提供帮助的乘积
正式网络效率	FNE	正式网络中节点效率的均值			

17.2.3　信度和效度

对于创新能力、组织绩效、正式网络支持与非正式网络帮助的测量都是在系统梳理相关研究成果的基础上，从高质量期刊选取的量表，具有较高的信度与效度。借助 SPSS 24.0 软件和 AMOS 21 来分析所采用潜变量的量表的信度与效度，表 17.2 给出潜变量的信度和效度检验结果。量表的信度一般采用 Cronbach's α 系数来衡量，渐进式创新、突破式创新、组织绩效的 Cronbach's α 系数均大于 0.800，说明量表信度非常好；各潜变量的量表的 KMO 值都超过 0.700，巴特利特球形检验都是在 0.000 水平上显著，因此做因子分析的条件得到了满足；各变量的组合信度（composite reliability，CR）均大于 0.800，变量的 AVE 值均大于 0.500，表明量表有较好的聚合效度和区分效度。因此，本章所用的量表具有较好的信度和效度。本章采用社会网络测量方法与利克特七级量表法。通过 Harman 单因素检验后，未发现单个因子的方差贡献率超过 40%，因此排除可能存在的共同方法偏差。

表 17.2　潜变量的信度和效度检验结果

变量	维度	测项	载荷	KMO 值	Cronbach's α	AVE	CR
双元创新	渐进式创新	（1）公司加强主打产品/服务的创新活动	0.958	KMO 值：0.768；巴特利特球形检验：$p<0.000$	0.950	0.864	0.950
		（2）公司加强主打产品/服务已有专业知识的创新活动	0.960				
		（3）公司加强现有竞争力的创新活动	0.941				
	突破式创新	（1）公司淘汰主打产品/服务的创新活动	0.874	KMO 值：0.764；巴特利特球形检验：$p<0.000$	0.879	0.712	0.881
		（2）公司从根本上改变主打产品/服务的创新活动	0.913				
		（3）公司淘汰专有核心技术的创新活动	0.907				
组织绩效		（1）公司的产品/服务/项目的质量	0.823	KMO 值：0.814；巴特利特球形检验：$p<0.000$	0.910	0.595	0.911
		（2）公司的新产品/服务/项目的发展	0.773				
		（3）公司吸引重要员工的能力	0.841				
		（4）公司留住重要员工的能力	0.812				
		（5）公司的顾客或客户的满意度	0.833				
		（6）公司领导与其他员工的关系	0.820				
		（7）总体而言，公司与员工之间的关系	0.746				

17.3 假设检验

17.3.1 描述性统计分析

各变量的均值、标准差和相关系数如表 17.3 所示。

表 17.3　描述性统计分析结果

变量	均值	标准差	1	2	3	4	5	6	7	8	9	10	11	12
1. Gender	1.428	0.263	1.000											
2. OAGE	4.894	0.343	0.087	1.000										
3. HEDU	0.434	0.167	0.054	−0.063	1.000									
4. HAGE	0.547	0.138	0.111	0.171	0.164	1.000								
5. HEP	0.586	0.145	0.020	0.016	−0.201*	−0.103	1.000							
6. IFNE	0.470	0.117	−0.140	−0.033	−0.009	−0.032	0.194*	1.000						
7. FNE	0.434	0.099	−0.127	−0.056	0.025	−0.046	0.052	0.645***	1.000					
8. *P*	5.275	0.859	0.225**	0.087	0.030	0.348***	−0.148	−0.138	−0.114	1.000				
9. *X*	5.164	1.052	0.264**	−0.009	−0.018	0.169	0.075	0.005	−0.067	0.604***	1.000			
10. *Y*	4.563	1.536	0.169	−0.054	−0.095	0.036	0.078	−0.137	0.003	0.396***	0.580***	1.000		
11. PSF	4.755	1.389	−0.107	0.002	0.145	0.154	0.165	0.254**	0.039	−0.163	−0.072	−0.032	1.000	
12. PAIF	4.420	1.235	−0.127	−0.002	0.119	0.144	0.064	−0.014	0.058	−0.191*	−0.159	0.015	0.803***	1.000

注：样本由 94 个组织构成

*、**、***分别表示在 0.1、0.05、0.01 水平上显著

17.3.2 假设检验结果

1. 调节效应

对于调节效应的检验主要运用 Aiken 和 West（1991）的层级回归方法和 split-plot 分析方法绘制了阐释调节作用的图，可以精确且直观地检验 H2 与 H3。如表 17.4 所示，模型 4 列出了用于检验 H2 的回归结果。表 17.4 中的结果表明正式网络支持与渐进式创新的交互项和组织绩效间的回归系数显著（$\beta=0.196$，$p<0.1$），模型 4 相对于模型 3 的 R^2 的增量 $\triangle R^2$ 为 0.020 且显著，说明存在调节效应。结合图 17.3 来看，当正式网络支持低时，渐进式创新与组织绩效之间的正相关关系相对平缓；当正式网络支持高时，渐进式创新与组织绩效之间的正相关关系相对陡峭，H2 得到验证。

表 17.4 层级回归分析结果：正式网络支持与非正式网络帮助的调节作用

变量	组织绩效						
	模型 1	模型 2	模型 3	模型 4	模型 5	模型 6	模型 7
Gender	0.690* (1.818)	0.140 (0.441)	0.101 (0.319)	0.243 (0.753)	0.455 (1.287)	0.320 (0.919)	0.703* (1.985)
OAGE	0.033 (0.112)	0.142 (0.601)	0.137 (0.583)	0.166 (0.712)	0.128 (0.475)	0.124 (0.476)	0.262 (1.035)
HEDU	−0.329 (−0.542)	−0.170 (−0.346)	−0.059 (−0.119)	−0.234 (−0.470)	−0.086 (−0.153)	0.080 (0.146)	−0.087 (−0.165)
HAGE	2.311*** (3.148)	1.632*** (2.710)	1.780*** (2.921)	1.857*** (3.081)	2.142*** (3.166)	2.393*** (3.596)	2.413*** (3.807)
HEP	−0.807 (−1.140)	−1.068* (−1.860)	−0.933 (−1.609)	−1.126* (−1.935)	−1.075 (−1.642)	−0.882 (−1.377)	−0.994 (−1.626)
IFNE	−0.525 (−0.467)	−0.952 (−1.044)	−0.601 (−0.636)	−0.516 (−0.553)	0.308 (0.292)	0.063 (0.061)	−0.299 (−0.302)
FNE	−0.287 (−0.221)	0.223 (0.212)	−0.024 (−0.023)	−0.001 (−0.001)	−0.991 (−0.823)	−0.728 (−0.620)	0.055 (0.048)
X		0.569*** (6.810)	0.557*** (6.659)	0.592*** (6.987)			
PSF			−0.116 (−1.340)	−0.078 (−0.889)			
X×PSF				0.196* (1.820)			
Y					0.383*** (4.077)	0.388*** (4.243)	0.422*** (4.812)

续表

变量	组织绩效						
	模型 1	模型 2	模型 3	模型 4	模型 5	模型 6	模型 7
PAIF						−0.222** (−2.450)	−0.199** (−2.290)
$Y\times$PAIF							0.266*** (3.094)
常数项	−1.424 (−0.865)	−0.738 (−0.553)	−0.924 (−0.691)	−1.156 (−0.872)	−1.496 (−0.988)	−1.607 (−1.091)	−2.874* (−1.967)
R^2	0.180	0.470	0.481	0.501	0.314	0.360	0.426
ΔR^2	0.180**	0.289***	0.011	0.020*	0.134***	0.046**	0.066***
ΔF	2.702**	46.380***	1.797	3.312*	16.623***	6.011**	9.573***

注：样本由 94 个组织组成；括号中的数值为 t 值

*、**、***分别表示在 0.1、0.05、0.01 水平上显著

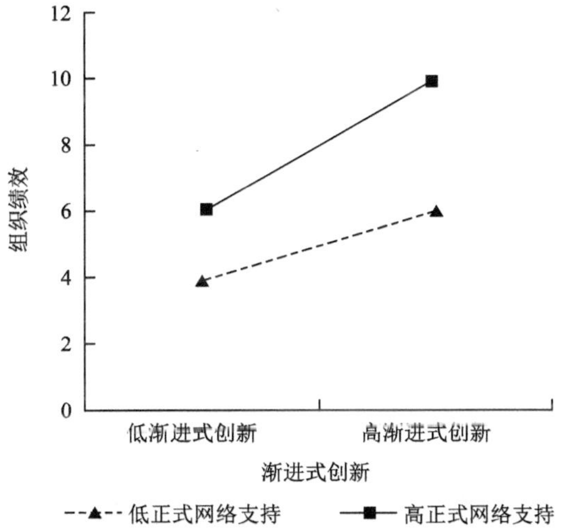

图 17.3　正式网络支持调节效应

模型 7 列出了用于检验 H3 的回归结果，结果表明非正式网络帮助与突破式创新的交互项和组织绩效间的回归系数显著（$\beta=0.266$，$p<0.01$），模型 7 相对于模型 6 的 R^2 的增量 ΔR^2 为 0.066 且显著，说明存在调节效应。结合图 17.4 来看，当非正式网络帮助低时，突破式创新与组织绩效之间的正相关关系相对平缓；当非正式网络帮助高时，突破式创新与组织绩效之间的正相关关系相对陡峭，H3 被验证。

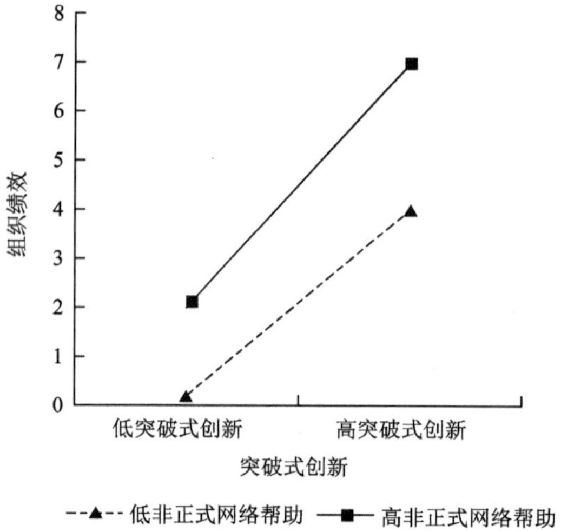

图 17.4　非正式网络帮助调节效应

2. 多项式回归

本章采用多项式回归与响应面分析方法可以精确且直观地验证 H1 与 H4。已有的经验表明（Edwards and Cable，2009），在两个变量的相互平衡的研究中采用多项式回归被证明比差异分数回归较规范。如表 17.5 所示，模型 2 列出了用于检验 H1 的回归结果，结果表明模型 2 相对于模型 1 的 R^2 的增量 ΔR^2 为 0.337 且显著，说明多项式回归得到了支持。

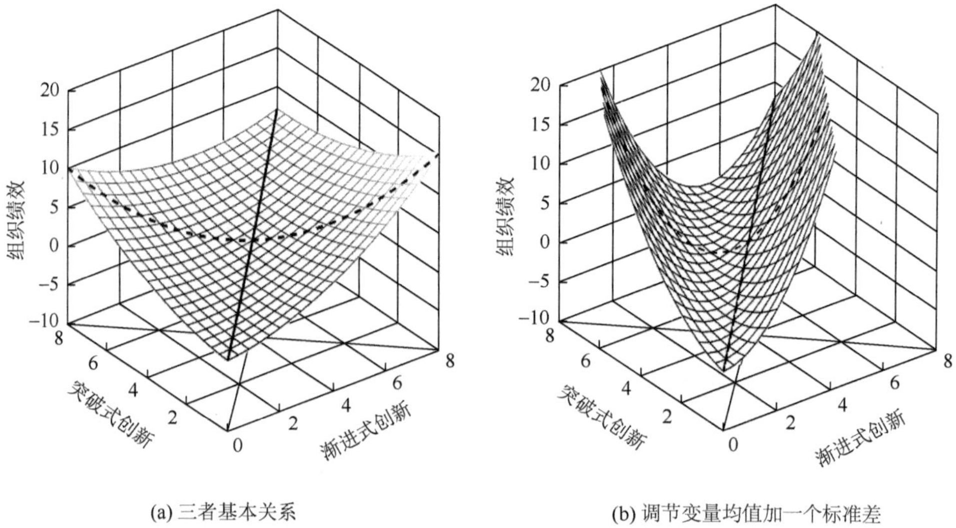

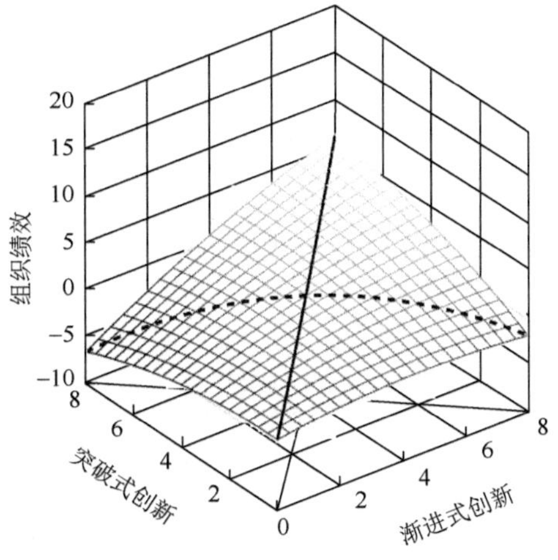

(c) 调节变量均值减一个标准差

图 17.5　渐进式创新、突破式创新和组织绩效间的关系的三维响应面分析

3. 响应面分析

为了更清楚地揭示不同变量之间的关系，将渐进式创新、突破式创新和组织绩效之间的关系表达成三维图形，如图 17.5（a）的响应面分析所示，$Y=X$ 时所表示的是平衡式创新与组织绩效之间的关系；而 $Y=-X$ 时所反映的是非平衡式创新与组织绩效之间的关系。曲面上的点偏离完全平衡线越远，表示组织的渐进式创新与突破式创新之间的平衡性越低。图 17.5（a）反映的是主效应三个变量之间的关系，在图 17.5（a）中，响应面沿着 $Y=X$ 的斜率为 0.652（$p<0.01$）且显著，响应面沿着 $Y=X$ 的曲率为 0.044（$p>0.1$）且不显著，这说明当 $Y=X$ 时，图 17.5（a）中的实线随着平衡式创新同时增长，组织绩效会显著增长，也就是说，平衡式创新与组织绩效之间存在显著的正向关系。H1a 得到验证。在图 17.5（a）中，响应面沿着 $Y=-X$ 的斜率为 0.126（$p>0.1$）且不显著，响应面沿着 $Y=-X$ 的曲率为 0.632（$p<0.05$）且显著，这说明当 $Y=-X$ 时，图 17.5（a）中的虚线表示渐进式创新与突破式创新之间的非平衡与组织绩效之间是“U”形关系，也就是说，组织所具有的渐进式创新和突破式创新都处于比较高的平衡时，所提高的组织绩效比单独发展渐进式创新或者突破式创新要低，H1b 得到验证。

如表 17.5 所示，为了验证 H4，模型 4 相对于模型 3 来说，R^2 增加了 0.058 并且显著，这说明正式网络支持与非正式网络帮助的交互对平衡式创新与组织绩效之间的关系起到了调节作用。图 17.5（b）反映的是调节变量均值加一个标准差之后 X、Y 和 P 三个变量之间的关系，从图 17.5（b）中响应面分析来看，当正式网络支持与非正式网络帮助交互调节效应处于较高状态时，响应面沿着 $Y=X$ 的斜率为 0.888（$p<0.01$）且显著，响应面沿着 $Y=X$ 的曲率为 0.048（$p>0.1$），不显著。也就是说，响应面上 $Y=X$ 时的这条线的斜率更高（$0.888^{***}>0.652^{***}$）。图 17.5（c）反映的是调节变量均值减一个标准差之后 X、Y 和 P 三个变量之间的关系，从图 17.5（c）中响应面分析来看，当正式网络支持与非正式网络帮助交互调节效应处于较低状态时，响应面沿着 $Y=X$ 的斜率为 0.581（$p<0.01$）且显著，响应面沿着 $Y=X$ 的曲率为 0.055($p>0.1$)，不显著。这意味着响应面上 $Y=X$ 时的这条线的斜率更低（$0.581^{***}<0.652^{***}$），H4 得到验证。

表 17.5　多项式回归分析结果：正式网络支持与非正式网络帮助的交互作用

变量	组织绩效			
	模型 1	模型 2	模型 3	模型 4
Gender	0.690^{*} (1.818)	0.047 (0.149)	0.098 (0.313)	0.200 (0.630)
OAGE	0.033 (0.112)	0.167 (0.720)	0.157 (0.685)	0.286 (1.217)
HEDU	−0.329 (−0.542)	−0.064 (−0.130)	−0.010 (−0.020)	0.321 (0.651)
HAGE	2.311^{***} (3.148)	1.634^{***} (2.744)	1.654^{***} (2.802)	1.744^{***} (3.029)
HEP	−0.807 (−1.140)	-1.249^{**} (−2.190)	-1.158^{**} (−2.038)	−0.850 (−1.472)
IFNE	−0.525 (−0.467)	−0.094 (−0.095)	−0.226 (−0.229)	−0.498 (−0.518)
FNE	−0.287 (−0.221)	−0.496 (−0.454)	−0.661 (−0.608)	−0.111 (−0.103)
X		0.389^{***} (3.112)	0.398^{***} (3.208)	0.473^{***} (3.427)
Y		0.263^{**} (2.061)	0.254^{**} (2.008)	0.153 (1.062)
X^2		0.201^{**} (2.596)	0.214^{***} (2.774)	0.130 (1.631)
$X\times Y$		-0.294^{**} (−2.065)	-0.298^{**} (−2.112)	−0.092 (−0.583)
Y^2		0.138 (1.392)	0.131 (1.332)	0.015 (0.135)
W			0.113 (1.560)	−0.090 (−0.803)
$W\times X$				−0.156 (−0.880)
$W\times Y$				0.293^{*} (1.846)
$W\times X^2$				0.577^{***} (2.690)

续表

变量	组织绩效			
	模型 1	模型 2	模型 3	模型 4
$W \times X \times Y$				−0.851*** (−3.017)
$W \times Y^2$				0.272*** (2.845)
常数项	−1.424 (−0.865)	−0.925 (−0.702)	−1.000 (−0.765)	−2.188 (−1.583)
R^2	0.180	0.517	0.532	0.590
ΔR^2	0.180**	0.337***	0.014	0.058*
ΔF	2.702**	11.310***	2.435	2.135*

注：样本由 94 个组织构成；括号内为 t 值

*、**、***分别表示在 0.1、0.05、0.01 水平上显著

17.4　研 究 结 论

本章运用层级回归、多项式回归和响应面分析方法来验证相关假设，研究结果表明：平衡式创新与组织绩效间存在显著的正相关关系，但是在高平衡状态下提高的组织绩效幅度要低于非平衡状态下的组织绩效所提高的幅度；正式网络中的成员相互提供支持有利于促进产品与服务的渐进式创新转化为组织绩效；非正式网络中的成员相互提供帮助有利于促进产品与服务的突破式创新转化为组织绩效；网络中成员交互提供支持与帮助有利于促进平衡式创新转化为组织绩效。

第 18 章　企业正式与非正式互动相关问题的进一步思考

18.1　理 论 贡 献

18.1.1　CAS 视角下双元创新战略对组织正式和非正式网络互动的权变影响

1. 推动关于正式网络和非正式网络互动作用形成前因的研究

该研究有助于推动关于正式网络和非正式网络之间互动作用形成前因的研究，从而响应探究战略、文化和环境在其中作用的呼吁。首先，该研究探讨了正式和非正式网络互动的前因的文献空白，为分析双元结构的前因提供了新的思路。鉴于以前的研究更多地注意到组织中正式和非正式网络之间互动作用的结果，如实现了强烈的工作场所依恋（Kuipers，2009），改善了成员的业绩（Soda and Zaheer，2012），并揭示了不同成员形式间的分配如何使得知识密集型组织通过半正式组织在知识创造中更加灵活地探索（Biancani et al.，2014）。与此同时，正式网络和非正式网络之间互动作用的前因被忽略，因此我们的发现是关于正式网络和非正式网络之间互动作用的研究工作的进一步进展。

2. 将系统内外结构和战略选择视角整合，构建了一个系统理论模型

我们将系统结构和战略选择这两个基本视角结合起来（Astley and van de Ven，1983），从战略、文化和环境三个驱动因素出发，构建了一个整体的理论模型。以往的结构互动作用研究侧重于外部环境因素，如市场导向、资源环境和企业外逃（Raisch and Birkinshaw，2008），对管理战略和复杂环境的关注较少，但这是重要的调节因素（Dooley，1997）。此外，以往的研究中更多地提到了组织内部的背景先行因素，包括使用元日程和工作丰富计划（Adler et al.，1999）、雇佣具有复杂行为技能的领导者（Lewis，2000）和建立共同愿景（Ghoshal and Bartlett，1994）。然而，组织文化作为重要的内部背景却被忽视。因此，该研究综合检验了这三个方面的作用。首先，战略是基于战略选择视角的直接驱动因素。企业采用的双元创新战略、利用式创新战略和探索式创新战略可以产生不同层次的正式和非正式

的网络互动。尤其是利用式创新战略可以促进权力网中组织成员之间的朋友关系，阻碍工作流网络中组织成员之间的朋友关系；探索式创新战略在两种形式网络中起到了相反的作用。其次，组织文化是基于系统结构视角的内部环境因素。在组织集体主义文化下，利用式创新战略可以在正式网络（即权力网、工作流网络）中鼓励更多的情感交流；在组织个人主义文化下，探索式创新战略也可以发挥同样的作用。最后，环境复杂性是基于系统结构视角的外部环境因素。环境越复杂，组织文化的作用越弱，就越能促进正式网络中的情感联系建立。

3. 基于复杂理论，从跨学科的角度对正式网络与非正式网络之间的互动作用进行了重新阐释

该研究从跨学科的角度对基于复杂理论的正式网络与非正式网络之间的互动作用进行了新的系统解释。在一个复杂的系统中，我们将正式网络隐喻为“合法系统”，非正式网络作为“影子系统”。相应地，组织中的正式网络和非正式网络之间的互动作用被比喻为“合法系统”和“影子系统”互动作用的三个复杂的系统状态，它们是“有序”状态（即以正式网络为主导的正式网络和非正式网络之间的高程度互动的状态），“混沌”状态（即以非正式网络为主导的正式网络和非正式网络之间的高程度互动的状态）和“混沌边缘”状态（即正式网络和非正式网络之间的适度互动作用的状态）。然后，通过正负反馈学习，将利用式创新战略、探索式创新战略和双元创新战略分别看作推动组织系统向“有序”状态、“混沌”状态和“混沌边缘”状态发展的动力。此外，组织文化和复杂环境分别被视为组织系统的内部/外部环境，通过系统复杂性和环境复杂性的匹配，可以增强/减轻利用式创新战略和探索式创新战略的效果。我们还将权力网看作一个比工作流网络更正式的“合法系统”，从而区分了在两种不同的“合法系统”中，由战略、文化和环境构成的“影子系统”的不同之处。因此，该研究以复杂理论为基础，全面分析了正式网络与非正式网络不同互动状态的形成。

4. 推动了目前从复杂科学角度对组织系统分析的研究

该研究与当前从复杂科学角度对组织系统分析的一些研究产生了共鸣。例如，Chiva 等（2014）从复杂系统的角度分析组织学习，将复杂系统在“混沌边缘”的组织学习过程划分为复杂的适应性系统和生成性系统。其中，复杂适应性系统是指处于“混沌边缘”的复杂系统通过自适应学习（即负反馈学习）进化到一个有序（即“有序”状态）的子系统，而复杂生成性系统是在“混沌边缘”状态的复杂系统通过生成性学习（即正反馈学习）向一个混沌（即“混沌”状态）演化的子系统。这些观点与我们提出的对促进组织系统“有序”和“混乱”状态的利用式创新战略和探索式创新战略的分析是一致的。

18.1.2 组织正式结构支持与非正式网络帮助在企业创新中的作用

1. 通过同时考虑渐进/突破式创新对绩效的影响，构建了一种产品与服务创新能力高低差异的有机平衡观

将传统的单独或者并列地考察渐进式创新与突破式创新对组织绩效的影响（Baker et al.，2014），修正为一种包容了产品与服务创新能力高低差异的有机平衡观。在聚焦渐进式创新与突破式创新保持平衡和非平衡状态对组织绩效影响方面的研究成果发表匮乏的状态下，本篇对平衡与非平衡发展渐进式创新与突破式创新对组织绩效的影响进行了分析与解释。研究结果表明，当组织平衡地提高渐进式创新与突破式创新时，组织的绩效会随之增高，但是要比单独提高渐进式创新或者单独提高突破式创新所提高的组织绩效低。

2. 通过提出正式网络支持的概念，对亲社会性理论回应并弥补了不足

对亲社会性理论的贡献是提出了正式网络支持的概念，这对 Bolino 和 Grant（2016）的呼吁回应的同时也弥补了理论上的缺陷。此前，亲社会性理论的研究主要从非正式网络视角分析组织成员提供帮助（Fisher 等，2018），却忽略了组织成员利用正式网络为同事提供支持。按照 McEvily 等（2014）与 Soda 和 Zaheer（2012）的分类标准，组织内的咨询网络与朋友网络属于非正式网络，而互动工作流网络、顺序工作流网络和权力网络属于正式网络。与 Shah 等（2018）从非正式网络视角提出的提供帮助这个新概念相比，本篇认为正式网络中的成员在完成正式工作任务时会相互支持，所以从网络视角提出了正式网络支持这一新概念来弥补现有理论的不足，这将对组织内的亲社会性行为研究具有重要的意义（Bolino and Grant，2016）。

3. 细化了渐进式创新与突破式创新影响组织绩效的权变条件

验证了渐进式创新与突破式创新转化为组织绩效需要的权变条件，组织成员应充分利用不同的组织结构将不同程度创新的产品与服务转化为组织绩效。此前研究渐进式创新与突破式创新转化为组织绩效的过程中忽略了不同的组织结构会发挥不同的作用（Baker et al.，2014），本篇对正式网络支持与非正式网络帮助这两种互补组织管理过程在渐进式、突破式和平衡式创新与组织绩效之间所起到的不同调节作用进行了验证，证实了不同组合的帮助与支持会促进组织创新的产品与服务转化为组织绩效。

18.2 实践启示

18.2.1 双元创新战略对组织正式和非正式网络互动的权变影响

该研究为指导企业促进正式网络与非正式网络互动提供了思路。首先，调整创新战略是一条有效的途径。当企业组织需要增强其成员在权力网或工作流网络中的朋友关系互动时，可以采用不同的创新战略。利用式创新战略更适合于以正式关系为主导的组织结构，因此在权力网中的效果强于工作流网络中，而探索式创新战略更适合于以非正式关系为主导的组织结构，因此在工作流网络中的效果强于权力网中。其次，培养不同的组织文化也是另一个重要的途径。组织集体主义文化和个人主义文化将更有利于利用式或探索式创新战略增加组织之间的情感和其他非正式关系。最后，组织调整还需要考虑外部环境的复杂性。公司环境的复杂性越高，调整的过程就越慢。尤其是面对当前的"VUCA"环境，企业组织需要更大的灵活性来应对外部环境的变化。除了正式的工作流网格和权力网之外，朋友网和其他非正式网络也同样至关重要。因此，企业应采取适当的创新战略或在组织中创造适当的文化，以鼓励员工之间在上下级关系和工作关系中进行不同的非正式交流（如电子邮件、电子公告板等）。

事实上，2014 年 6 月，海尔集团正式成立"创客实验室"就是典型的该问题企业管理实践。这是海尔为应对互联网时代更加激烈的外部环境竞争而做出的公司层面的具有颠覆意义的改革，为了寻求战略上的升级。"创客"一词，首次被提出，张瑞敏在多次讲话中表示要在公司内部创造一种"创客"文化。在公司内部，海尔建立了一个共享的"创客"平台。不同的"创客"团队处于前台的位置，原本属于公司各个部门的职员，可以相互合作组成团队，设计师、工程师等不同职能的员工交流协作更加密切，以激发新的灵感，为客户提供更好的产品和服务，帮助企业寻求新的商机。这一做法，意味着海尔在公司内部加强了原本较为薄弱的非正式网络的互动和交流。与此同时，"创客"团队创新设计的产品生产环节将完全由后台的企业生产部门进行生产运作支持，这是正式的业务运作过程，即企业保持着强有力的正式网络。由此，在企业双元战略及当下企业文化的推动下，海尔形成了正式网络与非正式网络中等程度互动的"混沌边缘"状态，这有利于企业的创新发展。随着该战略发展，2014 年海尔集团全球营业额实现 2007 亿元，同比增长 11%，实际利润 150 亿元，同比增长 39%；其中，在线营业额 548 亿元，同比增长 2391%。海尔基于双元创新战略推动了一次成功的组织正式网络与非正式网络互动的转型，表明了战略作为先导因素的重要性。同时，海尔的改革实践也再次表明了非正式网络在企业创新中的重要作用。随着企业外部环境复杂性的不断攀升和组织内非正式社交程度的不断增加，当前的组织或部门需要推动正式网络与非正式网络的合理适当互动。

18.2.2　组织正式结构支持与非正式网络帮助在企业创新中的作用

在管理的过程中，组织不能想当然地认为平衡发展渐进式创新和突破式创新可以在较高的平衡状态为组织提供高的绩效。在对发展渐进式、突破式或者平衡式创新做决策时，组织还要结合其所处的竞争环境与企业所拥有的资源选出合理的方案。因此，从政策制定来看，一方面，企业可以建立有利于提高相互支持与帮助的交流与沟通的制度和文化氛围（如建立员工论坛、聊天群等）、设计促进合作的工作流程、动态调整的薪酬体系、绩效管理体系和有利于员工相互提供支持与帮助的规章制度，对于愿意向同事提供帮助的成员予以适当的奖励。另一方面，鼓励员工灵活地进行公事公办与公事私办。当企业同时发展渐进式创新和突破式创新时，鼓励员工灵活地运用非正式关系解决创新过程中产生在公司规章制度中的没有规定的问题，利用正式组织中的资源解决创新过程中符合公司规章制度规定的问题，从而使整个组织的组织绩效得到提升。同样应该注意避免组织成员为组织提供过度的支持与帮助，这会导致其工作压力过大，从而影响其后续工作。

参考文献

陈春花. 2008. 管理沟通. 2 版. 广州：华南理工大学出版社.

陈晓萍，徐淑英，樊景立. 2012. 组织与管理研究的实证方法. 2 版. 北京：北京大学出版社.

陈彦亮，高闯. 2014. 基于组织双元能力的惯例复制机制研究. 中国工业经济，（10）：147-159.

程新生，李海萍，程璐，等. 2009. 控制方式对控制绩效影响的实证研究. 管理评论，21（5）：26-34.

崔佳颖. 2006. 组织的管理沟通研究. 北京：首都经济贸易大学.

邓丽芳，郑日昌. 2008. 组织沟通对成员工作压力的影响：质、量结合的实证分析. 管理世界，（1）：105-114.

黄海艳. 2014. 非正式网络对个体创新行为的影响——组织支持感的调节作用. 科学学研究，32（4）：631-638.

霍兰. 2000. 隐秩序——适应性造就复杂性. 周晓牧，韩晖，译. 上海：上海科技教育出版社.

李桦. 2012. 战略柔性与企业绩效：组织双元性的中介作用. 科研管理，33（9）：87-94.

李勖，汪应洛，孙林岩. 2003. 组织的环境适应性及生存战略——基于知识供应链的分析. 南开管理评论，（4）：61-65.

林筠，杨翠萍. 2015. 团队效能提升新视角：一致性能力、可变性能力及情境双元化作用. 科技进步与对策，32（8）：24-28.

刘嘉，许燕. 2006. 团队异质性研究回顾与展望. 心理科学进展，14（4）：636-640.

刘楼. 2008. 非正式行为、社会交换与非正式组织博弈分析. 科学管理研究，（3）：95-99.

刘昕. 2006. 正式组织与非正式组织对我国员工离职影响效用实证研究. 天津：天津财经大学.

刘新梅，韩骁，白杨，等. 2013. 控制机制、组织双元与组织创造力的关系研究. 科研管理，34（10）：1-9.

刘中文. 1999. 论我国企业文明中的两大方面——人性与非正式组织.经济问题探索，（12）：10-11.

罗家德，施淑惠，林敬尧. 2002. 以濡染模型研究关系网络对计算机态度之影响. 信息社会研究，（2）：139-164.

吕鸿江. 2015. 企业如何设计商业模式适应环境？——CAS 视角的理论框架. 外国经济与管理，37（12）：16-29，43.

吕鸿江，程明，吴利华. 2016a. CAS 视角下的商业模式设计与组织适应性. 管理科学学报，19（9）：94-108.

吕鸿江，程明，周应堂，等. 2016b. 商业模式设计的适应性进化机理研究. 中国软科学，（2）：126-144.

吕鸿江，付正茂，王道金，等. 2017a. 网络一致性对双元创新能力的权变平衡. 外国经济与管理，39（7）：65-79.

吕鸿江，刘洪. 2008. 企业组织复杂适应性的结构维度. 经济管理，(23)：130-136.
吕鸿江，刘洪. 2011. 转型经济背景下的组织复杂性动因研究：环境不确定性和战略导向的作用. 管理工程学报，25（1）：1-9.
吕鸿江，吴亮，付正茂，等. 2016c. 商业模式设计与组织复杂性的匹配对组织适应性的影响. 管理学报，13（3）：374-384.
吕鸿江，吴亮，张鑫. 2016d. CAS 视角下企业正式及非正式网络互动适应环境的理论框架. 科学学与科学技术管理，37（3）：31-42.
吕鸿江，许烁，吴亮，等. 2017b. 网络一致性、组织沟通与知识交换整合能力. 中国科技论坛，(7)：134-142.
吕涛，聂锐. 2009. 非正式控制对销售人员绩效和客户关系质量的影响. 南开管理评论，12（2）：153-160.
钱小军，詹晓丽. 2005. 关于沟通满意度以及影响的因子分析和实证研究. 管理评论，17（6）：30-34.
尚海燕，徐慧. 2013. 互惠性环境下交互记忆系统对团队隐性知识转移的影响研究. 石家庄铁道大学学报（社会科学版），7（3）：15-19.
盛宇华，李金生. 2007. 基于人际关系的营销控制力模型及其实证分析. 经济管理，29（20）：8-13.
斯蒂芬 • P • 罗宾斯. 1997. 管理学. 4 版. 北京：中国人民大学出版社.
斯科特. 2007. 社会网络分析法. 刘军译. 重庆：重庆大学出版社.
宋杨. 2017. 货币政策实际干预、信息沟通与市场信心. 经济经纬，34（6）：122-128.
唐杰，林志扬，莫莉. 2011. 多项式回归与一致性研究：应用及分析. 心理学报，43（12）：1454-1461.
屠兴勇，王泽英，张琪，等. 2019. 基于动态环境的网络能力与渐进式创新绩效：知识资源获取的中介作用. 管理工程学报，33（2）：42-49.
王凤彬，陈建勋，杨阳. 2012. 探索式与利用式技术创新及其平衡的效应分析. 管理世界，(3)：96-112.
王旭，张晓峰. 2015. 组织双元性、创新协同与企业绩效：基于战略一致性的调节作用. 南京师大学报（社会科学版），(1)：70-79.
王益民，缪小梅. 2012. 高层管理团队特征对战略双元性的影响研究. 比较管理，4（1）：1-10.
王永健，谢卫红，王田绘，等. 2016. 强弱关系与突破式创新关系研究——吸收能力的中介作用和环境动态性的调节效应. 管理评论，28（10）：111-122.
魏江. 2001. 管理沟通：理念与技能. 北京：科学出版社.
魏江，徐蕾. 2014. 知识网络双重嵌入、知识整合与集群企业创新能力. 管理科学学报，17（2）：34-47.
温忠麟，叶宝娟. 2014. 有调节的中介模型检验方法：竞争还是替补？心理学报，46(5)：714-726.
文东华，潘飞，陈世敏. 2009. 环境不确定性、二元管理控制系统与企业业绩实证研究——基于权变理论的视角. 管理世界，(10)：102-114.
吴建祖，肖书锋. 2016. 组织双元性的组织前因和绩效后果：一个元分析. 预测，35（4）：22-27.
吴亮，吕鸿江. 2015. 网络外部性对中国企业海外投资区位选择的影响. 财贸经济，(3)：124-135，149.

吴亮，吕鸿江. 2016. 资源禀赋、制度环境与中国企业海外进入模式选择. 国际经贸探索，32（3）：75-88.
吴绍波，顾新. 2011. 知识网络节点组织之间的知识冲突研究. 情报杂志，30（12）：125-128.
谢荷锋. 2007. 组织氛围对企业员工间非正式知识分享行为的激励研究. 研究与发展管理，（2）：92-99.
谢洪明，王晓玲，罗惠玲，等. 2010. 正式和非正式控制对 IJV 的技术创新的影响：基于东道国母公司视角的实证研究. 科研管理，31（2）：1-8.
徐碧琳. 2005. 基于群体动力，正式组织与非正式组织互动效应实证研究. 南开经济研究，（4）：21-27.
徐碧琳，刘昕. 2005. 非正式组织演进路径实证研究. 南开管理评论，（6）：30-34.
阎守娟. 2010. 个体/集体主义文化倾向对团队学习的影响探究. 大连：大连理工大学.
颜泽贤，范冬萍，张华夏. 2006. 系统科学导论——复杂性探索. 北京：人民出版社.
姚凯，崔晓明. 2013. 正式组织与非正式组织的互动关系研究：基于外部性的视角. 复旦学报（社会科学版），55（6）：143-150.
尹惠斌，游达明. 2014. 研发团队知识冲突对企业突破性创新绩效影响的实证研究. 管理学报，11（3）：383-389.
尹奎，李秀凤，孙健敏，等. 2016. 大学生的社会网络. 心理科学进展，24（8）：1279-1289.
于景元，刘毅，赵军. 1997. 开放的复杂巨系统的方法论——从定性到定量综合集成方法//张嗣瀛. 中国控制与决策学术年会论文集. 沈阳：东北大学出版社：49-53.
原欣伟，伊景冰，王建仁，等. 2012. 基于正式结构与非正式网络的企业内部知识共享优化方法. 管理学报，9（8）：1196-1202.
詹姆斯·布里克利，克利福德·史密斯，杰罗尔德·齐默尔曼. 2014. 管理经济学与组织架构. 张志强，王春香，张彩玲，译. 北京：人民邮电出版社.
张钢，倪旭东. 2007a. 知识差异和知识冲突对团队创新的影响. 心理学报，39（5）：926-933.
张钢，倪旭东. 2007b. 组织中的知识冲突研究. 科学学与科学技术管理，（1）：106-110.
张莉，林与川，迟冬梅. 2012. 组织沟通方式对沟通满意度的影响：沟通认知与沟通倾向的调节作用. 科学学与科学技术管理，33（2）：167-175.
赵圣斌. 2007. 企业组织控制模式研究. 哈尔滨：哈尔滨工业大学.
周楠，朱玉杰，孙慧. 2009. 密度制约模型中的合法化：公司以及地域异质性在海外扩张中的调节作用. 管理世界，（3）：111-120.
Aalbers R，Dolfsma W. 2014. Innovation despite reorganization. Journal of Business Strategy，35（3）：18-25.
Aalbers R，Dolfsma W，Koppius O. 2013. Individual connectedness in innovation networks：on the role of individual motivation . Research Policy，42（3）：624-634.
Aalbers R，Dolfsma W，Koppius O. 2014. Rich ties and innovative knowledge transfer within a firm. British Journal of Management，25（4）：833-848.
Aalbers R，Dolfsma W，Leenders R. 2016. Vertical and horizontal cross-ties：benefits of cross-hierarchy and cross-unit ties for innovative projects. Journal of Product Innovation Management，33（2）：141-153.
Abernathy W J，Clark K B. 1985. Innovation：mapping the winds of creative destruction. Research

Policy，14（1）：3-22.

Adam W M，Aaron M W，Christina M K. 2007. Assessing common method bias in organizational research. New York：The 22nd Annual Meeting of the Society for Industrial and Organizational Psychology.

Adler P S，Borys B. 1996. Two types of bureaucracy：enabling and coercive. Administrative Science Quarterly，41（1）：61-89.

Adler P S，Goldoftas B，Levine D I. 1999. Flexibility versus efficiency? A case study of model changeovers in the toyota production system. Organization Science，10（1）：43-68.

Agneessens F，Skvoretz J. 2012. Group differences in reciprocity，multiplexity and exchange：measures and application. Quality and Quantity，46：1523-1545.

Ahearne M，Lam S K，Kraus F. 2014. Performance impact of middle managers' adaptive strategy implementation：the role of social capital. Strategic Management Journal，35（1）：68-87.

Ahuja G，Lampert C M. 2001. Entrepreneurship in the large corporation：a longitudinal study of how established firms create breakthrough inventions. Strategic Management Journal，22（6/7）：521-543.

Aiken L S，West S G. 1991. Multiple regression：testing and interpreting interactions. Thousand Oaks：Sage Publications.

Aiken M，Bacharach S B，French J L. 1980. Organizational structure，work process，and proposal making in administrative bureaucracies. Academy of Management Journal，23（4）：631-652.

Alexiev A S，Jansen J J P，van den Bosch F A J，et al. 2010. Top management team advice seeking and exploratory innovation：the moderating role of TMT heterogeneity. Journal of Management Studies，47（7）：1343-1364.

Allen D K. 2013. Diagnosing social support and performance management：a case study of contextual ambidexterity in a manufacturing company. Georgia：Georgia State University.

Allen J，James A D，Gamlen P. 2007. Formal versus informal knowledge networks in R&D：a case study using social network analysis. R&D Management，37（3）：179-196.

Allen T J. 1986. Managing the Flow of Technology：Technology Transfer and the Dissemination of Technological Information Within the R&D Organization. Cambridge：MIT Press.

Allsop J，Mulcahy L. 1996. Regulating Medical Work：Formal and Informal Controls. Walton：Open University Press.

Anderson J C，Gerbing D W. 1988. Structural equation modeling in practice：a review and recommended two-step approach. Psychological Bulletin，103（3）：411-423.

Anderson J C，Narus J A. 1984. A model of the distributor's perspective of distributor-manufacturer working relationships. Journal of Marketing，48（4）：62-74.

Anderson P，Tushman M L. 2001. Organizational environments and industry exit：the effects of uncertainty，munificence and complexity. Industrial and Corporate Change，10（3）：675-711.

Andriopoulos C，Lewis M W. 2009. Exploitation-exploration tensions and organizational ambidexterity：managing paradoxes of innovation. Organization Science，20（4）：696-717.

Ann McFadyen M，Semadeni M，Cannella A A. 2009. Value of strong ties to disconnected others：examining knowledge creation in biomedicine. Organization Science，20（3）：552-564.

Ansari S L. 1977. An integrated approach to control system design. Accounting，Organizations and Society，2（2）：101-112.

Argyris C. 1952. The Impact of Budgets on People. New York：Controllership Foundation.

Ashby W R. 1956. Design for an intelligenceamplifier. Automata Studies，34：215-233.

Ashford S J，Cummings L L. 1985. Proactive feedback seeking：the instrumental use of the information environment. Journal of Occupational Psychology，58（1）：67-79.

Ashmos D P，Duchon D，Hauge F E，et al. 1996. The nature of internal complexity in unusual organizations：a study of environmentally sensitive and insensitive hospitals. Academy of Management Best Papers Proceedings，1：111-115.

Astley W G，van de Ven A H. 1983. Central perspectives and debates in organization theory. Administrative Science Quarterly，28（2）：245-273.

Atay F M，Jost J. 2004. On the emergence of complex systems on the basis of the coordination of complex behaviors of their elements：synchronization and complexity. Complexity，10（1）：17-22.

Atuahene-Gima K. 2005. Resolving the capability-rigidity paradox in new product innovation. Journal of Marketing，69（4）：61.

Atuahene-Gima K，Murray J Y. 2007. Exploratory and exploitative learning in new product development：a social capital perspective on new technology ventures in China. Journal of International Marketing，15（2）：1-29.

Auh S，Menguc B. 2005. Balancing exploration and exploitation：the moderating role of competitive intensity. Journal of Business Research，58（12）：1652-1661.

Ayers D J，Gordon G L，Schoenbachler D D. 2001. Integration and new product development success：the role of formal and informal controls. Journal of Applied Business Research，17（2）：133-148.

Baker W E，Sinkula J M，Grinstein A，et al. 2014. The effect of radical innovation in/congruence on new product performance. Industrial Marketing Management，43（8）：1314-1323.

Balkundi P，Barsness Z，Michael J H. 2009. Unlocking the influence of leadership network structures on team conflict and viability. Small Group Research，40（3）：301-322.

Barnard C I. 1938. The Functions of the Executive. Cambridge：Harvard University Press.

Baron R M，Kenny D A. 1986. The moderator-mediator variable distinction in social psychological research：conceptual，strategic，and statistical considerations. Journal of Personality and Social Psychology，51（6）：1173-1182.

Bartel C A，Garud R. 2009. The role of narratives in sustaining organizational innovation. Organization Science，20（1）：107-117.

Bartlett C A，Ghoshal S. 1987. Managing across borders：new organizational responses. Sloan Management Review，29（1）：43-53.

Basaglia S，Caporarello L，Magni M，et al. 2010. IT knowledge integration capability and team performance：the role of team climate. International Journal of Information Management，30（6）：542-551.

Benner M J，Tushman M L. 2002. Process management and technological innovation：a longitudinal study of the photography and paint industries. Administrative Science Quarterly，47（4）：676-706.

Benner M J，Tushman M L. 2003. Exploitation，exploration，and process management：the productivity dilemma revisited. Academy of Management Review，28（2）：238-256.

Bessie W. 1994. Self-help Among the Elderly：Formal and Informal Support Systems. New York：Garland Publishing Inc.

Betts S C，Stouder M D. 2004. The network perspective in organization studies：network organizations or network analysis? Academy of Strategic Management Journal，3：1-20.

Biancani S，McFarland D A，Dahlander L. 2014. The semiformal organization. Organization Science，25（5）：1306-1324.

Birkinshaw J，Gibson C. 2004. Building ambidexterity into an organization. Mit Sloan Management Review，45（4）：47.

Birkinshaw J，Gupta K. 2013. Clarifying the distinctive contribution of ambidexterity to the field of organization studies. Academy of Management Perspectives，27（4）：287-298.

Blau J R，Mckinley W. 1979. Idea，complexity，and innovation. Administration Science Quarterly，24：200-219.

Blau P M. 1977a. A macrosociological theory of social structure. American Journal of Sociology，83（1）：26-54.

Blau P M. 1977b. Inequality and Heterogeneity. New York：Free Press.

Boisot M，Child J. 1999. Organizations as adaptive systems in complex environments：the case of China. Organization Science，10（3）：237-252.

Bolino M C，Grant A M. 2016. The bright side of being prosocial at work，and the dark side，too：a review and agenda for research on other-oriented motives，behavior，and impact in organizations. Academy of Management Annals，10（1）：599-670.

Borgatti S P，Halgin D S. 2011. On network theory. Organization Science，22（5）：1168-1181.

Boumgarden P，Nickerson J，Zenger T R. 2012. Sailing into the wind：exploring the relationships among ambidexterity，vacillation，and organizational performance. Strategic Management Journal，33（6）：587-610.

Bouncken R B，Fredrich V，Ritala P，et al. 2018. Coopetition in new product development alliances：advantages and tensions for incremental and radical innovation. British Journal of Management，29（3）：391-410.

Brass D J. 1981. Structural relationships，job characteristics，and worker satisfaction and performance. Administrative Science Quarterly，26（3）：331-348.

Brass D J. 1984. Being in the right place：a structural analysis of individual influence in an organization. Administrative Science Quarterly，29（4）：518-539.

Brass D J，Galaskiewicz J，Greve H R，et al. 2004. Taking stock of networks and organizations：a multilevel perspective. Academy of Management Journal，47（6）：795-817.

Brennecke J，Rank O N. 2016. The interplay between formal project memberships and informal advice seeking in knowledge-intensive firms：a multilevel network approach. Social Networks，44：307-318.

Brettel M，Voss U. 2010. Exploring the emergence of management control packages——A resource dependence theory perspective. International Academy of Business and Economics，10（1）：169-177.

Brown S L，Eisenhardt K M. 1997. The art of continuous change：linking complexity theory and time-paced evolution in relentlessly shifting organizations. Administrative Science Quarterly，42（1）：1-34.

Bruns W J，Waterhouse J H. 1975. Budgetary control and organization structure. Journal of Accounting Research，13（2）：177-203.

Burgelman R A. 1991. Intraorganizational ecology of strategy making and organizational adaptation：theory and field research. Organization Science，2（3）：239-262.

Burt R S. 2004. Structural holes and good ideas. American Journal of Sociology，110（2）：349-399.

Burt R S. 2005. Brokerage and Closure：An Introduction to Social Capital. Oxford：Oxford University Press.

Bushardt S C，Lambert J，Duhon D L. 2007. Selecting a better carrot：organizational learning，formal rewards and culture-a behavioral perspective. Journal of Organizational Culture，Communications and Conflict，11（2）：67-79.

Caimo A，Lomi A. 2015. Knowledge sharing in organizations：a bayesian analysis of the role of reciprocity and formal structure. Journal of Management，41（2）：665-691.

Cao Q，Gedajlovic E，Zhang H. 2009. Unpacking organizational ambidexterity：dimensions，contingencies，and synergistic effects. Organization Science，20（4）：781-796.

Cardinal L B，Sitkin S B，Long C P. 2004. Balancing and rebalancing in the creation and evolution of organizational control. Organization Science，15（4）：411-431.

Carley K M. 1997. Organizational adaptation. Annals of Operations Research，75：25-47.

Carley K M，Svoboda D M. 1996. Modeling organizational adaptation as a simulated annealing process. Sociological Methods & Research，25（1）：138-168.

Carlile P R. 2004. Transferring，translating，and transforming：an integrative framework for managing knowledge across boundaries. Organization Science，15（5）：555-568.

Carmeli A，Azeroual B. 2009. How relational capital and knowledge combination capability enhance the performance of work units in a high technology industry. Strategic Entrepreneurship Journal，3（1）：85-103.

Carmeli A，Waldman D A. 2010. Leadership，behavioral context，and the performance of work groups in a knowledge-intensive setting. The Journal of Technology Transfer，35（4）：384-400.

Casciaro T，Lobo M S. 2008. When competence is irrelevant：the role of interpersonal affect in task-related ties. Administrative Science Quarterly，53（4）：655-684.

Caspin-Wagner K，Ellis S，Tishler A. 2012. Balancing exploration and exploitation for firm's superior performance：the role of the environment. Academy of Management Annual Meeting Proceedings，2012（1）：17177.

Chandler A D. 1969. Strategy and Structure：Chapters in the History of the American Industrial Enterprise. Cambridge：The Mit Press.

Chang Y N，Lin L H，Chen W H，et al. 2010. Quality control work group focusing on practical guidelines for improving safety of critically ill patient transportation in the emergency department. Journal of Emergency Nursing，36（2）：140-145.

Chen B，Krauskopf J. 2013. Integrated or disconnected? Examining formal and informal networks in a merged nonprofit organization. Nonprofit Management and Leadership，23（3）：325-345.

Chen D Q，Mocker M，Preston D S，et al. 2010. Information systems strategy：reconceptualization，measurement，and implications. MIS Quarterly，34（2）：233-259.

Chen W，Deng H，Shen L，et al. 2014. A comprehensive intervention program on the long-term placement of peripherally inserted central venous catheters. Journal of Cancer Research and Therapeutics，10（2）：359-362.

Child J. 1972. Organizational structure，environment and performance：the role of strategic choice. Sociology，6（1）：1-22.

Child J，McGrath R G. 2001. Organizations unfettered：organizational form in an information-intensive economy. Academy of Management Journal，44（6）：1135-1148.

Chiva R，Ghauri P，Alegre J. 2014. Organizational learning，innovation and internationalization：a complex system model. British Journal of Management，25（4）：687-705.

Chiva R，Grandío A，Alegre J. 2010. Adaptive and generative learning：implications from complexity theories. International Journal of Management Reviews，12（2）：114-129.

Chiva R，Habib J. 2015. A framework for organizational learning types：generative，adaptive and zero learning. Journal of Management and Organization，21（3）：350-368.

Chou S C，Bustamante J F，Gomes J L. 2005. Evaluation of Eta Model seasonal precipitation forecasts over South America. Nonlinear Processes in Geophysics，12（4）：537-555.

Chow W S，Chan L S. 2008. Social network，social trust and shared goals in organizational knowledge sharing. Information & Management，45（7）：458-465.

Chu C M，Hu H H，Chu N T. 2006. A framework for interpreting the antecedents of CEO compensation：an organizational adaptation perspective. Journal of American Academy of Business，8（2）：235-241.

Chu D，Strand R，Fjelland R. 2003. Essays & commentaries：theories of complexity. Complexity，8（3）：19-30.

Clark P. 1999. Organizations In Action. London：Routledge.

Clement J，Puranam P. 2018. Searching for structure：formal organization design as a guide to network evolution. Management Science，64（8）：3879-3895.

Cochrane K. 2011. Learning and spirituality//Issues in Business Ethics. Dordrecht：Springer Netherlands：117-129.

Cohen J，Cohen P，West S G，et al. 2002. Applied Multiple Regression/Correlation Analysis for the Behavioral Sciences. 3rd ed. New York：Psychology Press.

Collins C J，Smith K G. 2006. Knowledge exchange and combination：the role of human resource practices in the performance of high-technology firms. Academy of Management Journal，49（3）：544-560.

Cottrell T，Nault B R. 2004. Product variety and firm survival in the microcomputer software industry. Strategic Management Journal，25（10）：1005-1025.

Cravens D W，Lassk F G，Low G S，et al. 2004. Formal and informal management control combinations in sales organizations：the impact on salesperson consequences. Journal of Business Research，57（3）：241-248.

Cugueró-Escofet N，Rosanas J M. 2012. Justice as a crucial formal and informal element of management control systems. Ramon Llull Journal of Applied Ethics，3（3）：155.

Daft R L. 2000. Organization Theory and Design. 7th ed. South-Western Educational Publishing.

Damurski L. 2015. From formal to semi-formal and informal communication in urban planning. Insights from polish municipalities. European Planning Studies，23（8）：1568-1587.

Davis K，Newstrom J. 1977. Human Behavior at Work：Organization Behavior. New York：McGraw-Hill.

Dawn L M. 1997. Assessing the impact of gender role stereotyping in the media. American Journal of Health Education，28（6）：390-391.

Delaney J T，Huselid M A. 1996. The impact of human resource management practices on perceptions of organizational performance. Academy of Management Journal，39（4）：949-969.

Detert J R，Burris E R，Harrison D A，et al. 2013. Voice flows to and around leaders：understanding when units are helped or hurt by employee voice. Administrative Science Quarterly，58（4）：624-668.

Dong Y F，Ren X M. 2015. New tendency in the study of the emergence of complex systems. Journal of Dialectics of Nature，37（5）：8-13.

Dooley K J. 1997. A complex adaptive systems model of organization change. Nonlinear Dynamics，Psychology，and Life Sciences，1（1）：69-97.

Dow G K. 1988. Configurational and coactivational views of organizational structure. Academy of Management Review，13（1）：53-64.

Downs C W，Hazen M D. 1977. A factor analytic study of communication satisfaction. International Journal of Business Communication，14（3）：63-73.

Drazin R，van de Ven A H. 1985. Alternative forms of fit in contingency theory. Administrative Science Quarterly，30（4）：514-539.

Duncan R B. 1972a. Toward an operant model of organizational learning：adaptation to environmental uncertainty. Academy of Management Annual Meeting Proceedings（1）：155-158.

Duncan R B. 1972b. Characteristics of organizational environments and perceived environmental uncertainty. Administrative Science Quarterly，17（3）：313-327.

Duncan R B. 1976. The ambidextrous organization：designing dual structures for innovation. The Management of Organization，1：167-188.

Edwards J R. 1994. The study of congruence in organizational behavior research：critique and a proposed alternative. Organizational Behavior and Human Decision Processes，58（1）：51-100.

Edwards J R，Cable D M. 2009. The value of value congruence. Journal of Applied Psychology，94（3）：654-677.

Edwards J R，Lambert L S. 2007. Methods for integrating moderation and mediation：a general analytical framework using moderated path analysis. Psychological Methods，12（1）：1-22.

Evans K R，Landry T D，Li P C，et al. 2007. How sales controls affect job-related outcomes：the role of organizational sales-related psychological climate perceptions. Journal of the Academy of Marketing Science，35（3）：445-459.

Evans S H，Clarke P. 1983. When cancer patients fail to get well：flaws in health communication. Annals of the International Communication Association，7（1）：225-248.

Fang C，Lee J，Schilling M A. 2010. Balancing exploration and exploitation through structural design：the isolation of subgroups and organizational learning. Organization Science，21（3）：625-642.

Feldman M S，March J G. 1981. Information in organizations as signal and symbol. Administrative Science Quarterly，26（2）：171-186.

Fisher C M，Pillemer J，Amabile T M. 2018. Deep help in complex project work：guiding and path-clearing across difficult terrain. Academy of Management Journal，61（4）：1524-1553.

Fitzsimmons S R，Stamper C L. 2014. How societal culture influences friction in the employee-organization relationship. Human Resource Management Review，24（1）：80-94.

Flamholtz E G，Das T K，Tsui A S. 1985. Toward an integrative framework of organizational control. Accounting，Organizations and Society，10（1）：35-50.

Fornell C，Larcker D F. 1981. Evaluating structural equation models with unobservable variables and measurement error. Journal of Marketing Research，18（1）：39-50.

Fox H W，Porter M E. 1982. Competitive strategy. Journal of Marketing，46（3）：124.

Fradkov A L，Miroshnik I V，Nikiforov V O. 1999. Nonlinear and Adaptive Control of Complex Systems. Berlin：Springer Netherlands.

Gargiulo M，Benassi M. 2000. Trapped in your own net？Network cohesion，structural holes，and the adaptation of social capital. Organization Science，11（2）：123-261.

Geerts A，Blindenbach-Driessen F，Gemmel P. 2010. Achieving a balance between exploration and exploitation in service firms：a longitudinal study. Academy of Management Proceedings（1）：1-6.

Gell-Mann M. 2001. Consciousness，reduction，and emergence：some remarks. Annals of the New York Academy of Sciences，929：41-49.

Ghemawat P，Costa J. 1993. The organizational tension between static and dynamic efficiency. Strategic Management Journal，14（S2）：59-73.

Ghoshal S，Bartlett C A. 1994. Linking organizational context and managerial action：the dimensions of quality of management. Strategic Management Journal，15（S2）：91-112.

Gibbons D E. 2004. Friendship and advice networks in the context of changing professional values. Administrative Science Quarterly，49（2）：238-262.

Gibson C B，Birkinshaw J. 2004. The antecedents，consequences，and mediating role of organizational ambidexterity. Academy of Management Journal，47（2）：209-226.

Glauser M J. 1984. Upward information flow in organizations：review and conceptual analysis. Human Relations，37（8）：613-643.

Goebel S，Weißenberger B E. 2017. Effects of management control mechanisms：towards a more comprehensive analysis. Journal of Business Economics，87：185-219.

Gorzeń-Mitka I，Okręglicka M. 2014. Improving decision making in complexity environment.

Procedia Economics and Finance，16：402-409.

Granovetter M S. 1973. The strength of weak ties. American Journal of Sociology，78(6)：1360-1380.

Graven M. 2004. Investigating mathematics teacher learning within an in-service community of practice：the centrality of confidence. Educational Studies in Mathematics，57（2）：177-211.

Groat M. 1997. The informal organisation：ride the headless monster. Management Accounting，75（4）：40.

Guechtouli M. 2014. Management of competitive intelligence activities：between formal and informal. Revue Des Sciences De Gestion，266（49）：10-17.

Guenzi P，Baldauf A，Panagopoulos N G. 2014. The influence of formal and informal sales controls on customer-directed selling behaviors and sales unit effectiveness. Industrial Marketing Management，43（5）：786-800.

Gulati R，Puranam P. 2009. Renewal through reorganization：the value of inconsistencies between formal and informal organization. Organization Science，20（2）：422-440.

Gupta A K，Smith K G，Shalley C E. 2006. The interplay between exploration and exploitation. Academy of Management Journal，49（4）：693-706.

Gurianova E，Mechtcheriakova S. 2015. Design of organizational structures of management according to strategy of development of the enterprises. Procedia Economics and Finance，24：395-401.

Güttel W H，Konlechner S W. 2009. Continuously hanging by a thread：managing contextually ambidextrous organizations. Schmalenbach Business Review，61（2）：150-172.

Halvey J K，Melby B M. 2005. Information Technology Outsourcing Transactions：Process，Strategies，and Contracts. 2nd ed. New York：John Wiley & Sons.

Hansen M T. 2002. Knowledge networks：explaining effective knowledge sharing in multiunit companies. Organization Science，13（3）：232-248.

Hargadon A B，Bechky B A. 2006. When collections of creatives become creative collectives：a field study of problem solving at work. Organization Science，17（4）：484-500.

Harrington R J，Kendall K W. 2007. Uncovering the interrelationships among firm size，organizational involvement，environmental uncertainty，and implementation success. International Journal of Hospitality & Tourism Administration，8（2）：1-23.

Hayes A F. 2018. Introduction to Mediation，Moderation，and Conditional Process Analysis：A Regression-Based Approach. New York：Guilford Press.

He Z L，Wong P K. 2004. Exploration vs. exploitation：an empirical test of the ambidexterity hypothesis. Organization Science，15（4）：481-494.

Heyden M L M，Fourne S P L，Koene B A S，et al. 2017. Rethinking ‘top-down’ and ‘bottom-up’ roles of top and middle managers in organizational change：implications for employee support. Journal of Management Studies，54（7）：961-985.

Hinkin T R. 1998. A brief tutorial on the development of measures for use in survey questionnaires. Organizational Research Methods，1（1）：104-121.

Hofstede G. 1984. National cultures revisited. Asia Pacific Journal of Management，2（1）：22-28.

Holmqvist M. 2004. Experiential learning processes of exploitation and exploration within and between organizations：an empirical study of product development. Organization Science，15（1）：1-132.

Hopwood A. 1974. Accounting and Human Behavior. London：Haymarket Publishing Limited.

Hosoda M，Suzuki K. 2015. Using management control systems to implement CSR activities：an empirical analysis of 12 Japanese companies. Business Strategy and the Environment，24（7）：628-642.

House C H，Price R L. 2009. The HP Phenomenon：Innovation and Business Transformation. Stanford：Stanford Business Books.

Hurdle D E. 2002. Native Hawaiian traditional healing：culturally based interventions for social work practice. Social Work，47（2）：183-192.

Huy Q N. 2002. Emotional balancing of organizational continuity and radical change：the contribution of middle managers. Administrative Science Quarterly，47（1）：31-69.

Ibarra H. 1992. Structural Alignments，Individual Strategies，and Managerial Action：Elements Toward a Network Theory of Getting Things Done. Boston：Harvard Business School Press.

Jackson S E，Brett J F，Sessa V I，et al. 1991. Some differences make a difference：individual dissimilarity and group heterogeneity as correlates of recruitment，promotions，and turnover. Journal of Applied Psychology，76（5）：675-689.

Janis I L. 1972. Victims of Groupthink：A Psychological Study of Foreign-policy Decisions and Fiascoes. Boston：Houghton Mifflin Company.

Janis K M. 1972. Correspondence. Anesthesia & Analgesia，51（6）：954-955.

Jansen J J P，Andriopoulous C，Tushman M. 2013. Organizing for ambidexterity：founding，developing and revitalizing dynamic capabilities over time. Rotterdam：Erasmus University.

Jansen J J P，Tempelaar M P，van den Bosch F A J，et al. 2009. Structural differentiation and ambidexterity：the mediating role of integration mechanisms. Organization Science，20（4）：797-811.

Jansen J J P，van den Bosch F A J，Volberda H W. 2005. Exploratory innovation，exploitative innovation，and ambidexterity：the impact of environmental and organizational antecedents. Schmalenbach Business Review，57：351-363.

Jansen J J P，van den Bosch F A J，Volberda H W. 2006. Exploratory innovation，exploitative innovation，and performance：effects of organizational antecedents and environmental moderators. Management Science，52（11）：1661-1674.

Jaworski B J. 1988. Toward a theory of marketing control：environmental context，control types，and consequences. Journal of Marketing，52（3）：23-39.

Jaworski B J，Macinnis D J. 1989. Marketing jobs and management controls：toward a framework. Journal of Marketing Research，26（4）：406-419.

Jaworski B J，Stathakopoulos V，Krishnan H S. 1993. Control combinations in marketing：conceptual framework and empirical evidence. Journal of Marketing，57（1）：57-69.

Jehn K A，Chadwick C，Thatcher S. 1997. To agree or not to agree. International Journal of Conflict Management，8：287-306.

Jennings D F，Seaman S L. 1994. High and low levels of organizational adaptation：an empirical

analysis of strategy, structure, and performance. Strategic Management Journal, 15(6): 459-475.
Jeong I, Shin S J. 2019. High-performance work practices and organizational creativity during organizational change: a collective learning perspective. Journal of Management, 45 (3): 909-925.
Jewels T, Partridge H, Underwood A. 2003. Effects of informal networks on knowledge management strategies//Khosrow-Pour M. 2003 Information Resources Management Association International Conference. Idea Group Publishing: 906-909.
Jia L D, Shaw J D, Tsui A S, et al. 2014. A social-structural perspective on employee-organization relationships and team creativity. Academy of Management Journal, 57 (3): 869-891.
Jin E M, Girvan M, Newman M E J. 2001. Structure of growing social networks. Physical Review Letters, 64 (4): 46132.
Johanson J E. 2000. Formal structure and intra-organisational networks. An analysis in a combined social and health organisation in Finland. Scandinavian Journal of Management, 16(3): 249-267.
Johlke M C, Duhan D F, Howell R D, et al. 2000. An integrated model of sales managers' communication practices. Journal of the Academy of Marketing Science, 28 (2): 263-277.
Johnson J D. 1990. Effects of communicative factors on participation in innovations. International Journal of Business Communication, 27 (1): 7-23.
Johnson J D, Donohue W A, Atkin C K, et al. 1994. Differences between formal and informal communication channels. International Journal of Business Communication, 31 (2): 111-122.
Johnson J D. 1993. Organizational Communication Structure. Norwood: Praeger.
Joshi A W, Randall S. 2001. The indirect effects of organizational controls on salesperson performance and customer orientation. Journal of Business Research, 54 (1): 1-9.
Kahn R L, Wolfe D M, Quinn R P, et al. 1964. Organizational stress: studies in role conflict and ambiguity. American Sociological Review, 30 (4): 620.
Kanawattanachai P, Yoo Y. 2007. The impact of knowledge coordination on virtual team performance over time. MIS Quarterly, 31 (4): 783-808.
Kandlousi N S A E, Ali A J, Abdollahi A. 2010. Organizational citizenship behavior in concern of communication satisfaction: the role of the formal and informal communication. International Journal of Business and Management, 5 (10): 51-61.
Karns D A, Khera I P. 1988. Organizational adaptation and perceived international marketing effectiveness. Journal of Global Marketing, 1 (1/2): 113.
Kauffman S A. 1995. At home in the Universe: The Search for the Laws of Self-Organization and Complexity. New York: Oxford University Press.
Kauppila O P. 2007. Towards a Network Model of Ambidexterity. Helsinki: School of Economics.
Kauppila O P. 2010. Creating ambidexterity by integrating and balancing structurally separate interorganizational partnerships. Strategic Organization, 8 (4): 283-312.
Kerr J, Slocum J W. 2005. Managing corporate culture through reward systems. Academy of Management Executive, 19 (4): 130-138.
Kim N, Pae J H. 2007. Utilization of new technologies: organizational adaptation to business environments. Journal of the Academy of Marketing Science, 35 (2): 259-269.

Kim Y, Vonortas N S. 2014. Managing risk in the formative years: evidence from young enterprises in Europe. Technovation, 34（8）: 454-465.

Klijn E, Reuer J J, van den Bosch F A J, et al. 2013. Performance implications of IJV boards: a contingency perspective. Journal of Management Studies, 50（7）: 1245-1266.

Koberg C S. 1987. Resource, environmental uncertainty, and adaptive organizational behavior. Academy of Management Journal, 30（4）: 798-807.

Kogut B, Zander U. 1992. Knowledge of the firm, combinative capabilities, and the replication of technology. Organization Science, 3（3）: 301-441.

Koo T K, Li M Y. 2016. A guideline of selecting and reporting intraclass correlation coefficients for reliability research. Journal of Chiropractic Medicine, 15（2）: 155-163.

Krackhardt D. 1988. Predicting with networks: nonparametric multiple regression analysis of dyadic data. Social Networks, 10（4）: 359-381.

Krackhardt D, Brass D J. 1994. Intraorganizational networks: the micro side//Wasserman S, Galaskiewicz J.Advances in Social Network Analysis: Research in the Social and Behavioral Sciences. London: Sage Publications.

Krackhardt D, Hanson J R. 1993. Informal networks: the company behind the chart. Harvard Business Review, 71（4）: 104-111.

Kratzer J, Gemuenden H G, Lettl C. 2008a. Revealing dynamics and consequences of fit and misfit between formal and informal networks in multi-institutional product development collaborations. Research Policy, 37（8）: 1356-1370.

Kratzer J, Gemünden H G, Lettl C. 2008b. Balancing creativity and time efficiency in multi-team R&D projects: the alignment of formal and informal networks. R&D Management, 38（5）: 538-549.

Kraut R, Kiesler S, Boneva B, et al. 2002. Internet paradox revisited. Journal of Social Issues, 58（1）: 49-74.

Kreutzer M, Cardinal L B, Walter J, et al. 2014. Formal and informal controls as complements or substitutes? The role of the task environment. Academy of Management Annual Meeting Proceedings, 2014（1）: 11470.

Kroher M, Wolbring T. 2015. Social control, social learning, and cheating: evidence from lab and online experiments on dishonesty. Social Science Research, 53: 311-324.

Kuipers K J. 2009. Formal and informal network coupling and its relationship to workplace attachment. Sociological Perspectives, 52（4）: 455-479.

Kyriakopoulos K, Moorman C. 2004. Tradeoffs in marketing exploitation and exploration strategies: the overlooked role of market orientation. International Journal of Research in Marketing, 21（3）: 219-240.

Lai C J. 2016. The effect of individual market orientation on sales performance: an integrated framework for assessing the role of formal and informal communications. Journal of Marketing Theory and Practice, 24（3）: 328-343.

Lamieri M, Mangalagiu D. 2009. Interactions between formal and informal organizational networks// Handbook of Research on Multi-agent Systems: Semantics and Dynamics of Organizational

Models. Hershey：Information Science Reference.

Lange D. 2008. A multidimensional conceptualization of organizational corruption control. Academy of Management Review，33（3）：710-729.

Laplume A O，Dass P. 2012. Exploration and exploitation approaches for various stages of firm growth through diversification. Academy of Management Proceedings，2012（1）：11420.

Larsen M D. 1997. Assessing the impact of gender role stereotyping in the media. Journal of Health Education，28（6）：390.

Lavie D，Rosenkopf L. 2006. Balancing exploration and exploitation in alliance formation. Academy of Management Journal，49（4）：797-818.

Lawler E E. 1976. Control systems in organizations//Dunnette M D. Handbook of Industrial and Organizational Psychology. Chicago：Rand McNally.

Lawrence P，Lorsch J. 1967. Organizations and Environment. Cambridge：Harvard University Press.

Lawrence P R，Dalton G W，Irwin R D. 1971. Motivation and control in organizations.

Lazer D，Friedman A. 2007. The network structure of exploration and exploitation. Administrative Science Quarterly，52（4）：667-694.

Lee H W，Bradburn J，Johnson R E，et al. 2019. The benefits of receiving gratitude for helpers：a daily investigation of proactive and reactive helping at work. The Journal of Applied Psychology，104（2）：197-213.

Lemon M，Sahota P S. 2004. Organizational culture as a knowledge repository for increased innovative capacity. Technovation，24（6）：483-498.

Lenz E R. 1984. Information seeking：a component of client decisions and health behavior. ANS Advances in Nursing Science，6（3）：59-72.

Leonard-Barton D. 1992. Core capabilities and core rigidities：a paradox in managing new product development. Strategic Management Journal，13：111-125.

Levinthal D A. 1991. Organizational adaptation and environmental selection-interrelated processes of change. Organization Science，2（1）：140-145.

Levinthal D A，March J G. 1993. The myopia of learning. Strategic Management Journal，14：95-112.

Lewin A Y，Long C P，Carroll T N. 1999. The coevolution of new organizational forms. Organization Science，10（5）：535-550.

Lewin A Y，Volberda H W. 1999. Prolegomena on coevolution：a framework for research on strategy and new organizational forms. Organization Science，10（5）：519-534.

Lewis K. 2003. Measuring transactive memory systems in the field：scale development and validation. The Journal of Applied Psychology，88（4）：587-604.

Lewis M W. 2000. Exploring paradox：toward a more comprehensive guide. The Academy of Management Review，25（4）：760-776.

Li J T. 1995. Foreign entry and survival：effects of strategic choices on performance in international markets. Strategic Management Journal，16（5）：333-351.

Li Y，Wang M，van Jaarsveld D D，et al. 2018. From employee-experienced high-involvement work system to innovation：an emergence-based human resource management framework. Academy of Management Journal，61（5）：2000-2019.

Lin H E，Mcdonough Ⅲ E F，Yang J，et al. 2017. Aligning knowledge assets for exploitation，exploration，and ambidexterity：a study of companies in high-tech Parks in China. Journal of Product Innovation Management，34（2）：122-140.

Lin L H. 2014. Subsidiary performance：the contingency of multinational corporation's international strategy. European Management Journal，32（6）：928-937.

Lomi A，Lusher D，Pattison P E，et al. 2014. The focused organization of advice relations：a study in boundary crossing. Organization Science，25（2）：438-457.

London M，Hall M. 2011. Unlocking the value of Web 2.0 technologies for training and development：the shift from instructor-controlled，adaptive learning to learner-driven，generative learning. Human Resource Management，50（6）：757-775.

Lu J G，Hafenbrack A C，Eastwick P W，et al. 2017. "going out" of the box：close intercultural friendships and romantic relationships spark creativity，workplace innovation，and entrepreneurship. The Journal of Applied Psychology，102（7）：1091-1108.

Lubatkin M H，Simsek Z，Ling Y，et al. 2006. Ambidexterity and performance in small-to medium-sized firms：the pivotal role of top management team behavioral integration. Journal of Management，32（5）：646-672.

Lumpkin G T，Dess G G. 2001. Linking two dimensions of entrepreneurial orientation to firm performance：the moderating role of environment and industry life cycle. Journal of Business Venturing，16（5）：429-451.

Luthans F. 2002. The need for and meaning of positive organizational behavior. Journal of Organizational Behavior，23（6）：695-706.

MacIntosh R，MacLean D. 1999. Conditioned emergence：a dissipative structures approach to transformation. Strategic Management Journal，20（4）：297-316.

Malek S，Sarin S，Jaworski B. 2016. Informal controls：concepts，dimensions，and measurement. AMA Summer Educators' Conference Proceedings，27：14-15.

Manuti A，Pastore S，Scardigno A F，et al. 2015. Formal and informal learning in the workplace：a research review. International Journal of Training and Development，19（1）：1-17.

March J G. 1991. Exploration and exploitation in organizational learning. Organization Science，2（1）：71-87.

Mardi M，Arief M，Furinto A，et al. 2018. Sustaining organizational performance through organizational ambidexterity by adapting social technology. Journal of the Knowledge Economy，9（3）：1049-1066.

McDermott R，Archibald D. 2010. Harnessing your staff's informal networks. Harvard Business Review，88（3）：82-89.

McEvily B，Soda G，Tortoriello M. 2014. More formally：rediscovering the missing link between formal organization and informal social structure. The Academy of Management Annals，8（1）：299-345.

McFadyen M A，Semadeni M，Jr Cannella A A. 2009. Aalue of strong ties to disconnected others：examining knowledge creation in biomedicine. Organization Science，20（3）：552-564.

Merchant K A. 1985. Control in business organizations. Administrative Science Quarterly，32（3）：

139-151.

Methot J R, Rosado-Solomon E H, Allen D G. 2018. The network architecture of human capital: a relational identity perspective. Academy of Management Review, 43 (4): 723-748.

Meyer J W, Rowan B. 1977. Institutionalized organizations: formal structure as myth and ceremony. American Journal of Sociology, 83 (2): 340-363.

Miao C F, Evans K R. 2013. The interactive effects of sales control systems on salesperson performance: a job demands-resources perspective. Journal of the Academy of Marketing Science, 41 (1): 73-90.

Michaelis B, Wagner J D, Schweizer L. 2015. Knowledge as a key in the relationship between high-performance work systems and workforce productivity. Journal of Business Research, 68 (5): 1035-1044.

Miles R E, Snow C C. 1978. Organizational Strategy, Structure and Process. Stanford: Stanford Business Books.

Miles R E, Snow C C, Meyer A D, et al. 1978. Organizational strategy, structure, and process. Academy of Management Review, 3 (3): 546-562.

Miller D. 1987. Strategy making and structure: analysis and implications for performance. Academy of Management Journal, 30 (1): 7-32.

Miller G J, Rice R W. 1967. Lipid metabolism in lambs as affected by fattening rations of roughage and concentrate. Journal of Animal Science, (5): 1153-1159.

Miller V D, Jablin F M. 1991. Information seeking during organizational entry: influences, tactics, and a model of the process. Academy of Management Review, 16 (1): 92-120.

Mintzberg H. 1983. Power In and Around Organizations. Englewood Cliffs: Prentice Hall.

Mom T J M, van den Bosch F A J, Volberda H W. 2009. Understanding variation in managers' ambidexterity: investigating direct and interaction effects of formal structural and personal coordination mechanisms. Organization Science, 20 (4): 812-828.

Monks K, Conway E, Fu N, et al. 2016. Enhancing knowledge exchange and combination through HR practices: reflexivity as a translation process. Human Resource Management Journal, 26(3): 304-320.

Monks R A G. 1998. The Emperor's Nightingale: Restoring the Integrity of the Corporation in the Age of Shareholder Activism. Tulsa: Capstone Publishing.

Morris M H, Davis D L, Allen J W. 1994. Fostering corporate entrepreneurship: cross-cultural comparisons of the importance of individualism versus collectivism. Journal of International Business Studies, 25 (1): 65-89.

Mu J F, Benedetto A D. 2012. Networking capability and new product development. IEEE Transactions on Engineering Management, 59 (1): 4-19.

Muller D, Judd C M, Yzerbyt V Y. 2005. When moderation is mediated and mediation is moderated. Journal of Personality and Social Psychology, 89 (6): 852-863.

Myers R H, Montgomery D C. 1996. Response Surface Methodology: Process and Product Optimization Using Designed Experiments. 3rd ed. Hoboken: Wiley.

Nahapiet J, Ghoshal S. 1998. Social capital, intellectual capital, and the organizational advantage.

Academy of Management Review，23（2）：242-266.
Nahapiet J，Gratton L，Rocha H O. 2005. Knowledge and relationships：when cooperation is the norm. European Management Review，2（1）：3-14.
Namwoon K，Jae H P. 2007. Utilization of new technologies：organizational adaptation to business environments. Journal of the Academy of Marketing Science，35（2）：259-269.
Nickerson J A，Zenger T R. 2002. Being efficiently fickle：a dynamic theory of organizational choice. Organization Science，13（5）：547-566.
Nosella A，Cantarello S，Filippini R. 2012. The intellectual structure of organizational ambidexterity：a bibliographic investigation into the state of the art. Strategic Organization，10（4）：450-465.
Nunnally J P. 1968. Psychometric theory. American Educational Research Journal，5（3）：431-433.
O'Reilly Ⅲ C A，Tushman M L. 2004. The ambidextrous organization. Harvard Business Review，82（4）：74.
O'Reilly Ⅲ C A，Tushman M L. 2008. Ambidexterity as a dynamic capability：resolving the innovator's dilemma. Research in Organizational Behavior，28：185-206.
O'Reilly Ⅲ C A，Tushman M L. 2011. Organizational ambidexterity in action：how managers explore and exploit. California Management Review，53（4）：5.
O'Reilly Ⅲ C A，Tushman M L. 2013. Organizational ambidexterity：past，present，and future. Academy of Management Perspectives，27（4）：324-338.
Obal M，Kannan-Narasimhan R，Ko G. 2016. Whom should we talk to? Investigating the varying roles of internal and external relationship quality on radical and incremental innovation performance. Journal of Product Innovation Management，33：136-147.
Obstfeld D. 2005. Social networks，the tertius iungens orientation，and involvement in innovation. Administrative Science Quarterly，50（1）：100-130.
Ochurub M，Bussin M，Goosen X. 2012. Organisational readiness for introducing a performance management system. SA Journal of Human Resource Management，10（3）：11.
Okamoto K，Teo S. 2009. Forms of informal management controls in overseas Japanese companies：a qualitative study. Employment Relations Record，9（1）：64-83.
Olejniczak T，Yasuyuki K. 2014. Bureaucracy and culture：toward two-factor theory of organizational control. Management and Business Administration Central Europe，22（1）：70-87.
Ouchi W G. 1978. The transmission of control through organizational hierarchy. Academy of Management Journal，2（21）：173-192.
Ouchi W G. 1979. A conceptual-framework for the design of organizational control mechanisms. Management Science，25（9）：833-848.
Pagell M. 2004. Understanding the factors that enable and inhibit the integration of operations，purchasing and logistics. Journal of Operations Management，22（5）：459-487.
Paul M，Hennig-Thurau T，Groth M. 2015. Tightening or loosening the "iron cage"? The impact of formal and informal display controls on service customers. Journal of Business Research，68（5）：1062-1073.
Pfister S，Koehler A，Hellweg S. 2009. Assessing the environmental impacts of freshwater consumption in LCA. Environmental Science & Technology，43（11）：4098-4104.

Phene A，Tallman S，Almeida P. 2012. When do acquisitions facilitate technological exploration and exploitation? Journal of Management，38（3）：753-783.

Podsakoff N P，Whiting S W，Podsakoff P M，et al. 2009. Individual- and organizational-level consequences of organizational citizenship behaviors：a meta-analysis. The Journal of Applied Psychology，94（1）：122-141.

Podsakoff P M，Organ D W. 1986. Self-reports in organizational research：problems and prospects. Journal of Management，12（4）：531-544.

Porter M E. 1980. Competitive strategy. Journal of Marketing，1（2）：2001.

Porter M E. 1996. What is strategy? Harvard Business Review，74：61-78.

Prencipe A，Tell F. 2001. Inter-project learning：processes and outcomes of knowledge codification in project-based firms. Research Policy，30（9）：1373-1394.

Prieto I M，Perez Santana M P. 2012. Building ambidexterity：the role of human resource practices in the performance of firms from Spain. Human Resource Management，51（2）：189-211.

Probst G，Raisch S. 2005. Organizational crisis：the logic of failure. The Academy of Management Executive，19（1）：90-105.

Puranam P，Singh H，Chaudhuri S. 2009. Integrating acquired capabilities：when structural integration is（un）necessary. Organization Science，20（2）：313-328.

Raisch S，Birkinshaw J. 2008. Organizational ambidexterity：antecedents，outcomes，and moderators. Journal of Management，34（3）：375-409.

Raisch S，Birkinshaw J，Probst G，et al. 2009. Organizational ambidexterity：balancing exploitation and exploration for sustained performance. Organization Science，20（4）：685-695.

Raisch S，Hotz F. 2010. Shaping the context for learning：corporate alignment initiatives，environmental munificence and firm performance//Wall S，Zimmermann C，Klingebiel R，et al. Strategic Reconfigurations. Cheltenham：Edward Elgar.

Rank O N. 2004. Biblio service. Management international review，44（1）：117-123.

Rank O N. 2008. Formal structures and informal networks：structural analysis in organizations. Scandinavian Journal of Management，24（2）：145-161.

Rank O N，Robins G L，Pattison P E. 2010. Structural logic of intraorganizational networks. Organization Science，21（3）：745-764.

Reif W E，Monczka R M，Newstrom J W. 1973. Perceptions of the formal and the informal organizations：objective measurement through the semantic differential technique. Academy of Management Journal，16（3）：389-403.

Reinhardt H，Kim H C，Pietzonka C，et al. 2013. Self-organization of multifunctional surfaces—the fingerprints of light on a complex system. Advanced Materials，25（24）：3313-3318.

Robert C，Wasti S A. 2002. Organizational individualism and collectivism：theoretical development and an empirical test of a measure. Journal of Management，28（4）：544-566.

Rossetti D K，DeZoort F A. 1989. Organizational adaptation to technology innovation. SAM Advanced Management Journal，54（4）：29.

Rothaermel F T，Alexandre M T. 2009. Ambidexterity in technology sourcing：the moderating role of absorptive capacity. Organization Science，20（4）：759-780.

Roxas B，Chadee D. 2013. Effects of formal institutions on the performance of the tourism sector in the Philippines：the mediating role of entrepreneurial orientation. Tourism Management，37：1-12.

Rui Z Y，Luo J L. 2018. Enterprises' balanced innovation search and its staged effect：punctuated balance or simultaneous balance？Science Research Management，39（1）：9-17.

Salavisa I，Sousa C，Fontes M. 2012. Topologies of innovation networks in knowledge-intensive sectors：sectoral differences in the access to knowledge and complementary assets through formal and informal ties. Technovation，32（6）：380-399.

Sanders K，Snijders T，Stokman F N. 1998. Editorial：effects and outcomes of informal relations within organizations. Computational & Mathematical Organization Theory，4（2）：103-108.

Sanum W，Srisuchinwong B. 2012. Highly complex chaotic system with piecewise linear nonlinearity and compound structures. Journal of Computers，7（4）：1041-1047.

Schneider M，Somers M. 2006. Organizations as complex adaptive systems：implications of complexity theory for leadership research. The Leadership Quarterly，17（4）：351-365.

Schriesheim C A，Hinkin T R. 1990. Influence tactics used by subordinates：a theoretical and empirical analysis and refinement of the kipnis，schmidt，and wilkinson subscales. Journal of Applied Psychology，75（3）：246-257.

Schulz M，Roßnagel C S. 2010. Informal workplace learning：an exploration of age differences in learning competence. Learning and Instruction，20（5）：383-399.

Scott W R. 1998. Organizations：Rational，Natural，and Open Systems. 4th ed. Upper Saddle River：Prentice Hall.

Sell J，Kuipers K J. 2009. A structural social psychological view of gender differences in cooperation. Sex Roles，61（5/6）：317-324.

Selznick P. 1948. Foundations of the theory of organization. American Sociological Review，13（1）：25.

Shah N P，Cross R，Levin D Z. 2018. Performance benefits from providing assistance in networks：relationships that generate learning. Journal of Management，44（2）：412-444.

Shane S，Venkataraman S，MacMillan I. 1995. Cultural differences in innovation championing strategies. Journal of Management，21（5）：931-952.

Shih H A，Chiang Y H，Chen T J. 2012. Transformational leadership，trusting climate，and knowledge-exchange behaviors in Taiwan. The International Journal of Human Resource Management，23（6）：1057-1073.

Siggelkow N，Levinthal D A. 2003. Temporarily divide to conquer：centralized，decentralized，and reintegrated organizational approaches to exploration and adaptation. Organization Science，14（6）：650-669.

Simon H A. 1976. Administrative Behavior. New York：Free Press.

Sine S M，Engel A G. 2006. Recent advances in Cys-loop receptor structure and function. Nature，440（7083）：448-455.

Sinha K K，van de Ven A H. 2005. Designing work within and between organizations. Organization Science，16（4）：389-408.

Sitkin S B，George E. 2005. Managerial trust-building through the use of legitimating formal and informal control mechanisms. International Sociology，20（3）：307-338.

Skordoulis R T. 2004. Strategic flexibility and change：an aid to strategic thinking or another managerial abstraction? Strategic Change，13（5）：253-258.

Slater S F，Mohr J J，Sengupta S. 2014. Radical product innovation capability：literature review，synthesis，and illustrative research propositions. Journal of Product Innovation Management，31（3）：552-566.

Smith G D，Steadman L. 1981. Present value of corporate history. Harvard Business Review，59（6）：164-173.

Smith K G，Collins C J，Clark K B. 2005. Existing knowledge，knowledge creation capability，and the rate of new product introduction in high-technology firms. The Academy of Management Journal，48（2）：346-357.

Smith W K，Tushman M L. 2005. Managing strategic contradictions：a top management model for managing innovation streams. Organization Science，16（5）：522-536.

Smith-Doerr L，Powell W W. 2005. Networks and economic life. The Handbook of Economic Sociology，（2）：379-402.

Snijders T A B，Lomi A，Torlo V J. 2013. A model for the multiplex dynamics of two-mode and one-mode networks，with an application to employment preference，friendship，and advice. Social Networks，35（2）：265-276.

Soda G，Zaheer A. 2012. A network perspective on organizational architecture：performance effects of the interplay of formal and informal organization. Strategic Management Journal，33（6）：751-771.

Srivastava S B. 2015. Intraorganizational network dynamics in times of ambiguity. Organization Science，26（5）：1365-1380.

Stacey R D. 1996. Complexity and Creativity in Organizations. San Francisco：Berrett-Koehler Publishers.

Stacey R D. 2010. Complexity and Organizational Reality. London：Routledge.

Stacey R D. 2011. Strategic Management and Organisational Dynamics：The Challenge of Complexity to Ways of Thinking About Organisations. 6th ed. London：Pearson Education Limited.

Stacey R D. 2012. Tools and Techniques of Leadership and Management. London：Routledge.

Stea D，Pedersen T，Foss N J. 2017. The relational antecedents of interpersonal helping：“quantity”，“quality” or both? British Journal of Management，28（2）：197-212.

Stevenson W B，Gilly M C. 1991. Information processing and problem solving：the migration of problems through formal positions and networks of ties. Academy of Management Journal，34（4）：918-928.

Stouthuysen K，Slabbinck H，Roodhooft F. 2017. Formal controls and alliance performance：the effects of alliance motivation and informal controls. Management Accounting Research，37：49-63.

Strand R. 1983. A systems paradigm of organizational adaptations to the social environment. Academy of Management Review，8（1）：90-96.

Subramaniam M，Youndt M A. 2005. The influence of intellectual capital on the types of innovative capabilities. Academy of Management Journal，48（3）：450-463.

Szukits Á. 2017. Management control system design：the effect of tools in use on the information provided. Vezetéstudomány-Budapest Management Review，48（5）：2-13.

Szulanski G，Capetta R，Jensen R J. 2004. When and how trustworthiness matters：knowledge transfer and the moderating effect of causal ambiguity. Organization Science，15（5）：600-613.

Tan C W，Pan S L，Lim E T K，et al. 2005. Managing knowledge conflicts in an interorganizational project：a case study of the infocomm development authority of Singapore. Journal of the American Society for Information Science and Technology，56（11）：1187-1199.

Tan J，Peng M W. 2003. Organizational slack and firm performance during economic transitions：two studies from an emerging economy. Strategic Management Journal，24（13）：1249-1263.

Tang F C，Mu J F，Thomas E. 2015. Who knows what in NPD teams：communication context，mode，and task contingencies. Journal of Product Innovation Management，32（3）：404-423.

Tang F C，Xi Y M. 2006. Exploring dynamic multi-level linkages in inter-organizational networks. Asia Pacific Journal of Management，23（2）：187-208.

Tang Z. 2006. Organizational Complexity：Assumption，Utility，and Cost. Tuscaloosa：The University of Alabama.

Teece D J，Pisano G，Shuen A. 1997. Dynamic capabilities and strategic management. Strategic Management Journal，18（7）：509-533.

Ter Wal A L J，Criscuolo P，McEvily B，et al. 2020. Dual networking：how collaborators network in their quest for innovation. Administrative Science Quarterly，65（4）：887-930.

Thomas L，Ambrosini V. 2015. Materializing strategy：the role of comprehensiveness and management controls in strategy formation in volatile environments. British Journal of Management，26：105-124.

Thompson P H，Dalton G W. 1970. Performance appraisal：managers beware. Harvard Business Review，48（1）：149.

Thompson P S，Bolino M C. 2018. Negative beliefs about accepting coworker help：implications for employee attitudes，job performance，and reputation. The Journal of Applied Psychology，103（8）：842-866.

Timmerman M E，Kiers H A L. 2000. Three-mode principal components analysis：choosing the numbers of components and sensitivity to local optima. British Journal of Mathematical and Statistical Psychology，53（1）：1-16.

Tiwana A. 2010. Systems development ambidexterity：explaining the complementary and substitutive roles of formal and informal controls. Journal of Management Information Systems，27（2）：87-126.

Triandis H C. 1995. Individualism & Collectivism（New Directions in Social Psychology）. Colorado：Westview Press.

Triandis H C，Suh E M. 2002. Cultural influences on personality. Annual Review of Psychology，53（1）：133.

Trinkner R，Tyler T R，Goff P A. 2016. Justice from within：the relations between a procedurally just organizational climate and police organizational efficiency，endorsement of democratic policing，and officer well-being. Psychology，Public Policy，and Law，22（2）：158-172.

Tröster C，Parker A，van Knippenberg D，et al. 2019. The coevolution of social networks and thoughts of quitting. Academy of Management Journal，62（1）：22-43.

Tröster C，Mehra A，van Knippenberg D. 2014. Structuring for team success：the interactive effects of network structure and cultural diversity on team potency and performance. Organizational Behavior and Human Decision Processes，124（2）：245-255.

Tsai W. 2002. Social structure of “coopetition” within a multiunit organization：coordination，competition，and intraorganizational knowledge sharing. Organization Science，13（2）：179-190.

Tucker C. 2008. Identifying formal and informal influence in technology adoption with network externalities. Management Science，54（12）：2024-2038.

Turner J R，Müller R. 2004. Communication and co-operation on projects between the project owner as principal and the project manager as agent. European Management Journal，22（3）：327-336.

Tushman M，Euchner J. 2015. The challenges of ambidextrous leadership：an interview with michael tushman. Research-Technology Management，58（3）：16-20.

Tushman M L，O'Reilly Ⅲ C A. 1996. Ambidextrous organizations：managing evolutionary and revolutionary change. California Management Review，38（4）：8-29.

Tushman M L，O'Reilly Ⅲ C A. 1997. Winning Through Innovation：A Practical Guide to Leading Organizational Change and Renewal. Boston：Harvard Business School Press.

Tushman M L，O'Reilly Ⅲ C A. 2007. Research and relevance：implications of Pasteur's quadrant for doctoral programs and faculty development. Academy of Management Journal，50（4）：769-774.

Uotila J，Maula M，Keil T，et al. 2009. Exploration，exploitation，and financial performance：analysis of S&P 500 corporations. Strategic Management Journal，30（2）：221-231.

Uzzi B，Lancaster R. 2004. Embeddedness and price formation in the corporate law market. American Sociological Review，69（3）：319-344.

van Maanen J E，Schein E H. 1977. Toward a theory of organized socialization. Research in Organizational Behavior，1：960-977.

Venkatraman N，Henderson J C. 2008. Four vectors of business model innovation：value capture in a network ERA//Pantaleo D，Pal N. From Strategy to Execution. Berlin：Springer：259-280.

Venkatraman N，Lee C H，Iyer B I. 2007. Strategic ambidexterity and sales growth：a longitudinal test in the software sector. CIP Working Paper.

Voss U，Brettel M. 2014. The effectiveness of management control in small firms：perspectives from resource dependence theory. Journal of Small Business Management，52（3）：569-587.

Wagner J A，Moch M K. 1986. Individualism-collectivism：concept and measure. Group & Organization Studies，11（3）：280-304.

Waldstrøm C. 2003. Understanding Intra-Organizational Relations Through Social Network Analysis. Aarhus：Aarhus School of Business.

Wasko M M，Faraj S. 2000. “It is what one does”：why people participate and help others in electronic communities of practice. The Journal of Strategic Information Systems，9（2/3）：155-173.

Wasserman N. 2008. Revisiting the strategy，structure，and performance paradigm：the case of venture capital. Organization Science，19（2）：241-259.

Waterhouse J H，Tiessen P. 1978. A contingency framework for management accounting systems research. Accounting Organizations and Society，3（1）：65-76.

Weber M. 2012. The Theory of Social and Economic Organization. New York：The Free Press.

Wensing M，Broge B，Riens B，et al. 2009. Quality circles to improve prescribing of primary care physicians. Three comparative studies. Pharmacoepidemiology and Drug Safety，18（9）：763-769.

Wernerfelt B，Montgomery C A. 1988. Tobin's q and the importance of focus in firm performance. The American Economic Review，78（1）：246-250.

Willem A，Buelens M，Scarbrough H. 2006. The role of inter-unit coordination mechanisms in knowledge sharing：a case study of a British MNC. Journal of Information Science. 32（6）：539-561.

Wu Y Y，Wu S K. 2016. Managing ambidexterity in creative industries：a survey. Journal of Business Research，69（7）：2388-2396.

Yalcinkaya G，Calantone R J，Griffith D A. 2007. An examination of exploration and exploitation capabilities：implications for product innovation and market performance. Journal of International Marketing，15（4）：63-93.

Zaheer A，McEvily B，Perrone V. 1998. Does trust matter? Exploring the effects of interorganizational and interpersonal trust on performance. Organization Science，9（2）：141-159.

Zaheer A，Soda G. 2009. Network evolution：the origins of structural holes. Administrative Science Quarterly，54（1）：1-31.

Zahra S A. 1996. Technology strategy and financial performance：examining the moderating role of the firm's competitive environment. Journal of Business Venturing，11（3）：189-219.

Zahra S A，Bogner W C. 2000. Technology strategy and software new ventures' performance：exploring the moderating effect of the competitive environment. Journal of Business Venturing，15（2）：135-173.

Zaidi M F A，Othman S N. 2015. Organisational capabilities，environmental turbulence，and NPD performance：a study on Malaysian manufacturing firms. Procedia-Social and Behavioral Sciences，172：286-293.

Zappa P，Robins G. 2016. Organizational learning across multi-level networks. Social Networks，44：295-306.

Zárraga C，Bonache J. 2003. Assessing the team environment for knowledge sharing：an empirical analysis. The International Journal of Human Resource Management，14（7）：1227-1245.

Zhan W，Chen R. 2013. Dynamic capability and IJV performance：the effect of exploitation and exploration capabilities. Asia Pacific Journal of Management，30（2）：601-632.

Zhao N N，Ouyang X Y. 2015. Summary on emergence of complex systems//The 27th Chinese Control and Decision Conference（2015 CCDC）. New York：Institute of Electrical and Electronics Engineers：668-671.

附录：本书所使用的调查问卷

企业正式与非正式互动影响组织适应性的调查问卷（经理填写）

尊敬的各位企业经理，您好！这是一份学术性问卷，旨在分析公司的创新活动、知识分享、组织结构及战略等方面信息，用于研究企业如何在不同内外环境中更有效地进行信息沟通、知识分享和创新。问卷采用匿名形式，我们保证此问卷只用于学术研究，不会对您和公司造成任何不利影响。这份问卷大约占用您 15 分钟时间，请您如实填写，每题只选一个答案，不要遗漏题目；您的每项回答对于本研究都非常重要，感谢您的大力支持与帮助！

第一部分　社会网络问卷

本部分附有一张同事编号表，是由您和同事的姓名随机编号形成的。请针对下列各题，并对照同事编号表，将符合题意的同事编号填入空格上。每题请根据实际情况，填答 3～5 个以上同事的编号，可以在表格外增加，并按程度由高到低填写。

顺序工作流网络	同事编号	同事编号	同事编号	同事编号	同事编号
（1）我会把工作任务下达给他/她					
（2）他/她的工作任务完成后会转向我					
互动工作流网络	同事编号	同事编号	同事编号	同事编号	同事编号
（3）我和他/她需要完成相互交流和配合的工作任务					
朋友网络	同事编号	同事编号	同事编号	同事编号	同事编号
（4）工作中遇到挫折或被责难时，我会向他/她倾诉					
（5）他/她和我聊天时，会谈到家庭生活中的事					
（6）他/她和我最熟					
咨询网络	同事编号	同事编号	同事编号	同事编号	同事编号
（7）在工作上遇到困难时，我会向他/她咨询					
（8）在处理日常业务时，我常和他/她讨论相关问题					
（9）在工作中遇到困难时，他/她会主动协助我					

第二部分　组织管理问卷

一、请根据您所在公司的控制情况进行选择，并在每一题目最符合的选项上打“√”。

组织控制	从不	很少	较少	有时	较多	经常	总是
(1) 上级会观察您遵守公司规章的程度	1	2	3	4	5	6	7
(2) 上级会评估您完成指定任务的程序是否合适	1	2	3	4	5	6	7
(3) 上级会修改您工作中那些没有获得预期结果的工作程序	1	2	3	4	5	6	7
(4) 上级会获取您如何完成绩效目标的反馈信息	1	2	3	4	5	6	7
(5) 您有具体的绩效目标	1	2	3	4	5	6	7
(6) 上级会监管您绩效目标的完成程度	1	2	3	4	5	6	7
(7) 上级会要求您解释绩效目标没有完成的原因	1	2	3	4	5	6	7
(8) 您能从顾客、同事那里获得提高工作绩效的反馈信息	1	2	3	4	5	6	7
(9) 上级会根据您实际工作结果与预期目标的比较来增加薪水	1	2	3	4	5	6	7
(10) 上级会鼓励您和其他同事之间相互合作	1	2	3	4	5	6	7
(11) 项目实施时的大多数人都了解其他人的能力	1	2	3	4	5	6	7
(12) 贵公司有意构建一个大家彼此尊重的工作环境	1	2	3	4	5	6	7
(13) 上级会鼓励您和其他同事开展与业务相关的讨论	1	2	3	4	5	6	7
(14) 项目实施时的大部分人都能准确评价同事的工作水平	1	2	3	4	5	6	7
(15) 贵公司的工作环境能让您感觉到自己是其中的一分子	1	2	3	4	5	6	7
(16) 贵公司的工作环境能让您对自己的工作产生自豪感	1	2	3	4	5	6	7

二、请您根据贵公司进行的管理活动情况进行选择，并在每一题目最符合的选项上打“√”。

结构双元	从不	很少	较少	有时	经常	通常	总是
(1) 公司的各类生产/服务活动是由多道程序分解完成的	1	2	3	4	5	6	7
(2) 公司的研发等各类创新活动是由多道程序分解完成的	1	2	3	4	5	6	7
(3) 公司中的各个部门都有清晰的职责	1	2	3	4	5	6	7
(4) 公司的顾客需求是由多道程序分解完成的	1	2	3	4	5	6	7
情境双元	从不	很少	较少	有时	经常	通常	总是
(5) 我会主动做工作范围之外的事务	1	2	3	4	5	6	7
(6) 我会主动把握工作范围之外的机会	1	2	3	4	5	6	7
(7) 我会结合自己和他人的努力去寻找机会	1	2	3	4	5	6	7
(8) 我会结合自己和他人的努力去展开合作	1	2	3	4	5	6	7
(9) 我总是作为中间人去寻求建立各种内部联系	1	2	3	4	5	6	7
(10) 我是工作上的多面手，很享受投身于各种不同工作	1	2	3	4	5	6	7

续表

组织统一性	从不	很少	较少	有时	经常	通常	总是
（11）公司的管理体系中，各部门协调一致开展工作，共同支持组织的总目标	1	2	3	4	5	6	7
（12）公司的管理体系不协调，各部门在毫无意义的事情上浪费大量资源	1	2	3	4	5	6	7
（13）公司的各部门目标相互冲突，使员工的工作往往背道而驰	1	2	3	4	5	6	7
组织协调性	从不	很少	较少	有时	经常	通常	总是
（14）公司鼓励员工挑战过时的传统、实践	1	2	3	4	5	6	7
（15）公司的管理体系足够灵活，能够对市场变化做出快速反应	1	2	3	4	5	6	7
（16）公司的管理体系会随工作重心转变而快速转变	1	2	3	4	5	6	7

三、请您根据贵公司的创新活动情况进行选择，并在每一题目最符合的选项上打“√”。

探索式创新战略	从不	很少	较少	有时	经常	通常	总是
（1）公司研发新一代的产品或服务	1	2	3	4	5	6	7
（2）公司扩大产品/服务范围	1	2	3	4	5	6	7
（3）公司开拓新的市场	1	2	3	4	5	6	7
（4）公司进入新的技术领域	1	2	3	4	5	6	7
利用式创新战略	从不	很少	较少	有时	经常	通常	总是
（5）公司提高现有产品/服务质量	1	2	3	4	5	6	7
（6）公司改进工作流程，以增加生产/服务的灵活性	1	2	3	4	5	6	7
（7）公司减少生产/服务的成本	1	2	3	4	5	6	7
（8）公司提高产出	1	2	3	4	5	6	7

四、请您根据贵公司在过去三年里与同行其他企业相比的情况进行选择，在最符合的选项上打“√”。

组织绩效	最差	很差	较差	一般	较好	很好	最好
（1）公司的产品/服务/项目的质量	1	2	3	4	5	6	7
（2）公司的新产品/服务/项目的发展	1	2	3	4	5	6	7
（3）公司吸引重要员工的能力	1	2	3	4	5	6	7
（4）公司留住重要员工的能力	1	2	3	4	5	6	7
（5）公司的顾客或客户的满意度	1	2	3	4	5	6	7
（6）公司领导与其他员工的关系	1	2	3	4	5	6	7
（7）总体而言，公司与员工之间的关系	1	2	3	4	5	6	7

续表

市场绩效	最差	很差	较差	一般	较好	很好	最好
（8）公司的市场营销情况	1	2	3	4	5	6	7
（9）公司的销售额的增长	1	2	3	4	5	6	7
（10）公司的盈利能力	1	2	3	4	5	6	7
（11）公司的市场份额	1	2	3	4	5	6	7
渐进式创新能力	非常少	很少	较少	一般	较多	很多	非常多
（12）公司加强主打产品/服务的创新活动	1	2	3	4	5	6	7
（13）公司加强主打产品/服务已有专业知识的创新活动	1	2	3	4	5	6	7
（14）公司加强现有竞争力的创新活动	1	2	3	4	5	6	7
突破式创新能力	非常少	很少	较少	一般	较多	很多	非常多
（15）公司淘汰主打产品/服务的创新活动	1	2	3	4	5	6	7
（16）公司从根本上改变主打产品/服务的创新活动	1	2	3	4	5	6	7
（17）公司淘汰专有核心技术的创新活动	1	2	3	4	5	6	7

五、请您根据所在部门所处的环境进行选择，并在每一题目最符合的选项上打“√”。

组织环境	数量很少	数量少	数量较少	数量一些	数量较多	数量多	数量很多	从不变化	很少变化	少量变化	有时变化	有些变化	经常变化	总是变化
（1）经销商	1	2	3	4	5	6	7	1	2	3	4	5	6	7
（2）用户	1	2	3	4	5	6	7	1	2	3	4	5	6	7
（3）原材料供应商	1	2	3	4	5	6	7	1	2	3	4	5	6	7
（4）设备供应商	1	2	3	4	5	6	7	1	2	3	4	5	6	7
（5）零配件供应商	1	2	3	4	5	6	7	1	2	3	4	5	6	7
（6）劳动市场中的劳动提供者	1	2	3	4	5	6	7	1	2	3	4	5	6	7
（7）争夺供应商的竞争对手	1	2	3	4	5	6	7	1	2	3	4	5	6	7
（8）争夺顾客的竞争对手	1	2	3	4	5	6	7	1	2	3	4	5	6	7
（9）政府对行业的规划控制	1	2	3	4	5	6	7	1	2	3	4	5	6	7
（10）公众对行业的评价	1	2	3	4	5	6	7	1	2	3	4	5	6	7
（11）行业的产品技术/服务革新	1	2	3	4	5	6	7	1	2	3	4	5	6	7

六、请您根据所在部门的组织沟通与交互记忆系统进行选择，并在每一题目最符合的选项上打“√”。

部门中的组织沟通与交互记忆系统	很不同意	不同意	比较不同意	不清楚	比较同意	同意	很同意
（1）您团队中的每个成员都具有项目相关的某类专业知识	1	2	3	4	5	6	7
（2）您本人具有其他团队成员没有的某方面的项目知识	1	2	3	4	5	6	7
（3）不同的团队成员负责不同领域的专业知识或技能	1	2	3	4	5	6	7
（4）为了完成项目，不同团队成员的专业知识是必不可少的	1	2	3	4	5	6	7
（5）您知道哪些团队成员在特定领域有专业知识或技能	1	2	3	4	5	6	7
（6）您很乐意接受其他团队成员的有关工作流程的建议	1	2	3	4	5	6	7
（7）您相信其他团队成员拥有的项目知识是值得信赖的	1	2	3	4	5	6	7
（8）您对于如何完成任务存在许多困惑	1	2	3	4	5	6	7
（9）对于其他成员提供的信息，您想自己再次核查一遍	1	2	3	4	5	6	7
（10）您对于其他成员的专业知识（或技能）没有太大信心	1	2	3	4	5	6	7
（11）您的团队能以非常协调的方式一起工作	1	2	3	4	5	6	7
（12）对于要做什么和何时做，团队能基本达成共识	1	2	3	4	5	6	7
（13）您团队的工作很多时候需要重新来过	1	2	3	4	5	6	7
（14）您团队能够顺利且高效地完成任务	1	2	3	4	5	6	7
（15）您信赖经过其他团队成员所讨论的信息	1	2	3	4	5	6	7

七、请您根据所在部门的知识冲突进行选择，并在每一题目最符合的选项上打“√”。

部门中的知识冲突	从不	很少	较少	有时	经常	通常	总是
（1）您所在部门的专家之间经常因某些问题产生争论	1	2	3	4	5	6	7
（2）您与同事经常在学习新知识、提出新见解时引发争论	1	2	3	4	5	6	7
（3）引发我与同事争论的问题中，有些能用文字、语言表达的，有些不能或难以表达，只能意会(如技巧、洞察力)	1	2	3	4	5	6	7
（4）我与同事常因学科专业和知识背景差异而产生争论	1	2	3	4	5	6	7

续表

部门中的知识冲突	从不	很少	较少	有时	经常	通常	总是
（5）我所在部门的专家与非专家之间经常产生意见分歧	1	2	3	4	5	6	7
（6）我与同事对部门的任务、目标和运行机制往往产生分歧	1	2	3	4	5	6	7

第三部分　基本数据部分

1. 公司的类型：①国有企业 ②集体企业 ③民营企业 ④合资企业 ⑤外资企业　⑥其他：（请填写）

2. 公司所处的行业：A 农、林、牧、渔业 B 采掘业　C 制造业 D 电力、煤气及水的生产和供应业 E 建筑业 F 交通运输、仓储业 G 信息技术业 H 批发和零售贸易 I 金融、保险业　J 房地产业 K 社会服务业 L 传播与文化产业 M 其他：（请填写）

3. 公司的规模：①30 人以下 ②30～100 人 ③101～500 人 ④501～1000 人 ⑤1000 人以上

4. 公司成立：①1 年以下　②1～3 年　③4～7 年　④8～10 年　⑤10 年以上

5. 您在现公司的入职年份：____年

6. 您的职位：①基层领导　②中层领导　③高层领导　④其他：（请填写）

7. 您的性别：①男　②女

8. 您的出生日期：____年____月

9. 您的最高教育程度是（包括目前在读的）：①高中及以下 ②大专　③本科 ④研究生及以上

对于您的支持和配合，我们再次表示衷心的感谢！

企业正式与非正式互动影响组织适应性的调查问卷（员工填写）

尊敬的女士/先生：您好！这是一份学术性问卷，旨在收集公司的社会网络、组织行为、知识管理等方面信息，用于研究企业如何更有效地进行信息沟通、知识分享和创新。问卷采用匿名形式，我们保证此问卷只用于学术研究，不会对您和公司造成任何不利影响。这份问卷大约占用您 20 分钟时间，请您如实填写，不要遗漏题目。您的每一项回答对于本研究都非常重要，感谢您的大力支持与帮助！

第一部分　社会网络问卷

本部分附有一张同事编号表，是由您和同事的姓名随机编号形成的。请针对下列各题，并对照同事编号表，将符合题意的同事编号填入空格。每题请根据实际情况，填答3～5个以上同事的编号，可以在表格外增加，并按程度由高到低填写。

顺序工作流网络	同事编号	同事编号	同事编号	同事编号	同事编号
（1）我的工作任务完成后会转向他/她					
（2）他/她的工作任务完成后会转向我					
互动工作流网络	同事编号	同事编号	同事编号	同事编号	同事编号
（3）我和他/她需要完成相互交流和配合的工作任务					
朋友网络	同事编号	同事编号	同事编号	同事编号	同事编号
（4）工作中遇到挫折或被责难时，我会向他/她倾诉					
（5）他/她和我聊天时，会谈到家庭生活中的事					
（6）他/她和我最熟					
咨询网络	同事编号	同事编号	同事编号	同事编号	同事编号
（7）在工作上遇到困难时，我会请教他/她					
（8）在处理日常业务时，我常和他/她讨论相关问题					
（9）在工作中遇到困难时，他/她会主动指导我					

第二部分　组织行为与情境问卷

一、请根据您所在组织中的沟通情况进行选择，并在每一题目最符合的选项上打“√”。

组织沟通	从不	很少	较少	有时	较多	经常	总是
（1）您参与的大多数项目活动都是基于预先设立的事务、规则和流程进行交流的	1	2	3	4	5	6	7
（2）您参与的项目中大部分交流都有明确设定的流程、计划和时间表	1	2	3	4	5	6	7
（3）您在交流大部分项目活动时，都有一套易操作的步骤以方便执行	1	2	3	4	5	6	7
（4）您会通过个人之间频繁的互动来获取项目实施所需的信息	1	2	3	4	5	6	7
（5）您参与项目活动的信息包含着大量的小道消息	1	2	3	4	5	6	7
（6）您参与大多数要实施的项目活动时，仅通过书面交流不容易沟通	1	2	3	4	5	6	7
（7）您的部门会通过召开面对面的会议来交流大多数的项目活动	1	2	3	4	5	6	7

续表

组织沟通	从不	很少	较少	有时	较多	经常	总是
（8）您所在项目团队同事间的大多数沟通方式是面对面交流	1	2	3	4	5	6	7
（9）您所在部门更喜欢面对面交流，而不是 email、备忘录和公告等其他形式	1	2	3	4	5	6	7
（10）您所在部门会通过召开电视会议来交流大多数的项目活动	1	2	3	4	5	6	7
（11）您所在部门会用电子邮件来交流大多数的项目活动	1	2	3	4	5	6	7
（12）您所在部门会用网络媒介工具（如博客、维基、百度等）来交流大多数的项目活动	1	2	3	4	5	6	7

二、请根据您对组织文化的认知评价下述内容与实际情况的相符程度，在最符合的选项上打“√”。

组织个人主义	从不	很少	较少	有时	较多	很多	总是
（1）公司鼓励每个员工发掘自己的独特潜力	1	2	3	4	5	6	7
（2）每个员工有好主意时，管理层都知道这个主意是谁提出的	1	2	3	4	5	6	7
（3）公司重视每个员工的独立思考能力	1	2	3	4	5	6	7
（4）每个员工在团队中表现突出时会得到认可	1	2	3	4	5	6	7
（5）公司强调每个员工在工作中的独立性	1	2	3	4	5	6	7
（6）公司可以接受员工之间的适当竞争	1	2	3	4	5	6	7
组织集体主义	从不	很少	较少	有时	较多	很多	总是
（7）每位员工在工作中表现忠诚时，会得到管理层的慷慨对待	1	2	3	4	5	6	7
（8）公司有关工作方法的变革由所有员工和主管协商制定	1	2	3	4	5	6	7
（9）公司像对待家庭成员一样关照每一位员工	1	2	3	4	5	6	7
（10）公司的每位员工都认为自己应对组织的成败负有责任	1	2	3	4	5	6	7
（11）公司的不同级别的员工之间会相互考虑彼此的观点	1	2	3	4	5	6	7
（12）对每位被公司雇用的员工，组织会承担他们的全部福利	1	2	3	4	5	6	7
（13）每位员工都能及时知道影响公司成败的重大决策	1	2	3	4	5	6	7

三、请您根据所在部门的知识交换与整合情况进行选择，并在每一题目最符合的选项上打“√”。

知识交换与整合	很不同意	不同意	比较不同意	不清楚	比较同意	同意	很同意
（1）我认为与部门中的同事相互交换和整合想法可以获益	1	2	3	4	5	6	7
（2）我相信交换和整合想法能比独立工作更快地推进新项目或者产生新创意	1	2	3	4	5	6	7

续表

知识交换与整合	很不同意	不同意	比较不同意	不清楚	比较同意	同意	很同意
（3）我经常感到从相互交换和整合想法的过程中学到新知识	1	2	3	4	5	6	7
（4）我在部门中善于通过交换和整合想法来解决问题或者创造机会	1	2	3	4	5	6	7
（5）我在部门中经常通过分享个人想法，去提出新观点、开发新产品和新服务	1	2	3	4	5	6	7
（6）我在部门中善于通过分享自己的专业知识，以促成新项目的落成或者新成果的达成	1	2	3	4	5	6	7
（7）我在部门中很乐意与同事交换和整合想法	1	2	3	4	5	6	7
（8）我在部门中很少通过交换和整合想法来解决问题	1	2	3	4	5	6	7

四、请您根据所在部门的知识共享氛围进行选择，并在每一题目最符合的选项上打“√”。

部门中的知识传递	从不	很少	较少	有时	经常	通常	总是
（1）在部门工作中，我从同事中学到了他们的专有知识	1	2	3	4	5	6	7
（2）在部门工作中，我分享了自己的专有知识	1	2	3	4	5	6	7
（3）在部门工作中，通常当我和同事贡献出自己的想法时，能集思广益、推陈出新	1	2	3	4	5	6	7
部门中的知识创造	从不	很少	较少	有时	经常	通常	总是
（4）我所在部门提出的改进意见最终能被公司采纳实施	1	2	3	4	5	6	7
（5）在部门工作中，我和同事改进了许多传统的办事方法	1	2	3	4	5	6	7

五、请您根据所在部门的组织沟通与交互记忆系统进行选择，并在每一题目最符合的选项上打“√”。

部门中的组织沟通与交互记忆系统	很不同意	不同意	比较不同意	不清楚	比较同意	同意	很同意
（1）您团队中的每个成员都具有项目相关的某类专业知识	1	2	3	4	5	6	7
（2）您本人具有其他团队成员没有的某方面的项目知识	1	2	3	4	5	6	7
（3）不同的团队成员负责不同领域的专业知识或技能	1	2	3	4	5	6	7
（4）为了完成项目，不同团队成员的专业知识是必不可少的	1	2	3	4	5	6	7
（5）您知道哪些团队成员在特定领域有专业知识或技能	1	2	3	4	5	6	7
（6）您很乐意接受其他团队成员的有关工作流程的建议	1	2	3	4	5	6	7

续表

部门中的组织沟通与交互记忆系统	很不同意	不同意	比较不同意	不清楚	比较同意	同意	很同意
（7）您相信其他团队成员拥有的项目知识是值得信赖的	1	2	3	4	5	6	7
（8）您对于如何完成任务存在许多困惑	1	2	3	4	5	6	7
（9）对于其他成员提供的信息，您想自己再次核查一遍	1	2	3	4	5	6	7
（10）您对于其他成员的专业知识（或技能）没有太大信心	1	2	3	4	5	6	7
（11）您的团队能以非常协调的方式一起工作	1	2	3	4	5	6	7
（12）对于要做什么和何时做，团队能基本达成共识	1	2	3	4	5	6	7
（13）您团队的工作很多时候需要重新来过	1	2	3	4	5	6	7
（14）您团队能够顺利且高效地完成任务	1	2	3	4	5	6	7
（15）您信赖经过其他团队成员所讨论的信息	1	2	3	4	5	6	7

六、请您根据所在部门的知识冲突进行选择，并在每一题目最符合的选项上打“√”。

部门中的知识冲突	从不	很少	较少	有时	经常	通常	总是
（1）您所在部门的专家之间经常因某些问题产生争论	1	2	3	4	5	6	7
（2）您与同事经常在学习新知识、提出新见解时引发争论	1	2	3	4	5	6	7
（3）引发我与同事争论的问题中，有些能用文字、语言表达的，有些不能或难以表达，只能意会(如技巧、洞察力)	1	2	3	4	5	6	7
（4）我与同事常因学科专业和知识背景差异而产生争论	1	2	3	4	5	6	7
（5）我所在部门的专家与非专家之间经常产生意见分歧	1	2	3	4	5	6	7
（6）我与同事对部门的任务、目标和运行机制往往产生分歧	1	2	3	4	5	6	7

第三部分　基本数据部分

1. 您的性别：①男　　②女
2. 您在现公司的入职年份：____年
3. 您的出生日期：___年____月
4. 您的最高教育程度是（包括目前在读的）：①高中及以下 ②大专　③本科 ④研究生及以上

对于您的支持和配合，我们再次表示衷心的感谢！

后　记

企业组织内正式因素与非正式因素互动是我近年来的一个研究方向，主要侧重将企业组织看作一个 CAS，其中正式因素部分可以看作 CAS 的“合法系统”，而非正式因素部分可以看作 CAS 的“影子系统”，然后借喻复杂适应系统观的相关理论提出假设并运用统计方法进行验证。在我指导的博士生、硕士生和本科生的共同努力下，我们对这些问题进行了系统探讨，并进行了大量的数据收集和统计分析工作，积累了一定的成果，也提出了不少问题。希望本书的出版能引起更多人的兴趣，对更多企业组织内正式与非正式互动相关的问题进一步探索和深入研究。

本书的内容，主要是我主持承担的国家自然科学基金项目“企业内正式与非正式网络互动及其对组织适应性影响和权变机理研究：CAS 视角的分析”（编号：71472036）、国家自然科学基金项目“多元领导力及其影响领导力效能的权变机理研究：三层多重 CAS 网络的视角”（编号：71872041）、江苏高校哲学社会科学研究重点项目“CAS 网络视角下多元领导力对领导力效能的影响”（编号：2017ZDIXM015）的成果，中央高校基本科研业务费专项资金（编号：2242019S20020）的成果。本书部分内容发表或投稿在国家自然科学基金委员会管理科学部遴选的重要中文期刊上，如《管理科学学报》《中国工业经济》《管理工程学报》《管理学报》《外国经济与管理》《研究与发展管理》等，以及 *Management Decision*、*Personal Review*、*Chinese Management Studies* 等 SSCI 期刊上，并有多篇被新华文摘和人大复印资料转载。同时，多位学生依托此问题撰写硕士或博士毕业论文。其中，我指导的硕士生付正茂和陈静然分别获得校级及省级优秀硕士论文。此外，本书后续一些研究将陆续发表在一些相关刊物上，以期进一步拓展对此问题的研究。

以上述课题为支撑，我指导的博士生、硕士生和本科生进行了部分文献整理、数据处理和撰写工作。主要是博士生吴亮、王道金、张秋萍、封燕、吴暤玉和硕士生付正茂、许烁、李晗雪、陈静然、朱佳敏、武超龙、马端友、刘雪芳、付星越、张子扬、赵烜瑜等。本书凝结了他们的辛勤劳动。此外，本书的数据收集，尤其是社会网络数据收集工作量很大，得到了南京农业大学周应堂老师的全程大力支持。在此，对上述老师和同学的付出和贡献表示感谢！

本书的研究工作得到东南大学和我所在的经济管理学院的支持，感谢李东教授给予的思想与智慧启迪。本书的一些思想也受益于周路路、葛沪飞、张晓玲、王翔、鞠传静等同事的讨论。此外，本书最终得以问世还得益于许多人的支持和帮助。有来自亲人的不断鼓励，有来自老师的悉心教诲，有来自同窗的鼎力相助，有来自学生的积极协助，也有来自朋友的全力支持，还有许许多多陌生人的热心配合。在此一并表示感谢！

本书作为课题研究的成果，是阶段性工作的总结，还存在很多需要进一步挖掘和探讨的问题。因此，恳请读者批评指正。未来，我们也将会进一步就其中一些问题展开深入研究，希望为企业正式与非正式互动相关理论发展、促进组织理论与复杂适应系统观的跨学科应用略尽绵薄之力。

吕鸿江

2020 年 9 月 30 日